西宁统计年鉴

XINING STATISTICAL YEARBOOK

2023

中国统计出版社
China Statistics Press

西 宁 市 统 计 局
国家统计局西宁调查队

图书在版编目(CIP)数据

西宁统计年鉴. 2023 = Xining Statistical Yearbook 2023 / 西宁市统计局，国家统计局西宁调查队编. —北京: 中国统计出版社， 2023.11
ISBN 978-7-5230-0311-4

Ⅰ. ①西… Ⅱ. ①西… ②国… Ⅲ. ①统计资料—西宁—2023—年鉴Ⅳ. ①C832.441-54

中国国家版本馆CIP数据核字（2023）第207857号

西宁统计年鉴2023

作　　者/西宁市统计局　国家统计局西宁调查队
责任编辑/钟　钰
装帧设计/王建强
出版发行/中国统计出版社有限公司
地　　址/北京市丰台区西三环南路甲6号
邮政编码/100073
电　　话/邮购（010）63376909　书店（010）68783171
网　　址/http://www.zgtjcbs.com
印　　刷/青海友谊彩色印刷有限责任公司
经　　销/新华书店
开　　本/890mm×1240mm　1/16
字　　数/600千字
印　　张/23.5　彩页 0.5
版　　别/2023年11月第1版
版　　次/2023年11月第1次印刷
定　　价/280.00元

《西宁统计年鉴2023》编辑委员会

编 辑 说 明

一、《西宁统计年鉴2023》是一部图文并茂集知识、信息、统计资料于一体的资料性年刊，其全面、系统、翔实地记载、介绍了2022年及以前主要年份西宁的政治、经济、文化和社会发展等各方面的情况，是各党政部门以及国内外各界人士认识西宁、了解西宁、发展西宁必备的、不可缺少的综合性工具书。

二、《西宁统计年鉴2023》其内容由文字部分、统计资料、宣传图片三大部分组成。具体分为19个篇目，即：特载，行政区划，综合，农业，工业，交通、运输、邮电，能源，固定资产投资、建筑业，城市公用事业，批发零售贸易、住宿餐饮业，金融、保险、财政、旅游，服务业，物价、住户调查，教育，文化、卫生，劳动工资，社会保障，月度统计资料，区县主要经济指标等。

三、本年鉴中部分指标尾数因计算机取舍造成的误差未作调整。

四、本年鉴表中的使用符号说明："空格"标识该项统计指标数据不足本表最小单位、数据不详或无该项数据结构；"#"表示总指标的其中项或主要数据；"※"或[1]表示下有注解。读者在使用统计资料时，凡与本年鉴有出入的，均以本年鉴为准。

五、本年鉴的资料主要来源于2022年统计年报，部分资料来自抽样调查。

六、《西宁统计年鉴》自出版以来，受到广大读者的关心和支持，对此我们深表谢意。由于时间仓促和编写水平有限难免有错漏之处，欢迎广大读者对本年鉴的结构、指标体系等提出宝贵意见，帮助我们进一步提高和改进统计年鉴的编辑质量，更好的为广大读者服务。

《西宁统计年鉴》编委会

2023年11月

用数据说话
为决策服务

西宁市统计局
机关服务品牌

真实可信

理念：及时准确 优质服务

目　　录

特载

一、行政区划

二、综合

三、农业

四、工业

五、交通　运输　邮电

六、能源

七、固定资产投资 建筑业

八、城市公用事业

九、批发零售贸易 住宿餐饮业

十、金融　保险　财政　旅游

十一、服务业

十二、物价　住户调查

十三、教育

十四、文化、卫生

十五、劳动工资

十六、社会保障

十七、月度统计资料

十八、区县主要经济指标

特载

政 府 工 作 报 告

——2023年2月14日在西宁市第十七届人民代表大会第四次会议上

代市长　石建平

各位代表：

现在，我代表市人民政府向大会报告工作，请予审议，并请市政协委员和其他列席人员提出意见。

一、2022年工作回顾

2022年是党的二十大胜利召开之年，是党和国家历史上极为重要的一年，是西宁发展极不平凡、殊为不易的一年。我们遭遇了疫情反复冲击、极端天气影响等多重困难叠加、多种风险交织、多条战线作战，挑战之大、责任之重史所罕见。面对前所未有的挑战和压力，我们坚持以习近平新时代中国特色社会主义思想为指导，在省委省政府和市委的坚强领导下，认真贯彻落实“疫情要防住、经济要稳住、发展要安全”的重大要求，统筹疫情防控和经济社会发展，统筹发展和安全，保持了经济社会大局稳定，较好完成了市第十七届人大二次会议确定的目标任务，现代美丽幸福大西宁建设取得新进展新成效。

一年来，我们坚定不移抓发展、促增长，经济运行总体平稳。坚决落实稳住经济一揽子政策和接续政策，出台助企纾困十大行动等措施，开展“三沉三跑三发挥”暖企稳商纾困行动，最大限度减少疫情对经济社会发展的影响。引进落地晶科、弗迪等15项强链补链项目，全市最大单体投资项目天合光能新能源产业园开工建设，大企业、大项目落户数量达近年之最。规模以上工业增加值增长26.9%，连续24个月保持20%以上高速增长，对全省贡献率达70%。新兴产业增加值增长1.8倍，单晶硅、碳纤维、光纤、多晶硅等特色优势产品增势强劲。开发区规上工业产值突破千亿元大关，对全市贡献率达98%，增速创近十年新高。全面落实新的组合式税费支持政策，累计退税和新增减税降费104亿元，惠及市场主体12.66万户。开展住宿餐饮复苏、批发零售恢复、消费市场回暖等十大行动，拉动消费36亿元。出台支持跨境电商发展等14条政策措施，进出口总额增长41.5%、占全省75.3%。地区生产总值突破1600亿元，增长2.1%；全体居民人均可支配收入达到33497元，增长3.6%，高质量发展取得新成效。

一年来，我们毫不松懈抓生态、优环境，生态本底不断筑牢。健全四级林（草）长制管理体系，加快推进南北山四期、绿水青山等重点生态工程，完成国土绿化75.1万亩，森林覆盖率达37%，草原综合植被盖度61.2%，生态稳定性可持续性进一步增强。谋划制定碳达峰九大行动，编制专项领域碳达峰方案。开展排污权交易试点，完成主要污染物排污交易1800余吨。推进流域水环境质量生态补偿，完成森林生态效益分类分档补偿试点。规范整治入河排污口近1700个，治理水土流失100余平方公里，控制断面水质达到Ⅲ类要求。完成煤改气、低氮锅炉改造396蒸吨，入选北方地区冬季清洁取暖试点城市，空气质量优良率达92.6%。

一年来，我们尽心竭力抓防控、优举措，疫情防控科学精准。坚持人民至上、生命至上，因时因势优化疫情防控措施，完善指挥调度体系，提升医疗救治能力，保障基本民生诉求，科学精准处置疫情，率先在全国省会城市中实现社会面清零，最大程度保护了人民生命安全和身体健康。全面贯彻“乙类乙管”措施，规范设置发热门诊（诊室）102家，新增综合ICU床位271张，储备补足“四类药品”。在全省率先完成60岁及以上人群疫苗接种任务。强化重点人群健康监测，优先保障老人和儿童就医用药需求，疫情进入低流行水平，保持稳步下降态势。抗疫期间，各条战线夜以继日、连续奋战，各族群众守望相助、共克时艰，用实际行动展现了西宁力量、西宁担当。

一年来，我们倾情投入抓民生、办实事，民生福祉日益增进。坚持80%以上财力用于民生，高质量办成30项民生实事。城镇新增就业3.3万人，农村劳动力转移就业36.2万人（次），高校毕业生登记就业率88.8%。城镇居民人均可支配收入突破4万元大关，农村人均可支配收入达15797元，增速较城镇居民高3.3个百分点。建成虎台中学分校、山川学校等16所中小学，新增学位6200个，“信息化促进城乡教育均衡发展”获评教育部示范案例。拦隆口镇、朔北乡、下脖项村入选全国乡村旅游重点乡镇和村庄，西宁列入国家旅游枢纽城市。湟源排灯入选“中国民间文化艺术之乡”建设典型案例。建成21家老年友善医疗和托育机构，“一老一小”享受优质养老、照护服务。启用2600万价格调节资金，重要民生商品供应充足、价格稳定。完成“物质+服务”改革试点，6.76万人（次）困难群众的服务需求得到有效满足，为全省提供西宁样板。连续三年上榜中国最具幸福感城市，西宁人的幸福成色更加厚重。

一年来，我们建管并重抓建设、提内涵，城市品质明显提升。海湖路跨线桥、群星路下穿等12条道路建成通车，城市路网密度达到5.6公里/平方公里。推动西川、朝阳等片区城市更新试点，实施棚户区改造住房4300余套、老旧小区改造3万余套、保障性租赁住房2000套，多层住宅加装电梯100部。西宁成功入选国家骨干冷链物流基地建设名单，获批建设国家级互联网骨干直联点。开展城市地下安全整治行动，改造地下管网81.3公里，整治老旧管网安全隐患1500余处，城市安全得到进一步提升。加快生活垃圾焚烧发电、餐厨垃圾处理厂等建设，成功入选国家废旧物资循环利用体系建设试点城市。开展“清洁家园”行动，加强空间立面整治，清理大型户外广告设施100余处，城市面貌更加干净清爽。

一年来，我们统筹谋划抓巩固、促衔接，乡村振兴全面推进。坚持以“三乡工程”为抓手，深入实施乡村振兴“八大行动”，打造茶马互市生态休闲等乡村旅游精品线路，吸引3000余名能人回乡创业，签约“百企兴百村”项目30个，培育打造示范典型20个。实施促进脱贫群众稳定增收二十条措施，实现脱贫人口务工就业2.6万人，返贫致贫风险消除率70%。建设7个美丽城镇、86个高原美丽乡村和29个乡村振兴试点村。实施惠及36个村5.1万人的农村饮水安全工程，改善农村居住条件7000户，新改建农村户厕1.1万余座，建设村庄污水治理项目12个，农村人居环境质量持续提升。湟中入选国家农业现代化示范区，西宁被确定为绿色有机农畜产品输出地先行示范市。

一年来，我们全力以赴抓治理、保安全，社会大局和谐稳定。铸牢中华民族共同体意识，民族团结进步创建活动“十进”全覆盖，打造14家社区“石榴籽家园”，再度荣获全国民族团结进步示范市荣誉。深入实施社会治理“八个一”工程，常态化推进扫黑除恶斗争，刑事案件发案率大幅下降。率先实现“一站式”矛盾纠纷调解中心全覆盖，一批群众反映强烈的矛盾问题得到有效解决。扎实推进政府隐性债务化解、金融风险防控等，守住了不发生区域性、系统性金融风险底线。妥善处置“8·18”大通山洪、九家湾山体滑坡等突发灾害，积极推进大通山洪灾后重建。深入开展安全生产专项整治三年行动，平安建设各项指标在全省考核中位列第一。

过去一年，我们始终坚持把政治建设摆在首位，坚持不懈用习近平新时代中国特色社会主义思想凝心铸魂，深入学习贯彻党的二十大精神，常态化落实“第一议题”制度，以实际行动捍卫“两个确立”、做到“两个维护”。提请审议地方性法规、编制修订政府规章10件，高质量办理人大代表建议129件、政协委员提案139件。深化法治政府建设，依法行政水平不断提高，公共法律服务体系持续完善。开展转作风、树新风、勇争先系列行动，“12345”市民热线受理解决诉求42.6万件，92万人（次）参与“西宁评议”，政府效能持续提升。民族宗教、国防动员、双拥共建、退役军人服务、妇女儿童、青少年、老龄慈善、残疾救助、新闻广电、外事侨务、地震气象、红十字、地方志、人防、审计、统计等各项事业健康发展。

各位代表，回顾过去的一年，形势异常复杂、困难超出预期。我们在一轮又一轮疫情冲击下奋勇前行，在一道又一道难关前迎难而上，结果好于预期，成绩实属不易。这些成绩的取得，根本在于以习近平同志为核心的党中央坚强领导，在于习近平新时代中国特色社会主义思想的科学指引，是省委省政府和市委坚强领导的结果，是市人大、市政协和社会各界监督支持的结果，是全市干部群众感恩奋进、拼搏赶超的结果。在此，我代表市人民政府向全市各族干部群众，向人大代表、政协委员，向各民主党派、工商联、中央和省级驻宁单位、人民团体、社会各界人士，向驻宁部队指战员、武警官兵、公安干警、消防救援队伍，向所有关心支持西宁改革发展稳定的同志们、朋友们，致以崇高的敬意和衷心的感谢！

同时，我们也清醒地看到，西宁发展不平衡不充分的问题仍然突出，经济社会发展仍面临不少困难和问题。重大项目谋划能力不足，储备项目体量不大、质量不高，带动性不够、支撑性不强；产业基础薄弱、结构不优，缺乏核心竞争力；财政收支平衡压力前所未有，统筹债务化解和保障新建项目资金需求矛盾加剧；基础设施建设历史欠账较多，教育、医疗、养老、托育等公共服务供给能力仍然较弱，群众还有不少急难愁盼问题亟待解决；干部作风能力与奋进新征程、建功新时代要求存在一定差距。对这些问题，我们将进一步加大工作力度，采取有效措施，努力加以解决。

二、2023 年工作总体要求和重点任务

各位代表，历史的脚步，总在昂扬向上中不断前行。过去五年，我们认真贯彻习近平总书记对青海工作的重要指示批示精神，艰苦奋斗、砥砺前行，经济总量持续攀升，生态环境明显改善，城乡面貌焕然一新，改革开放不断深化，民生福祉日益增进，疫情防控有力有序，为我们加快发展积累了经验、夯实了基础、积蓄了能量。

今后五年，是全面贯彻党的二十大精神，奋力谱写全面建设社会主义现代化国家青海篇章，建设现代美丽幸福大西宁的重要时期。西宁首位度高，省委省政府对西宁引领全省发展、走在全省前列寄予厚望，全省人民希望在西宁能够享有更优质的公共服务、获得更公平的发展机会，发挥省会优势、彰显省会担当是我们义不容辞的责任，在现代化新青海建设上走在前作表率是我们矢志不渝的使命。我们必须聚力高质量发展，立足建设产业“四地”，做大做强做优三个千亿级产业集群，积极培育支柱产业，提升服务业发展质效，布局“新赛道”、抢占“制高点”，加快构建具有西宁特色的现代产业体系，当好推动高质量发展的排头兵。我们必须聚力生态环境保护，围绕打造生态文明高地，推进实施生态系统保护和修复重大工程，在“双碳”行动中先行先试，高水平建设新时代生态文明典范城市，促进人与自然和谐共生，守牢国家生态安全屏障建设的大后方。我们必须聚力打造幸福城市，注重提升城市功能品质内涵，加强城市规划、建设和治理，拓展空间、优化布局、提升功能，着力解决群众急难愁盼问题，增进民生福祉，增强幸福成色，打造高原城市高品质生活的新标杆。我们必须聚力加强民族团结进步，以铸牢中华民族共同体意识为主线，积极构筑中华民族共有精神家园，依法加强宗教事务管理，促进各民族共同繁荣发展，创建新时代民族团结进步的好样板。我们必须聚力推进安全发展，统筹发展和安全，坚决把维护国家安全贯彻到工作各方面全过程，提升市域社会治理效能，防范化解重大财政金融风险，提高公共安全治理水平，增强社会和谐稳定、群众安居乐业的安全感。

2023 年是全面贯彻落实党的二十大精神的开局之年，是“十四五”规划承前启后的关键一年，是为全面建设社会主义现代化国家奠定基础的重要一年。我们要不为一时波动所动摇，始终保持“咬定青山不放松”的定力，发扬“越是艰险越向前”的气概，感恩奋进、拼搏赶超，聚力建设现代美丽幸福大西宁，一步一个脚印把市委绘制的宏伟蓝图变成美好现实，让西宁的明天更加美好！

今年，政府工作总体要求是：坚持以习近平新时代中国特色社会主义思想为指导，全面贯彻落实党的二十大精神，深入贯彻落实习近平总书记对青海工作的重大要求，认真贯彻落实中央经济工作会议和省委十四届三次全会精神，按照市第十五次党代会和市委十五届六次全会部署，坚持稳中求进工作总基调，完整准确全面贯彻新发展理念，加快构建新发展格局，着力推动高质量发展，更好统筹疫情防控和经济社会发展，更好统筹发展和安全，深入实施“一优两高”战略，聚焦打造生态文明高地、建设产业“四地”，把实施扩大内需战略同深化供给侧结构性改革有机结合起来，突出做好稳增长、稳就业、稳物价工作，推动经济实现整体好转、风险得到有效管控、社会大局保持稳定，实现质的有效提升和量的合理增长，聚力建设现代美丽幸福大西宁，为全面建设社会主义现代化国家开好局起好步作出西宁贡献。

经济社会发展主要预期目标是：地区生产总值增长 5% 以上；城镇登记失业率和调查失业率控制在 2.5% 以内和 5.5% 左右；居民收入增长与经济增长基本同步；居民消费价格涨幅控制在 3% 左右；粮食总产量保持在 22 万吨以上；湟水河出境断面水质、城市空气质量优良天数比例完成省定目标，能耗强度、主要污染物减排控制在省定目标内。

围绕上述目标，重点抓好八个方面工作：

（一）坚定实施扩大内需战略，培育经济增长新动力。精准把握国家和省级政策导向，全力抓项目稳投资增动能，充分发挥投资关键作用和消费基础作用。

更大力度促进招大引强。实施招商引资“六大行动”，发挥产业链“链长”、头部企业“链主”作用，推动产业链招商、以商招商。紧盯国内发达省份、对口援青地区、行业龙头和产业领军企业，立足特色优势、加大招引力度，重点引进光伏配套制造、动力及储能电池、高端锂离子电池、铝基和镁基新型合金材料及结构材料等补链延链强链项目。完善产业链专班机制，用好“头部企业、重大项目、关键技术”对接清单，提高项目履约率、开工率和资金到位率，力争引进项目 40 个以上，到位资金 200 亿元以上。

全力以赴推动项目建设。加强重大项目谋划、设计、储备，充实“万千百亿”项目库，形成一批具有带动性、支撑性项目，力争年内固定资产投资增长8%以上。谋划实施先进制造业、重大技术攻关等领域项目，推动传统产业升级和战略性新兴产业发展。谋划推动新型基础设施、新型城镇化，以及交通、水利等重大工程，加快实施城市片区更新、老旧小区改造、城市安全运行等重大项目，不断提升城乡基础设施水平和便利度。支持居民刚性和改善性住房需求，加快重点房地产开发项目建设，推动房地产业向新发展模式平稳过渡。

千方百计恢复扩大消费。开展房地产巡展、汽车展销、家电下乡和以旧换新等新一轮促消费行动，举办“双品网购节”、美食节等活动，推动重点领域消费全面复苏。开展文化惠民消费季，打造夜间文旅消费品牌，拓展文旅消费空间。改造县域综合商贸服务中心和配送中心，升级乡镇商贸中心，发展新型乡村便利店。鼓励发展新型康养产业，引导育幼、家政、物业、陪护等服务业提档升级。启动生命健康谷、青藏高原黄金海拔康养产业基地建设，加快打造全省医药产业和高原健康产业集聚地。提升旅游基础设施和配套服务水平，建设河湟文化创意产品集聚区，推动湟中国家级全域旅游示范区、湟源省级全域旅游示范区创建。谋划推动河岸经济带建设，布局完善休闲购物、主题餐饮、游乐体验等业态，推动园区现代商贸、文化旅游等生活性服务业发展，力争社会消费品零售总额增长高于全省平均水平。

（二）加快推进产业集聚提升，构筑现代产业体系新优势。全面落实“四地”建设专项行动方案，提升产业链供应链韧性和安全水平，加快推进现代化产业体系建设。

打造优势产业集群。加快推进单晶硅、高纯晶硅、锂电材料、太阳能电池等重大产业项目，做大做精高性能碳纤维、新型动力电池、高效电池片等关键基础材料和零部件，提升产业链核心竞争力，加速形成产业集群、产业配套、产业优势。建成国家级互联网骨干直联点，加快重点产业链标识解析二级节点建设，促进数字经济发展。推进控制系统一体化、生产系统智能化，加快传统产业智能化改造。推进电子信息材料、盐湖资源综合利用、氢能产业链等研究，布局推动战略性新兴产业，力争规上工业增加值增长14%以上。

推动中小企业发展。健全优质企业梯度培育体系，打造一批具有产业生态主导力和核心竞争力的龙头“链主”企业。实施中小企业专精特新培育行动，培育一批“小巨人”企业，打造单项冠军企业。出台中小企业集群扶持政策，加大优质中小微企业培育力度，打造高原特色农畜产品精深加工、中藏药等中小企业特色产业，新增中小微企业450户。落实重点企业“白名单”机制，加强监测调度，做好能源、物流、原料等要素供应保障，保持产业链供应链平稳运转，确保重点企业稳产增产、达产达效。

推进现代服务业发展。加快西宁国家骨干冷链物流基地、双寨国际物流城等项目建设改造，启动多巴新城物流产业园建设。构建县乡村三级物流网络，推动电商进农村提质增效。积极推进国家级普惠金融改革试验区建设，开展“信用社区”“信用市场”试点。建立服务业企业升规入限梯度培育机制，培育重点企业入库纳统，释放产能、做大存量。搭建循环经济能源控制、有色冶金行业专业服务等平台，推动智慧物流、医药仓储物流中心等项目建设，提升园区现代物流、信息服务等生产性服务业发展。谋划实施土木工程检验检测技术平台、高纯氧化铝融合发展等重点项目，推进重点园区“两业融合”改革试点，提升先进制造业和现代服务业融合发展水平。

各位代表，产业是立市之本、强市之基，是创造力、竞争力和综合实力的重要体现。只要我们坚定不移推进产业发展，毫不动摇推动短板产业补链、优势产业延链、传统产业升链、新兴产业建链，优结构、提能级、壮体量，就一定能够在未来发展的道路上行稳致远、再攀新高！

（三）大力推动生态文明建设，实现环境质量新提升。坚持绿水青山就是金山银山，统筹山水林田湖草沙冰一体化保护和系统治理，协同推进降碳、减污、扩绿、增长，推动经济社会发展绿色转型。

持续巩固生态安全屏障。启动新一轮国土绿化行动，持续推进南北山四期、环城生态公园等重点工程，实施国土绿化19.7万亩，森林覆盖率达到37.4%，草原综合植被盖度保持在60%以上。落实“林（草）长+检察长”协作机制，强化自然资源监管保护力度。积极推动西宁国家植物园建设，打造生态体验和自然教育平台。完成自然保护地勘界立标，布设35处生态定位监测点，基本建成自然保护地生态监测系统。

持续推动绿色转型发展。启动实施碳达峰九大行动，实施二氧化碳排放总量和强度双控，开展空气质量达标与碳排放达峰“双达”试点示范。开展湟源县生态产品价值实现机制试点，申报气候投融资试点城市。加强绿色低碳技术改造，打造一批绿色工厂和绿色设计产品，推进南川、北川、生物园区循环化改造，创建甘河国家级绿色园区。推动电解铝、硅铁、电解铜等重点行业节能技改，提升产业高端化、智能化、绿色化水平。

持续优化生态环境质量。扛牢压实河湖长制责任，实施南川河母亲河复苏行动，配合做好湟水数字孪生流域建设试点，确保小峡桥断面水质稳定达标。实施湟源青岭台、大通向化小流域综合治理等8个项目，治理水土流失80平方公里。全面实施北方清洁能源取暖项目，清洁节能改造12.7万户，打造清洁取暖“西宁模式”。强化重点污染物协同管控，确保空气质量优良率持续走在西北省会城市前列。

各位代表，人不负青山，青山定不负人。我们将采取更加有效的举措、更加科学的方法，持续解决一批影响生态环境的突出问题，努力让西宁的天更蓝、水更清、山更绿、景色更秀丽，让绿色美丽低碳成为西宁名片！

（四）着力提升城市功能品质，展现省会城市新面貌。坚持人民城市人民建、人民城市为人民，提高城市规划、建设和治理水平，打造宜居、韧性、智慧城市。

完善基础设施配套。高标准规划建设基础设施，加快建设西宁北绕城高速、宁大高速扩容改造等项目，推进通海大道、时代大道南延、朝阳东路北延等路网工程，构建城市路网联通、交通畅达新格局。配合开工建设引黄济宁工程，力争完成南川供水工程、引大济湟湟水北干二期及西干渠田间配套、大河滩水库等项目，开展公共供水管网漏损治理，保障生产生活用水。推进千兆光纤网络和5G网络基础设施建设，建成运营5G基站5000个以上，提升通信网络设施水平。

持续推进城市更新。编制城市更新专项规划，统筹实施主城区城市更新和老旧片区改造，加快南川、北川和多巴片区开发建设，推动西川、鲁沙尔、朝阳物流园片区城市更新。大力实施安居工程，实施老旧小区住房改造2.7万套、棚户区改造1650套、保障性租赁住房2600余套，多层住宅加装电梯100部。实施城市生命线工程，更新改造新宁路、黄河路等地下管网45公里，完成柴达木路、昆仑东路（怡心园段）等雨污分流改造工程，让城市更加安全、更具韧性。

提升城市治理效能。加快城市运行指挥中心二期、智慧交通监管等项目建设，打造“城市基础设施管理数字大脑”平台，提升设施运行监测预警能力。建成运营餐厨垃圾处理、粪便无害化处理等项目，完成一污、三污扩能改造，启动五污扩能改造、七污新建项目。持续开展城乡环境卫生综合整治，推进“门前六包”履约星级评定。推动生活垃圾分类示范片区建设，不断提高垃圾减量化、资源化、无害化处理水平。建立违规户外广告动态清零机制，巩固好干干净净、清清爽爽的城市环境。

（五）扎实推进乡村振兴，绘就农业农村新画卷。持续推动乡村振兴“八大行动”，系统谋划、一体推进农业农村现代化，推动乡村发展、乡村建设和乡村治理，建设宜居宜业和美乡村。

加快发展现代农业。夯实粮食安全根基，落实最严格的耕地保护制度，开展耕地保护“田长制”试点，坚决遏制耕地“非农化”、积极稳妥治理“非粮化”，粮食播种面积不低于90万亩，建成市粮油应急储备中心一期工程。建设高标准农田3万亩，优质高效蔬菜生产区10万亩，标准化规模养殖场10家。启动食用菌产业建设，培育发展牦牛、藏羊等优势特色产业集群，重点推进绿色有机农畜产品输出地集散中心项目，加快建设黄河流域（湟水河）现代蔬菜产业园。实施“河湟田源”品牌提升行动，认证绿色食品、有机农产品、地理标志农产品20个。加快建设湟中国家农业现代化示范区，推动大通休闲农业重点县建设。

深入实施“三乡工程”。推动巩固拓展脱贫攻坚成果同乡村振兴有效衔接，强化防返贫动态监测，坚决防止出现整乡整村规模性返贫。加快“一村一品”“一乡一业”示范基地建设，打造“一沟一产业、一域一特色”，积极创建现代农业产业园、优势特色产业集群和农业现代化示范区。实施文旅产业赋能乡村振兴计划，打造乡村旅游重点村镇、星级乡村旅游接待点，推动乡村旅游标准化、规范化发展，吸引更多市民下乡支农惠农。落实人才返乡创业支持政策，培育一批农村创业创新主体、农民专业合作社和家庭农牧场。深层次推进东西部协作、定点帮扶，开展“百企兴百村”行动，实施一批联农带农、效益良好的协作项目，促进共建共享、互利共赢。完善乡村治理体系，创建全国乡村治理示范村镇，培育文明乡风淳朴民风。

持续推动乡村建设。实施乡村建设行动，创建30个乡村振兴试点村，建设85个高原美丽乡村、2个美丽特色城镇，改善农村居住条件7000户。提升30个村3.9万人的农村饮水安全水平，改造农村户厕1.6万座。因地制宜建设农村生活污水处理设施，全市23%村庄实现污水集中处理。实施农村路网建设项目108个，新改造农村电网325公里。落实村庄公共基础设施管理责任，常态化开展农房安全隐患排查整治。加快完善教育、医疗、养老等公共服务设施，开展乡村绿化美化及村庄清洁行动，提高乡村基础设施完备度、公共服务便利度、人居环境舒适度。

各位代表，实现高质量发展，最艰巨最繁重的任务在农村，最广泛最深厚的基础也在农村。我们将以“三乡工程”为抓手，把更多资源、更多精力投入到“三农”事业，把农业做得更强、乡村建得更美、日子过得更红火！

（六）致力增进民生福祉，满足群众生活新期待。紧紧抓住人民最关心最直接最现实的利益问题，增强公共服务均衡性和可及性，在高质量发展中创造高品质生活。

促进就业创业增收。把稳就业放在更加突出的位置，延长优化减负稳岗扩就业措施。开展公共就业服务和就业促进计划，落实就业创业提质增效工程，促进农民工、高校毕业生、困难群众等重点群体就业，城镇新增就业3.3万人，农村劳动力转移就业35.4万人（次），应届高校毕业生登记就业率不低于87%。依托“互联网+”、特色劳务品牌等，开展职业技能培训，多渠道增加城乡居民收入。集中整治拖欠农民工工资问题，确保农民工拿到每一分辛苦钱。

提升教育发展质量。全力以赴办好人民满意的教育，实施7大类75个项目，加快推进宁致中学、晓泉小学、城北区二幼等改扩建项目，新增学位5000个。完善“一校一案”课后服务模式，加强非学科类校外培训机构监管，做好青少年教育关爱服务，巩固提升“双减”工作成效。实施数字教育融合创新计划，推动人工智能助推教师队伍建设试点。加快市一职产教融合实训基地、湟源职校等建设，推动校企共建“产业学院”试点项目，建设产教融合试点城市，推动职业教育发展。

推进健康西宁建设。坚持人民至上、生命至上，聚焦保健康、防重症，平稳有序实施“乙类乙管”。全力保障群众就医用药和防疫用品需求，强化老年人、儿童、孕产妇及有基础性疾病等重点人群服务，持续推进60岁以上人群疫苗接种。落实养老院、学校等重点机构防控措施，加强政策解读和健康知识普及，持续织牢疫情防控“网底”。加快市第三医院急救创伤诊疗中心、市妇幼保健院儿童诊疗中心等项目建设，推动优质医疗资源均衡布局。提升基层医疗卫生机构服务能力，持续规范社区医院建设，让群众看病更便利、更舒心。

加强公共服务保障。扩大灵活就业、新兴就业群体社会保险参保覆盖面，配合推进养老保险全国统筹。推进城东区养老示范基地、湟源县老年养护院建设，扩大养老服务设施覆盖面，养老机构护理型床位占比达到90%。加快市托育服务综合指导中心建设，建成托育服务机构20个，全面构建婴幼儿照护服务体系。出台物业星级服务收费标准等制度，稳妥推进老旧小区物业全覆盖，不断提升物业服务质量，努力营造温馨舒适的居住环境。做好重要民生商品价格监管和储备调运，确保基本生活物资供应充足、价格平稳。创建省级河湟文化生态保护实验区，打造非遗区域性整体保护西宁样板。举办“体总杯”足球联赛选拔赛、CBA季前赛等赛事，组织全民健身体育活动100场（次）以上。

促进民族团结进步。巩固深化全国民族团结进步示范市创建成果，积极创建铸牢中华民族共同体意识示范市，打造铸牢中华民族共同体意识+融合发展品牌。开展“中华文化符号”“中华民族视觉形象”构建行动，深化城市民族工作，推动社区“石榴籽家园”全覆盖。持续开展民族团结进步“十进”活动，深入开展“三项交流计划”，促进各民族交往交流交融。加快实施少数民族发展项目，优先支持民族地区产业发展。坚持我国宗教中国化方向，引导宗教与社会主义社会相适应，提高宗教工作法治化水平。

各位代表，一座幸福的城市有着鲜明的民生底色。我们聚焦群众急难愁盼问题，今年继续征集梳理十大类30项民生实事，并将用心用情用力把民生实事做成精品工程和暖心工程，让广大群众切实感受到发展的温度、幸福的质感！

（七）全面深化改革开放，厚植创新发展新动能。坚持以改革增动力、以开放添活力，统筹国内循环和国际循环，激发市场活力和社会创造力。

突出创新核心地位。持续深化科技体制改革，推动“科创中国”试点城市建设，圆满收官国家创新型城市三年行动。争取盐湖资源绿色高值利用支撑中心、碳纤维技术创新中心、生物医药创新中心等重点平台项目，加大电子级高纯硅芯、多晶硅生产热能回收等重点领域技术创新。强化科技型企业培育和精准服务，新增高新技术企业、科技型企业60家以上。持续促进科技成果转化，促成转化项目30个，技术合同成交额增长10%以上。落实“引才聚才555”“共饮一江水”等政策，打造全省高水平人才高地，让各类人才在西宁舒心生活、顺心工作、安心创业。

深化重点领域改革。推进公立医院综合改革国家级示范城市建设，全面实施DRG付费方式改革行动。稳妥推进高考综合改革，探索开展区域内集团化办学改革，试点组建义务教育阶段紧密型教育集团。深入推进国有企业“一企一策”

改革，建立完善中国特色现代企业制度，推进国企子公司董事会应建尽建、规范运行，盘活存量资产，推进“两非”“两资”清退，提升企业核心竞争力。深化农村土地“三权分置”改革，探索土地经营权入股、抵押、担保模式，提高农民财产配置效率。加快各领域财政事权和支出责任划分改革，建立财政事权清单，清晰界定支出责任，系统推进县区财政体制改革。

扩大对外开放合作。全力推动更多企业入驻综保区，启动运行跨境电商产业基地，培育完善跨境电商生态链。加快外贸示范基地建设，推动西宁铁路运输类海关监管场地建设，实现国际班列常态化运行，进出口总额增长20%以上。加大同东中部发达省区间的联动协作，在更大范围、更宽领域、更深层次上开展交流合作。强化与南京生物医药、光伏、锂电、碳纤维等产业对接，推动“宁宁协作”再上新台阶。深化西宁兰州两地铜、铝精深加工企业合作，加强新能源汽车零部件产业上下游对接。推动西宁海东一体化建设，推进产业发展协同互补、重大政策平台搭建、交界地区先行发力。探索推动优势互补、共建共享的“飞地经济”，促进要素自由有序流动，推进产业集约化发展，形成区域合作发展新格局。

打造一流营商环境。持续深化“放管服”改革，全力创建“双满意”品牌，实现高频政务服务事项“一件事一次办”，推动更多事项从“可办”向“好办”转变。依法保护知识产权，恪守契约精神，积极创建“国家社会信用体系建设示范城市”。落实落细促进民营经济发展政策措施，完善小微企业融资担保降费贴息奖补政策，力争年内新增市场主体1万户以上，推动市场主体高质量发展。开展“助企暖企春风行动”，提振企业信心，激发企业活力。

（八）坚决防范化解风险，开创平安西宁新局面。坚决贯彻总体国家安全观，有效防范化解重大风险隐患，牢牢守住不发生区域性、系统性风险的底线。

深化市域社会治理。常态化推进扫黑除恶斗争，依法严厉打击电信网络诈骗、养老诈骗、侵犯公民信息等违法犯罪活动。建立健全矛盾纠纷排查化解机制，畅通完善信访渠道，持续推动信访积案化解，及时把矛盾纠纷化解在基层、解决在萌芽状态。创新推动新时代“枫桥经验”西宁化，创建全国社会治安防控体系示范市、禁毒示范市，建设更高水平的平安西宁。

防范化解财政金融风险。树牢过紧日子思想，严肃财经纪律，兜牢基层“三保”底线。健全债务风险预警和应急处置机制，建立偿债备付金制度，严防政府债务总体风险，防范市属国企过度举债。扎实做好保交楼、保民生、保稳定工作，满足行业合理融资需求，促进房地产市场平稳发展。开展非法金融机构和非法金融业务清理整治，确保不发生区域性金融风险。

提升防灾减灾能力。高标准高质量完成“8·18”大通山洪灾后恢复重建，全力完成青山乡中心学校迁建、受灾群众集中搬迁安置、沙岱河治理等项目建设。实施天气雷达升级迁建、湟中地质灾害避险搬迁等重点工程，创建全国减灾示范社区。健全“群防+技防+智防”监测预报预警体系，完善“叫醒”“叫应”机制。严密防范森林草原火灾、洪涝干旱等灾害，推进应急物资储备库建设，夯实公共安全与防灾减灾基础。

守牢安全生产底线。严格落实全链条安全生产责任制，深入开展安全生产风险全排查、隐患全整改，持续推动国务院安委会“15条硬措施”和省市措施落实落地。强化危险化学品、交通运输、建筑施工、特种设备等重点行业领域监管，加快推进气瓶源头建档赋码工作，加大道路交通、地下管网、城乡自建房等风险排查，坚决防范和遏制重特大事故发生。

各位代表，建设现代美丽幸福大西宁是我们共同的愿望，高质量发展的征程上，每一份社会力量都至关重要。我们将一如既往支持民族宗教、国防动员、双拥共建、退役军人服务、妇女儿童、青少年、老龄慈善、残疾救助、新闻广电、外事侨务、地震气象、红十字、地方志、人防、审计、统计等工作，推动各项事业再上新台阶！

三、加强政府自身建设

在奋进新征程的赶考路上，我们将牢记和践行“三个务必”，保持高的站位、严的标准、实的作风、廉的底色，努力创造经得起实践、人民、历史检验的工作实绩，用各级干部忠诚、干净、担当的精气神，展现省会城市的精气神。

加强政治建设，铸就为政之魂。坚持旗帜鲜明讲政治，深刻领悟“两个确立”的决定性意义，牢记“国之大者”，增强“四个意识”、坚定“四个自信”、做到“两个维护”，始终把贯彻落实习近平总书记重要指示批示精神作为政治要件、政治任务。严守政治纪律、政治规矩，坚决贯彻关于加强和维护党中央集中统一领导的若干规定，严格执行重大事项请示报告制度，着力提高政治判断力、政治领悟力、政治执行力，不折不扣贯彻落实党中央决策部署和省委省政府及市委部署要求，切实把党的全面领导贯彻到政府工作各领域各方面。

坚持法治思维，推进依法行政。认真学习贯彻习近平法治思想，深入推进“八五”普法，推动重点领域立法，推进法治政府建设。严格执行民主集中制，落实重大事项决策机制，推进科学决策、民主决策、依法决策。依法接受人大及其常委会监督，自觉接受政协民主监督，高度重视社会和舆论监督，高质量办理人大代表建议和政协委员提案。加强政府诚信建设，加大政务公开，以政府守法诚信赢得群众和市场主体信任。

突出创新务实，锤炼过硬作风。认真学思践悟新发展理念，善于运用各类工具破解发展难题，着力增强推动高质量发展本领。坚守群众立场，创新群众工作方法，着力增强服务群众本领。善于总结经验、吸取教训，强化对重大风险的预见、应对和处置，着力增强防范化解风险本领。把狠抓落实作为政府工作的基本准则，实事求是讲真话办实事，一切工作拿结果说话、用实绩交卷。强化正向激励，深化容错纠错，旗帜鲜明支持干部敢为、基层敢闯、群众敢首创。

坚守廉洁底线，永葆风清气正。坚决扛起全面从严治党主体责任，持续深化党风廉政建设和反腐败斗争，深入推动廉洁政府建设。锲而不舍落实中央八项规定及其实施细则精神和省市若干措施，深入开展“破除特权思想、狠刹吃喝歪风、反对圈子文化”专项整治，持续深化纠治“四风”，坚决杜绝形式主义、官僚主义。坚持不敢腐、不能腐、不想腐一体推进，强化土地出让、项目招投标、公共资源交易等重点领域和关键环节监管，坚决查处权钱交易、以权谋私等腐败问题，努力营造风清气正、干事创业的良好政治生态。

各位代表，风劲帆满图新志，砥砺奋进正当时！让我们更加紧密地团结在以习近平同志为核心的党中央周围，在省委省政府和市委的坚强领导下，踔厉奋发、勇毅前行，聚力推动现代美丽幸福大西宁建设，为奋力谱写全面建设社会主义现代化国家青海篇章贡献西宁力量。

西宁市2022年国民经济和社会发展计划执行情况与2023年国民经济和社会发展计划草案的报告

——2023年2月14日在西宁市第十七届人民代表大会第四次会议上

西宁市发展和改革委员会

受市人民政府委托，现将2022年国民经济和社会发展计划执行情况与2023年计划草案提请市十七届人大四次会议审查，并请政协各位委员和列席会议同志提出意见。

一、2022年全市国民经济和社会发展计划执行情况

2022年，西宁经济社会发展遭遇了历史罕见的极端天气影响，经受了极其复杂严峻的多轮疫情冲击。面对困难，全市上下坚持以习近平新时代中国特色社会主义思想为指导，在省委省政府和市委的坚强领导下，在市人大、政协的监督支持下，认真学习贯彻党的二十大精神，完整准确全面贯彻新发展理念，迎难而上，克难奋进，统筹疫情防控和经济社会发展，统筹发展和安全，认真执行市十七届人大二次会议审议批准的《政府工作报告》和审查批准的2022年国民经济和社会发展计划，落实市十七届人大常委会第九次会议审议批准的关于调整全年经济社会发展部分目标任务报告的决议，落实市人大财经委审查意见，经济运行总体平稳，就业物价基本平稳，粮食安全、能源安全和人民生活得到有效保障，保持了经济社会大局稳定。全市实现地区生产总值1644.4亿元，同比增长2.1%，第一、第二、第三产业增加值分别增长4.4%、11.4%、-2.7%。

（一）坚持人民至上生命至上，疫情防控成效明显。成立前线指挥部、市委工作组，强化市区一体、扁平化指挥，因时因势优化疫情防控措施，提升医疗救治能力，保障基本民生诉求，率先在全国省会城市中实现社会面清零，最大程度保护了人民生命安全和身体健康。加强医疗物资、防疫用品等储备调运，保障群众就医用药需求，启用省市定点救治医院，投用18个方舱医院、2个胶囊气膜实验室，提供床位1.5万张。有序推进新冠疫苗接种，在全省率先完成60-79岁人群和80岁及以上人群疫苗接种任务，全人群全程接种率达90.3%。成立民生诉求保障专班，第一时间启动社会救助和保障标准与物价上涨挂钩联动机制，快速启用临时批发市场，基本生活物资供应充足。

（二）全力以赴稳大盘，经济运行总体平稳。建立重点产业链供应链企业“白名单”机制，规上工业增加值同比增长26.9%，连续24个月保持在20%以上，对全省贡献率达70%。开发区规上工业产值达到1386亿元，增长57%，拉动全市增长32个百分点。单晶硅、多晶硅、碳纤维等新兴产业增加值同比增长1.8倍，占规模以上工业增加值比重达50.2%。出台助企纾困十大行动等政策，创新“企业家茶座”，开展“三沉三跑三发挥”暖企稳商纾困行动，助力服务业稳步恢复。人民币存贷款余额同比增长7.2%。铁路、公路运输总周转量分别同比增长17%、7%。电信业务总量同比增长27%。完成耕地“非粮化”整治1.45万亩，建设高标准农田3万亩，提升改造设施温室1666栋，粮食种植面积和产量分别达90.9万亩、21.78万吨。“河湟田源”农产品区域公用品牌影响力不断提升，新认证“两品一标”农产品34个。湟中入选国家农业现代化示范区，西宁被确定为绿色有机农畜产品输出地先行示范市。

（三）努力扩投资促消费，内需拉动作用稳步提升。落实领导包保重点项目协调机制，举行重点项目集中开工，创新“红黄绿”三色预警机制，开通线上“投资项目服务平台”，“点对点”服务、“一对一”保障物资物料，完成固定资产投资526.1亿元。紧盯国家及省上投向，争取专项补助资金135亿元，融资贷款专列和直通车项目资金117亿元。开展“温情春夏 乐购夏都”等促销扩消活动，拉动消费36亿元，全年实现社会消费品零售总额531.7亿元。常态化开行中欧班列和铁海联运专列，综合保税区保税加工基地、保税仓等工程稳步推进，大龙网、敦煌网跨境电商综合服务平台落地西宁，完成外贸进出口总值32.4亿元，占全省75.3%。

（四）坚持绿色低碳发展，生态环境持续改善。加快推进南北山四期、绿水青山等重点工程，完成国土绿化75.1万亩，森林覆盖率达37%，草原综合植被盖度61.2%。入选北方地区冬季清洁取暖试点城市，完成煤改气、低氮锅炉改造396蒸吨，城市空气质量优良率92.6%，连续8年位居西北省会城市第一。治理水土流失面积100余平方公里，规范化整治入河排口1693个，三污扩能、六污提质增效等项目加快推进，国省控断面水质均达到Ⅲ类水质要求。实施祁连山南麓大通片区生态保护和修复、湟水流域湿地生态修复与提升工程，全面完成中央环保督察、黄河警示片反馈问题整改，省级例行督察反馈问题整改扎实推进。启动开展碳达峰目标预测及实施路径研究和达峰方案编制。积极申报南川工业园区纳入全省零碳产业示范区。

（五）统筹区域协调发展，城乡建设全面推进。加快兰西城市群合作，两市10家供应链签约企业实现交易额近30亿元，成立跨区域专科（技术）联盟，94项高频政务服务事项实现“跨省通办”。聚力打造“宁宁协作”升级版，落实省级统筹帮扶资金1.4亿元，湟中区西堡镇生态奶牛养殖等36个东西部协作项目加快建设。海湖路跨线桥、群星路下穿等12条道路建成通车，改造城市地下管网81.3公里。西川、朝阳等片区城市更新试点稳步推进。成功入选国家骨干冷链物流基地建设名单。获批建设国家级互联网骨干直联点。深入实施乡村振兴“八大行动”，打造茶马互市生态休闲等乡村旅游精品路线，建设7个美丽城镇、86个高原美丽乡村和29个乡村振兴试点村，新改建农村公路283.8公里，改善农村居住条件7000户。实现脱贫人口务工就业2.6万人，返贫致贫风险消除率70%。

（六）持续深化改革创新，经济活力不断释放。开展“双满意”品牌创建，推行金牌“店小二”服务和“3130”模式，推出66项“一件事一次办”特色服务，获得电力、登记财产等领域已步入全国“第一方阵”。推行国企“一企一策”改革，组建产投集团、产融集团，完成28家全民所有制企业改制。全面落实新的组合式税费支持政策，累计退税和新增减税降费104亿元，惠及市场主体12.66万户。引进落地晶科、弗迪等强链补链项目，全市最大单体投资项目天合光能新能源产业园开工建设，累计到位省外招商引资资金197.6亿元。推进国家创新型城市三年行动，开展“科创中国”城市试点，举办第七届中国创新挑战赛（青海），培育科技型企业、“专精特新”中小企业等126家，N型双面组件提效技术、4—6微米亚光性铜箔开发等成果水平达到国内领先水平。

（七）着力保障改善民生，人民生活品质稳步提高。落实援企稳岗资金7.8亿元，稳定就业岗位19.5万个。举办“13+N”线上线下招聘活动，打造首批“宁字号”劳务品牌6个，城镇新增就业3.3万人，农村劳动力转移就业36.2万人（次），城镇登记失业率控制在2.5%以内。全体居民人均可支配收入达到33497元，增长3.6%。建成虎台中学分校、文苑幼儿园等16所中小学幼儿园，新增学位6200个。持续打造“健康西宁”，医疗卫生应急物资储备库建成投用。完成“物质＋服务”改革试点，6.76万人（次）困难群众的服务需求得到有效满足。实施棚户区改造住房4300余套、老旧小区改造3万余套。启用2600万价格调节资金，重要民生商品供应充足、价格稳定，居民消费价格指数累计上涨2.5%。

（八）统筹发展和安全，社会大局保持稳定。全面完成粮食购销领域腐败问题专项整治自查自纠和巡视巡察反馈意见问题整改，新增市级成品粮储备规模8800吨。煤电机组储煤量双机运行下可用15天，南部片区增量配电网试点获批。妥善处置“8·18”大通山洪、九家湾山体滑坡等突发灾害，积极推进大通山洪灾后重建。开展安全生产专项整治三年行动，生产安全事故起数下降28%。扎实推进政府隐性债务化解、金融风险防控等，守住了不发生区域性、系统性金融风险底线。实现地方一般公共预算收入131.7亿元。铸牢中华民族共同体意识，民族团结进步创建活动“十进”全覆盖，打造14家社区“石榴籽家园”。率先实现“一站式”矛盾纠纷调解中心全覆盖。

二、2023年经济社会发展环境和主要目标

2023年是全面贯彻落实党的二十大精神的开局之年，是“十四五”规划承前启后的关键一年，是为全面建设社会主义现代化国家奠定基础的重要一年，做好全年经济社会发展工作意义重大、责任重大。奋进新时代，迈上新征程，西宁发展基础更加坚实，推动高质量发展具有不少机遇和优势条件。一是党的二十大科学擘画了未来5年乃至更长时期党和国家事业发展的目标任务和宏伟蓝图，新时代西部大开发、黄河流域生态保护和高质量发展、共建“一带一路”等重大战略效应持续释放，为我们聚力高质量发展提供广阔空间。二是省委省政府对西宁引领全省发展、走在全省前列给予厚望，提出“当好排头兵、守牢大后方、打造新标杆、创建好样板、增强紧迫感”和“四个再发力”要求，对我们既是极大鼓舞，更是有力鞭策，将有力推动全市在现代化新青海建设上走在前列当好表率。三是随着优化疫情防控措施精准落地和稳经济大盘各项政策持续显现，线下消费、文化旅游、餐饮住宿等行业加快复苏，消费需求稳步提升，将有力稳定社会预期，提振市场信心，推动经济实现整体好转。四是我市立足产业“四地”建设，狠抓招商引资和营商环境优化，积极培育优势产业，三个千亿级产业集群加速培育，产业规模和质量稳步提升，为加快打造现代化产业体系打下坚实基础。五是聚力打造生态文明高地，坚持绿水青山就是金山银山，统筹山水林田湖草沙冰一体化保护和系统治理，绿色发展优势愈发明显，新的经济增长点正在涌现。

但同时也要清醒看到，当前世界处在新的动荡变革期，我国经济恢复的基础尚不牢固，需求收缩、供给冲击、预期转弱三重压力仍然较大。全省周期性结构性矛盾交织，经济增长持续承压。就我市而言，发展不平衡不充分问题仍然突出，经济社会发展仍面临不少困难和问题。重大项目谋划能力不足，储备项目体量不大、质量不高，带动性不够、支撑性不强；产业基础薄弱、结构不优，缺乏核心竞争力；财政收支平衡压力前所未有，统筹历史债务化解和保障新建项目资金需求矛盾加剧；基础设施建设历史欠账较多，教育、医疗、养老、托育等公共服务供给能力依然较弱，群众还有不少“急难愁盼”问题亟待解决。

综合判断，未来一个时期，我市发展机遇和挑战并存，机遇大于挑战。我们要聚力高质量发展，当好推动高质量发展的排头兵；聚力生态环境保护，促进人与自然和谐共生；聚力建设幸福城市，打造高原城市高品质生活新标杆；聚力加强民族团结进步，促进各民族共同繁荣发展；聚力推进安全发展，增强社会和谐稳定、群众安居乐业的安全感。

按照市委安排部署，全年经济社会发展的总体要求是：坚持以习近平新时代中国特色社会主义思想为指导，全面贯彻落实党的二十大精神，深入贯彻落实习近平总书记对青海工作的重大要求，认真贯彻落实中央经济工作会议和省委十四届三次全会精神，按照市第十五次党代会和市委十五届六次全会部署，坚持稳中求进工作总基调，完整准确全面贯彻新发展理念，加快构建新发展格局，着力推动高质量发展，更好统筹疫情防控和经济社会发展，更好统筹发展和安全，深入实施“一优两高”战略，聚焦打造生态文明高地、建设产业“四地”，把实施扩大内需战略同深化供给侧结构性改革有机结合起来，突出做好稳增长、稳就业、稳物价工作，推动经济实现整体好转、风险得到有效管控、社会大局保持稳定，实现质的有效提升和量的合理增长，聚力建设现代美丽幸福大西宁，为全面建设社会主义现代化国家开好局起好步作出西宁贡献。

按照上述总体要求，立足省会城市政治责任和使命担当，在综合平衡基础上兼顾当前和长远、需要与可能，提出2023年经济社会发展主要预期目标：地区生产总值增长5%以上；城镇登记失业率和调查失业率控制在2.5%以内和5.5%左右；居民收入增长与经济增长基本同步；居民消费价格涨幅控制在3%左右；粮食总产量保持在22万吨以上；湟水河出境断面水质、城市空气质量优良天数比例完成省定目标，能耗强度、主要污染物减排控制在省定目标内。

以上目标，紧扣中国式现代化远景目标，有序衔接“十四五”规划纲要，聚焦高质量发展主题，尽力而为，量力而行。经济增长指标，综合考虑了发展形势、增长动力和基础因素，充分体现稳增长是全年经济工作的重中之重，推动实现质的稳步提升和量的合理增长。民生指标，坚持以人民为中心发展思想，落实共同富裕要求，突出就业优先导向，着力稳定市场预期，充分体现稳就业、稳物价的决心和信心。生态环境指标，强化约束性、体现高标准，坚持方向不变、力度不减、适度调增，努力打造生态文明高地。在外部环境错综复杂、经济下行压力加大、困难挑战凸显的背景下，实现上述目标需要加倍努力。

三、2023年国民经济和社会发展主要任务措施

2023年，要按照市委决策部署，积极打造体现西宁特色的现代化经济体系、建设新时代生态文明典范城市、打造高原城市高品质生活的标杆，聚力建设现代美丽幸福大西宁。重点抓好八个方面工作。

（一）坚定实施扩大内需战略，增强高质量发展后劲。充分发挥投资的关键作用和消费的基础作用，着力拓展有效投资空间，加快推动消费回暖和升级扩容，不断提升内需拉动作用。

狠抓项目谋划储备。压实落细“项目谋划生成专班工作方案”，围绕产业“四地”建设、城市安全、城市更新、医疗救治、“一老一小”等重点领域，谋划产业发展、现代化基础设施体系、基本公共服务等总规模4000亿元以上滚动项目储备，切实筑牢“万千百亿”项目库。谋深做细产业链，久久为功抓好产业链招商，深化产业研究和市场培育，加大优质优势企业引进和项目洽谈落地。研究制定重大项目谋划争取实施奖补办法，推动各类要素向优质项目聚集，积极扩大有效投资。

强化重大项目建设。加大项目资金争取，“跑省跑部”加强沟通衔接，有效保障项目资金需求，形成更多有效投资。深化“周检查、旬协调、月督办”、市级领导包保、“红黄绿”三色预警、“点对点、一对一”精准服务保障等机制，加快先进制造业、现代化基础设施体系、民生保障等领域重点工程建设，实施天合光伏全产业链、南川应急水源调控工程、宁致中学等项目，加快推进泰丰先行年产16万吨高能密度锂电材料、桥电3×660MW上大压小等项目，力争全年完成固定资产投资增长8%以上。

发挥消费基础作用。健全常态化促消费机制，研究制定增强消费能力、改善消费条件、增加消费场景的一揽子政策措施，推广“政府促消费+企业促销售”模式，推动零售、餐饮、住宿等领域消费全面复苏。持续开展房地产巡展、汽车展销会、绿色家电下乡和以旧换新等促消费行动，保持汽车、家电等大宗消费稳定增长。有序推进试点步行街改造提升，打造美食节、FIRST青年电影展等消费品牌，建设夜间消费集聚区，推动形成新的消费增长点。做好“双品网购节”数字促消费活动，加快传统商业企业数字化、智能化改造。统筹开展智慧商圈和智慧商店示范创建，改造提升县城综合商贸服务和配送中心，加快释放农村消费潜力。

（二）加快建设现代产业体系，夯实高质量发展基础。坚持把发展经济着力点放在实体经济上，实施产业规模和质量提升工程，持续提升经济质量效益和核心竞争力。

保持工业较快增长。紧盯国家技术攻关、先进制造业、“东数西算”政策和资金投向做好项目储备，加快推进天合一期35GW单晶硅和5GW太阳能电池、弗迪5GWh新型动力电池、丽豪二期10万吨高纯晶硅等重大项目建设。实施中小企业“专精特新”培育行动，做强阳光能源、中昱新材料、力同铝业、聚能钛业等产业链配套企业。积极培育湟源高原特色农畜产品精深加工、城北中藏药等中小企业特色产业集群。推进电子信息材料、盐湖资源综合利用、氢能产业链等研究，加快高景智能制造一体化平台、丽豪智能制造园区等项目建设，提升产业创新能力。

提升服务业发展质效。推进西宁国家级普惠金融改革试验区建设，筹建政府产业基金，拓宽企业融资渠道。加快西宁国家骨干冷链物流基地、双寨国际物流城等基础设施升级改造，推进商贸服务型国家物流枢纽承载城市申建。搭建绿色有机农畜产品试验检测、循环经济能源控制、有色金属行业专业服务平台，推动朝阳智慧物流、华源医药仓储物流中心等项目建设。加快“两业融合”改革试点，推进光伏技术创新中心、锂电研发中心等项目建设。谋划推动河岸经济带建设，推动园区生活性服务业发展。

大力发展现代农业。建设高标准农田3万亩，粮食播种面积稳定在90万亩。加快绿色有机农畜产品输出地先行示范市建设，建设良种繁种基地3万亩，马铃薯、小麦高产示范区20万亩，绿色优质油菜生产基地10万亩。实施“河湟田源”品牌提升行动，认证绿色食品、有机农产品、地理标志农产品20个。推动黄河流域（湟水河）现代蔬菜产业园、绿色有机农畜产品输出地集散中心等项目建设，争取大通县全国农产品产地冷链保鲜试点县建设。

（三）坚持绿色低碳发展，擦亮高质量发展底色。统筹山水林田湖草沙冰一体化保护和系统治理，协同推进降碳、减污、扩绿、增长，打造新时代生态文明典范城市。

强化生态环境综合治理。加强重点污染物协同管控，确保空气质量优良率持续走在西北省会城市前列。实施清洁节能改造12.7万户，打造清洁取暖“西宁模式”。实施南川河母亲河复苏行动，配合做好湟水数字孪生流域建设试点，推进湟源青岭台、大通向化小流域综合治理等项目，治理水土流失80平方公里，确保小峡桥断面水质稳定达标。推进黄河流域历史矿山生态修复，巩固提升祁连山南麓大通片区13个图斑生态环境综合整治成果。

持续筑牢生态安全屏障。启动新一轮国土绿化三年行动，推进南北山四期、环城生态公园等重点工程，实施国土绿化19.7万亩，全市森林覆盖率达到37.4%。完成自然保护地勘界立标，布设35处生态定位监测点，基本建成自然保护地生态监测系统。持续深化“无废城市”建设，建成运营垃圾焚烧发电、餐厨垃圾处理、粪便无害化处置、建筑垃圾填埋及两废中心扩能改造等项目。

积极稳妥推动碳达峰碳中和。启动实施碳达峰八大行动，实施二氧化碳排放强度和总量双控，推动能耗“双控”向碳排放总量和强度“双控”转变，开展空气质量达标和碳排放达峰“双达”试点示范。积极争创全国林业碳汇试点城市，探索开展西宁市“碳惠夏都”机制试点，加快推进气候投融资试点城市申报。全力推进零碳产业园区建设，加快南川、北川、生物园区循环化改造，开展黄河西宁热电厂、大通发电厂综合节能降碳改造。

完善生态文明制度机制。深化生态保护补偿制度改革，大力发展“生态 +”产业，开展生态产品基础信息调查，建立基础信息数据库和目录清单，做好湟源县生态产品价值实现机制试点。深化生态环境综合行政执法体制改革，完善生态环境治理信用体系。实行行政处罚案件与生态损害赔偿案件同步开展。

（四）深入实施科教人才发展战略，助力高质量发展赋能。坚持科技是第一生产力、人才是第一资源、创新是第一动力，依靠创新培育壮大发展新动能。

坚持教育优先发展。实施教育供给扩面增效计划，着力建设产教融合试点城市，统筹实施学前普及普惠、普通高中提质扩容、教育装备升级换代等 7 大类 75 个项目，推进南川中学、小泉小学等改扩建项目，新增学位 5000 个。支持城东、城北等县区新建一批公办幼儿园，促进学前教育均衡发展。完善“一校一案”课后服务模式，加强非学科类校外培训机构监管，巩固提升“双减”成效。开展校企共建“产业学院”试点，加快第一职业技术学校产教融合实训基地、湟源职校等项目建设，逐步实现骨干专业中高职衔接全覆盖。

增强科技创新支撑。稳步推进“科创中国”试点城市建设，继续开展经费“包干制”试点，实施“揭榜挂帅”“赛马制”，推动创新型城市三年行动圆满收官。推动盐湖资源绿色高值利用、藏医药古籍文献知识库等创新平台建设。支持高功率磷酸铁锂正极材料开发、多晶硅生产热能回收技术等技术创新，加大关键核心技术攻关。加速科技成果向现实生产力转化，实现技术合同成交额增幅 10% 以上。深入开展科技型企业培育和精准服务，激活自主创新动力，培育科技“小巨人”企业、高新技术企业、科技型企业 60 家以上。

培育壮大人才队伍。推进科技评价体制改革，完善以创新价值、能力水平、业绩贡献为导向的科技人才评价体系。实施“引才聚才 555”“共饮一江水”等各类人才项目，柔性引进 10 名高端科技人才。推进县以下事业单位管理岗位职员等级晋升，加快“互联网 +”一体化综合平台建设，提高人事管理的科学化、规范化水平。持续开展“双定向”职称评审，推进职称制度改革走深走实。

（五）纵深推进改革开放，激发高质量发展活力。瞄准“双循环”格局下国家所需、西宁所能，协同推进改革开放，不断增强高质量发展的战略支撑和内在活力。

狠抓招商引资“一号工程”。实施招商引资“六大行动”，做好“产业链”招商、以商招商，精准推进“招大引强”补链、“跨界融合”延链、“数字变革”强链行动，做强做优三个千亿级产业集群。立足自身资源禀赋和产业基础，积极布局“新赛道”、抢占制高点，推进电子信息材料、盐湖资源综合利用、氢能产业链等研究，布局推动战略性新兴产业。引进实施“昆仑文化谷”民俗文化城、“文创园”暨总部经济大厦、特色农畜产品精深加工等项目。力争引进项目 40 个以上，到位资金 200 亿元以上。

推进重点领域改革。坚持落实“两个毫不动摇”，深化新一轮国有企业改革，纵深推进国企改革提质增效，落实落细民营经济发展政策措施。深化要素市场化改革，建设高标准市场体系，融入全国统一大市场。推进公立医院综合改革第二批国家级示范城市建设，全面实施 DRG 付费方式改革三年行动。稳妥推进高考综合改革，试点组建初中学段区域内紧密型教育集团。推进储备粮体制机制改革，稳妥推进国有粮食企业政策性业务和经营性业务分离。深化农村土地“三权分置”改革，巩固农村集体产权制度改革成果。

持续优化营商环境。深化“放管服”改革，全力创建“双满意”品牌，推进政务服务标准化、规范化、便利化建设，实施“全城通办”“跨省通办”，推广“免证办”服务，推动更多政务服务事项“套餐式”“主题式”集成办理，实现更多服务事项“一件事一次办”。依法保护知识产权，恪守契约精神，积极创建“国家社会信用体系建设示范城市”。不断完善“一卡一码一平台”监督系统，提升营商环境监督效能。

高水平推动对外开放。持续推动西宁综合保税区高水平开放高质量发展，大力发展保税关联产业，拓展研发设计、检测维修等新业态。深化与跨境电商综试区融合发展，推进“国际班列 + 跨境电商”“前店后仓 + 极速配送”等新业态新模式快速发展。加快西宁铁路运输类海关监管场地建设，努力扩大、提高国际班列运行规模和水平。培育多式联运经营主体，引导企业对接国内外市场需求，助力青海虫草、枸杞、藏药等特色农畜产品走出去。

（六）兜牢兜住民生底线，提升高质量发展品质。树牢以人民为中心的发展思想，持续强化基本公共服务供给，兜牢基本民生底线，打造高原城市高品质生活新标杆。

全力以赴稳就业促增收。健全就业促进机制，细化实话就业优先一揽子政策，积极落实稳岗扩就业、社保减免、助企纾困政策。开展公共就业服务和就业促进计划，完成城镇新增就业 3.3 万人，农村劳动力转移就业 35.4 万人（次），城镇登记失业率控制在 2.5 % 以内。依托“互联网 + 职业技能培训”和省市特色劳务品牌，深入实施“技能中国—青海行动”，提高就业人员与产业发展适配度，推动解决结构性就业矛盾。持续推进保障农民工工资支付工作，及时查处化解欠薪风险隐患。

持续完善医疗保障体系。聚焦保健康、防重症，强化分级分类收治，平稳有序实施“乙类乙管”。深化医药卫生体制改革，健全公共卫生体系，强化“五医”联动机制，推进健康西宁建设。加强智慧医院建设，加快市妇幼保健院儿童诊疗中心、市托育服务综合指导中心等项目建设。深入开展爱国卫生运动，积极落实生育支持政策，促进人口长期均衡发展。

稳步提高文化体育供给。创新推动“旅游 +”发展，探索文化和旅游共享发展，争创全域旅游示范区。加快公共文化场馆提档升级，推广“百姓大舞台”“几何书店”等文化品牌，开展文艺轻骑兵、戏曲进乡村等文化惠民活动。持续推进山地体育公园、大通体育公园等项目建设，人均体育场地面积达到 2.32 平方米。

切实加强社会保障兜底。巩固深化“物质＋服务”试点，健全分层分类社会救助体系。落实大病保险和医疗救助倾斜帮扶政策，持续推进全民医保参保计划，确保基本医保参保率稳定在 95% 以上。发展多层次、多支柱养老保险体系，推进城东区养老服务示范基地等项目建设，社区养老服务机构覆盖率达到 100%，养老机构护理型床位占比达 90%。实施老旧小区住房改造 2.7 万套，棚户区改造 1650 套，保障性租赁住房 2617 套。

有效促进市场保供稳价。加强蔬菜及肉类源头供应，发挥调运储备骨干企业集聚效应，建立企业常态化库存机制，建设区域性供应市场，保障应急状态下肉菜等基本生活必需品供应。强化重要民生商品市场供应和价格监测，优化平价销售网点，做好主要肉菜品种批零差率参考指导。

（七）促进区域协调发展，构建高质量发展布局。抢抓国家区域重大战略机遇，发挥西宁比较优势，突出区域特色，优化生产力布局，构建优势互补、高质量发展的区域经济布局。

增强区域发展协调性。深入推进兰西城市群建设，深化两地铜、铝精深加工合作，加强新能源汽车零部件产业上下游对接。聚焦西宁海东一体化发展，协同推进 G0601 西宁北绕城高速、宁大高速扩容改造等建设。持续深化东西部协作，强化南京生物医药、光伏、锂电、碳纤维等产业领域上下游配套对接，合作共建湟源县东西部协作产业园等农业产业园区，推动“宁宁协作”再上新台阶。探索推动优势互补、共建共享的“飞地经济”发展，形成区域合作发展新格局。

提高城市功能品质。建设城市路网联通、交通畅达新格局，推进通海大道、时代大道南延等项目建设。编制实施城市更新专项规划，推进南川、多巴片区开发建设，推进西川、鲁沙尔片区、朝阳物流园片区城市更新，实施新宁路、昆仑东路（怡心园段）等道路地下管网及易积水点更新改造，开工建设五污扩能改造、七污及配套管网项目建设。配合开工引黄济宁工程，加快南川应急水源调控工程建设。实施河湟文旅、丝路（多巴）国际物流等特色小镇建设。

全面推进乡村振兴。深入实施乡村振兴“八大行动”和“三乡工程”，扎实推进“百企兴百村”、“一村一品”示范村镇、产业强镇建设，实现脱贫和边缘易致贫人口就业 2.5 万人，推进 30 个乡村振兴示点村建设，培育省级示范性农民专业合作社 20 家。着力提升乡村规划建设管理水平，实施农村人居环境整治提升行动，改造农村户厕 1.6 万座。实施火烧沟海鲁路湟中段、湟中区共和通乡公路等美丽农村路建设，争创全省首个省级“四好农村路”示范市。

（八）统筹发展和安全，守牢高质量发展底线。坚定不移贯彻总体国家安全观，持续强化重点领域安全监管，以新安全格局保障高质量发展。

切实保障粮食能源安全。深入落实藏粮于地、藏粮于技战略，严格耕地用途管制，坚决遏制耕地“非农化”、防止耕地“非粮化”。建立健全粮食企业社会责任储备。加大火电厂能源物资保供，协调签订煤炭中长期保供合同，完成城西 LNG 储气调峰站 1250 万方天然气储气注气，扎实做好煤电油气运保供。谋划建设政府煤炭储备项目，推进湟源县 98MW 分散式风力发电建设项目，稳步推进涩宁兰西宁支线改线工程。

有效防范化解财政金融风险。严守财政收支平衡底线，提高财政资金配置效率和使用效益。健全政府债务风险预警和应急处置机制，建立偿债备付金制度，严防政府债券兑付风险，防范政府和企业债务风险。扎实做好保交楼、保民生、保稳定工作，满足行业合理融资需求，促进房地产市场平稳发展。开展非法金融机构和非法金融业务清理整治，稳步推进农村中小银行风险化解，确保不发生区域性金融风险。

守住安全生产底线。严格落实全链条安全生产责任制，坚决防范和遏制重特大事故发生。建立健全防灾减灾救灾体制机制，着力推动自然灾害防治重点工程，提升综合防灾减灾能力。做好全国第一次自然灾害风险普查收尾。加快大通“8·18”灾后恢复重建，推进青山乡中心学校迁建、沙岱河河道灾损修复等项目建设，高标准高质量全面完成灾后恢复重建。加强应急物资储备，有效提升应急救援综合能力。

推动市域社会治理现代化。推进铸牢中华民族共同体意识示范市建设。坚持和发展新时代“枫桥经验”，发展壮大群防群治力量，常态化推进扫黑除恶斗争，依法严厉打击涉枪涉爆、电信网络诈骗、养老诈骗、侵犯公民个人信息等违法犯罪，推进全国社会治安防控体系建设示范市、禁毒示范市创建，更高水平建设平安西宁。打造领导接访直通车，畅通网上信访渠道，持续推进信访积案化解。

各位代表，2023年经济社会发展工作任务繁重，责任重大。我们要更加紧密地团结在以习近平同志为核心的党中央周围，在市委的坚强领导下，自觉接受市人大及其常委会的指导监督，虚心听取市政协的意见建议，踔厉奋发、勇毅前行，努力完成全年目标任务，聚力推动现代美丽幸福大西宁建设，为奋力谱写全面建设社会主义现代化国家青海篇章贡献西宁力量。

西宁市2022年预算执行情况和2023年预算草案的报告

——2023年2月14日在西宁市第十七届人民代表大会第四次会议上

西宁市财政局

受市人民政府委托，现将2022年预算执行情况和2023年预算草案提请市十七届人大四次会议审查，并请市政协各位委员和列席会议的同志提出意见。

一、2022年预算执行情况

2022年，全市财税部门坚持以习近平新时代中国特色社会主义思想为指导，在市委的坚强领导和市人大及其常委会的监督指导下，认真贯彻落实“疫情要防住、经济要稳住、发展要安全”的重大要求，统筹疫情防控和经济社会发展，统筹发展和安全，主动作为，攻坚克难，为全市经济社会大局稳定提供了坚实保障。

（一）一般公共预算执行情况

1. 全市执行情况。全市地方一般公共预算收入1,317,175万元，同比下降14.4%，扣除留抵退税因素下降6.8%，完成调整预算的98.3%。加上上级补助收入2,478,726万元，上年结转179,461万元，调入资金11,795万元，债务转贷收入392,966万元，动用预算稳定调节基金105,719万元，全市一般公共预算总收入4,485,842万元，同比增长6.2%。剔除发行的再融资债券190,260万元后，实际总财力为4,295,582万元，较上年增加192,606万元，同比增长4.7%。

全市一般公共预算支出3,390,380万元，同比下降1.4%，预算执行率91.4%。加上上解支出375,383万元，调出资金164,000万元，安排预算稳定调节基金41,786万元，债务还本支出196,614万元，结转下年支出317,679万元，全市一般公共预算总支出4,485,842万元。

2. 市本级执行情况。市本级地方一般公共预算收入312,046万元，同比下降24.9%，完成调整预算的97.5%。加上上级补助收入608,064万元，上年结转48,697万元，调入资金2,845万元，债务转贷收入279,668万元，动用预算稳定调节基金29,000万元，市本级一般公共预算总收入1,280,320万元，同比增长4.8%。剔除发行的再融资债券156,644万元，实际总财力1,123,676万元，较上年减少14,296万元，同比下降1.3%。市本级一般公共预算支出971,476万元，同比增长0.2%，预

算执行率95.5%。加上上解支出–3,737万元，调出资金103,053万元，安排预算稳定调节基金2,846万元，债务还本支出160,540万元，结转下年支出46,142万元，市本级一般公共预算总支出1,280,320万元。

（二）政府性基金预算执行情况

全市总收入1,541,319万元，其中：当年收入542,389万元，上级补助收入11,658万元，上年结转46,596万元，调入资金164,000万元，债务转贷收入776,676万元（其中再融资债券102,196万元）。当年支出1,058,771万元，债务还本支出275,201万元，调出资金7,849万元。收支相抵，结转下年支出199,498万元。

市本级总收入693,556万元，其中：当年收入251,449万元，上级补助收入3,574万元，上年结转9,539万元，调入资金103,053万元，债务转贷收入325,941万元（其中再融资债券45,841万元）。

当年支出521,695万元，债务还本支出161,809万元，调出资金687万元。收支相抵，结转下年支出9,365万元。

（三）国有资本经营预算执行情况

全市总收入7,064万元，其中：当年收入1,948万元，上级补助收入4,824万元，上年结转292万元。当年支出2,656万元，调出资金574万元。收支相抵，结转下年支出3,834万元。

市本级总收入1,060万元，全部为当年收入。当年支出974万元，调出资金86万元。收支相抵，无结转下年支出。

（四）社会保险基金预算执行情况

全市总收入935,449万元，其中：当年收入328,974万元，上年结余606,475万元。当年支出223,659万元，年末累计结余711,790万元。

市本级总收入614,427万元，其中：当年收入252,913万元，上年结余361,514万元。当年支出179,527万元，年末累计结余434,900万元。

以上四本预算具体收支情况详见《西宁市2022年预算执行情况和2023年预算（草案）》，各项收支数据待省财政厅批复决算后，会有一些变化，届时向市人大依法报告相关事项。

（五）地方政府债务情况

1. 债务限额余额。2022年末，全市政府债务限额577.7亿元，其中一般债务264.3亿元、专项债务313.4亿元；债务余额517.6亿元，其中一般债务231.5亿元、专项债务286.1亿元。分级次看，市本级政府债务限额418.6亿元，其中一般债务205.8亿元、专项债务212.8亿元；债务余额372.8亿元，其中一般债务184亿元、专项债务188.8亿元。县（区、园区）政府债务限额159.1亿元，其中一般债务58.5亿元、专项债务100.6亿元；债务余额144.8亿元，其中一般债务47.5亿元、专项债务97.3亿元。

2. 新增限额分配。2022年新增政府债务限额35.2亿元，其中：一般债务20亿元、专项债务15.2亿元。分级次看，市本级安排19.9亿元，其中一般债务12.1亿元、专项债务7.8亿元；转贷县（区、园区）15.3亿元，其中一般债务8亿元、专项债务7.3亿元。

3. 债券发行。2022年，我市共发行政府债券117亿元。分种类看，一般债券39.3亿元，其中：新增债券20亿元，外债转贷0.3亿元，再融资债券19亿元；专项债券77.7亿元，其中：新增债券67.5亿元（2022年新增额度15.2亿元、2021年结转额度52.3亿元），再融资债券10.2亿元。

4. 债券使用及还本付息。2022年新增债券87.5亿元，外债提款0.3亿元，按规定全部用于公益性资本支出。全年债务还本支出48.2亿元，其中：再融资债券还本29.2亿元，自有财力安排还本19亿元；付息支出15.9亿元。

（六）其他需要说明的情况

一是预算短收情况。全市地方一般公共预算收入较年初预算短收37.6亿元，其中市本级短收15.3亿元；全市政府性基金预算收入较年初预算短收169.1亿元，其中市本级短收179.4亿元。为确保收支预算平衡，经市十七届人大常委会第九次会议批准，我们对年初预算做了调整，并通过压减预算支出、统筹区域财力、申请省级救助等措施实现收支平衡。

二是预备费动用情况。2022年，市本级年初预算安排预备费0.98亿元，当年动用0.85亿元，用于疫情防控等支出；结余0.13亿元补充预算稳定调节基金。

三是预算稳定调节基金情况。2022年底，市本级预算稳定调节基金规模0.45亿元，其中：当年预备费结余补充0.13亿元，运转类项目结余等补充0.15亿元，上年结转0.17亿元。

（七）落实人代会审查决议及财政重点工作情况

2022年，多轮疫情冲击、大规模退税减税降费政策和房地产政策调控等多重超预期因素叠加，地方一般公共预算、政府性基金预算大幅减收，全市财政收支运行遭遇了前所未有的困难和压力。全市财政部门知重负重、顶压前行，全面落实提升效能、更加注重精准、可持续的积极财政政策，按照市十七届人大二次会议决议和确定的目标，各项工作稳步推进。

1. 财政政策效应积极释放。全面落实财税支持稳经济9个方面23项政策和19项接续措施，支持稳住经济大盘。积极落实新的组合式税费优惠政策，全年累计退税和新增减税降费104亿元，惠及市场主体12.66万户，其中增值税留抵退税达到79亿元，

占全省的47.6%。统筹落实助企纾困资金1亿元，扎实推进助力餐饮住宿复苏、批发零售恢复、交通物流畅通、市场主体培育等十大行动，最大限度降低疫情对经济发展的不利影响。将加快财政支出、保证适度支出强度作为落实积极财政政策、扩大有效投资的重要抓手，加快资金分配下达，加快支出进度，强化跟踪督导，形成更多实物工作量。全市一般公共预算支出执行率达到91.4%，高出全省平均水平3.9个百分点。在扩大有效投资、发挥资金使用效益上再加力，加大财政存量资金统筹消化力度，全年盘活率达93.2%。加强直达资金动态监控，确保直达基层、直接惠企利民，全年直达资金支出39.2亿元，支出进度达到78.9%。

2. 财政统筹能力持续增强。坚持把做大财力“蛋糕”、提升统筹保障能力作为财政工作的基础，积极融入国家和省级战略，准确把握上级政策导向和支持重点，印发《财政专项资金争取指南》，坚持专项资金争取月通报制度，抓好项目谋划储备，加大向上汇报争取力度，全年争取各类转移支

付 249.5 亿元，增长 25.6%。其中，新增上级转移支付资金 154.8 亿元，同比增长 44.8%，最大限度弥补了减收影响。积极参与竞争性领域项目争取，通过竞争性方式争取冬季清洁取暖项目三年 21 亿元、普惠金融发展示范区中央奖补资金 0.75 亿元。建立完善综合治税协助工作机制，持续加强财税形势研判，强化税收保障措施，持之以恒抓好自有收入。积极推进存量资产资源盘活，落实非税收入清单管理，确保依法征收、应收尽收。建立债券项目会审机制，推进季报季审，提高项目储备和申报质量，争取发行新增地方政府债券 87.5 亿元，债券总量达到上年的 2.2 倍，专项债券总量达到上年的 3.4 倍，有效保障全市重点项目建设需求。根据省以下财政体制改革要求，调整完善市对下收入分成体制，取消县（区、园区）基数上解，减轻县区级上解基数压力，推动区域间均衡发展。

3. 基本民生底线全面兜牢。始终坚持民生理念，坚持“三保”在预算安排中的优先顺序，加大地方自有财力、上级转移支付、债券资金的统筹力度，坚决兜实兜牢基本民生底线，全市民生支出占比达到 80.6%。社会保障和就业投入 62.5 亿元，支持就业优先发展，保障高校毕业生、下岗失业人员、农民工等重点群体就业，支持困难家庭救助、残疾人事业发展、退役士兵安置等工作。教育投入 50.8 亿元，加快推进南川中学、虎台中学等新建改扩建项目，推动教育优质均衡发展，支持职业教育和高等教育质量提升。卫生健康投入 30.8 亿元，全力保障疫情防控各项支出需求，支持加强医疗卫生机构能力建设，促进医疗卫生事业健康发展。住房保障投入 16 亿元，支持困难群体租赁住房补贴发放、老旧小区改造及农牧民居住条件改善。农林水投入 33.9 亿元，推动“三乡”工程及乡村振兴战略实施，支持高原美丽乡村、农村人居环境改善等项目建设。节能环保投入 9.2 亿元，支持大气、水土、土壤等污染防治及天然林保护、污染减排、循环经济发展等各项工作。灾害防治和应急管理投入 4 亿元，全力保障大通县“8.18”山洪灾害抢险救灾及灾后重建等工作。

4. 纪律刚性约束不断加强。坚决贯彻落实习近平总书记考察青海重要讲话精神和对严肃财经纪律的重大要求，将 2022 年确定为“严肃财经纪律年”，全面开展财经秩序和基层财务管理等专项整治行动，围绕减税降费、基层“三保”、资产管理、防范债务风险等 8 个方面和基层财务管理工作，加大监督力度，强化问题整改，加强和规范财政财务管理。制定政府债务风险评估和预警办法，出台债务风险应急处置预案，加强政府债务风险监控预警，强化政府债务信息公开，全面推进全口径全过程动态监管。坚持厉行节约，向全市党政机关发出坚持过“紧日子”倡议书，大力倡导绿色办公、电子化办公、无纸化办公，节约用水用电，用政府运行成本的“减法”，换取民生支出的“加法”。下发加强“三公”经费管理、严控一般性支出的通知，进一步明确一般性支出范围和年度目标任务，从严审核费用支出，全市一般性支出下降 31.8%，会议费、培训费降幅均超过 50%。持续加大财政监督检查工作力度，实施疫情防控财政资金跟踪检查，深入开展代理记账公司重点抽查、会计评估监督检查等工作。自觉接受人大和社会监督，加强与审计、纪检监察等部门协调联动，突出问题整改，促进财政财务管理水平提升。持续提升预决算信息公开质量，预决算公开在全省考评中排名第一。

5. 财政管理效能明显提升。持续深化预算管理制度改革，健全完善财政预算支出标准体系和管理制度，预算编制更加科学规范。深入推进预算管理一体化，不断拓展一体化模块应用，会计核算模块应用实现全覆盖。制定西宁市政府购买服务负面清单，明确 3 类 28 条禁止购买条款，进一步规范政府购买服务行为。深化财政电子票据改革，努力构建全程无纸化、渠道多元化和入账电子化的非税收入收缴管理体系，全市财政电子票据上线使用率位居全省首位。全面落实惠民惠农财政补贴“一卡通”发放与监督统管，实现一张清单管制度、一个平台管发放。严把财政性投资评审质量，提升评审效能，全年评审项目 939 个、51.4 亿元，审减资金 4.7 亿元，审减率 9.2%。在全省率先开展行政事业性国有资产管理示范点建设，推进资产管理绩效考评，出台进一步加强和规范行政事业单位资产配置和使用工作 16 条措施，推进完善资产资源共享共用机制。加强预算绩效运行监控，完成绩效目标实现程度和预算执行进度双监控，在对预算批复的 736 个项目实施自行监控的基础上，选择 52 个部门、74 个项目、5.5 亿元资金进行了绩效运行重点监控，通过警示、调整、限制和完善措施督促强化执行，确保财政资金运行高效、安全。

在总结成绩的同时，我们也清醒地认识到，财政改革和发展依然存在一些困难和问题，主要表现在：财政减收增支因素较多，收支矛盾仍然突出，财政统筹保障和服务经济社会发展的能力需进一步提升；部分地区和部门绩效管理水平不高，资金使用效益未能充分发挥，“基数＋增长”的部门预算编制固化观念还未得到有效转变；一些地区和部门谋划、储备、申报项目的能力有待提升，向上争取政策和资金支持的深度、广度、力度不足等。对此，我们将高度重视，坚持问题导向，积极采取措施，切实加以解决。

二、2023年财政预算草案

（一）2023年财政经济形势分析

2023年，随着国家和省市稳经济一揽子政策和接续措施持续发力，政策效应持续显现，经济发展将持续回升。在优化疫情防控措施给经济恢复带来的积极影响下，疫情对消费场景以及消费意愿的冲击逐步降低，正常生产生活秩序加速恢复，经济活力加速释放。我市培育经济增长新动力、加快构建具有西宁特色的经济体系战略目标深入推进，抓项目、稳投资、促招商、扩消费、增动能等一系列举措接续落地，全市经济必将实现质的有效提升和量的合理增长。与此同时，国内需求收缩、供给冲击、预期转弱三重压力仍然较大，外部环境复杂多变，经济恢复的基础尚不牢固。反映在财政上，地方财力增长有限，刚性支出持续增加，收支矛盾更加突出，财政运行将始终处于“紧平衡”状态。

从财力增长看，2023年财政运行中的不稳定不确定因素依然较多，大宗商品价格难以长期维持在高位，经济预期恢复需要一个过程，国家还将保持一定的减税降费强度，房地产市场复苏存在较大不确定性，地方收入增长形势依然严峻。上级转移支付增量受限，我市在竞争性领域项目争取中不占优势，加大了专项资金争取难度。全省新增一般债券总量有限，我市政府债务规模相对较大，新增一般债券额度增量受限。

从支出保障看，在财力增长有限的情况下，“三保”支出和刚性支出有增无减，财政面临多项增支叠加的压力。规范机关事业单位工资津贴补贴政策实施后配套的社保缴费将明显增长，统一提高基本养老金以及城乡居民基本医疗保险财政补助标准，都需财政予以保障。上年度省级救助及区域间统筹财力需在本年度集中上解返还，疫情防控支出欠账需要化解。全市法定债务余额逐年加大，相应还本付息逐年增加，如期完成债务化解任务需安排大量财政资金。稳住经济发展需要保持必要的财政支出强度，生态保护、公共服务、市政基础设施建设等方面还有许多短板需要弥补，财政收支矛盾日益突出。

（二）2023年预算编制的总体思路和基本原则

2023年预算编制的总体思路是：坚持以习近平新时代中国特色社会主义思想为指导，全面贯彻落实党的二十大精神，深入贯彻落实习近平总书记对青海工作的重大要求，认真贯彻落实中央经济工作会议和省委十四届三次全会精神，按照市第十五次党代会和市委十五届六次全会部署，坚持稳中求进工作总基调，完整、准确、全面贯彻新发展理念，加快构建新发展格局，着力推动高质量发展，更好统筹疫情防控和经济社会发展，更好统筹发展和安全，深入实施“一优两高”战略，聚焦打造生态文明高地、建设产业“四地”，落实加力提效、注重精准、更可持续的积极财政政策，加强财政资源统筹，优化支出结构，坚持党政机关过“紧日子”，兜牢基层“三保”底线，加强全市重大战略任务财力保障，加强财政承受能力评估，防范化解政府债务风险，深化财税体制改革，完善财政转移支付体系，增强财政宏观调控能力，推动经济实现整体好转、风险得到有效管控、社会大局保持稳定，实现质的有效提升和量的合理增长，为当好全省高质量发展的排头兵、聚力建设现代美丽幸福大西宁提供更加有力的财力支撑。

2023年预算编制坚持以下基本原则：一是统筹资源，突出重点。统筹一般公共预算、政府性基金预算、国有资本经营预算，

结合政府债券、上级专项资金等各类资金安排，持续增强对全市重大战略、重大项目、重点领域保障力度。二是坚守底线，防范风险。坚持“三保”支出在预算安排中的优先顺序，足额保障政府债务还本付息，有效支持高质量发展，牢牢守住不发生区域性系统性风险底线。三是优化结构，注重精准。落实党政机关过“紧日子”的要求，坚持以人民为中心的发展思想，突出绩效理念，推行零基预算，实行滚动预算管理，注重轻重缓急，尽力而为、量力而行。四是加力提效，更可持续。遵循现代财政制度要求，体现积极的财政政策更加积极，加强预算绩效评估和结果运用，提高财政资源配置效率和使用效益，保障财政可持续发展。

（三）2023年收支预算安排

1. 一般公共预算

（1）全市一般公共预算。全市一般公共预算总财力安排4,006,838万元，比2022年初预算数增长9.8%。其中：地方一般公共预算收入1,449,000万元，较上年完成数增长10%；上级转移支付收入1,741,829万元，上年结转收入317,679万元，调入资金400,000万元，债务转贷收入50,330万元，动用预算稳定调节基金48,000万元。

按照收支平衡原则，全市一般公共预算支出安排

3,438,931万元，增长6.6%；安排债务还本支出15,000万元，调出资金2,000万元，上解支出550,907万元。

（2）市本级一般公共预算。市本级一般公共预算总财力安排1,530,353万元，比2022年初预算数增长40.8%。其中：地方一般公共预算收入832,000万元，较上年完成数增长166.6%（剔除体制调整因素同口径增长20%）；上级补助收入264,008万元，债务转贷收入14,694万元，上年结转收入46,142万元，调入资金369,509万元，动用预算稳定调节基金4,000万元。

按照收支平衡原则，市本级一般公共预算支出安排1,121,204万元，增长14.3%；安排债务还本支出10,475万元，上解支出398,674万元。

2．政府性基金预算。全市总收入安排2,144,493万元，其中：当年收入1,933,140万元，上级补助收入9,855万元，调入资金2,000万元，上年结转199,498万元。按照收支平衡原则，当年支出安排1,914,493万元，债务还本支出50,000万元，调出资金180,000万元。

市本级总收入安排1,702,199万元，其中：当年收入1,684,649万元，上年结转9,365万元，上级补助收入8,185万元。按照收支平衡原则，当年支出安排1,531,817万元，债务还本支出23,038万元，调出资金147,344万元。

3．国有资本经营预算。全市总收入安排470,315万元，其中：当年收入464,217万元，上级补助收入2,264万元，上年结转3,834万元。按照收支平衡原则，当年支出安排327,550万元，调出资金142,765万元。

市本级总收入安排462,217万元，全部为当年收入。按照收支平衡原则，当年支出安排320,052万元，调出资金142,165万元。

4．社会保险基金预算。全市总收入安排1,055,861万元，其中：当年收入355,310万元，上年结余700,551万元。当年支出安排265,240万元，年末累计结余790,621万元。

市本级总收入安排685,538万元，其中：当年收入270,579万元，上年结余414,959万元。当年支出安排216,979万元，年末累计结余468,559万元。

（四）2023年重点项目安排情况

1．聚力高质量发展方面，安排资金14亿元，其中市本级2.5亿元。具体是：安排科学技术支出1.5亿元，支持科学技术研究创新，加强产学研合作，促进科技成果转化。安排资源勘探工业信息等支出8.3亿元。支持工业转型升级，积极培育支柱产业，推动中小企业集群发展、梯度培育，保持产业链供应链平稳运行；支持优化营商环境，加大招商引资力度。安排商业服务业支出4.2亿元，支持外贸、流通服务业发展，促进综保区发展。提升服务业发展质效，开展促消费活动，支持保供稳价。

2．聚力生态环境保护方面，安排资金21.2亿元，其中市本级6.4亿元。具体为：安排节能环保支出18亿元，加大生态环境及污染治理，加快纯电动车推广应用，支持生活垃圾分类处理，支持餐厨垃圾收运处置，推进生活垃圾焚烧发电和填埋场渗滤液无害化处置。安排自然资源海洋气象等支出3.2亿元，支持自然资源事业发展、清洁能源勘查，支持开展国土空间监测、自然资源三维数据库建设。

3．聚力推进乡村振兴等方面，安排资金41亿元，其中市本级3.8亿元。持续推进全市设施农业、高标准农田、农田水利等农业基础设施建设项目，支持全市“菜篮子”工程、种子振兴和农业政策性保险提标扩面，推动牦牛、藏羊、饲草、青稞、马铃薯、油菜、蔬菜等优势特色产业发展，加快建设一批“一村一品”示范村镇和产业强镇，持续推进绿色有机农畜产品输出地建设。

持续推进重大水利工程项目建设，支持中型灌区维修改造和日常管护，保障水土保持、防汛抗旱、节水型社会建设等经费需求。

继续支持林业重点项目，做好大南山绿化管护、森林防火、病虫害防治、市级公园日常管护和维修改造等工作。持续落实农村低收入人口常态化监测帮扶机制，以实施“三乡工程”为抓手，持续提升脱贫村产业发展和“造血”能力，扎实推进乡村振兴，推进巩固脱贫攻坚成果同乡村振兴有效衔接。

4．聚力保障和改善民生方面，安排资金184亿元，其中市本级55.8亿元。具体是：安排教育支出60亿元，持续推进新建改扩建项目，推动教育优质均衡发展，支持职业教育和高等教育质量提升。安排社会保障和就业支出64亿元，支持优化减负稳岗扩就业，促进高校毕业生、农民工、困难群体就业，保障困难群体救助，持续保障“一老一少”事业发展。安排卫生健康支出32.3亿元，持续推进公立医院综合改革，提升基层医疗卫生能力，支持医疗救助资源准备工作，推进健康西宁行动落地见效。安排住房保障支出18.8亿元，实施多层住宅加装电梯、困难群体租赁住房补贴发放、老旧小区改造及农牧民居住条件改善。安排交通运输支出5.3

亿元，支持农村客运、城市交通发展，保障公交事业发展。安排文化旅游体育与传媒支出3.6亿元，支持促进文化旅游深度融合发展，完善全民健身公共服务体系，推进文化旅游体育协同发展。全力支持民生实事工程实施。

5. 聚力提升城市品质功能方面，安排资金15.5亿元，其中市本级12.9亿元。保持适度投资强度，保障重点建设项目需求，支持做好项目前期工作；保障城市安全，支持落实城市体检评估制度，做好城市道路、大中型桥梁、隧道等设施的管理维护，推进城乡自建房安全隐患排查整治。支持强化市场监督管理，着力提升应急保障能力，持续优化城市管理。

6. 聚力推进安全发展方面，安排资金46.8亿元，其中市本级27.5亿元。具体是：安排公共安全支出17.5亿元，统筹发展

和安全，强化公共安全治理水平，建设更高水平的平安西宁。安排灾害防治及应急管理支出1.8亿元，支持自然灾害防治、安全生产及应急管理、消防应急救援等，提升突发公共事件应急和自然灾害防御能力。在防范化解财政金融风险方面，安排债务还本付息27.5亿元，保障政府到期债务偿还和债券发行，牢牢守住不发生系统性、区域性风险底线。

三、切实做好2023年财政工作

2023年，我们将深入学习贯彻党的二十大精神和中央经济工作会议精神，贯彻落实市委十五届六次全会部署要求，推进积极的财政政策加力提效，注重精准、更可持续，重点抓好以下工作：

（一）夯实组织收入基础，稳步壮大财政实力。持续推进稳住经济一揽子政策和接续措施，认真落实退税减税降费政策，增强企业投资发展的信心和内生动力，稳定和扩大税源。坚持组织收入总量和质量齐抓共管，扎实推进综合治税协助工作，进一步构建政府领导、税务主管、部门配合、公众参与的税收综合治理格局，切实提高税收征管质量和效率。持续加强非税收入征管力度，严格落实清单管理，做到依法征收、应收尽收。积极盘活存量资产，突出做好行政事业单位闲置资产盘活工作，有效增加财政收入。发挥西宁首位度高的实际和“服务全省”的定位优势，高质量谋划项目，凝聚全市合力持之以恒加大向上反映和争取力度，在财力性转移支付分配、一般债券转贷和专项转移支付下达上争取更多增量，努力做大财力总量。

（二）优化财政资源配置，保障民生和重点需求。坚持“三保”支出在财政支出中的优地位，推进县区“三保”支出预算

审查全覆盖，兜牢社保兜底和政府债务还本付息刚性支出底线。全力保障和改善民生，支持落实落细就业优先政策，全面落实减负稳岗扩就业政策措施。推进社会保障体系建设，支持推进多层次、多支柱养老保险体系。实施科教兴国战略，建设高质量教育体系。支持健全公共卫生体系，深化公立医院改革，加强医疗卫生机构能力建设，逐步化解疫情防控资金欠账。坚持过“紧日子”，精打细算、有保有压，持续压减一般性支出，坚决取消低效、无效支出，提高财政资金配置效率和使用效益。

（三）统筹发展和安全，防范财政运行风险。坚持“分级负责、分类施策、依法处置、严肃追责”的工作原则，加强财政运行重大风险防范和应急处置，加强监督管理，完善处置机制，牢牢守住不发生区域性系统性风险的底线。坚持适度举债，优化全市债务结构，科学安排发债期限，平滑年度集中偿债压力。建立健全专项债项目全生命周期收支平衡机制，强化专项债项目收益管理，建立偿债备付金制度。完善常态化监测机制，严格落实各偿债主体责任，严防政府债务偿还风险。推进财政资金安排使用全过程监管，强化对重大财税政策落实、民生资金使用、会计信息质量、政府债务管理等情况的监督，加强对部门预算执行的动态监控。持续强化规矩和纪律意识，把严肃财经纪律各项要求贯穿到预算编制、执行和管理的全过程、全领域，强化制度执行保障，切实抓好财经管理工作。主动接受人大和社会监督，完善财政与审计、纪检监察等部门的协同联动机制，加大监督检查力度，确保财政资金规范、安全、高效使用。

（四）健全完善工作机制，全面提升管理效能。开展对新出台重大政策和项目的事前评估，做实预算执行进度和绩效目标实现程度“双监控”，强化评价结果运用，推进预算绩效管理工作取得新进展。坚持尽力而为、量力而行，加强财政可承受能力评估，加大一般公共预算与政府性基金预算、国有资本经营预算统筹力度，做好重大战略、重要改革、重点项目的资金保障。规范直达资金使用，落实好直达资金动态监控措施，确保直达资金账目清晰、流向明确，直接惠企利民。全面推行政府采购电子化评标，不断优化政府采购领域营商环境。健全政府采购需求标准体系，推动在政府采购需求标准中嵌入支持创新、绿色发展等政策需求。完善国库集中控制体系和集中校验机制，优化预算支出审核流

程，全面提升资金支付效率。加强会计管理工作，提升基层财务管理能力水平。扎实推行零基预算，强化预算事前绩效评估和预算投资评审，提高预算编制精准性和科学性。

（五）持续深化财税改革，加快建立现代财政制度。紧跟国家和省级深化财政体制和预算管理制度改革步伐，在调整完善市与县区（园区）财政体制的基础上，积极跟进财政事权和支出责任划分改革，建立市对下转移支付制度体系，建立健全权责配置更为合理、收入划分更加规范、财力分布相对均衡、基层保障更加有力的市以下财政管理体制。建立健全财政预算支出标准体系和管理制度，加快构建标准科学、规范透明、约束有力的预算制度。加强资产配置、使用和处置全生命周期管理，健全完善资产共享共用机制，抓好国有资产管理绩效考评工作。强化国有资产和资本管理，提高国有资产利用效率，促进国有资产保值增值。进一步盘活存量资产，加快推进火车站 TOT 项目实施，聚焦污水处理、保障性租赁住房等重点领域，优化完善存量资产盘活方式，合理扩大有效投资，降低政府债务风险。

各位代表，做好 2023 年财政工作责任重大、使命光荣。我们将坚持以习近平新时代中国特色社会主义思想为指导，以党的二十大精神为指引，在市委的坚强领导和市人大及其常委会的监督指导下，认真落实本次会议决议和要求，自信自强、守正创新，踔厉奋发、勇毅前行，聚力推动现代美丽幸福大西宁建设，为奋力谱写全面建设社会主义现代化国家青海篇章贡献西宁力量。

中华人民共和国
2022年国民经济和社会发展统计公报[1]

国家统计局

2023年2月28日

2022年是党和国家历史上极为重要的一年。党的二十大胜利召开，擘画了全面建设社会主义现代化国家、以中国式现代化全面推进中华民族伟大复兴的宏伟蓝图。面对风高浪急的国际环境和艰巨繁重的国内改革发展稳定任务，在以习近平同志为核心的党中央坚强领导下，各地区各部门坚持以习近平新时代中国特色社会主义思想为指导，按照党中央、国务院决策部署，统筹国内国际两个大局，统筹疫情防控和经济社会发展，统筹发展和安全，坚持稳中求进工作总基调，完整、准确、全面贯彻新发展理念，加快构建新发展格局，着力推动高质量发展，加大宏观调控力度，应对超预期因素冲击，经济保持增长，发展质量稳步提升，创新驱动深入推进，改革开放蹄疾步稳，就业物价总体平稳，粮食安全、能源安全和人民生活得到有效保障，经济社会大局保持稳定，全面建设社会主义现代化国家新征程迈出坚实步伐。

一、综合

初步核算，全年国内生产总值[2]1210207亿元，比上年增长3.0%。其中，第一产业增加值88345亿元，比上年增长4.1%；第二产业增加值483164亿元，增长3.8%；第三产业增加值638698亿元，增长2.3%。第一产业增加值占国内生产总值比重为7.3%，第二产业增加值比重为39.9%，第三产业增加值比重为52.8%。全年最终消费支出拉动国内生产总值增长1.0个百分点，资本形成总额拉动国内生产总值增长1.5个百分点，货物和服务净出口拉动国内生产总值增长0.5个百分点。全年人均国内生产总值85698元，比上年增长3.0%。国民总收入[3]1197215亿元，比上年增长2.8%。全员劳动生产率[4]为152977元/人，比上年提高4.2%。

图1　2018-2022年国内生产总值及其增长速度

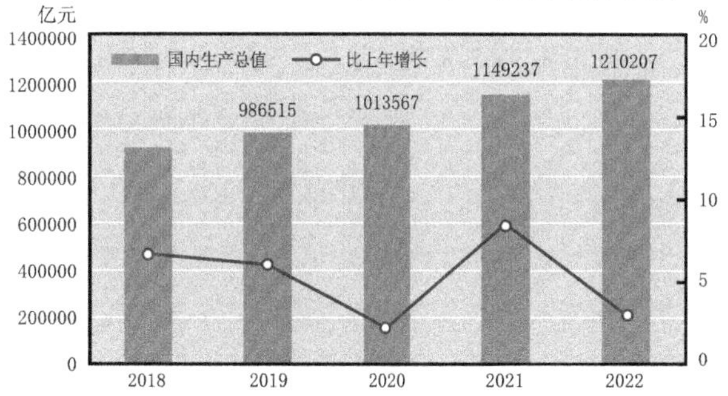

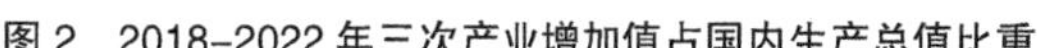

图2　2018-2022年三次产业增加值占国内生产总值比重

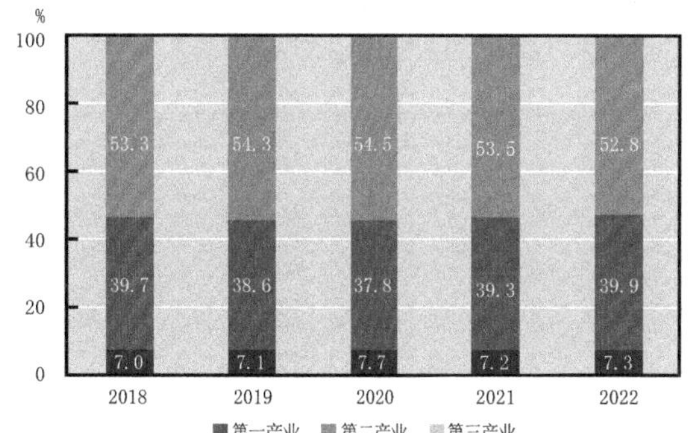

图3　2018-2022年全员劳动生产率[5]

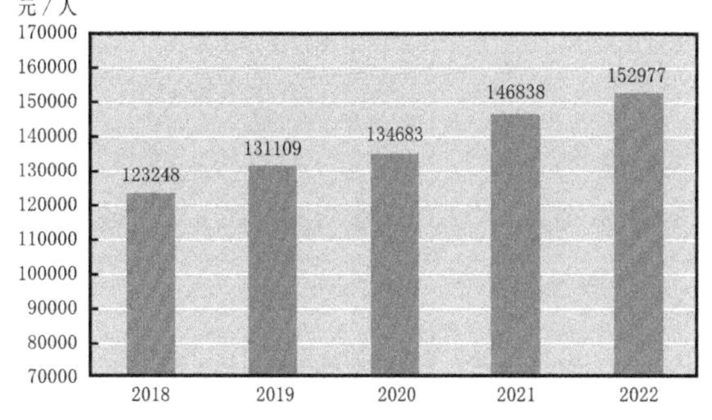

年末全国人口[6]141175万人，比上年末减少85万人，其中城镇常住人口92071万人。全年出生人口956万人，出生率为6.77‰；死亡人口1041万人，死亡率为7.37‰；自然增长率为-0.60‰。

表 1　2022 年年末人口数及其构成

指标	年末数（万人）	比重（%）
全国人口	141175	100.0
其中：城镇	92071	65.2
乡村	49104	34.8
其中：男性	72206	51.1
女性	68969	48.9
其中：0–15 岁（含不满 16 周岁）[7]	25615	18.1
16–59 岁（含不满 60 周岁）	87556	62.0
60 周岁及以上	28004	19.8
其中：65 周岁及以上	20978	14.9

年末全国就业人员 73351 万人，其中城镇就业人员 45931 万人，占全国就业人员比重为 62.6%。全年城镇新增就业 1206 万人，比上年少增 63 万人。全年全国城镇调查失业率平均值为 5.6%。年末全国城镇调查失业率为 5.5%。全国农民工[8]总量 29562 万人，比上年增长 1.1%。其中，外出农民工 17190 万人，增长 0.1%；本地农民工 12372 万人，增长 2.4%。

图 4　2018–2022 年城镇新增就业人数

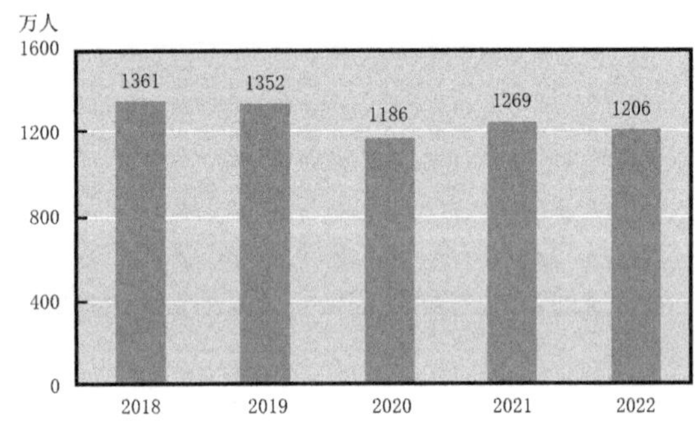

全年居民消费价格比上年上涨 2.0%。工业生产者出厂价格上涨 4.1%。工业生产者购进价格上涨 6.1%。农产品生产者价格[9]上涨 0.4%。12 月份，70 个大中城市中，新建商品住宅销售价格同比上涨的城市个数为 16 个，持平的为 1 个，下降的为 53 个；二手住宅销售价格同比上涨的城市个数为 6 个，下降的为 64 个。

图 5　2022 年居民消费价格月度涨跌幅度

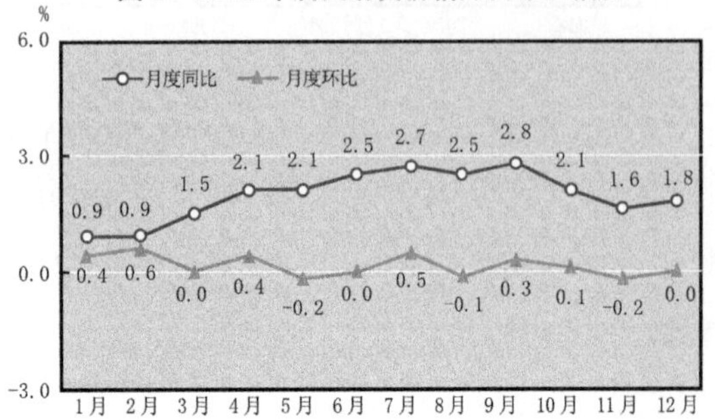

表 2　2022 年居民消费价格比上年涨跌幅度

指标	全国	城市	农村
居民消费价格	2.0	2.0	2.0
其中：食品烟酒	2.4	2.6	2.1
衣　着	0.5	0.6	0.3
居　住[10]	0.7	0.5	1.3
生活用品及服务	1.2	1.2	1.0
交通通信	5.2	5.2	5.0
教育文化娱乐	1.8	1.9	1.7
医疗保健	0.6	0.6	0.8
其他用品及服务	1.6	1.5	2.0

年末国家外汇储备 31277 亿美元，比上年末减少 1225 亿美元。全年人民币平均汇率为 1 美元兑 6.7261 元人民币，比上年贬值 4.1%。

图 6　2018–2022 年年末国家外汇储备

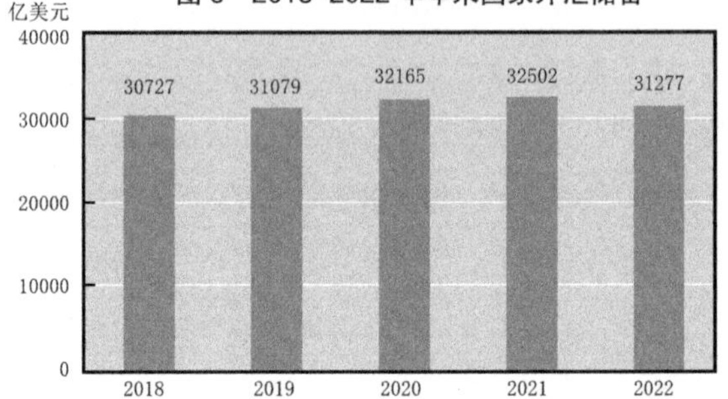

新产业新业态新模式较快成长。全年规模以上工业中，高技术制造业[11]增加值比上年增长 7.4%，占规模以上工业增加值的比重为 15.5%；装备制造业[12]增加值增长 5.6%，占规模以上工业增加值的比重为 31.8%。全年规模以上服务业[13]中，战略性新兴服务业[14]企业营业收入比上年增长 4.8%。全年高技术产业投资[15]比上年增长 18.9%。全年新能源汽车产量 700.3 万辆，比上年增长 90.5%；太阳能电池（光伏电池）产量 3.4 亿千瓦，增长 46.8%。全年电子商务交易额[16]438299 亿元，按可比口径计算，比上年增长 3.5%。全年网上零售额[17]137853 亿元，按可比口径计算，比上年增长 4.0%。全年新登记市场主体 2908 万户，日均新登记企业 2.4 万户，年末市场主体总数近 1.7 亿户。

城乡区域协调发展稳步推进。年末全国常住人口城镇化率为 65.22%，比上年末提高 0.50 个百分点。分区域看 [18]，全年东部地区生产总值 622018 亿元，比上年增长 2.5%；中部地区生产总值 266513 亿元，增长 4.0%；西部地区生产总值 256985 亿元，增长 3.2%；东北地区生产总值 57946 亿元，增长 1.3%。全年京津冀地区生产总值 100293 亿元，比上年增长2.0%；长江经济带地区生产总值559766亿元，增长3.0%；长江三角洲地区生产总值290289亿元，增长2.5%。粤港澳大湾区建设、黄河流域生态保护和高质量发展等区域重大战略扎实推进。

图7　2018-2022年年末常住人口城镇化率

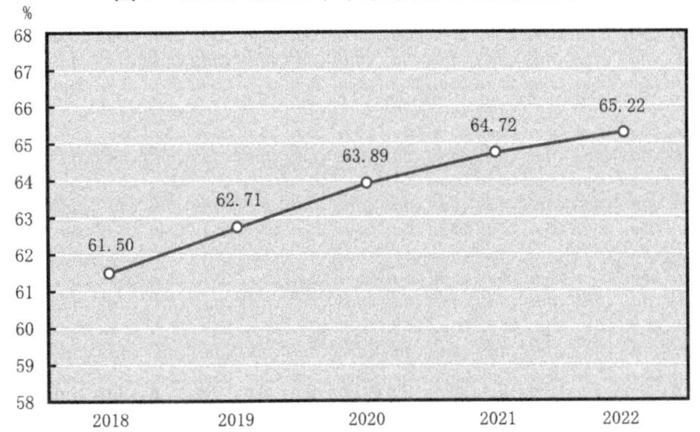

绿色转型发展迈出新步伐。全年全国万元国内生产总值能耗[19]比上年下降0.1%。全年水电、核电、风电、太阳能发电等清洁能源发电量29599亿千瓦时，比上年增长8.5%。在监测的339个地级及以上城市中，全年空气质量达标的城市占62.8%，未达标的城市占37.2%；细颗粒物（$PM_{2.5}$）年平均浓度29微克/立方米，比上年下降3.3%。3641个国家地表水考核断面中，全年水质优良（Ⅰ～Ⅲ类）断面比例为87.9%，Ⅳ类断面比例为9.7%，Ⅴ类断面比例为1.7%，劣Ⅴ类断面比例为0.7%。

二、农业

全年粮食种植面积11833万公顷，比上年增加70万公顷。其中，稻谷种植面积2945万公顷，减少47万公顷；小麦种植面积2352万公顷，减少5万公顷；玉米种植面积4307万公顷，减少25万公顷；大豆种植面积1024万公顷，增加183万公顷。棉花种植面积300万公顷，减少3万公顷。油料种植面积1314万公顷，增加4万公顷。糖料种植面积147万公顷，增加1万公顷。

全年粮食产量68653万吨，比上年增加368万吨，增产0.5%。其中，夏粮产量14740万吨，增产1.0%；早稻产量2812万吨，增产0.4%；秋粮产量51100万吨，增产0.4%。全年谷物产量63324万吨，比上年增产0.1%。其中，稻谷产量20849万吨，减产2.0%；小麦产量13772万吨，增产0.6%；玉米产量27720万吨，增产1.7%。大豆产量2028万吨，增产23.7%。

图8　2018-2022年粮食产量

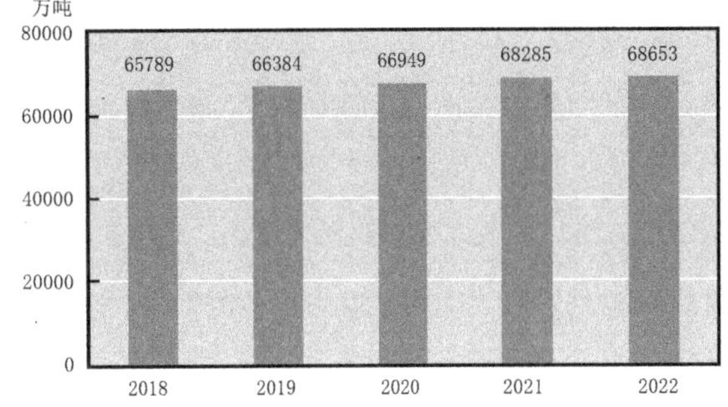

全年棉花产量598万吨，比上年增产4.3%。油料产量3653万吨，增产1.1%。糖料产量11444万吨，减产0.1%。茶叶产量335万吨，增产5.7%。

全年猪牛羊禽肉产量9227万吨，比上年增长3.8%。其中，猪肉产量5541万吨，增长4.6%；牛肉产量718万吨，增长3.0%；羊肉产量525万吨，增长2.0%；禽肉产量2443万吨，增长2.6%。禽蛋产量3456万吨，增长1.4%。牛奶产量3932万吨，增长6.8%。年末生猪存栏45256万头，比上年末增长0.7%；全年生猪出栏69995万头，比上年增长4.3%。

全年水产品产量6869万吨，比上年增长2.7%。其中，养殖水产品产量5568万吨，增长3.2%；捕捞水产品产量1301万吨，增长0.4%。

全年木材产量10693万立方米，比上年下降7.7%。

全年新增耕地灌溉面积78万公顷，新增高效节水灌溉面积161万公顷。

三、工业和建筑业

全年全部工业增加值401644亿元，比上年增长3.4%。规模以上工业增加值增长3.6%。在规模以上工业中，分经济类型看，国有控股企业增加值增长3.3%；股份制企业增长4.8%，外商及港澳台商投资企业下降1.0%；私营企业增长2.9%。分门类看，采矿业增长7.3%，制造业增长3.0%，电力、热力、燃气及水生产和供应业增长5.0%。

图9　2018-2022年全部工业增加值及其增长速度

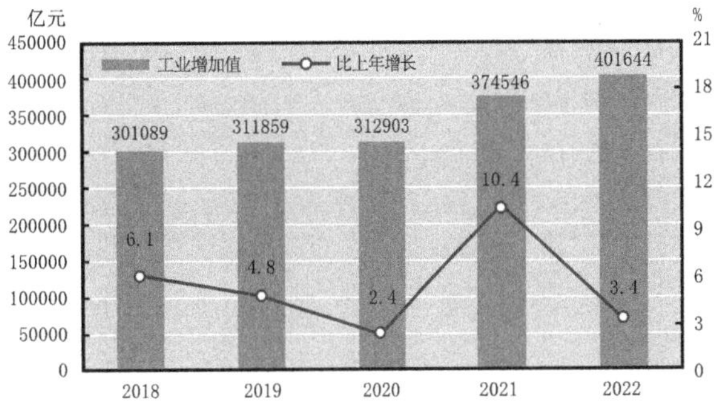

全年规模以上工业中，农副食品加工业增加值比上年增长 0.7%，纺织业下降 2.7%，化学原料和化学制品制造业增长 6.6%，非金属矿物制品业下降 1.5%，黑色金属冶炼和压延加工业增长 1.2%，通用设备制造业下降 1.2%，专用设备制造业增长 3.6%，汽车制造业增长 6.3%，电气机械和器材制造业增长 11.9%，计算机、通信和其他电子设备制造业增长 7.6%，电力、热力生产和供应业增长 5.1%。

表 3　2022 年主要工业产品产量及其增长速度[20]

产品名称	单位	产量	比上年增长(%)
纱	万吨	2719.1	-5.4
布	亿米	467.5	-6.9
化学纤维	万吨	6697.8	-0.2
成品糖	万吨	1486.8	2.6
卷烟	亿支	24321.5	0.6
彩色电视机	万台	19578.3	5.8
家用电冰箱	万台	8664.4	-3.6
房间空气调节器	万台	22247.3	1.9
一次能源生产总量	亿吨标准煤	46.6	9.2
原煤	亿吨	45.6	10.5
原油	万吨	20472.2	2.9
天然气	亿立方米	2201.1	6.0
发电量	亿千瓦时	88487.1	3.7
其中：火电[21]	亿千瓦时	58887.9	1.4
水电	亿千瓦时	13522.0	1.0
核电	亿千瓦时	4177.8	2.5
风电	亿千瓦时	7626.7	16.2
太阳能发电	亿千瓦时	4272.7	31.2
粗钢	万吨	101795.9	-1.7
钢材[22]	万吨	134033.5	0.3
十种有色金属	万吨	6793.6	4.9
其中：精炼铜（电解铜）	万吨	1106.3	5.5
原铝（电解铝）	万吨	4021.4	4.4
水泥	亿吨	21.3	-10.5
硫酸（折 100%）	万吨	9504.6	1.3
烧碱（折 100%）	万吨	3980.5	2.3
乙烯	万吨	2897.5	2.5
化肥（折 100%）	万吨	5573.3	0.5
发电机组（发电设备）	万千瓦	18376.1	15.0
汽车	万辆	2718.0	3.5
其中：新能源汽车	万辆	700.3	90.5
大中型拖拉机	万台	40.0	-2.8
集成电路	亿块	3241.9	-9.8
程控交换机	万线	883.8	26.3
移动通信手持机	万台	156080.0	-6.1
微型计算机设备	万台	43418.2	-7.0
工业机器人	万套	44.3	21.0
太阳能电池（光伏电池）	万千瓦	34364.2	46.8
充电桩	万个	191.5	80.3

年末全国发电装机容量 256405 万千瓦，比上年末增长 7.8%。其中[23]，火电装机容量 133239 万千瓦，增长 2.7%；水电装机容量 41350 万千瓦，增长 5.8%；核电装机容量 5553 万千瓦，增长 4.3%；并网风电装机容量 36544 万千瓦，增长 11.2%；并网太阳能发电装机容量 39261 万千瓦，增长 28.1%。

全年规模以上工业企业利润 84039 亿元，比上年下降[24]4.0%。分经济类型看，国有控股企业利润 23792 亿元，比上年增长 3.0%；股份制企业 61611 亿元，下降 2.7%，外商及港澳台商投资企业 20040 亿元，下降 9.5%；私营企业 26638 亿元，下降 7.2%。分门类看，采矿业利润 15574 亿元，比上年增长 48.6%；制造业 64150 亿元，下降 13.4%；电力、热力、燃气及水生产和供应业 4315 亿元，增长 41.8%。全年规模以上工业企业每百元营业收入中的成本为 84.72 元，比上年增加 0.91 元；营业收入利润率为 6.09%，下降 0.64 个百分点。年末规模以上工业企业资产负债率为 56.6%，比上年末上升 0.3 个百分点。全年全国工业产能利用率[25]为 75.6%。

全年建筑业增加值 83383 亿元，比上年增长 5.5%。全国具有资质等级的总承包和专业承包建筑业企业利润 8369 亿元，比上年下降 1.2%，其中国有控股企业 3922 亿元，增长 8.4%。

图 10　2018-2022 年建筑业增加值及其增长速度

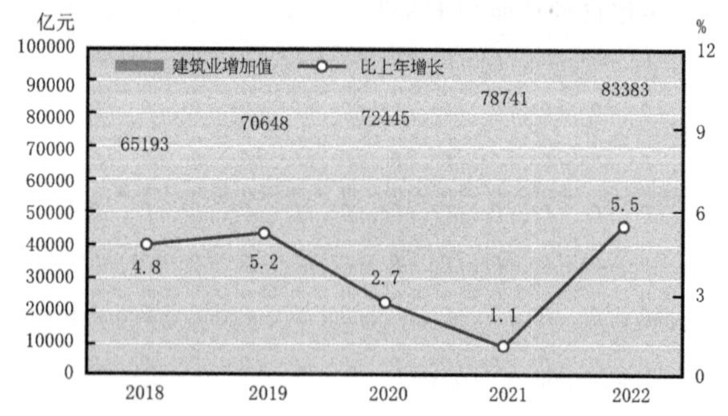

四、服务业

全年批发和零售业增加值 114518 亿元，比上年增长 0.9%；交通运输、仓储和邮政业增加值 49674 亿元，下降 0.8%；住宿和餐饮业增加值 17855 亿元，下降 2.3%；金融业增加值 96811 亿元，增长 5.6%；房地产业增加值 73821 亿元，下降 5.1%；信息传输、软件和信息技术服务业增加值 47934 亿元，增长 9.1%；租赁和商务服务业增加值 39153 亿元，增长 3.4%。全年规模以上服务业企业营业收入比上年增长 2.7%，利润总额增长 8.5%。

图 11　2018-2022 年服务业增加值及其增长速度

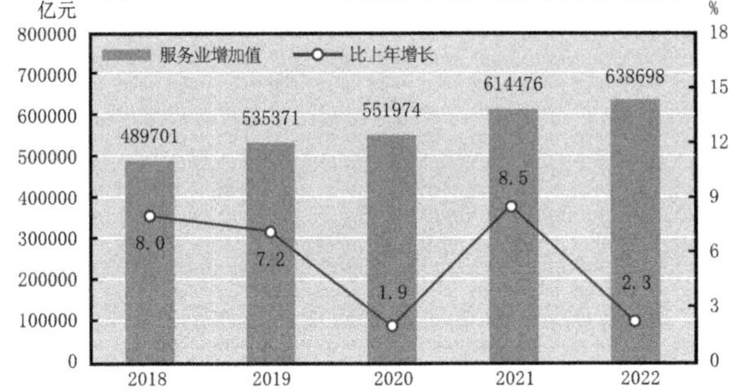

全年货物运输总量[26]506 亿吨，货物运输周转量 226122 亿吨公里。全年港口完成货物吞吐量 157 亿吨，比上年增长 0.9%，其中外贸货物吞吐量 46 亿吨，下降 1.9%。港口集装箱吞吐量 29587 万标准箱，增长 4.7%。

表 4　2022 年各种运输方式完成货物运输量及其增长速度

指标	单位	绝对数	比上年增长（%）
货物运输总量	亿吨	506.1	-3.0
铁路	亿吨	49.3	4.5
公路	亿吨	371.2	-5.5
水路	亿吨	85.5	3.8
民航	万吨	607.6	-17.0
管道	亿吨	8.6	3.1
货物运输周转量	亿吨公里	226121.8	3.4
铁路	亿吨公里	35906.5	8.2
公路	亿吨公里	68958.0	-1.2
水路	亿吨公里	121003.1	4.7
民航	亿吨公里	254.1	-8.7
管道	亿吨公里	5621.8	3.7

全年旅客运输总量 56 亿人次，比上年下降 32.7%。旅客运输周转量 12921 亿人公里，下降 34.6%。

表 5　2022 年各种运输方式完成旅客运输量及其增长速度

指标	单位	绝对数	比上年增长（%）
旅客运输总量	亿人次	55.9	-32.7
铁路	亿人次	16.7	-35.9
公路	亿人次	35.5	-30.3
水路	亿人次	1.2	-28.8
民航	亿人次	2.5	-42.9
旅客运输周转量	亿人公里	12921.4	-34.6
铁路	亿人公里	6577.5	-31.3
公路	亿人公里	2407.5	-33.7
水路	亿人公里	22.6	-31.7
民航	亿人公里	3913.7	-40.1

年末全国民用汽车保有量 31903 万辆（包括三轮汽车和低速货车 719 万辆），比上年末增加 1752 万辆，其中私人汽车保有量 27873 万辆，增加 1627 万辆。民用轿车保有量 17740 万辆，增加 1003 万辆，其中私人轿车保有量 16685 万辆，增加 954 万辆。

全年完成邮政行业业务总量[27]14317 亿元，比上年增长 4.5%。邮政业全年完成邮政函件业务 9.4 亿件，包裹业务 0.2 亿件，快递业务量 1105.8 亿件，快递业务收入 10567 亿元。全年完成电信业务总量[28]17498 亿元，比上年增长 21.3%。年末移动电话基站数[29]1083 万个，其中 4G 基站 603 万个，5G 基站 231 万个。全国电话用户总数 186286 万户，其中移动电话用户 168344 万户。移动电话普及率为 119.2 部 / 百人。固定互联网宽带接入用户[30]58965 万户，比上年末增加 5386 万户，其中 100M 速率及以上的宽带接入用户[31]55380 万户，增加 5513 万户。蜂窝物联网终端用户[32]18.45 亿户，增加 4.47 亿户。互联网上网人数 10.67 亿人，其中手机上网人数[33]10.65 亿人。互联网普及率为 75.6%，其中农村地区互联网普及率为 61.9%。全年移动互联网用户接入流量 2618 亿 GB，比上年增长 18.1%。全年软件和信息技术服务业[34]完成软件业务收入 108126 亿元，按可比口径计算，比上年增长 11.2%。

图 12　2018-2022 年快递业务量及其增长速度

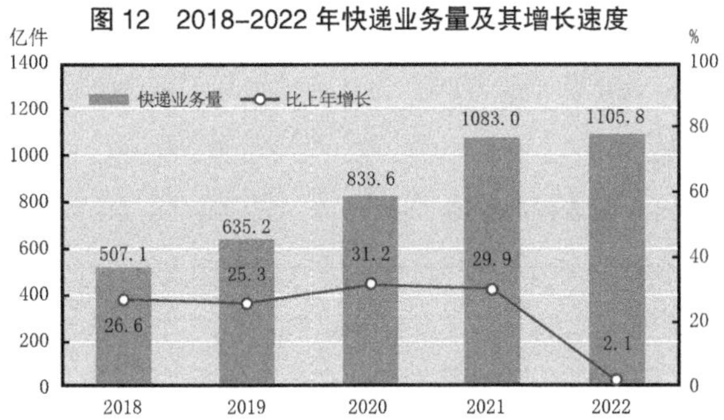

图 13　2018-2022 年年末固定互联网宽带接入用户数

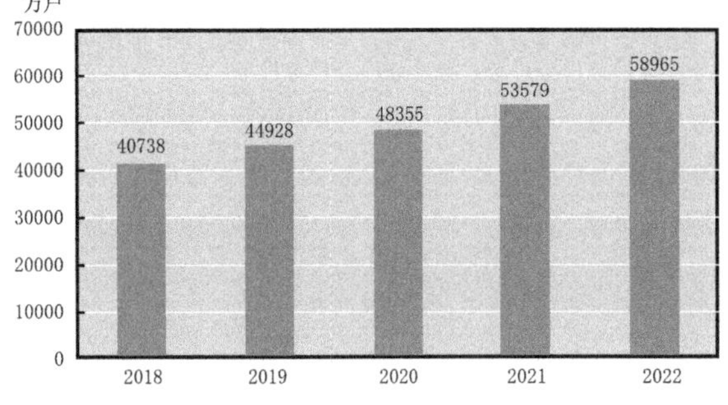

五、国内贸易

全年社会消费品零售总额439733亿元，比上年下降0.2%。按经营地统计，城镇消费品零售额380448亿元，下降0.3%；乡村消费品零售额59285亿元，与上年基本持平。按消费类型统计，商品零售额395792亿元，增长0.5%；餐饮收入额43941亿元，下降6.3%。

图14　2018-2022年社会消费品零售及其增长速度

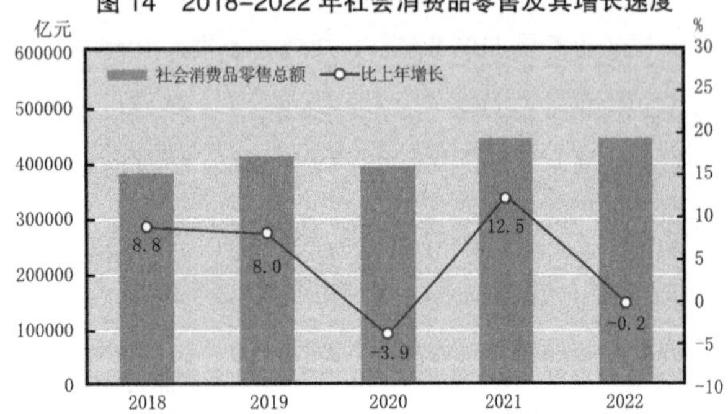

全年限额以上单位商品零售额中，粮油、食品类零售额比上年增长8.7%，饮料类增长5.3%，烟酒类增长2.3%，服装、鞋帽、针纺织品类下降6.5%，化妆品类下降4.5%，金银珠宝类下降1.1%，日用品类下降0.7%，家用电器和音像器材类下降3.9%，中西药品类增长12.4%，文化办公用品类增长4.4%，家具类下降7.5%，通讯器材类下降3.4%，石油及制品类增长9.7%，汽车类增长0.7%，建筑及装潢材料类下降6.2%。

全年实物商品网上零售额119642亿元，按可比口径计算，比上年增长6.2%，占社会消费品零售总额的比重为27.2%。

六、固定资产投资

全年全社会固定资产投资579556亿元，比上年增长4.9%。固定资产投资（不含农户）572138亿元，增长5.1%。在固定资产投资（不含农户）中，分区域看[35]，东部地区投资增长3.6%，中部地区投资增长8.9%，西部地区投资增长4.7%，东北地区投资增长1.2%。

在固定资产投资（不含农户）中，第一产业投资14293亿元，比上年增长0.2%；第二产业投资184004亿元，增长10.3%；第三产业投资373842亿元，增长3.0%。民间固定资产投资[36]310145亿元，增长0.9%。基础设施投资[37]增长9.4%。社会领域投资[38]增长10.9%。

图15　2022年第三次产业投资占固定资产投资不含农户（比重）

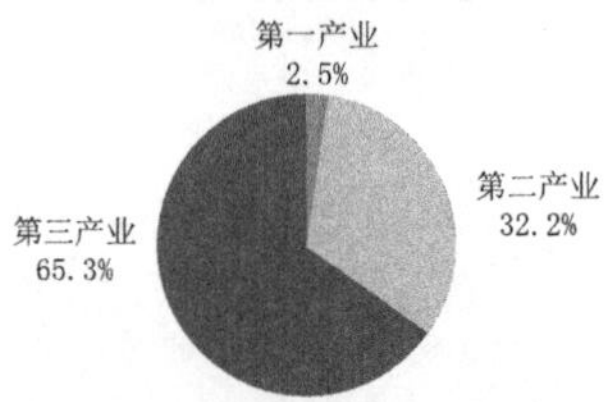

表6　2022年分行业固定资产投资（不含农户）增长速度

行业	比上年增长(%)	行业	比上年增长(%)
总计	5.1	金融业	10.5
农、林、牧、渔业	4.2	房地产业[39]	-8.4
采矿业	4.5	租赁和商务服务业	14.5
制造业	9.1	科学研究和技术服务业	21.0
电力、热力、燃气及水生产和供应业	19.3	水利、环境和公共设施管理业	10.3
建筑业	2.0	居民服务、修理和其他服务业	21.8
批发和零售业	5.3	教育	5.4
交通运输、仓储和邮政业	9.1	卫生和社会工作	26.1
住宿和餐饮业	7.5	文化、体育和娱乐业	3.5
信息传输、软件和信息技术服务业	21.8	公共管理、社会保障和社会组织	42.1

表7　2022年固定资产投资新增主要生产与运营能力

指标	单位	绝对数
新增220千伏及以上变电设备	万千伏安	25839
新建铁路投产里程	公里	4100
其中：高速铁路	公里	2082
增、新建铁路复线投产里程	公里	2658
电气化铁路复线投产里程	公里	3452
新改建高速公路里程	公里	8771
港口万吨级及以上码头泊位新增通过能力	万吨/年	25561
新增民用运输机场	个	6
新增光缆线路长度	万公里	477

全年房地产开发投资132895亿元，比上年下降10.0%。其中住宅投资100646亿元，下降9.5%；办公楼投资5291亿元，下降11.4%；商业营业用房投资10647亿元，下降14.4%。年末商品房待售面积56366万平方米，比上年末增加5343万平方米，其中商品住宅待售面积26947万平方米，增加4186万平方米。

全年全国各类棚户区改造开工134万套，基本建成181万套；全国保障性租赁住房开工建设和筹集265万套（间）。全年全国新开工改造城镇老旧小区5.25万个，涉及居民876万户。

表 8　2022 年房地产开发和销售主要指标及其增长速度

指标	单位	绝对数	比上年增长(%)
投资额	亿元	132895	-10.0
其中：住宅	亿元	100646	-9.5
房屋施工面积	万平方米	904999	-7.2
其中：住宅	万平方米	639696	-7.3
房屋新开工面积	万平方米	120587	-39.4
其中：住宅	万平方米	88135	-39.8
房屋竣工面积	万平方米	86222	-15.0
其中：住宅	万平方米	62539	-14.3
商品房销售面积	万平方米	135837	-24.3
其中：住宅	万平方米	114631	-26.8
本年到位资金	亿元	148979	-25.9
其中：国内贷款	亿元	17388	-25.4
个人按揭贷款	亿元	23815	-26.5

七、对外经济

全年货物进出口总额 420678 亿元，比上年增长 7.7%。其中，出口 239654 亿元，增长 10.5%；进口 181024 亿元，增长 4.3%。货物进出口顺差 58630 亿元，比上年增加 15330 亿元。对“一带一路”[40]沿线国家进出口总额 138339 亿元，比上年增长 19.4%。其中，出口 78877 亿元，增长 20.0%；进口 59461 亿元，增长 18.7%。对《区域全面经济伙伴关系协定》（RCEP）其他成员国[41]进出口额 129499 亿元，比上年增长 7.5%。

图 16　2018-2022 年货物进口总额

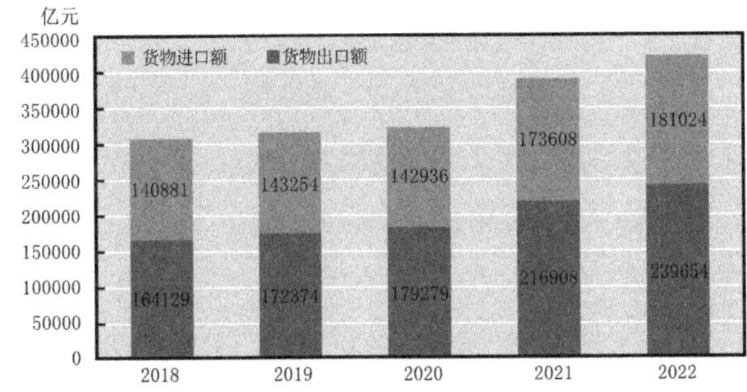

表 9　2022 年货物进出口总额及其增长速度

指标	金额（亿元）	比上年增长（%）
货物进出口总额	420678	7.7
货物出口额	239654	10.5
其中：一般贸易	152468	15.4
加工贸易	53952	1.1
其中：机电产品	136973	7.0
高新技术产品	63391	0.3
货物进口额	181024	4.3
其中：一般贸易	115624	6.7
加工贸易	30574	-3.2
其中：机电产品	69661	-5.4
高新技术产品	50864	-6.0
货物进出口顺差	58630	35.4

表 10　2022 年主要商品出口数量、金额及其增长速度

商品名称	单位	数量	比上年增长（%）	金额（亿元）	比上年增长（%）
钢材	万吨	6732	0.9	6427	22.3
纺织纱线、织物及制品	–	–	–	9836	4.9
服装及衣着附件	–	–	–	11713	6.7
鞋靴	万双	929318	6.6	3844	24.4
家具及其零件	–	–	–	4639	-2.5
箱包及类似容器	万吨	297	22.2	2378	32.6
玩具	–	–	–	3229	9.1
塑料制品	–	–	–	7188	12.7
集成电路	亿个	2734	12.0	10254	3.5
自动数据处理设备及其零部件	–	–	–	15701	-4.7
手机	万台	82224	-13.8	9527	0.9
集装箱	万个	321	-33.7	967	-36.1
液晶平板显示模组	万个	164560	–	1807	–
汽车（包括底盘）	万辆	332	56.8	4054	82.2

表 11　2022 年主要商品进口数量、金额及其增长速度

商品名称	单位	数量	比上年增长（%）	金额（亿元）	比上年增长（%）
大豆	万吨	9108	-5.6	4085	18.1
食用植物油	万吨	648	-37.6	606	-14.1
铁矿砂及其精矿	万吨	110686	-1.5	8498	-27.9
煤及褐煤	万吨	29320	-9.2	2855	22.2
原油	万吨	50828	-0.9	24350	45.9
成品油	万吨	2645	-2.5	1309	21.2
天然气	万吨	10925	-9.9	4683	30.3
初级形状的塑料	万吨	3058	-10.0	3734	-5.5
纸浆	万吨	2916	-1.8	1492	15.1
钢材	万吨	1057	-25.9	1136	-6.1
未锻轧铜及铜材	万吨	587	6.2	3610	6.5
集成电路	亿个	5384	-15.3	27663	-0.9
汽车（包括底盘）	万辆	88	-6.5	3529	1.2

表 12　2022 年对主要国家和地区货物进出口金额、增长速度及其比重

商品名称	出口额（亿元）	比上年增长（%）	占全部出口比重（%）	进口额（亿元）	比上年增长（%）	占全部进口比重（%）
东盟	37907	21.7	15.8	27247	6.8	15.1
欧盟	37434	11.9	15.6	19034	-4.9	10.5
美国	38706	4.2	16.2	11834	1.9	6.5
韩国	10843	13.0	4.5	13278	-3.7	7.3
日本	11537	7.7	4.8	12295	-7.5	6.8
中国台湾	5423	7.2	2.3	15840	-1.8	8.8
中国香港	19883	-12.0	8.3	527	-16.0	0.3
俄罗斯	5123	17.5	2.1	7638	48.6	4.2
巴西	4128	19.3	1.7	7294	2.6	4.0
印度	7896	25.5	3.3	1160	-36.2	0.6
南非	1615	18.6	0.7	2173	2.0	1.2

全年服务进出口总额59802亿元，比上年增长12.9%。其中，服务出口28522亿元，增长12.1%；服务进口31279亿元，增长13.5%。服务进出口逆差2757亿元。

全年外商直接投资[42]新设立企业38497家，比上年下降19.2%。实际使用外商直接投资金额12327亿元，增长6.3%，折1891亿美元，增长8.0%。其中“一带一路”沿线国家对华直接投资（含通过部分自由港对华投资）新设立企业4519家，下降15.3%；对华直接投资金额891亿元，增长17.2%，折137亿美元，增长18.6%。全年高技术产业实际使用外资4449亿元，增长28.3%，折683亿美元，增长30.9%。

表13　2022年外商直接投资及其增长速度

商品名称	企业数（家）	比上年增长（%）	实际使用金额（亿元）	比上年增长（%）
总计	38497	-19.2	12327	6.3
其中：农、林、牧、渔业	420	-14.5	80	44.6
制造业	3570	-19.9	3237	46.1
电力、热力、燃气及水生产和供应业	523	12.5	276	10.8
交通运输、仓储和邮政业	602	-13.1	347	-1.1
信息传输、软件和信息技术服务业	3059	-24.5	1548	15.1
批发和零售业	10894	-18.6	961	-12.5
房地产业	581	-48.4	914	-41.8
租赁和商务服务业	7473	-19.6	2148	-2.1
居民服务、修理和其他服务业	411	-21.3	19	-38.6

全年对外非金融类直接投资额7859亿元，比上年增长7.2%，折1169亿美元，增长2.8%。其中，对“一带一路”沿线国家非金融类直接投资额1410亿元，增长7.7%，折210亿美元，增长3.3%。

表14　2022年对外非金融类直接投资额及其增长速度

行业	金额（亿美元）	比上年增长（%）
总计	1168.5	2.8
其中：农、林、牧、渔业	8.3	-26.5
采矿业	50.1	0.6
制造业	216.0	17.4
电力、热力、燃气及水生产和供应业	35.2	-28.0
建筑业	64.0	14.9
批发和零售业	211.0	19.5
交通运输、仓储和邮政业	45.6	-10.6
信息传输、软件和信息技术服务业	54.9	-27.1
房地产业	24.2	-2.8
租赁和商务服务业	387.6	5.8

全年对外承包工程完成营业额10425亿元，比上年增长4.3%，折1550亿美元，与上年基本持平。其中，对“一带一路”沿线国家完成营业额849亿美元，下降5.3%，占对外承包工程完成营业额比重为54.8%。对外劳务合作派出各类劳务人员26万人。

八、财政金融

全年全国一般公共预算收入203703亿元，比上年增长0.6%；其中税收收入166614亿元，下降3.5%。全国一般公共预算支出260609亿元，比上年增长6.1%。全年新增减税降费及退税缓税缓费超4.2万亿元，其中累计退到纳税人账户的增值税留抵退税款2.46万亿元，新增减税降费超1万亿元，办理缓税缓费超7500亿元。

图17　2018-2022年全国一般公共预算收入

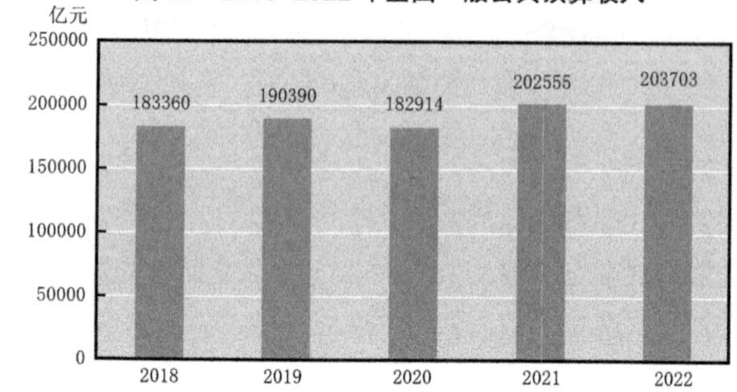

注：图中2018年至2021年数据为全国一般公共预算收入决算数，2022年为执行数。

年末广义货币供应量（M2）余额266.4万亿元，比上年末增长11.8%；狭义货币供应量（M1）余额67.2万亿元，增长3.7%；流通中货币（M0）余额10.5万亿元，增长15.3%。

全年社会融资规模增量[43]32.0万亿元，按可比口径计算，比上年多0.7万亿元。年末社会融资规模存量[44]344.2万亿元，按可比口径计算，比上年末增长9.6%，其中对实体经济发放的人民币贷款余额212.4万亿元，增长10.9%。年末全部金融机构本外币各项存款余额264.4万亿元，比年初增加25.9万亿元，其中人民币各项存款余额258.5万亿元，增加26.3万亿元。全部金融机构本外币各项贷款余额219.1万亿元，增加20.6万亿元，其中人民币各项贷款余额214.0万亿元，增加21.3万亿元。人民币普惠金融贷款[45]余额32.1万亿元，增加5.6万亿元。

表 15　2022 年年末全部金融机构本外币存贷款余额及其增长速度

指标	年末数（亿元）	比上年增长（%）
各项存款	2644472	10.8
其中：境内住户存款	1212110	17.3
其中：人民币	1203387	17.4
境内非金融企业存款	779398	6.8
各项贷款	2191029	10.4
其中：境内短期贷款	560304	7.7
境内中长期贷款	1427739	10.6

年末主要农村金融机构（农村信用社、农村合作银行、农村商业银行）人民币贷款余额 267195 亿元，比年初增加 24702 亿元。全部金融机构人民币消费贷款余额 560361 亿元，增加 11522 亿元。其中，住户短期消费贷款余额 93473 亿元，减少 90 亿元；住户中长期消费贷款余额 466888 亿元，增加 11613 亿元。

全年沪深交易所 A 股累计筹资[46]15109 亿元，比上年减少 1634 亿元。沪深交易所首次公开发行上市 A 股 341 只，筹资 5704 亿元，比上年增加 353 亿元，其中科创板股票 123 只，筹资 2520 亿元；沪深交易所 A 股再融资（包括公开增发、定向增发、配股、优先股、可转债转股）9405 亿元，减少 1986 亿元。北京证券交易所公开发行股票 83 只，筹资[47]164 亿元。全年各类主体通过沪深北交易所发行债券（包括公司债券、资产支持证券、国债、地方政府债券和政策性银行债券）筹资 64494 亿元，其中沪深交易所共发行上市基础设施领域不动产投资信托基金（REITs）13 只，募集资金 419 亿元。全国中小企业股份转让系统[48]挂牌公司 6580 家，全年挂牌公司累计股票筹资 232 亿元。

全年发行公司信用类债券[49]13.7 万亿元，比上年减少 1.0 万亿元。

全年保险公司原保险保费收入[50]46957 亿元，按可比口径计算，比上年增长 4.6%。其中，寿险业务原保险保费收入 24519 亿元，健康险和意外伤害险业务原保险保费收入 9726 亿元，财产险业务原保险保费收入 12712 亿元。支付各类赔款及给付 15485 亿元。其中，寿险业务给付 3791 亿元，健康险和意外伤害险业务赔款及给付 3937 亿元，财产险业务赔款 7757 亿元。

九、居民收入消费和社会保障

全年全国居民人均可支配收入 36883 元，比上年增长 5.0%，扣除价格因素，实际增长 2.9%。全国居民人均可支配收入中位数[51]31370 元，增长 4.7%。按常住地分，城镇居民人均可支配收入 49283 元，比上年增长 3.9%，扣除价格因素，实际增长 1.9%。城镇居民人均可支配收入中位数 45123 元，增长 3.7%。农村居民人均可支配收入 20133 元，比上年增长 6.3%，扣除价格因素，实际增长 4.2%。农村居民人均可支配收入中位数 17734 元，增长 4.9%。城乡居民人均可支配收入比值为 2.45，比上年缩小 0.05。按全国居民五等份收入分组[52]，低收入组人均可支配收入 8601 元，中间偏下收入组人均可支配收入 19303 元，中间收入组人均可支配收入 30598 元，中间偏上收入组人均可支配收入 47397 元，高收入组人均可支配收入 90116 元。全国农民工人均月收入 4615 元，比上年增长 4.1%。全年脱贫县[53]农村居民人均可支配收入 15111 元，比上年增长 7.5%，扣除价格因素，实际增长 5.4%。

全年全国居民人均消费支出 24538 元，比上年增长 1.8%，扣除价格因素，实际下降 0.2%。其中，人均服务性消费支出[54]10590 元，比上年下降 0.5%，占居民人均消费支出的比重为 43.2%。按常住地分，城镇居民人均消费支出 30391 元，增长 0.3%，扣除价格因素，实际下降 1.7%；农村居民人均消费支出 16632 元，增长 4.5%，扣除价格因素，实际增长 2.5%。全国居民恩格尔系数为 30.5%，其中城镇为 29.5%，农村为 33.0%。

图 18　2018-2022 年全国居民人均可支配收入及其增长速度

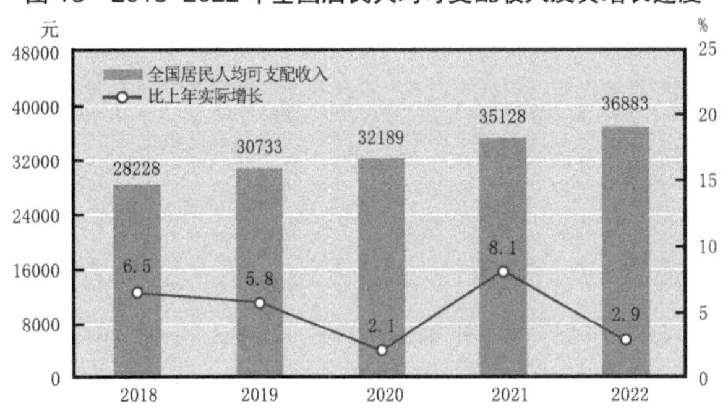

图 19　2022 年全国居民人均消费支出及其构成

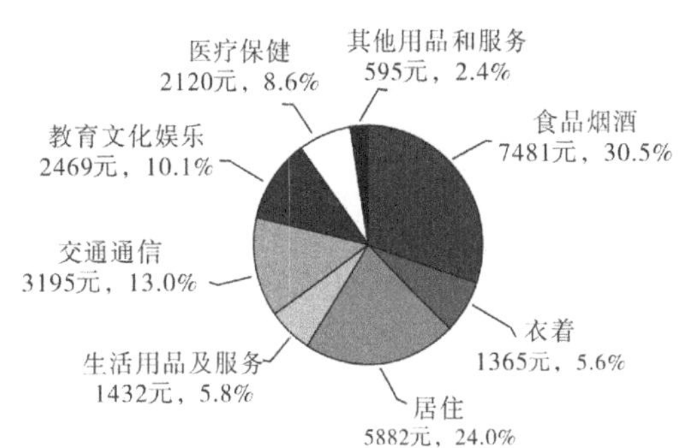

年末全国参加城镇职工基本养老保险人数50349万人，比上年末增加2275万人。参加城乡居民基本养老保险人数54952万人，增加155万人。参加基本医疗保险人数[55]134570万人，其中参加职工基本医疗保险人数36242万人，参加城乡居民基本医疗保险人数98328万人。参加失业保险人数23807万人，增加849万人。年末全国领取失业保险金人数297万人。参加工伤保险人数29111万人，增加825万人，其中参加工伤保险的农民工9127万人，增加41万人。参加生育保险人数24608万人，增加856万人。年末全国共有683万人享受城市最低生活保障，3349万人享受农村最低生活保障，435万人享受农村特困人员[56]救助供养，全年临时救助[57]1083万人次。全年领取国家定期抚恤金、定期生活补助金的退役军人和其他优抚对象827万人。

年末全国共有各类提供住宿的民政服务机构4.3万个，其中养老机构4.0万个，儿童福利和救助保护机构899个。民政服务床位[58]849.1万张，其中养老服务床位822.3万张，儿童福利和救助保护机构床位10.0万张。年末共有社区服务中心2.9万个，社区服务站50.9万个。

十、科学技术和教育

全年研究与试验发展（R&D）经费支出30870亿元，比上年增长10.4%，与国内生产总值之比为2.55%，其中基础研究经费1951亿元。国家自然科学基金共资助5.19万个项目。截至年末，正在运行的国家重点实验室533个，纳入新序列管理的国家工程研究中心191个，国家企业技术中心1601家，大众创业万众创新示范基地212家。国家科技成果转化引导基金累计设立36支子基金，资金总规模624亿元。国家级科技企业孵化器[59]1425家，国家备案众创空间[60]2441家。全年授予专利权432.3万件，比上年下降6.0%；PCT专利申请受理量[61]7.4万件。截至年末，有效专利1787.9万件，其中境内有效发明专利328.0万件。每万人口高价值发明专利拥有量[62]9.4件。全年商标注册617.7万件，比上年下降20.2%。全年共签订技术合同77万项，技术合同成交金额47791亿元，比上年增长28.2%。我国公民具备科学素质[63]的比例达到12.93%。

图20　2018-2022年研究与试验发展（R&D）经费支出及其增长速度

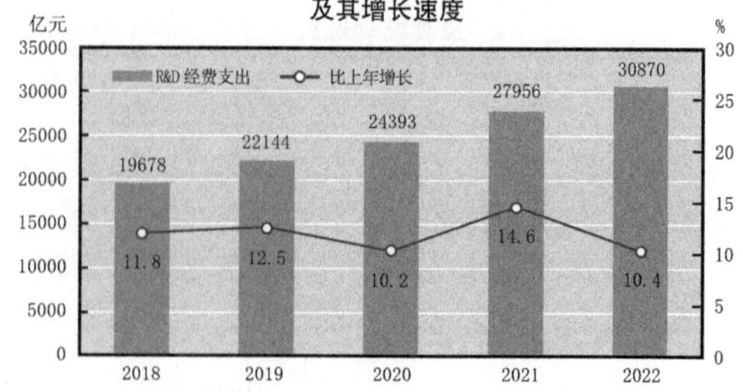

表16　2022年专利授权和有效专利情况

指标	专利数（万件）	比上年增长（%）
专利授权数	432.3	-6.0
其中：境内专利授权	418.7	-5.9
其中：发明专利授权	79.8	14.7
其中：境内发明专利授权	68.9	19.2
年末有效专利数	1787.9	15.9
其中：境内有效专利	1671.9	17.0
其中：有效发明专利	421.2	17.1
其中：境内有效发明专利	328.0	21.3

全年成功完成62次宇航发射。问天实验舱、梦天实验舱发射成功，神舟十四号、十五号等任务相继实施，中国空间站全面建成。嫦娥五号发现月球新矿物“嫦娥石”。句芒号陆地生态系统碳监测卫星、大气环境监测卫星成功发射运行。长征八号运载火箭实现一箭22星发射。第三艘航空母舰福建舰下水。国产C919大型客机获得型号合格证并交付首架。投入商业运行的华龙一号自主三代核电机组保持安全稳定运行。

年末全国共有国家质检中心869家。全国现有产品质量、体系和服务认证机构1128个，累计完成对94万家企业的认证。全年制定、修订国家标准2266项，其中新制定1382项。全年制造业产品质量合格率[64]为93.29%。

全年研究生教育招生124.2万人，在学研究生365.4万人，毕业生86.2万人。普通、职业本专科[65]招生1014.5万人，在校生3659.4万人，毕业生967.3万人。中等职业教育[66]招生650.7万人，在校生1784.7万人，毕业生519.2万人。普通高中招生947.5万人，在校生2713.9万人，毕业生824.1万人。初中招生1731.4万人，在校生5120.6万人，毕业生1623.9万人。普通小学招生1701.4万人，在校生10732.0万人，毕业生1740.6万人。特殊教育招生14.6万人，在校生91.9万人，毕业生15.9万人。学前教育在园幼儿4627.5万人。九年义务教育巩固率为95.5%，高中阶段毛入学率为91.6%。

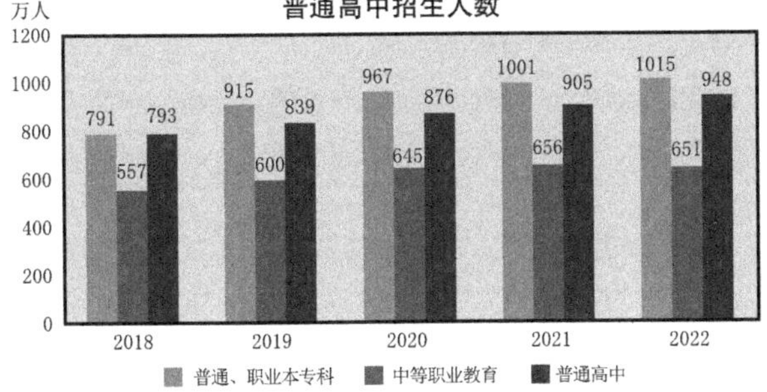

图 21　2018-2022 年本专科、中等职业教育及普通高中招生人数

十一、文化旅游、卫生健康和体育

年末全国文化和旅游系统共有艺术表演团体 2023 个。全国共有公共图书馆 3303 个，总流通[67]72375 万人次；文化馆 3503 个。有线电视实际用户 1.99 亿户，其中有线数字电视实际用户 1.90 亿户。年末广播节目综合人口覆盖率为 99.6%，电视节目综合人口覆盖率为 99.8%。全年生产电视剧 160 部 5283 集，电视动画片 89094 分钟。全年生产故事影片 380 部，科教、纪录、动画和特种影片[68]105 部。出版各类报纸 266 亿份，各类期刊 20 亿册，图书 114 亿册（张），人均图书拥有量[69]8.09 册（张）。年末全国共有档案馆 4136 个，已开放各类档案 20886 万卷（件）。全年全国规模以上文化及相关产业企业营业收入 121805 亿元，按可比口径计算，比上年增长 0.9%。

全年国内游客 25.3 亿人次，比上年下降 22.1%。其中，城镇居民游客 19.3 亿人次，下降 17.7%；农村居民游客 6.0 亿人次，下降 33.5%。国内旅游收入 20444 亿元，下降 30.0%。其中，城镇居民游客花费 16881 亿元，下降 28.6%；农村居民游客花费 3563 亿元，下降 35.8%。

图 22　2018-2022 年国内游客人次及其增长速度

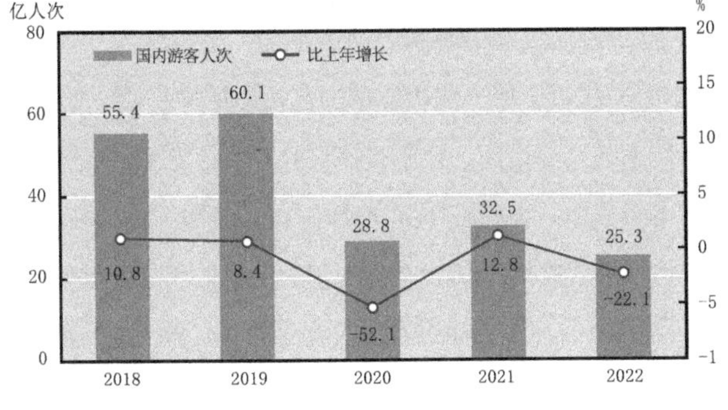

年末全国共有医疗卫生机构 103.3 万个，其中医院 3.7 万个，在医院中有公立医院 1.2 万个，民营医院 2.5 万个；基层医疗卫生机构 98.0 万个，其中乡镇卫生院 3.4 万个，社区卫生服务中心（站）3.6 万个，门诊部（所）32.1 万个，村卫生室 58.8 万个；专业公共卫生机构 1.3 万个，其中疾病预防控制中心 3385 个，卫生监督所（中心）2796 个。年末卫生技术人员 1155 万人，其中执业医师和执业助理医师 440 万人，注册护士 520 万人。医疗卫生机构床位 975 万张，其中医院 766 万张，乡镇卫生院 145 万张。全年总诊疗人次[70]84.0 亿人次，出院人数[71]2.5 亿人。

图 23　2018-2022 年年末卫生技术人员人数

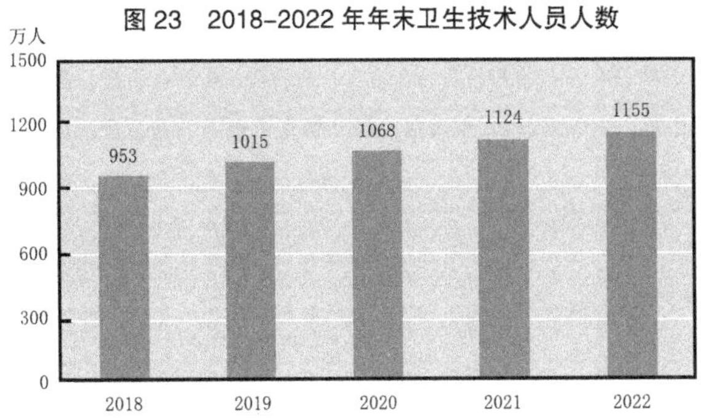

万人：2018 年 953，2019 年 1015，2020 年 1068，2021 年 1124，2022 年 1155

年末全国共有体育场地[72]422.7 万个，体育场地面积[73]37.0 亿平方米，人均体育场地面积 2.62 平方米。全年我国运动员在 15 个运动大项中获得 93 个世界冠军，共创 11 项世界纪录。在北京第 24 届冬奥会上，我国运动员共获得 9 枚金牌，奖牌总数 15 枚。全年我国残疾人运动员在 5 项国际赛事中获得 41 个世界冠军。在北京第 13 届冬残奥会上，我国运动员共获得 18 枚金牌，奖牌总数 61 枚，位列冬残奥会金牌榜和奖牌榜双第一位。

十二、资源、环境和应急管理

全年全国国有建设用地供应总量[74]76.6 万公顷，比上年增长 10.9%。其中，工矿仓储用地 19.8 万公顷，增长 13.2%；房地产用地[75]11.0 万公顷，下降 19.4%；基础设施用地 45.8 万公顷，增长 20.7%。

全年水资源总量 26634 亿立方米。全年总用水量 5997 亿立方米，比上年增长 1.3%。其中，生活用水下降 0.5%，工业用水下降 7.7%，农业用水增长 3.7%，人工生态环境补水增长 8.3%。万元国内生产总值用水量[76]53 立方米，下降 1.6%。万元工业增加值用水量 27 立方米，下降 10.8%。人均用水量 425 立方米，增长 1.3%。

全年完成造林面积 383 万公顷，其中人工造林面积 120 万公顷，占全部造林面积的 31.4%。种草改良面积[77]321 万公顷。截至年末，国家公园 5 个。新增水土流失治理面积 6.3 万平方公里。

初步核算，全年能源消费总量 54.1 亿吨标准煤，比上年增长 2.9%。煤炭消费量增长 4.3%，原油消费量下降 3.1%，天然气消费量下降 1.2%，电力消费量增长 3.6%。煤炭消费量占能源消费总量的 56.2%，比上年上升 0.3 个百分点；天然气、水电、核电、风电、太阳能发电等清洁能源消费量占能源消费总量的25.9%，上升0.4个百分点。重点耗能工业企业单位电石综合能耗下降1.6%，单位合成氨综合能耗下降0.8%，吨钢综合能耗上升1.7%，单位电解铝综合能耗下降0.4%，每千瓦时火力发电标准煤耗下降0.2%。全国万元国内生产总值二氧化碳排放[78]下降0.8%。

图24 2018-2022年清洁能源消费量占能源消费总量的比重

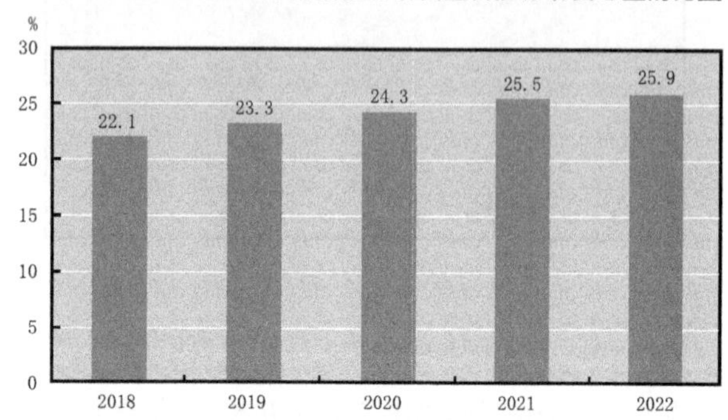

全年近岸海域海水水质[79]达到国家一、二类海水水质标准的面积占81.9%，三类海水占4.1%，四类、劣四类海水占14.0%。

在开展城市区域声环境监测的320个城市中，全年昼间声环境质量好的城市占5.0%，较好的占66.3%，一般的占27.2%，较差的占1.2%，差的占0.3%。

全年平均气温为10.51℃，比上年下降0.02℃。共有4个台风登陆。

全年农作物受灾面积1207万公顷，其中绝收135万公顷。全年因洪涝和地质灾害造成直接经济损失1303亿元，因干旱灾害造成直接经济损失513亿元，因低温冷冻和雪灾造成直接经济损失125亿元，因海洋灾害造成直接经济损失24亿元。全年大陆地区共发生5.0级以上地震27次，造成直接经济损失224亿元。全年共发生森林火灾709起，受害森林面积约0.5万公顷。

全年各类生产安全事故共死亡20963人。工矿商贸企业就业人员10万人生产安全事故死亡人数1.097人，比上年下降20.2%；煤矿百万吨死亡人数0.054人，上升22.7%。道路交通事故万车死亡人数1.46人，下降7.0%。

注释：

[1] 本公报中数据均为初步统计数。各项统计数据均未包括香港特别行政区、澳门特别行政区和台湾省。部分数据因四舍五入的原因，存在总计与分项合计不等的情况。

[2] 国内生产总值、三次产业及相关行业增加值、地区生产总值、人均国内生产总值和国民总收入绝对数按现价计算，增长速度按不变价格计算。

[3] 国民总收入，原称国民生产总值，是指一个国家或地区所有常住单位在一定时期内所获得的初次分配收入总额，等于国内生产总值加上来自国外的初次分配收入净额。

[4] 全员劳动生产率为国内生产总值（按2020年价格计算）与全部就业人员的比率。

[5] 见注释[4]。

[6] 全国人口是指我国大陆31个省、自治区、直辖市和现役军人的人口，不包括居住在31个省、自治区、直辖市的港澳台居民和外籍人员。

[7]2022年年末，0-14岁（含不满15周岁）人口为23908万人，15-59岁（含不满60周岁）人口为89263万人。

[8] 年度农民工数量包括年内在本乡镇以外从业6个月及以上的外出农民工和在本乡镇内从事非农产业6个月及以上的本地农民工。

[9] 农产品生产者价格是指农产品生产者直接出售其产品时的价格。

[10] 居住类价格包括租赁房房租、住房保养维修及管理、水电燃料、自有住房服务价格。

[11] 高技术制造业包括医药制造业，航空、航天器及设备制造业，电子及通信设备制造业，计算机及办公设备制造业，医疗仪器设备及仪器仪表制造业，信息化学品制造业。

[12] 装备制造业包括金属制品业，通用设备制造业，专用设备制造业，汽车制造业，铁路、船舶、航空航天和其他运输设备制造业，电气机械和器材制造业，计算机、通信和其他电子设备制造业，仪器仪表制造业。

[13] 规模以上服务业统计范围包括：年营业收入2000万元及以上的交通运输、仓储和邮政业，信息传输、软件和信息技术服务业，水利、环境和公共设施管理业，卫生行业法人单位；年营业收入1000万元及以上的房地产业（不含房地产开发经营），租赁和商务服务业，科学研究和技术服务业，教育行业法人单位；以及年营业收入500万元及以上的居民服务、修理和其他服务业，文化、体育和娱乐业，社会工作行业法人单位。

[14] 战略性新兴服务业包括新一代信息技术产业、高端装备制造产业、新材料产业、生物产业、新能源汽车产业、新能源产业、节能环保产业和数字创意产业等八大产业中的服务业相关行业，以及新技术与创新创业等相关服务业。2022

年战略性新兴服务业企业营业收入增速按可比口径计算。

[15] 高技术产业投资包括医药制造、航空航天器及设备制造等六大类高技术制造业投资和信息服务、电子商务服务等九大类高技术服务业投资。

[16] 电子商务交易额是指通过电子商务交易平台（包括企业自建平台和第三方平台）实现的商品和服务交易额，包括对单位和对个人交易额。

[17] 网上零售额是指通过公共网络交易平台（主要从事实物商品交易的网上平台，包括自建网站和第三方平台）实现的商品和服务零售额。

[18] 东部地区是指北京、天津、河北、上海、江苏、浙江、福建、山东、广东和海南 10 省（市）；中部地区是指山西、安徽、江西、河南、湖北和湖南 6 省；西部地区是指内蒙古、广西、重庆、四川、贵州、云南、西藏、陕西、甘肃、青海、宁夏和新疆 12 省（区、市）；东北地区是指辽宁、吉林和黑龙江 3 省。

[19] 万元国内生产总值能耗按 2020 年价格计算。

[20]2021 年部分产品产量数据进行了核实调整，2022 年产量增速按可比口径计算。

[21] 火电包括燃煤发电量，燃油发电量，燃气发电量，余热、余压、余气发电量，垃圾焚烧发电量，生物质发电量。

[22] 钢材产量数据中含企业之间重复加工钢材。

[23] 少量发电装机容量（如地热等）公报中未列出。

[24] 由于统计调查制度规定的调查范围变动、统计执法、剔除重复数据等因素，2022 年规模以上工业企业财务指标增速及变化按可比口径计算。

[25] 产能利用率是指实际产出与生产能力（均以价值量计量）的比率。企业的实际产出是指企业报告期内的工业总产值；企业的生产能力是指报告期内，在劳动力、原材料、燃料、运输等保证供给的情况下，生产设备（机械）保持正常运行，企业可实现并能长期维持的产品产出。

[26] 货物运输总量及周转量包括铁路、公路、水路、民航和管道五种运输方式完成量，2022 年增速按可比口径计算。

[27] 邮政行业业务总量按 2020 年价格计算。

[28] 电信业务总量按上年价格计算。

[29] 移动电话基站数是指报告期末为小区服务的无线收发信设备，处理基站与移动台之间的无线通信，在移动交换机与移动台之间起中继作用，监视无线传输质量的全套设备数。

[30] 固定互联网宽带接入用户是指报告期末在电信企业登记注册，通过 xDSL、FTTx+LAN、FTTH/O 以及其他宽带接入方式和普通专线接入公众互联网的用户。

[31]100M 速率及以上的宽带接入用户是指报告期末下行速率大于或等于 100Mbit/s 的宽带接入用户。

[32] 蜂窝物联网终端用户是指报告期末接入移动通信网络并开通物联网业务的用户。物联网终端即连接传感网络层和传输网络层，实现远程采集数据及向网络层发送数据的物联网设备。

[33] 手机上网人数是指过去半年通过手机接入并使用互联网的人数。

[34] 软件和信息技术服务业包括软件开发、集成电路设计、信息系统集成和物联网技术服务、运行维护服务、信息处理和存储支持服务、信息技术咨询服务、数字内容服务和其他信息技术服务等行业。

[35] 见注释 [18]。

[36] 民间固定资产投资是指具有集体、私营、个人性质的内资企事业单位以及由其控股（包括绝对控股和相对控股）的企业单位建造或购置固定资产的投资。

[37] 基础设施投资包括铁路运输业、道路运输业、水上运输业、航空运输业、管道运输业、多式联运和运输代理业、装卸搬运业、邮政业、电信广播电视和卫星传输服务业、互联网和相关服务业、水利管理业、生态保护和环境治理业、公共设施管理业投资。

[38] 社会领域投资包括教育，卫生和社会工作，文化、体育和娱乐业投资。

[39] 房地产业投资除房地产开发投资外，还包括建设单位自建房屋以及物业管理、中介服务和其他房地产投资。

[40]“一带一路”是指“丝绸之路经济带”和“21 世纪海上丝绸之路”。

[41]《区域全面经济伙伴关系协定》（RCEP）其他成员国包括印度尼西亚、马来西亚、菲律宾、泰国、新加坡、文莱、柬埔寨、老挝、缅甸、越南、日本、韩国、澳大利亚、新西兰。

[42]2022 年外商投资统计调查制度进行修订，外商直接投资新设立企业数量、实际使用外商直接投资金额为包含银行、证券、保险领域的全口径数据，增速按可比口径计算。

[43] 社会融资规模增量是指一定时期内实体经济从金融体系获得的资金总额。

[44] 社会融资规模存量是指一定时期末（月末、季末或年末）实体经济从金融体系获得的资金余额。

[45] 普惠金融贷款包括单户授信小于 1000 万元的小微型企业贷款、个体工商户经营性贷款、小微企业主经营性贷款、农户生产经营贷款、建档立卡贫困人口消费贷款、创业担保贷款和助学贷款。

[46] 沪深交易所股票筹资额按上市日统计，筹资额包括了可转债实际转股金额，2021 年、2022 年可转债实际转股金额分别为 1342 亿元、934 亿元。

[47] 北京证券交易所股票筹资额按上市日统计。

[48] 全国中小企业股份转让系统是 2012 年经国务院批准的全国性证券交易场所。全年全国中小企业股份转让系统挂牌公司累计筹资不含优先股，股票筹资按新增股份挂牌日统计。

[49] 公司信用类债券包括非金融企业债务融资工具、企业债券以及公司债、可转债等。

[50] 原保险保费收入是指保险企业确认的原保险合同保费收入。

[51] 人均可支配收入中位数是指将所有调查户按人均收入水平从低到高（或从高到低）顺序排列，处于最中间位置调查户的人均可支配收入。

[52] 全国居民五等份收入分组是指将所有调查户按人均收入水平从低到高顺序排列，平均分为五个等份，处于最低 20% 的收入家庭为低收入组，依此类推依次为中间偏下收入组、中间收入组、中间偏上收入组、高收入组。

[53] 脱贫县包括原 832 个国家扶贫开发工作重点县和集中连片特困地区县，以及新疆阿克苏地区 7 个市县。

[54] 服务性消费支出是指住户用于各种生活服务的消费支出，包括餐饮服务、衣着鞋类加工服务、居住服务、家庭服务、交通通信服务、教育文化娱乐服务、医疗服务和其他服务。

[55]2022 年，基本医疗保险参保人数统计口径发生变化，剔除部分重复参保人数。

[56] 农村特困人员是指无劳动能力，无生活来源，无法定赡养、抚养、扶养义务人或者其法定义务人无履行义务能力的农村老年人、残疾人以及未满 16 周岁的未成年人。

[57] 临时救助是指国家对遭遇突发事件、意外伤害、重大疾病或其他特殊原因导致基本生活陷入困境，其他社会救助制度暂时无法覆盖或救助之后基本生活暂时仍有严重困难的家庭或个人给予的应急性、过渡性的救助。

[58] 民政服务床位除收养性机构外，还包括救助类机构、社区类机构的床位。

[59] 国家级科技企业孵化器是指符合《科技企业孵化器管理办法》规定的，以促进科技成果转化、培育科技企业和企业家精神为宗旨，提供物理空间、共享设施和专业化服务的科技创业服务机构，且经过科学技术部批准确定的科技企业孵化器。

[60] 国家备案众创空间是指符合《发展众创空间工作指引》规定的新型创新创业服务平台，且按照《国家众创空间备案暂行规定》经科学技术部审核备案的众创空间。

[61]PCT 专利申请受理量是指国家知识产权局作为 PCT 专利申请受理局受理的 PCT 专利申请数量。PCT（PatentCooperationTreaty）即专利合作条约，是专利领域的一项国际合作条约。

[62] 每万人口高价值发明专利拥有量是指每万人口本国居民拥有的经国家知识产权局授权的符合下列任一条件的有效发明专利数量：战略性新兴产业的发明专利；在海外有同族专利权的发明专利；维持年限超过 10 年的发明专利；实现较高质押融资金额的发明专利；获得国家科学技术奖、中国专利奖的发明专利。

[63] 公民具备科学素质是指崇尚科学精神，树立科学思想，掌握基本科学方法，了解必要科技知识，并具有应用其分析判断事物和解决实际问题的能力。公民具备科学素质比例数据是面向 18–69 岁公民开展抽样调查获得。

[64] 制造业产品质量合格率是指以产品质量检验为手段，按照规定的方法、程序和标准实施质量抽样检测，判定为质量合格的样品数占全部抽样样品数的百分比，统计调查样本覆盖制造业的 29 个行业。

[65] 普通、职业本专科包括普通本科、职业本科、高职（专科）。

[66] 中等职业教育包括普通中专、成人中专、职业高中和技工学校。

[67] 总流通人次是指本年度内到图书馆场馆接受图书馆服务的总人次，包括借阅书刊、咨询问题以及参加各类读者活动等。

[68] 特种影片是指采用与常规影院放映在技术、设备、节目方面不同的电影展示方式，如巨幕电影、立体电影、立体特效（4D）电影、动感电影、球幕电影等。

[69] 人均图书拥有量是指在一年内全国平均每人能拥有的当年出版图书册数。

[70] 总诊疗人次是指所有诊疗工作的总人次数，包括门诊、

急诊、出诊、预约诊疗、单项健康检查、健康咨询指导（不含健康讲座、核酸检测）人次。

[71] 出院人数是指报告期内所有住院后出院的人数，包括医嘱离院、医嘱转其他医疗机构、非医嘱离院、死亡及其他人数，不含家庭病床撤床人数。

[72] 体育场地调查对象不包括军队、铁路系统所属体育场地。

[73] 体育场地面积是指体育训练、比赛、健身场地的有效面积。

[74] 国有建设用地供应总量是指报告期内市、县人民政府根据年度土地供应计划依法以出让、划拨、租赁等方式与用地单位或个人签订出让合同或签发划拨决定书、完成交易的国有建设用地总量。

[75] 房地产用地是指商服用地和住宅用地的总和。

[76] 万元国内生产总值用水量、万元工业增加值用水量按2020年价格计算。

[77] 种草改良面积是指通过实施播种、栽种等措施增加牧草数量的面积以及通过压盐压碱压沙、土壤改良、围栏封育等措施使草原原生植被、生态得到改善的面积之和。

[78] 万元国内生产总值二氧化碳排放按2020年价格计算。

[79] 近岸海域海水水质采用面积法进行评价。

资料来源：

本公报中城镇新增就业、养老保险、失业保险、工伤保险、技工学校数据来自人力资源和社会保障部；外汇储备、汇率数据来自国家外汇管理局；市场主体、质量检验、国家标准制定修订、制造业产品质量合格率数据来自国家市场监督管理总局；环境监测等数据来自生态环境部；水产品产量、新增高效节水灌溉面积数据来自农业农村部；木材产量、造林面积、种草改良面积、国家公园数据来自国家林业和草原局；新增耕地灌溉面积、水资源总量、用水量、新增水土流失治理面积数据来自水利部；发电装机容量、新增220千伏及以上变电设备、电力消费量数据来自中国电力企业联合会；港口货物吞吐量、港口集装箱吞吐量、公路运输、水路运输、新改建高速公路里程、港口万吨级及以上码头泊位新增通过能力数据来自交通运输部；铁路运输、新建铁路投产里程、增新建铁路复线投产里程、电气化铁路投产里程数据来自中国国家铁路集团有限公司；民航运输、新增民用运输机场数据来自中国民用航空局；管道运输数据来自中国石油天然气集团有限公司、中国石油化工集团有限公司、中国海洋石油集团有限公司、国家石油天然气管网集团有限公司；民用汽车保有量、道路交通事故数据来自公安部；邮政业务数据来自国家邮政局；通信业、软件业务收入、新增光缆线路长度等数据来自工业和信息化部；互联网上网人数、互联网普及率数据来自中国互联网络信息中心；棚户区改造、保障性租赁住房、城镇老旧小区改造数据来自住房和城乡建设部；货物进出口数据来自海关总署；服务进出口、外商直接投资、对外直接投资、对外承包工程、对外劳务合作等数据来自商务部；财政数据来自财政部；新增减税降费及退税缓税缓费数据来自国家税务总局；货币金融、公司信用类债券数据来自中国人民银行；境内交易场所筹资数据来自中国证券监督管理委员会；保险业数据来自中国银行保险监督管理委员会；医疗保险、生育保险数据来自国家医疗保障局；城乡低保、农村特困人员救助供养、临时救助、民政服务数据来自民政部；优抚对象数据来自退役军人事务部；国家自然科学基金资助项目数据来自国家自然科学基金委员会；国家重点实验室、国家科技成果转化引导基金、国家级科技企业孵化器、国家备案众创空间、技术合同等数据来自科学技术部；国家工程研究中心、国家企业技术中心、大众创业万众创新示范基地等数据来自国家发展和改革委员会；专利、商标数据来自国家知识产权局；公民具备科学素质比例数据来自中国科协；宇航发射数据来自国家国防科技工业局；教育数据来自教育部；艺术表演团体、公共图书馆、文化馆、旅游数据来自文化和旅游部；电视、广播数据来自国家广播电视总局；电影数据来自国家电影局；报纸、期刊、图书数据来自国家新闻出版署；档案数据来自国家档案局；医疗卫生数据来自国家卫生健康委员会；体育数据来自国家体育总局；残疾人运动员数据来自中国残疾人联合会；国有建设用地供应、海洋灾害造成直接经济损失数据来自自然资源部；平均气温、台风登陆数据来自中国气象局；农作物受灾面积、洪涝和地质灾害造成直接经济损失、干旱灾害造成直接经济损失、低温冷冻和雪灾造成直接经济损失、地震次数、地震灾害造成直接经济损失、森林火灾、受害森林面积、生产安全事故数据来自应急管理部；其他数据均来自国家统计局。

青海省2022年国民经济和社会发展统计公报[1]

青 海 省 统 计 局
国家统计局青海调查总队
2023年2月28日

2022年，是党的二十大胜利召开之年。一年来，面对艰巨繁重的改革发展稳定任务，面对复杂严峻的超预期因素冲击，在以习近平同志为核心的党中央坚强领导下，省委省政府带领全省各族人民坚持以习近平新时代中国特色社会主义思想为指导，深入贯彻党的十九大、十九届历次全会精神和党的二十大、二十届一中全会精神，坚持稳中求进工作总基调，全面落实“疫情要防住、经济要稳住、发展要安全”的重大要求，统筹疫情防控和经济社会发展，统筹发展和安全，攻坚克难，奋发有为，全力打造生态文明高地，加快推进产业“四地”建设，推动省第十四次党代会各项安排部署落地落实，全省经济运行在合理区间，发展质量稳步提升，科技创新成效明显，新动能发展壮大，就业物价基本平稳，生态文明建设扎实推进，粮食安全、能源安全和人民生活得到有效保障。

一、综合

根据地区生产总值统一核算结果，全年生产总值[2]3610.07亿元，按可比价格计算，比上年增长2.3%。分产业看，第一产业增加值380.18亿元，比上年增长4.5%；第二产业增加值1585.69亿元，增长7.9%；第三产业增加值1644.20亿元，下降2.5%。第一产业增加值占生产总值的比重为10.5%，第二产业增加值比重为43.9%，第三产业增加值比重为45.6%。人均生产总值为60724元，比上年增长2.1%。

图1　2018–2022年全省生产总值及其增长速度

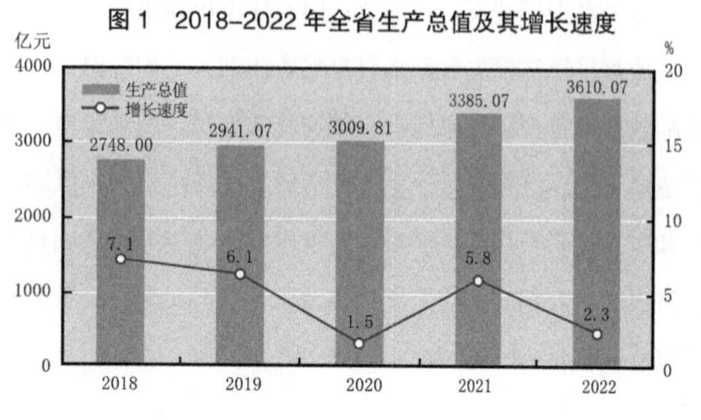

图2　2018–2022年三次产业增加值占生产总值比重

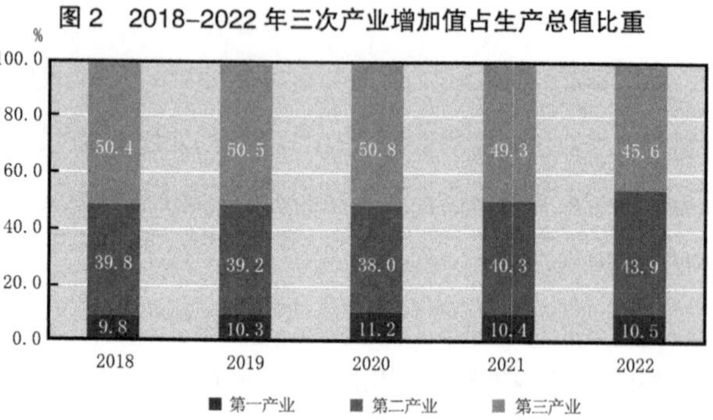

年末常住人口595万人，比上年末增加1万人。其中少数民族人口294.35万人，占常住人口的比重为49.47%。按城乡分，城镇人口366万人，增加3.5万人；乡村人口229万人，减少2.5万人；城镇人口占常住人口比重（常住人口城镇化率）为61.43%，比上年末提高0.41个百分点。全年人口出生率为10.60‰，比上年下降0.62个千分点；人口死亡率为7.23‰，上升0.32个千分点；人口自然增长率为3.37‰，下降0.94个千分点。

表1　2022年末常住人口数及其构成

指标名称	人口数（万人）	比重（%）
常住人口	595	100.00
#城镇	366	61.43
乡村	229	38.57
#男性	299	50.25
女性	296	49.75
#0–15岁	129	21.68
16–59岁	383	64.37
60岁及以上	83	13.95
#65岁及以上	61	10.25
#少数民族人口	294.35	49.47

图 3　2018-2022 年全省年末常住人口及其城镇化率

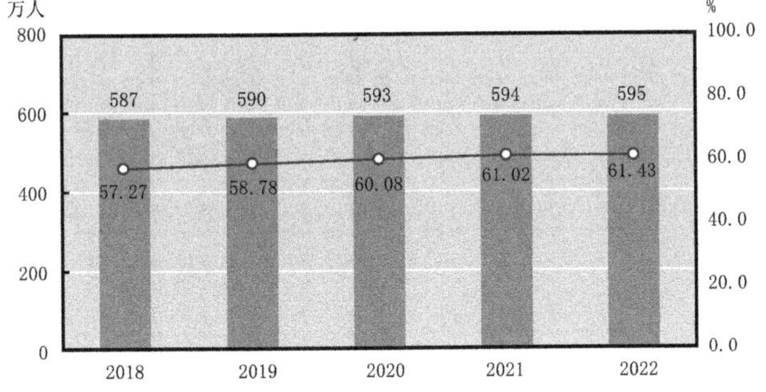

全年城镇新增就业人员 6.20 万人，城镇登记失业率为 1.5%。全年城镇调查失业率平均值为 6.0%。农牧区劳动力转移就业 108.61 万人次。农民工 88.1 万人，比上年减少 6.8 万人，其中外出农民工 61.7 万人，本地农民工 26.4 万人。

全年居民消费价格总水平比上年上涨 2.4%。其中，城市上涨 2.4%，农村上涨 2.3%。

图 4　2022 年全省居民消费价格月度同比、环比涨跌幅度

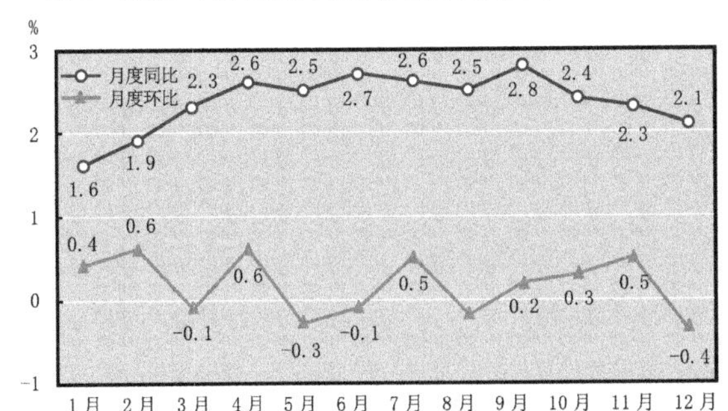

表 2　2022 年居民消费价格比上年涨跌幅度

指标名称	涨跌幅（%）
居民消费价格	2.4
食品烟酒	2.8
# 食品	3.6
# 粮食	3.8
菜及食用菌	3.9
畜肉类	-2.3
蛋类	8.8
奶类	1.0
干鲜瓜果类	12.0
茶及饮料	2.1
烟酒	0.7
在外餐饮	1.7
衣着	1.5
居住	1.1
生活用品及服务	1.2
交通通信	4.7
教育文化娱乐	3.6
医疗保健	0.4
其他用品及服务	0.9

全年工业生产者出厂价格比上年上涨 12.2%，工业生产者购进价格上涨 14.0%。西宁市新建商品住宅销售价格指数下降 2.0%，二手住宅销售价格指数下降 2.1%。

图 5　2022 年全省工业生产者出厂价格、购进价格月度同比涨跌幅度

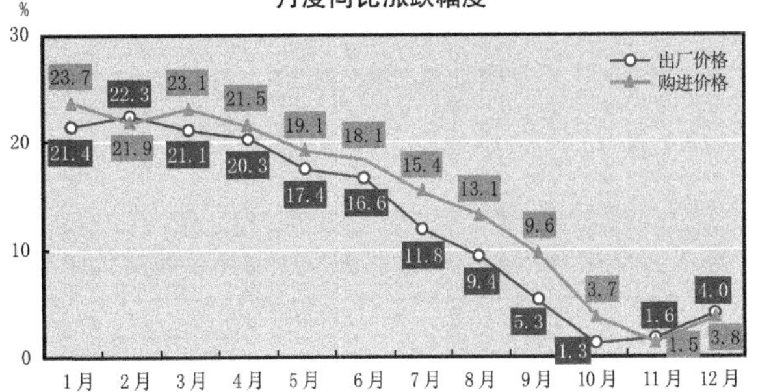

二、种植业和畜牧业

全年粮食播种面积 303.47 千公顷，比上年增加 1.06 千公顷。其中，小麦播种面积 101.26 千公顷，增加 2.44 千公顷；青稞播种面积 92.69 千公顷，增加 2.01 千公顷；玉米播种面积 22.67 千公顷，增加 0.13 千公顷；豆类播种面积 14.13 千公顷，减少 0.97 千公顷；薯类播种面积 67.85 千公顷，减少 2.64 千公顷。经济作物播种面积 282.72 千公顷，比上年增加 1.26 千公顷。其中，油料播种面积 146.60 千公顷，增加 3.10 千公顷；蔬菜 43.37 千公顷，增加 1.07 千公顷；药材 32.36 千公顷，减少 3.61 千公顷（其中枸杞 28.90 千公顷，减少 1.61 千公顷）；青饲料 51.84 千公顷，增加 1.34 千公顷。全年粮食产量 107.27 万吨，连续 15 年超过百万吨；蔬菜及食用菌产量 151.81 万吨，比上年增长 1.1%。

年末牛存栏 645.52 万头，比上年末增长 0.5%；羊存栏 1354.03 万只，下降 2.3%；生猪存栏 58.82 万头，下降 23.8%；家禽存栏 144.51 万只，下降 3.2%。全年牛出栏 205.70 万头，比上年增长 2.7%；羊出栏 676.08 万只，增长 0.5%；生猪出栏 76.92 万头，增长 6.3%；家禽出栏 158.84 万只，下降 2.1%。全年猪牛羊禽肉产量 40.87 万吨，比上年增长 2.6%。

表 3　2022 年主要畜产品产量及其增长速度

指标名称	产量（万吨）	比上年增长（%）
猪牛羊禽肉	40.87	2.6
# 猪肉	6.30	5.8
牛肉	21.88	3.0
羊肉	12.38	0.5
禽肉	0.31	-2.9
生牛奶	35.06	-0.9
禽蛋	1.49	8.9

三、工业和建筑业

全年全部工业增加值1228.67亿元，比上年增长14.3%。规模以上工业[3]增加值增长15.5%。在规模以上工业中，分经济类型看，国有控股企业增加值增长0.2%；股份制企业增长16.2%，外商及港澳台商投资企业增长12.1%。非公有工业增加值增长49.5%。分门类看，采矿业增加值下降13.7%，制造业增长30.0%，电力、热力、燃气及水生产和供应业下降4.7%。

表4　2022年规模以上工业主要行业增加值增长速度

指标名称	比上年增长（%）
煤炭开采和洗选业	-24.0
石油和天然气开采业	-7.8
黑色金属矿采选业	-23.6
有色金属矿采选业	-7.0
非金属矿采选业	-4.9
开采专业及辅助性活动	374.9
农副食品加工业	-27.2
食品制造业	-8.9
酒、饮料和精制茶制造业	-38.0
石油、煤炭及其他燃料加工业	1.3
化学原料和化学制品制造业	28.2
医药制造业	-23.1
非金属矿物制品业	-20.6
黑色金属冶炼和压延加工业	-17.7
有色金属冶炼和压延加工业	-5.4
金属制品业	-26.2
电气机械和器材制造业	71.4
计算机、通信和其他电子设备制造业	257.4
金属制品、机械和设备修理业	-8.7
电力、热力生产和供应业	-2.0
燃气生产和供应业	-16.6
水的生产和供应业	-7.1

表5　2022年规模以上工业主要产品产量及其增长速度

指标名称	计量单位	产量	比上年增长（%）
原煤	万吨	936.50	-15.6
焦炭	万吨	89.53	-43.2
天然气	亿立方米	60	-3.2
原油	万吨	235	0.4
原油加工量	万吨	150	6.4
原盐	万吨	432.70	24.3
乳制品	万吨	11.72	12.4
饮料酒	千升	27282	-18.0
纯碱（碳酸钠）	万吨	481.35	4.2
精甲醇	万吨	30.47	-17.2
钾肥（折氧化钾100%）	万吨	492.28	10.9
单晶硅	吨	86250	603.2
多晶硅	吨	62544	160.3
中成药	吨	1647	0.5
水泥	万吨	975.33	-11.3
钢材	万吨	120.64	-33.7
铁合金	万吨	144.25	-4.9
精炼铜（电解铜）	万吨	10.53	-6.7
原铝（电解铝）	万吨	268.41	0.8
铝材	万吨	156.45	4.5
光纤	万千米	1195.47	104.6
太阳能电池（光伏电池）	万千瓦	26.53	119.9
碳酸锂	吨	73203	24.5
铜箔	吨	31965	12.6
碳纤维	吨	7783	147.2
发电量	亿千瓦时	859.61	-4.2
# 水力	亿千瓦时	403.06	-15.4
太阳能	亿千瓦时	184.28	9.4
火力	亿千瓦时	159.47	6.4
风力	亿千瓦时	112.80	10.2

规模以上工业优势产业中，新能源产业增加值比上年增长2.0倍，装备制造业[4]增长1.6倍，新材料产业增长1.5倍，盐湖化工产业增长31.3%，油气化工产业增长0.5%。高技术制造业[5]增加值增长1.1倍，占规模以上工业增加值的23.2%，比重较上年提高13.3个百分点。

全年规模以上工业企业利润总额828.87亿元，比上年增长1.7倍。分经济类型看，国有控股企业利润489.13亿元，增长1.3倍；股份制企业利润792.78亿元，增长1.7倍；外商及港澳台商投资企业利润35.73亿元，增长97.3%。分门类看，采矿业企业利润83.92亿元，增长77.5%；制造业企业利润692.32亿元，增长2.3倍；电力、热力、燃气及水生产和供应业企业利润52.63亿元，下降2.9%。规模以上工业企业每百元营业收入中的成本为75.30元，比上年减少3.41元；每百元营业收入中的费用为6.47元，减少2.45元；营业收入利润率为18.2%，提高8.7个百分点；产成品存货周转天数为15.1天，减少2.1天。

全年建筑业增加值357.02亿元，比上年下降7.6%。年末具有资质等级的总承包和专业承包建筑业企业494个，比上年末增加18个；全年实现利润16.14亿元，比上年增长4.1%。全年房屋建筑施工面积971.45万平方米，比上年增长3.8%；竣工面积174.79万平方米，下降36.9%。

四、服务业

全年信息传输、软件和信息技术服务业增加值81.29亿元，比上年增长12.9%；交通运输、仓储和邮政业增加值155.24亿元，增长6.9%；金融业增加值286.19亿元，增长2.6%；房地产业增加值144.95亿元，下降4.0%；批发和零售业增加值171.11亿元，下降14.7%；住宿和餐饮业增加值34.57亿元，下降24.3%。

年末铁路营运里程2854公里，其中高速铁路[6]218公里。公路通车里程8.77万公里，其中高速公路[7]3790公里。民航通航里程14.43万公里[8]。

表6　2022年各种运输方式完成客货运输量及其增长速度

指标名称	计量单位	运输量	比上年增长（%）
货物运输量[9]	万吨	18691.06	3.6
铁路	万吨	3593.76	−3.8
公路	万吨	14873.64	5.6
民航	吨	16334.76	−54.7
#出港货邮	吨	7926.23	−56.5
管道[10]	万吨	222.03	1.0
旅客运输量	万人	1415.97	−55.1
铁路	万人	366.28	−55.4
公路	万人	720.91	−54.7
民航	万人	297.65	−56.3
#出港旅客	万人	159.21	−55.7
水路	万人	31.12	−50.6

全年邮政业务量[11]9.89亿元，比上年下降9.3%。邮政函件业务97.64万件；包裹业务8.18万件；快递业务量3103.61万件，下降15.8%；快递业务收入8.31亿元，下降17.7%。全年电信业务量[12]90.73亿元，比上年增长28.3%。年末移动电话用户704.35万户，比上年末增加23.87万户，其中5G移动电话用户[13]271.15万户，增长59.7%；移动电话普及率118.38部/百人。固定电话用户144.28万户，增加8.01万户。固定互联网宽带接入用户[14]249.72万户，增加40.36万户。移动宽带用户[15]669.63万户，增加51.57万户。移动互联网接入流量17.55亿GB，增长29.0%。

五、固定资产投资

全年固定资产投资[16]比上年下降7.6%。按产业分，第一产业投资增长19.8%，第二产业投资增长21.5%，第三产业投资下降22.3%。工业投资增长21.6%。

表7　2022年分行业固定资产投资增长速度

指标名称	比上年增长（%）
农林牧渔业	19.8
采矿业	12.9
制造业	41.0
电力、热力、燃气及水生产和供应业	16.0
建筑业	−44.5
批发和零售业	−23.6
交通运输、仓储和邮政业	2.2
住宿和餐饮业	−41.2
信息传输、软件和信息技术服务业	−16.9
房地产业	−12.8
租赁和商务服务业	−46.9
科学研究和技术服务业	−61.6
水利、环境和公共设施管理业	−32.6
居民服务、修理和其他服务业	−31.2
教育	−11.7
卫生和社会工作	−28.3
文化、体育和娱乐业	−22.2
公共管理、社会保障和社会组织	−13.9

在固定资产投资中，高技术制造业投资比上年增长86.6%。新能源产业投资增长17.6%，新材料产业投资增长1.2倍，盐湖化工产业投资增长1.4倍，有色金属产业投资增长1.6%，油气化工产业投资增长22.7%。

全年房地产开发投资比上年下降33.1%。其中，商品住宅投资下降34.4%；商业营业用房投资下降43.3%。

表8　2022年房地产开发和销售主要指标及其增长速度

指标名称	比上年增长（%）
房屋施工面积	–1.5
#住宅	–1.7
商品房销售面积	–47.1
#住宅	–46.0
本年到位资金	–47.3
#国内贷款	–53.1
个人按揭贷款	–40.2

六、国内贸易

全年社会消费品零售总额842.08亿元，比上年下降11.2%。按规模分，限额以上企业（单位）[17]零售额309.51亿元，下降16.3%；限额以下单位（个体户）零售额532.57亿元，下降7.9%。按经营地分，城镇消费品零售额685.53亿元，下降11.2%；乡村消费品零售额156.55亿元，下降11.0%。按消费类型分，商品零售775.85亿元，下降10.8%；餐饮收入66.23亿元，下降15.1%。

表9　2022年限额以上批发和零售业主要商品分类零售额及其增长速度

指标名称	零售额（亿元）	比上年增长（%）
石油及制品类	135.19	–2.2
汽车类	89.48	–27.6
粮油、食品类	20.10	–2.2
中西药品类	9.20	–21.0
服装、鞋帽、针纺织品类	8.74	–40.0
烟酒类	7.54	1.3
日用品类	4.41	–14.0
家用电器和音像器材类	4.33	–31.6
化妆品类	4.07	–22.1
通讯器材类	3.92	–32.8
其中：智能手机	2.64	–33.6
金银珠宝类	2.83	–32.6
文化办公用品类	2.72	–25.4
其中：计算机及其配套产品	2.41	–21.7
饮料类	2.36	20.4
书报杂志类	1.16	–7.6
#通过公共网络实现的商品零售额	3.90	6.7

七、对外经济

全年货物贸易进出口总额43.0亿元，比上年增长35.5%。其中，出口总额26.5亿元，增长55.5%；进口总额16.5亿元，增长12.3%。货物进出口顺差10.0亿元，比上年增加7.7亿元。对“一带一路”沿线国家合计进出口总额15.0亿元，增长58.8%。

表10　2022年主要商品分类进出口值及其增长速度

指标名称	绝对数（亿元）	比上年增长（%）
出口	26.5	55.5
#机电产品	4.5	193.6
#高新技术产品	1.4	617.5
#硅铁，按重量计含硅量＞55%	2.87	57.1
碳酸钠（纯碱）	2.23	5001.9
锂	1.66	540.6
其他初级形状的聚氯乙烯，未掺其他物质	1.45	550.3
焦炭及半焦炭	1.15	–49.6
未漂白或漂白桑蚕丝机织物，含丝≥85%	1.07	5.3
进口	16.5	12.3
#机电产品	1.6	15.0
#高新技术产品	1.1	42.6
#铝矿砂及其精矿	7.16	1313.7
锌矿砂及其精矿	3.12	–49.2
镍矿砂及其精矿	1.38	35.1
冻去骨牛肉	1.18	676.5

表11　2022年对主要国家进出口值及其增长速度

指标名称	绝对数（亿元）	比上年增长（%）
出口	26.5	55.5
#日本	3.17	88.9
新加坡	2.76	1114.0
马来西亚	1.87	498.1
韩国	1.69	147.9
越南	1.64	975.8
巴基斯坦	1.21	–4.2
泰国	1.03	180.5
进口	16.5	12.3
#几内亚	5.94	–
南非	2.20	–27.9
土耳其	1.22	139.4
摩洛哥	0.92	394.8

全年新批外资项目 11 个；合同使用外商直接投资额 1.88 亿美元，比上年下降 80.9%；实际使用外商直接投资额 1216 万美元，增长 2.8 倍。全年对外承包工程业务完成营业额[18]1236 万美元，比上年增长 57.5%。

八、财政金融

全年一般公共预算收入 510.96 亿元，比上年下降 4.3%。其中，地方一般公共预算收入 329.10 亿元，增长 0.1%，扣除留抵退税因素后同比增长 19.7%；上划中央收入 181.86 亿元，下降 11.5%。地方一般公共预算收入中税收收入 255.84 亿元，增长 9.0%。其中，增值税 89.80 亿元，下降 9.8%；企业所得税 54.75 亿元，增长 64.4%；资源税 38.04 亿元，增长 68.1%；城市维护建设税 17.65 亿元，增长 10.8%；耕地占用税 11.96 亿元，增长 85.7%；个人所得税 9.12 亿元，下降 0.4%。

全年一般公共预算支出 1975.07 亿元，比上年增长 6.5%。其中，交通运输支出增长 28.4%，城乡社区支出增长 27.2%，灾害防治及应急管理支出增长 24.8%，节能环保支出增长 18.2%，农林水支出增长 9.5%，社会保障和就业支出增长 6.5%，文化旅游体育与传媒支出增长 2.6%，卫生健康支出增长 0.6%，教育支出下降 0.1%，一般公共服务支出下降 4.6%。

年末金融机构人民币各项存款余额 7613.49 亿元，比上年末增长 13.2%。其中，住户存款余额 3415.88 亿元，增长 15.1%；非金融企业存款余额 1598.54 亿元，增长 16.3%。金融机构人民币各项贷款余额 7044.75 亿元，比上年末增长 3.3%。其中，住户贷款余额 1453.49 亿元，增长 3.4%；企（事）业单位贷款余额 5591.26 亿元，增长 3.3%。

全年保险公司原保险保费收入[19]106.39 亿元，比上年下降 0.5%。其中，寿险保费收入 42.10 亿元，增长 0.4%；财产险保费收入 44.84 亿元，与上年持平；健康险和意外伤害险保费收入 19.44 亿元，下降 3.3%。全年保险赔付额 39.20 亿元，比上年增长 1.1%。其中，寿险赔付额 7.04 亿元，增长 11.6%；财产险赔付额 26.12 亿元，增长 1.2%；健康险和意外伤害险赔付额 6.04 亿元，下降 9.3%。

年末境内上市公司 11 家，与上年持平；总股 159.13 亿股，下降 2.4%；股票总市值 2263.68 亿元，下降 35.5%。

九、居民收入消费和社会保障

全年全体居民人均可支配收入 27000 元，比上年增长 4.2%。城镇居民人均可支配收入 38736 元，增长 2.6%；农村居民人均可支配收入 14456 元，增长 6.3%。城乡居民人均收入比（以农村居民人均收入为 1）为 2.68，比上年缩小 0.09。

表 12　2022 年居民人均可支配收入及其增长速度

指标名称	绝对量（元）	比上年增长（%）
全体居民人均可支配收入	27000	4.2
#工资性收入	15237	1.8
经营净收入	4113	-1.1
财产净收入	988	-3.7
转移净收入	6662	15.5
城镇居民人均可支配收入	38736	2.6
#工资性收入	25046	1.3
经营净收入	2736	-10.6
财产净收入	1556	-5.7
转移净收入	9397	13.2
农村居民人均可支配收入	14456	6.3
#工资性收入	4751	-0.9
经营净收入	5586	5.3
财产净收入	380	1.2
转移净收入	3739	19.5

图 6　2018-2022 年全省全体居民人均可支配收入

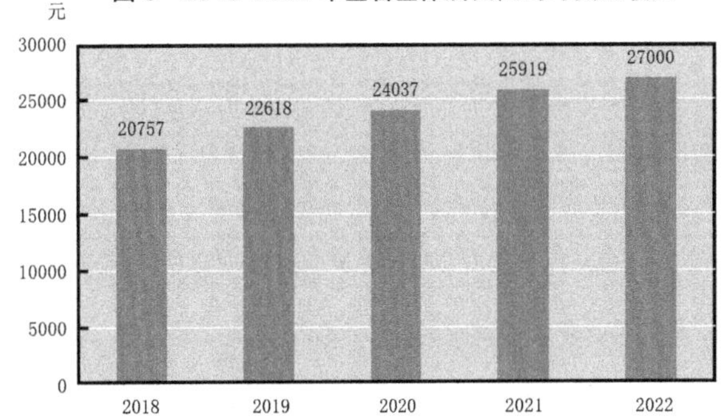

全年全体居民人均生活消费支出 17261 元，比上年下降 9.2%。城镇居民人均生活消费支出 21700 元，下降 11.5%；农村居民人均生活消费支出 12516 元，下降 5.9%。居民恩格尔系数为 34.0%，其中城镇为 33.1%，农村为 35.7%。

表 13　2022 年居民人均生活消费支出及其增长速度

指标名称	绝对量（元）	比上年增长（%）
全体居民人均生活消费支出	17261	-9.2
#食品烟酒	5874	0.4
衣着	1212	-10.8
居住	3318	-7.3
生活用品及服务	953	-14.8
交通通信	2527	-18.7
教育文化娱乐	1175	-27.8
医疗保健	1768	-8.8
其他用品及服务	433	-1.2
城镇居民人均生活消费支出	21700	-11.5
#食品烟酒	7188	-2.7
衣着	1532	-14.5
居住	4458	-6.2
生活用品及服务	1253	-18.9
交通通信	3028	-22.9
教育文化娱乐	1527	-27.2
医疗保健	2156	-12.1

指标名称	绝对量（元）	比上年增长（%）
其他用品及服务	558	1.6
农村居民人均生活消费支出	12516	−5.9
# 食品烟酒	4470	5.2
衣着	870	−4.1
居住	2100	−10.9
生活用品及服务	633	−6.1
交通通信	1991	−11.7
教育文化娱乐	799	−29.7
医疗保健	1354	−3.3
其他用品及服务	299	−7.2

年末养老保险参保人数 438.86 万人，比上年末增加 7.28 万人。其中，企业职工基本养老保险参保人数 141.89 万人，增加 6.60 万人；城乡居民基本养老保险参保人数 263.04 万人，增加 0.41 万人；机关事业单位养老保险参保人数 33.93 万人，增加 0.27 万人。医疗保险参保人数 570.47 万人，比上年末增加 3.51 万人。其中，城镇职工医疗保险参保人数 118.21 万人，增加 3.38 万人；城乡居民医疗保险参保人数 452.26 万人，增加 0.13 万人。失业保险参保人数 63.40 万人，比上年末增加 8.40 万人。工伤保险参保人数 111.69 万人，比上年末增加 15.76 万人，其中农民工参保人数 35.65 万人。生育保险参保人数 71.30 万人，比上年末增加 2.90 万人。年末享受城镇居民最低生活保障人数 6.68 万人，享受农村居民最低生活保障人数 28.4 万人。城市居民最低生活保障标准为 8400 元 / 年，比上年增长 4.2%；农村居民最低生活保障标准为 5676 元 / 年，增长 9.5%。

年末共有各类提供住宿的社会服务机构 84 个，比上年末减少 1 个，其中养老服务机构 62 个，减少 2 个。社会服务床位[20]9030 张，增加 535 张，其中养老服务床位 6861 张，增加 421 张。社区服务中心 360 个，社区服务站 4664 个。

十、科学技术和教育

全年专利授权 5276 件，比上年减少 1315 件，其中发明专利授权 458 件，增加 4 件。签订技术合同 1133 项，比上年减少 142 项；技术合同成交金额 16.03 亿元，增长 13.7%。年末共有天气雷达观测站点 8 个，县级以上卫星云图接收站点 9 个，地震台站 591 个，地震遥测台网 3 个。

全年学前教育毛入园率 92.65%，比上年提高 0.33 个百分点；小学学龄儿童入学率 99.85%，与上年持平；普通初中毛入学率 117.33%；九年义务教育巩固率 97.28%，提高 0.23 个百分点；高中阶段毛入学率 93.39%，提高 0.68 个百分点。全年研究生教育招生 3625 人，在校生 9918 人，毕业生 2422 人。普通高等教育招生 3.49 万人，在校生 10.26 万人，毕业生 2.66 万人。中等职业教育招生 3.05 万人，在校生 9.03 万人，毕业生 2.19 万人。普通高中招生 4.58 万人，在校生 13.39 万人，毕业生 4.16 万人。初中学校招生 7.99 万人，在校生 22.83 万人，毕业生 7.33 万人。普通小学招生 8.06 万人，在校生 51.73 万人，毕业生 8.05 万人。特殊教育招生 393 人，在校生 1893 人，毕业生 396 人。幼儿园在园幼儿 21.98 万人。

十一、文化旅游和体育

年末有艺术表演团体 12 个，文化馆 46 个，文化站 389 个，公共图书馆 50 个，博物馆 24 个，档案馆 54 个。广播综合人口覆盖率 99.15%，电视综合人口覆盖率 99.20%。全年出版杂志 215.63 万册、报纸 6769.20 万份、图书 1407.08 万册（张），其中少数民族文字图书 237.81 万册（张）。

年末有 5A 级景区 4 个，星级宾馆 275 个。全年接待国内外游客 2157.84 万人次，比上年下降 45.7%。其中，国内游客 2157.65 万人次，下降 45.7%；入境游客 1735 人次。实现旅游总收入 145.33 亿元，下降 58.5%。其中，国内旅游收入 145.29 亿元，下降 58.5%；旅游外汇收入 59.41 万美元。

年末有等级运动员 105 人，比上年末减少 131 人，其中，一级运动员 28 人，二级运动员 77 人。全年参加国内外比赛 400 人次，共获得第一名 28 个，第二名 24 个，第三名 30 个，四至八名 88 个，创国家纪录 23 项、世界纪录 4 项。

十二、能源、环境和应急管理

全年全社会用电量 922.46 亿千瓦时，比上年增长 7.6%。其中，工业用电量 815.83 亿千瓦时，增长 9.1%；城乡居民用电量 43.69 亿千瓦时，增长 9.7%。全年规模以上工业清洁能源发电量 700.14 亿千瓦时，占规模以上工业发电量的比重为 81.4%。全年规模以上工业企业综合能源消费量与上年持平。主要耗能工业企业单位电解铝综合能耗下降 0.2%，硅铁工序单位能耗下降 3.0%，氨碱法单位纯碱生产综合能耗下降 11.0%。

年末有国家公园 1 个，面积 19.07 万平方公里。自然保护区 10 个，面积 6.52 万平方公里，其中国家级自然保护区 6 个，面积 5.48 万平方公里。湿地面积 [[[] 湿地面积为 2019 年开展的全国第三次国土资源调查数据。

注释：

[1] 本公报中 2022 年数据均为初步统计数，增速按同口径计算。个别数据因四舍五入的原因，存在与分项合计不等的情况。

[2] 生产总值、各产业增加值按国家统计局 2018 年修订的《三次产业划分规定》口径统计，绝对数按现价计算，增

长速度按不变价格计算。

[3] 规模以上工业企业统计口径为年主营业务收入 2000 万元及以上的工业企业。

[4] 装备制造业包括金属制品业，通用设备制造业，专用设备制造业，汽车制造业，铁路、船舶、航空航天和其他运输设备制造业，电气机械及器材制造业，计算机、通信和其他电子设备制造业，仪器仪表制造业。

[5] 按照《高技术产业（制造业）分类（2017）》，高技术制造业是指国民经济行业中 R&D 投入强度相对高的制造业行业，包括：医药制造，航空、航天器及设备制造，电子及通信设备制造，计算机及办公设备制造，医疗仪器设备及仪器仪表制造，信息化学品制造等 6 大类。

[6] 高速铁路是指最高营运速度达到 200 公里 / 小时及以上的铁路。

[7] 高速公路不含一级公路。

[8] 民航通航里程为扣除停航站点的里程数。

[9] 货物运输量含管道运输量。

[10] 管道运输量仅指原油运输量。

[11] 邮政业务总量按 2020 年不变价格计算。

[12] 电信业务总量按上年不变价格计算。

[13]5G 移动电话用户是指报告期末在计费系统拥有使用信息，占用 5G 网络资源的在网用户，统计口径为 5G 移动用户。

[14] 固定互联网宽带接入用户是指报告期末在电信企业登记注册，通过 xDSL、FTTx+LAN、FTTH/0 以及其他宽带接入方式和普通专线接入公众互联网的用户。

[15] 移动宽带用户是指报告期末在计费系统拥有使用信息、占用 4G、5G 网络资源的在网用户。

[16] 固定资产投资统计口径为计划投资 500 万元及以上固定资产项目投资及所有房地产开发项目投资。

[17] 限额以上企业（单位）包含限额以上批发业（年主营业务收入在 2000 万元及以上的批发业企业和单位）、限额以上零售业（年主营业务收入在 500 万元及以上的零售业企业和单位）和限额以上住宿、餐饮业（年主营业务收入在 200 万元及以上的住宿、餐饮业企业和单位）。

[18] 对外承包工程业务完成营业额、对外劳务合作派出各类劳务人员不包含驻地央企数据。

[19] 原保险保费收入是指保险企业确认的原保险合同保费收入。

[20] 社会服务床位数除收养性机构外，还包括救助类机构、社区类机构的床位。

[21] 湿地面积为 2019 年开展的全国第三次国土资源调查数据。

资料来源：

本公报中城镇新增就业人员、城镇登记失业率、农牧区劳动力转移就业人数和养老、失业、工伤保险数据来自省人力资源和社会保障厅；农民工、价格、城乡居民收支、畜牧业全部数据及种植业中部分数据来自国家统计局青海调查总队；铁路营运里程及铁路客货运输量来自中国铁路青藏集团有限公司；公路通车里程及公路、水路客货运输量来自省交通运输厅；民航通航里程及民航客货运输量来自西部机场集团青海机场有限公司；管道运输量数据来自中石油天然气股份有限公司青海油田分公司；邮政业务数据来自省邮政管理局；电信业务数据来自省通信管理局；货物进出口数据来自西宁海关；外资项目、外商直接投资、对外承包工程、劳务合作数据来自省商务厅；财政数据来自省财政厅；金融业数据来自中国人民银行西宁中心支行；保险业数据来自中国银行保险监督管理委员会青海监管局；境内上市公司及股票数据来自中国证券监督管理委员会青海监管局；医疗和生育保险数据来自省医疗保障局；城乡最低生活保障、社会服务机构数据来自省民政厅；科技数据来自省科学技术厅；专利数据来自省知识产权局；天气雷达观测站点、县级以上卫星云图接收站点数据来自省气象局；地震台站和遥测台网数据来自省地震局；教育数据来自省教育厅；艺术表演团体、文化馆、公共图书馆、博物馆和旅游数据来自省文化和旅游厅；档案馆数据来自省档案局；广播、电视数据来自省广播电视局；报纸、杂志、图书出版数据来自省委宣传部；体育数据来自省体育局；全社会用电量数据来自国家电网青海省电力公司；国家公园、自然保护区、湿地面积、国家重点公益林管护面积、天然林保护面积、全民义务植树数据来自省林业和草原局；当年治理水土流失面积数据来自省水利厅、省农业农村厅、省林业和草原局；空气优良天数比例、地表水国考断面水质优良比例和湟水河、长江、黄河干流、澜沧江出省境断面水质数据来自省生态环境厅；生产安全数据来自省应急管理厅；火灾数据来自省消防救援总队；道路交通事故数据来自省公安厅交通警察总队；其他数据均来自省统计局。

西宁市2022年国民经济和社会发展统计公报[1]

西宁市统计局

2023年3月16日

2022年，受多轮疫情、极端天气、市场需求减弱等超预期因素冲击，全市经济下行压力之大前所未有。面对多重困难叠加、多种挑战并存的严峻局面，市委、市政府坚持以习近平新时代中国特色社会主义思想为指导，在省委省政府坚强领导下，坚决果断出台并加快推动落实稳经济一揽子政策和接续措施，最大限度对冲超预期因素影响，坚决扛稳“全省高质量发展排头兵”的政治责任，在全市上下的共同努力下全年经济总量再上新台阶，总体实现稳步增长，高质量发展取得新成效。

一、综合

初步核算，全市地区生产总值[2]为1644.35亿元，按可比价计算，同比增长2.1%。分产业看，第一产业增加值62.96亿元，同比增长4.4%；第二产业增加值618.45亿元，同比增长11.4%；第三产业增加值962.94亿元，同比下降2.7%。

年末全市常住人口为248.0万人，增长0.18%。全市城镇人口为198.08万人，占常住人口的79.87%；乡村人口为49.92万人，占常住人口的20.13%。

表1　2022年年末常住人口数及构成

指标名称	绝对数（亿元）	比上年增长（%）
出口	26.5	55.5
#日本	3.17	88.9
新加坡	2.76	1114.0
马来西亚	1.87	498.1
韩国	1.69	147.9
越南	1.64	975.8
巴基斯坦	1.21	–4.2
泰国	1.03	180.5
进口	16.5	12.3
#几内亚	5.94	-
南非	2.20	–27.9
土耳其	1.22	139.4
摩洛哥	0.92	394.8

全年累计城镇登记失业人数2.7万人，年末实有城镇登记失业人数0.84万人，登记失业人员就业人数1.9万人，城镇登记失业率为1.05％。

全年全市居民消费价格总水平同比上涨2.5%，其中，食品烟酒类同比上涨3.4%。

图1　2022年居民消费价格涨跌幅度

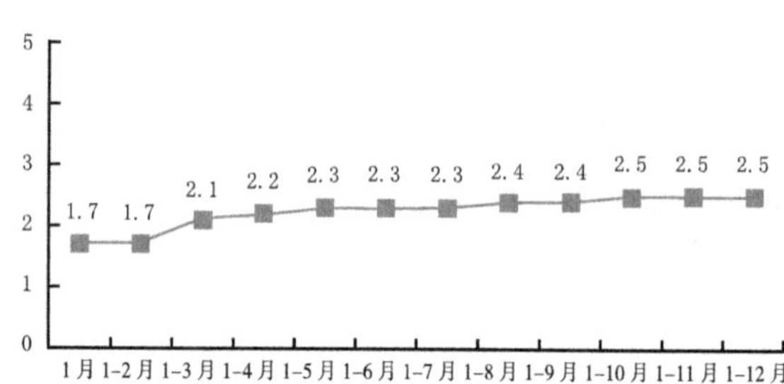

表2　2022年西宁市居民消费价格指数及分类指数

指标名称	价格指数（以上年同期为100）
居民消费价格总指数	102.5
食品烟酒	103.4
衣着	102.2
居住	100.9
生活用品及服务	101.5
交通和通信	103.9
教育文化和娱乐	104.3
医疗保健	100.4
其他用品和服务	100.4

二、农业

全年农作物播种面积184.28万亩，其中，粮食播种面积90.91万亩，增长0.2%；油料播种面积50.95万亩，增长1.1%；蔬菜播种面积23.70万亩，下降0.1%；中草药材播种面积0.72万亩，下降73.8%；其他农作物播种面积17.73万亩，增长10.9%；油料、蚕豆、马铃薯、蔬菜特色农作物播种面积达到101.39万亩，占总播种面积的55.0%。

全年生猪出栏22.91万头，增长4.7%；牛出栏29.36万头，下降7.8%；羊出栏65.75万只，增长0.4%；肉用家禽出栏60.04万只，下降4.4%。肉产量[3]6.91万吨，下降1.3%；禽蛋产量0.47万吨，下降1.2%；奶类产量15.19万吨，增长20.4%。

表3　2022年主要农畜产品产量

单位：万吨

产品名称	产量	增速（%）
粮食	21.78	2.2
油料	9.09	3.3
蔬菜	62.91	0.1
肉类	6.91	-1.3
猪肉	1.95	3.2
牛肉	3.63	-4.5
羊肉	1.22	1.9
禽蛋	0.47	-1.2
牛奶	15.19	20.4

全年完成造林合格面积10152公顷；当年幼林抚育作业面积4766公顷；零星植树236万株；木材采伐运量850立方米。全市917个行政村全部通公路、通电话、通自来水、宽带，91.4%的村通有线电视。

三、工业

全年规模以上工业增加值[4]增长26.9%。

图2　2022年1-12月规模以上工业增加值增速

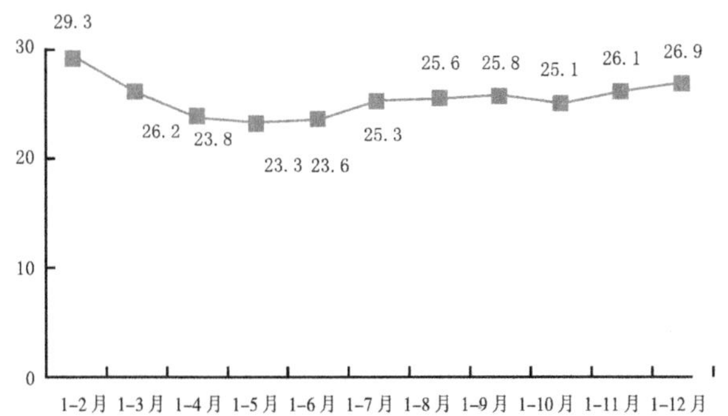

在规模以上工业中，分轻重工业看，轻工业增加值增长26.5%；重工业增加值增长27.0%。分经济类型看，股份制企业增加值增长28.4%；国有企业增长17.0%；外商及港澳台增长26.1%；股份合作企业下降43.9%；其他经济类型下降66.0%。高技术产业工业增加值增长176.4%，占规模以上工业增加值的50.2%，比重较2021年提高25.8个百分点；新能源产业增加值增长67.3%，占规模以上工业增加值的13.9%，比重提高2.7个百分点。

表4　2022年主要工业产品产量及增长速度

产品名称	单位	产量	增速（%）
服装	万件	9	-92.6
单晶硅	吨	86250	603.2
多晶硅	吨	59545	172.9
乳制品	吨	91474	4.8
饮料酒	千升	15860	-7.9
中成药	吨	1647	0.5
水泥	吨	4529483	-2.2
钢材	吨	1206386	-33.7
铬铁	吨	195737	-1.9
铁合金	吨	793620	-4.5
粗钢	吨	1212813	-35.0
原铝（电解铝）	吨	2185025	1.0

全年西宁经济技术开发区规上工业增加值增长43.4%，占全市规上工业增加值的76.3%。

截至2022年底，全市250户规模以上工业企业实现营业收入2137.80亿元，增长40.6%。全市规模以上工业企业利润盈利172.7亿元，亏损企业115户，亏损面46.0%。

四、固定资产投资

全年固定资产投资同比下降18.3%。分产业看，第一产业投资同比增长55%，第二产业投资同比增长53.7%，其中，工业投资增长53.7%；第三产业投资同比下降37.3%。民间投资同比下降8.5%。

全年房地产开发投资下降36.1%；房屋施工面积2009.58万平方米，下降1.3%；房屋竣工面积151.70万平方米，增长2.5倍；商品房销售面积100.21万平方米，下降55.8%；商品房销售额89.62亿元，下降56.9%。

五、国内外贸易

全年完成社会消费品零售总额531.68亿元，下降14.4%。按经营地分，城镇实现零售额475.20亿元，下降14.5%；乡村实现零售额56.48亿元，下降13.2%。按行业分，批发业实现零售额133.64亿元，下降10.1%；零售业实现零售额379.76亿元，下降14.3%；住宿业实现零售额4.08亿元，下降40.4%；餐饮业实现零售额14.20亿元，下降36.8%。

全市限额以上批发零售企业[5]商品零售额中，粮油、食品类下降2.2%；饮料类增长31.4%；烟酒类下降2.6%；服装、鞋帽、针纺织品类下降40.4%；化妆品类下降22.8%；体育娱乐用品增长105.2%；书报杂志类下降19.8%；家用电器和音像器材类下降 32.3%；汽车类下降 27.7%；中西药品类下降 22.9%；文化办公用品下降 25.4%；石油及制品类下降 12.9%；日用品类下降 14.4%。

全年实现进出口总值 32.41 亿元，增长 41.5%，其中，出口总值 16.48 亿元，增长 77.5%；进口总值 15.93 亿元，增长 17.0%。

六、服务业

全年批发和零售业增加值 121.42 亿元，比上年下降 13.9%；住宿和餐饮业增加值 16.05 亿元，下降 30.6%；交通运输、仓储和邮政业增加值 72.18 亿元，增长 8.8%；房地产业增加值 100.46 亿元，下降 6.9%；信息传输、软件和信息技术服务业增加值 54.97 亿元，增长 13.3%；金融业增加值 213.96 亿元，增长 3.3%。

全年货运总量 8328.19 万吨，增长 4.9%，其中，铁路 261.74 万吨，下降 13.5%；公路 8064.86 万吨，增长 5.6%；民航 1.59 万吨，下降 53.0%。货物周转量 407.87 亿吨公里，增长 19.1%，其中，铁路 315.55 亿吨公里，增长 22.4%；公路 92.19 亿吨公里，增长 9.2%；民航 0.13 亿吨公里，下降 50.7%。全年客运总量 838.47 万人次，下降 55.3%，其中，铁路 256.82 万人次，下降 56.0%；公路 320.71 万人次，下降 54.5%；民航 260.94 万人次，下降 55.5%。客运周转量 49.02 亿人公里，下降 52.5%，其中，铁路 23.18 亿人公里，下降 42.2%；公路 6.42 亿人公里，下降 67.2%，民航 19.42 亿人公里，下降 55.4%。

全年完成邮电业务总量 50.76 亿元，增长 22.2%，其中，邮政业务量[6] 6.15 亿元，下降 11.1%；电信业务量[7] 44.61 亿元，增长 28.8%。年末固定电话用户 74.70 万户，移动电话用户 307.99 万户，其中：4G 移动电话用户 165.95 万户，5G 移动电话用户 125.09 万户。全市固定宽带用户达到 117.79 万户，光纤到户（FTTH）用户 61.55 万户，5G 终端用户数 167.48 万户。

七、财政和金融

全年实现地方公共财政预算收入 131.72 亿元，下降 14.4%，其中，完成税收收入 116.27 亿元，下降 10.9%。全年实现公共财政预算支出 339.04 亿元，下降 1.4%，其中，一般公共服务支出增长 3.4%、公共安全支出增长 9.5%、教育支出下降 2.2%、科学技术支出下降 42.1%、社会保障和就业支出增长 8.2%、卫生健康支出增长 31.8%、节能环保支出下降 22.1%、城乡社区支出增长 6.5%。

年末全市金融机构人民币各项存款余额 5254.21 亿元，比年初增加 551.17 亿元，同比增长 11.7%，其中，住户存款余额 2204.27 亿元，同比增长 16.3%；非金融企业存款余额 1227.14 亿元，同比增长 11.7%；机关团体存款余额 858.35 亿元，同比增长 8.4%。人民币各项贷款余额 5612.70 亿元，同比增长 3.0%，其中，住户贷款余额 880.32 亿元，同比下降 1.4%；企事业单位贷款余额 4732.37 亿元，同比增长 3.8%。

八、教育、文化和旅游

2022 年末全市共有普通高校 12 所，在校学生 9.52 万人；普通中学 143 所，在校学生 12.71 万人；中等职业学校 15 所，在校学生 3.11 万人；小学 136 所，在校学生 16.69 万人；特殊教育学校 4 所，在校学生 981 人；幼儿园 521 所，在园幼儿 7.44 万人；西宁市学前教育毛入园率 105.19%，九年义务教育巩固率 98.42 %，高中阶段毛入学率 103.27 %。

年末全市共有艺术表演团体 1 个，图书馆 9 个，博物馆 14 个。全市有广播电视台 5 座，广播和电视人口覆盖率分别为 99.5% 和 99.7%。出版杂志 53 种，213.45 万册；图书 977 种（包含教辅教材），1407.08 万册。

全年接待国内外游客 1434.73 万人次，下降 40.3%，旅游总收入 122.46 亿元，下降 53.6%。接待国内游客 1434.56 万人次，下降 40.3%，国内旅游收入 122.41 亿元，下降 53.5%。旅游外汇收入 72.85 万美元，下降 76.6%。

九、居民收入消费和社会保障

全年全体居民人均可支配收入 33497 元，同比增长 3.6%。按常住地分，城镇常住居民人均可支配收入 40197 元，同比增长 2.4%；农村常住居民人均可支配收入 15797 元，同比增长 5.7%。城乡居民收入比为 2.54，比上年缩小 0.09。全市居民人均生活消费支出 19268 元，下降 13.1%。按常住地分，城镇常住居民人均生活消费支出 21962 元，下降 14.5%；农村常住居民人均生活消费支出 12153 元，下降 8.7%。

年末全市企业职工基本养老保险参保单位 24830 个，参保职工 77.77 万人（含离退休），基金累计支出 98.27 亿元；城乡居民基本养老保险参保人数 71.13 万人，基金累计支出 4.41 亿元；机关事业单位养老保险参保单位 1074 个，参保职工 6.99 万人（含离退休），基金累计支出 21.26 亿元。参加城镇职工基本医疗保险单位 17767 个，参保人数 41.34 万人，参加城乡居民基本医疗保险 144.22 万人，基本医疗保险费用支出 16.59 亿元；失业保险参保单位 15576 个，参保人数 26.86 万人，基金累计支出 3.19 亿元；工伤保险参保单位 22262 个，参保人数 49.27 万人，基金累计支出 1.30 亿元；生育保险参保单位 17378 个，参保人数 26.03 万人，生育保险费用支出 1.36 亿元。

年末享受城市居民最低生活保障补贴人数为 1.38 万人，享受农村居民最低生活保障补贴人数为 2.62 万人。全年累计兑现城市居民最低生活保障金 1.19 亿元，农村居民最低生活保障金 1.63 亿元。

注释：

[1] 本公报中 2022 年数据均为初步统计数，增速按同口径计算。个别数据因四舍五入的原因，存在与分项合计不等的情况。

[2] 生产总值、各产业增加值绝对数按现价计算，增长速度按不变价格计算。

[3]2022 年肉类产量不包含非主要畜禽肉产量。

[4] 规模以上工业企业的统计口径为年主营业务收入 2000 万元及以上的工业企业。

[5] 限额以上批发业包括年主营业务收入在 2000 万元及以上的批发业企业 (单位)；限额以上零售业包括年主营业务收入在 500 万元及以上的零售业企业 (单位)。

[6] 邮政业务量按 2020 年不变价格计算。

[7] 电信业务量按上年不变价格计算。

资料来源：

本公报中登记失业率和社会保险数据来自市人力资源和社会保障局；财政数据来自市财政局；物价、城镇居民收入、支出等数据来自国家统计局西宁调查队；铁路客货运输量、周转量来自青藏铁路公司；公路客货运输量、周转量来自市交通运输局；民航客货运输量、周转量来自西部机场集团青海机场有限公司；电信业务量、固定电话用户数、移动电话用户数、宽带用户数据来自市工业和信息化局；邮政业务数据来自市邮政管理局；货物进出口数据来自西宁海关；金融业数据来自中国人民银行西宁中心支行；教育数据来自市教育局；艺术表演团体、博物馆、图书馆、杂志、图书数据来自省文化和旅游厅；旅游、广播、电视数据来自市文化旅游广电局；城乡居民最低生活保障数据来自市民政局；其他数据均来自市统计局。

一、行政区划

指 标 解 释

市 是指经国家批准成立"市"建制的城市

按城市常住人口规模分:

①超大城市:城区常住人口 1000 万以上;

②特大城市:城区常住人口 500 万以上 1000 万以下的城市;

③大城市:城区常住人口 100 万以上 500 万以下的城市;

其中:Ⅰ型大城市:城区常住人口 300 万以上 500 万以下的城市;

Ⅱ型大城市:城区常住人口 100 万以上 300 万以下的城市;

④中等城市:城区常住人口 50 万以上 100 万以下的城市;

⑤小城市:城区常住人口 50 万以下的城市;

其中:Ⅰ型小城市:城区常住人口 20 万以上 50 万以下的城市;

Ⅱ型小城市:城区常住人口 20 万以下的城市

全市 指五区二县,城东区、城中区、城西区、城北区、湟中区、大通回族土族自治县、湟源县。

市区 包括城区和郊区,即城东区、城中区、城西区、城北区、湟中区。

县 指大通回族土族自治县、湟源县。

人口数 指一定时点、一定地区范围内有生命的个人总和。

年度统计的年末人口数指每年 12 月 31 日 24 时的人口数。

常住人口 指在某地区实际居住半年以上的人口。

户籍人口 指公民依照《中华人民共和国户口登记条例》已在其经常居住地的公安户籍管理机关登记了常住户口的人。

城镇人口和乡村人口 城镇人口是指居住在城镇范围内的全部常住人口;乡村人口是除上述人口以外的全部人口。

出生率(又称粗出生率) 指在一定时期内(通常为一年)一定地区的出生人数与同期内平均人数(或期中人数)之比,用千分率表示。本资料中的出生率指年出生率,其计算公式为:

出生率 = 年出生人数年平均人数 × 1000‰

式中:出生人数指活产婴儿,即胎儿脱离母体时(不管怀孕月数),有过呼吸或其他生命现象。年平均人数指年初、年底人口数的平均数,也可用年中人口数代替。

死亡率(又称粗死亡率) 指在一定时期内(通常为一年)一定地区的死亡人数与同期内平均人数(或期中人数)之比,用千分率表示。本资料中的死亡率指年死亡率,其计算公式为:

死亡率 = 年死亡人数年平均人数 × 1000‰

人口自然增长率 指在一定时期内(通常为一年)人口自然增加数(出生人数减死亡人数)与该时期内平均人数(或期中人数)之比,用千分率表示。计算公式为:

人口自然增长率 = 本年出生人数 - 本年死亡人数年平均人数 × 1000‰

= 人口出生率 - 人口死亡率

1-1 行政区划(2022 年)

单位:个

县 (区)	乡镇街道办事处	镇	乡	街道办事处	社区居委会数	村委会数
总计	75	27	23	25	176	917
一、市区	46	16	5	25	146	482
城东区	9	2		7	39	20
城中区	8	1		7	29	32
城西区	8	1		7	31	12
城北区	6	2		4	31	38
湟中区	15	10	5	0	16	380
二、县	29	11	18	0	30	435
大通县	20	9	11		22	289
湟源县	9	2	7		8	146

1-2 行政区划面积和人口密度(2022 年)

县(区)名称	行政区划面积		总人口(万人)	人口密度(人/平方公里)
	绝对数(平方公里)	比重(%)		
总计	7537.05	100.00	248.0	329
一、市区	2901.59	38.14	196.43	677
城东区	112.85	1.48	49.16	4356
城中区	153.58	2.02	32.74	2132
城西区	52.99	0.70	32.85	6199
城北区	138.10	1.82	41.98	3040
湟中区	2444.07	32.13	39.70	162
二、县	4635.47	60.94	51.57	111
大通县	3090.00	40.62	40.53	131
湟源县	1545.47	20.32	11.04	71

注:总寨镇的总人口及行政区划面积划入城中区统计。

1-3 乡(镇)街道办事处一览表(2022年)

县(区)	乡(镇)街道办事处
城东区	韵家口镇、乐家湾镇
	东关大街办事处、清真巷办事处、周家泉办事处、八一路办事处、大众街办事处、林家崖办事处、火车站办事处
城中区	总寨镇
	仓门街办事处、人民街办事处、礼让街办事处、饮马街办事处、南滩办事处、南川东路办事处、南川西路办事处
城西区	彭家寨镇
	西关大街办事处、古城台办事处、虎台办事处、胜利路办事处、兴海路办事处、文汇路办事处、通海路办事处
城北区	二十里铺镇、大堡子镇
	小桥办事处、马坊办事处、朝阳办事处、火车西站办事处
湟中区	鲁沙儿镇、李家山镇、甘河滩镇、拦隆口镇、多巴镇、上新庄镇、上五庄镇、共和镇、田家寨镇、西堡镇
	海子沟乡、汉东乡、大才乡、土门关乡、群加乡
大通县	桥头镇、城关镇、塔尔镇、东峡镇、黄家寨镇、长宁镇、景阳镇、多林镇、新庄镇
	逊让乡、青林乡、青山乡、宝库乡、斜沟乡、极乐乡、良教乡、向化藏族乡、桦林乡、朔北藏族乡、石山乡
湟源县	城关镇、大华镇
	东峡乡、日月乡、和平乡、波航乡、申中乡、巴燕乡、寺寨乡

1-4 总人口及自然变动情况

年份	总人口（万人）	自然变动情况					
		出生		死亡		自然增加	
		人数（人）	出生率（‰）	人数（人）	出生率（‰）	人数（人）	自然增长率（‰）
1980	137.39	23076		6826		16250	
1985	147.71	16580		5997		10583	
1990	161.11	33857	21.53	10614	6.75	23243	14.78
1995	170.35	23638	13.88	8454	4.96	15184	8.92
2000	197.92	27669	14.04	10898	5.53	16771	8.51
2001	200.20	32177	16.19	10951	5.51	21226	10.68
2002	202.46	24482	12.16	9704	4.82	14778	7.34
2003	204.97	24669	12.11	9289	4.56	15380	7.55
2004	206.96	26467	12.85	10504	5.10	15963	7.75
2005	209.90	26262	12.60	11297	5.42	14965	7.18
2006	212.73	23710	11.22	10502	4.97	13208	6.25
2007	215.36	25643	11.98	9354	4.37	16289	7.61
2008	217.79	23520	10.86	9205	4.25	14315	6.61
2009	220.50	23909	10.91	11045	5.04	12864	5.87
2010	221.19	23658	10.71	9320	4.22	14338	6.49
2011	224.40	24180	10.90	12001	5.41	12179	5.49
2012	226.83	24412	10.91	13426	6.00	10986	4.91
2013	228.36	22621	10.02	10226	4.53	12395	5.49
2014	231.62	29914	13.13	12308	5.40	17606	7.73
2015	233.43	29220	12.7	12516	5.44	16704	7.26
2016	236.86	27934	12.03	13537	5.83	14397	6.20
2017	240.14	30266	12.91	15072	6.40	15194	6.51
2018	241.87	30374	12.81	14232	6.24	16142	6.77
2019	244.58	29289	12.27	13272	5.60	16017	6.67
2020	246.96						
2021	247.56						
2022	248.00						

注：根据西宁市第七次全国人口普查数据，对 2010~2020 年常住人口进行了修订。

1-5 常住人口变动情况

单位:万人

年 份	年 末 总人口	按性别分		按城乡分	
		男	女	城镇人口	乡村人口
1980	137.39	71.10	66.29	56.59	80.80
1985	147.71	75.89	71.82	68.33	79.38
1990	161.11	83.25	77.86	76.56	84.55
1995	170.35	88.30	82.05	82.09	88.26
2000	197.92	102.21	95.71	111.97	85.95
2001	200.20	103.38	96.82	113.80	86.40
2002	202.46	104.55	97.91	115.72	86.74
2003	204.97	105.84	99.13	117.69	87.28
2004	206.96	106.87	100.09	119.20	87.76
2005	209.90	107.26	102.64	123.46	86.44
2006	212.73	107.95	104.78	126.77	85.96
2007	215.36	108.91	106.45	129.24	86.12
2008	217.79	110.63	107.16	132.90	84.89
2009	220.50	111.09	109.41	135.28	85.22
2010	221.19	113.84	107.35	140.90	80.29
2011	224.40	115.32	109.08	147.58	76.82
2012	226.83	116.37	110.46	152.20	74.63
2013	228.36	117.32	111.04	156.57	71.79
2014	231.62	119.19	112.43	162.46	69.16
2015	233.43	120.05	113.38	165.02	68.41
2016	236.86	121.83	115.03	172.04	64.82
2017	240.14	123.48	116.66	179.05	61.09
2018	241.87	124.41	117.46	184.62	57.25
2019	244.58	125.76	118.82	189.88	54.70
2020	246.96	125.73	121.23	194.18	52.78
2021	247.56	126.04	121.52	196.39	51.17
2022	248.00	126.25	121.75	198.08	49.92

注:本表中城乡人口是指居住在城镇、乡村地域上的人口,城镇、乡村是按2008年国家统计局《统计上划分城乡的规定》划分的。根据西宁市第七次全国人口普查数据对2010~2020年常住人口,为性别分城乡人口进行了修订。

1-6　少数民族人口数

民　族	2010年（人）	2011年（人）	2012年（人）	2013年（人）	2014年（人）	2015年（万人）	2016年（万人）	2017年（万人）	2018年（万人）	2019年（万人）	2020年（万人）	2021年（万人）	2022年（万人）
少数民族人口	**573491**	**578225**	**583463**	**588097**	**594074**	**59.9**	**60.16**	**60.71**	**61.16**	**61.57**	**70.51**	**70.73**	**70.86**
藏　族	121667	122606	123563	124506	125862	12.6	12.76	12.88	12.98	13.07	16.01	16.07	16.10
回　族	359138	362264	365812	368749	372519	37.5	37.68	38.02	38.30	38.57	41.84	41.96	42.03
土　族	57521	57824	58196	58598	59099	5.9	5.98	6.03	6.07	6.11	6.64	6.66	6.67
撒拉族	8505	8620	8737	8829	8918	0.9	0.91	0.92	0.92	0.93	1.78	1.78	1.78
蒙古族	13701	13810	13914	14028	14163	1.6	1.44	1.45	1.47	1.47	1.91	1.91	1.91
其他民族	12959	13101	13241	13387	13513	1.4	1.39	1.41	1.42	1.42	2.33	2.35	2.37

注:此表为常住人口口径。

1-7　市区土地面积、地势、气候(2022年)

指　标	单位	数量	附　注
土地面积	平方公里	476.49	全市总面积7537.05平方公里
城市中心经度(东经)	度	10144E	
城市中心纬度(北纬)	度	3640N	
海拔高度	米	2434.2	
平均气压	毫巴	758.7	
无霜期	天	160	

1-8 西宁市户籍人

指　标	单位	2002 年	2003 年	2004 年	2005 年	2006 年	2007 年	2008 年	2009 年
年末总人口	万人	178.37	180.96	183.24	184.81	186.78	190.03	192.38	193.94
年平均人口	万人	177.39	179.67	182.10	184.02	185.80	188.41	191.21	193.16
# 市区人口	万人	76.55	78.85	80.05	80.92	82.43	87.10	88.28	89.00
出生人口	人	20132	25272	26998	20454	24218	27317	24757	22186
死亡人口	人	7617	7154	11702	8064	15118	16019	11415	11956
自然增长人口	人	12515	18118	15296	12390	9100	11298	13342	10230
出生率	‰	11.35	14.07	14.83	11.12	13.03	14.50	12.95	11.49
死亡率	‰	4.29	4.05	6.43	4.38	8.14	8.50	5.95	6.19
自然增长率	‰	7.06	10.02	8.40	6.74	4.89	6.00	7.00	5.30
迁入人口	人	57024	24268	41636	85503	125701	133645	40170	47619
迁出人口	人	48709	20294	31185	72275	116981	114318	27670	41013
净迁入(+)迁出(-)人口(净增)	人	8315	3974	10451	13228	8720	19327	12500	6606
实增人口	人	20830	22092	22798	15648	17820	30625	25842	16836

注:此表按公安部门户籍人口数计算。

口变动情况

2010年	2011年	2012年	2013年	2014年	2015年	2016年	2017年	2018年	2019年	2020年	2021年	2022年
196.01	197.42	198.46	200.25	202.64	201.17	203.28	205.58	207.38	209.37	211.42	213.15	214.25
194.98	196.72	197.94	199.36	201.45	201.91	202.23	204.43	206.48	208.38	210.40	212.29	213.7
90.29	90.95	91.75	92.71	94.05	94.13	95.76	97.66	94.86	101.45	149.65	153.61	154.81
25034	21091	22994	37215	31099	20447	23531	25306	21476	19859	22804	17874	17708
13868	11543	15889	14929	14619	20227	12705	14723	13063	11277	16081	13590	12346
11166	9548	7105	22286	16480	220	10826	10583	8413	8582	6723	4284	5362
12.84	10.73	11.62	18.67	15.44	10.16	11.64	12.31	10.36	9.49	10.79	8.39	8.27
7.11	4.83	8.03	7.49	7.26	10.05	6.28	7.16	6.30	5.39	7.61	6.38	5.76
5.73	5.90	3.58	11.18	8.18	0.11	5.36	5.15	4.06	4.10	3.18	2.01	2.51
24998	45068	27867	19737	25762	29387	37661	31013	46139	39026	33757	33392	20670
18717	32358	25217	15224	22141	23185	25644	18853	41034	37127	23884	21244	12496
6281	12710	2650	4513	3621	6202	12017	12160	5105	1899	9873	12148	8174
17447	22258	9755	26799	20101	6422	22843	22980	18005	19851	20497	17301	11039

1-9 市区 2022 年气候概况

指 标	单位	全年	一月	二月	三月	四月	五月
平均气温	℃	6.9	–5.2	–5.9	6	8.3	12.6
极端最高气温	℃	34.4	9.5	9	23.1	23.2	27.5
极端最低气温	℃	–19	–15.3	–15.8	–10.3	–3.3	–1.8
大风日数	天	63	1	9	16	4	9
最大风速	米 / 秒	14.6	11.6	11.7	14.1	12.4	14.1
平均风速	米 / 秒	2.8	2.3	3.2	3.4	3.2	3
日照时数	小时	2519.7	220.2	214.4	228.7	200.9	223.3
占可照时数比重	%	57	72	71	62	51	51
降水日数(≧0.1mm)	天	90	1	3	0	7	11
降水量	毫米	515.4	1.1	4.3	0	35.8	11.4
蒸发量	毫米						136.5
平均相对湿度	%	53	46	48	34	42	50
冻土最大深度	厘米	107	93	107	107	0	0
地温(20 厘米日平均)	℃	9.7	–3.2	–2.6	5.1	11.9	15.4
气压(平均)	毫巴	758.7	756.7	756.6	756.3	759.4	758.4

1-9 续表 1

指 标	单位	六月	七月	八月	九月	十月	十一月	十二月
平均气温	℃	17	17.9	18.3	11.9	7	1.7	–6.7
极端最高气温	℃	31.3	34.4	30.6	23.7	23.2	16.8	6.6
极端最低气温	℃	5.5	8.4	7.2	3.2	–1.2	–15.2	–19
大风日数	天	5	7	2	3	0	5	2
最大风速	米 / 秒	11.7	14.6	12.6	12	10.8	13.6	12.7
平均风速	米 / 秒	3	2.6	2.8	2.1	2.6	2.7	2.8
日照时数	小时	222.7	237.7	155.1	193.4	170.5	224	228.8
占可照时数比重	%	51	53	37	52	49	73	76
降水日数(≧0.1mm)	天	13	14	17	15	6	2	1
降水量	毫米	41.4	94.5	250	54.8	18.9	2.3	0.9
蒸发量	毫米	160	143.9	114.7	86.4			
平均相对湿度	%	51	60	75	69	62	50	46
冻土最大深度	厘米	0	0	0	0	0	12	64
地温(20 厘米日平均)	℃	20.6	21.1	20.9	15.1	10.4	4.3	–2.5
气压(平均)	毫巴	756.9	757.5	758	762.1	763.7	759.2	759.7

注:5–9 月大型蒸发,故全年蒸发无法计算合计。

1-10 人口计划生育情况

指　标	单位	2012年	2013年	2014年	2015年	2016年	2017年	2018年	2019年	2020 年	2021 年	2022年
出生人口数	人	18136	17694	17063	15632	16636	17055	18317	20916	17838	15959	14481
一孩人数	人	11342	11171	10376	9186	9467	8595	9353	10894	9002	8346	7849
二孩人数	人	6716	6438	6505	6253	6858	8093	8041	8912	7753	6465	5529
多孩人数	人	78	85	182	193	141	367	923	1110	1082	1148	1103
符合政策生育人数	人	17932	17495	16832	15460	16466	16896	17981	20249	17252	15768	14398
女性初婚人数	人	7598	7369	6836	6401	5698	6057	4386	4413	4219	4785	5271
晚婚率	%	45.29	47.71	48.96	46.40	–	–		–	–	–	–
符合政策生育率	%	98.88	98.88	98.71	98.9	98.8	99.07	98.16	96.81	96.71	98.8	99.43
领取独生子女证的夫妇	对	54498	52207	52517	50666	43998	36182	46369	41198	36543	42854	41595
独生子女领证率	%	11.71	11.51	11.72	11.53	–	–		*		–	—
期末已婚育龄妇女人数	人	465429	453442	448050	439463	439579	436772	435063	426087	416631	418945	408460
采取各种节育措施人数	人	402338	391935	390947	386056	385423	381903	365165	350646	342944	336002	320042
男性绝育	人	329	319	283	259	241	228	323	183	98	95	153
女性绝育	人	159378	150451	149384	144073	138524	133082	123893	115864	108795	102062	94155
放置宫内节育	人	218343	217747	217201	215751	217834	218920	206096	195449	189615	185733	177382
皮下埋植	人	675	603	570	565	526	490	411	376	354	392	347
口服及注射避孕药	人	5827	5088	5487	4959	5088	4911	4211	4464	4634	4499	3620
避孕套	人	17398	17468	18022	20204	22402	23578	29302	33734	38995	41731	42222
外用药	人	388	259	255	245	489	688	929	576	453	1490	2163
其他	人				0		0		0		0	0
综合节育率	%	86.45	86.44	87.26	87.85	87.68	87.44	83.93	82.29	82.31	82.20	78.35

注:国家全面实施二孩政策后取消独生子女证。

二、综合

指标解释

国内生产总值(GDP) 指按市场价格计算的一个国家(或地区)所有常住单位在一定时期内生产活动的最终成果。国内生产总值有三种表现形态,即价值形态、收入形态和产品形态。从价值形态看,它是所有常住单位在一定时期内生产的全部货物和服务价值与同期投入的全部非固定资产货物和服务价值的差额,即所有常住单位的增加值之和;从收入形态看,它是所有常住单位在一定时期内创造并分配给常住单位和非常住单位的初次收入之和;从产品形态看,它是所有常住单位在一定时期内最终使用的货物和服务价值与货物和服务净出口价值之和。在实际核算中,国内生产总值有三种计算方法,即生产法、收入法和支出法。三种方法分别从不同的方面反映国内生产总值及其构成。

对于一个地区来说,称为地区生产总值或地区 GDP。

三次产业 三产业的划分是世界上较为常用的产业结构分类,但各国的划分不尽一致。根据《国民经济行业分类》(GB/T4754—2011),我国的三次产业划分是:

第一产业是指农、林、牧、渔业(不含农、林、牧、渔服务业)。

第二产业是指采矿业(不含开采辅助活动),制造业(不含金属制品、机械和设备修理业),电力、热力、燃气及水生产和供应业,建筑业。

第三产业即服务业,是指除第一产业、第二产业以外的其他行业。

劳动者报酬 指劳动者因从事生产活动所获得的全部报酬。包括劳动者获得的各种形式的工资、奖金和津贴,既包括货币形式的,也包括实物形式的,还包括劳动者所享受的公费医疗和医药卫生费、上下班交通补贴、单位支付的社会保险费、住房公积金等。

生产税净额 指生产税减生产补贴后的余额。生产税指政府对生产单位从事生产、销售和经营活动以及因从事生产活动使用某些生产要素(如固定资产、土地、劳动力)所征收的各种税、附加费和规费。生产补贴与生产税相反,指政府对生产单位的单方面转移支出,因此视为负生产税,包括政策亏损补贴、价格补贴等。

固定资产折旧 指一定时期内为弥补固定资产损耗按照规定的固定资产折旧率提取的固定资产折旧,或按国民经济核算统一规定的折旧率虚拟计算的固定资产折旧。它反映了固定资产在当期生产中的转移价值。各类企业和企业化管理的事业单位的固定资产折旧是指实际计提的折旧费;不计提折旧的政府机关、非企业化管理的事业单位和居民住房的固定资产折旧是按照统一规定的折旧率和固定资产原值计算的虚拟折旧。原则上,固定资产折旧应按固定资产的重置价值计算,但是目前我国尚不具备对全社会固定资产进行重估价的基础,所以暂时只能采用上述办法。

营业盈余 指常住单位创造的增加值扣除劳动者报酬、生产税净额和固定资产折旧后的余额。它相当于企业的营业利润加上生产补贴,但要扣除从利润中开支的工资和福利等。

支出法国内生产总值 是从最终使用的角度反映一个国家(或地区)一定时期内生产活动最终成果的一种方法,包括最终消费支出、资本形成总额及货物和服务净出口三部分。计算公式为:

支出法国内生产总值 = 最终消费支出 + 资本形成总额 + 货物和服务净出口

最终消费 支出指常住单位为满足物质、文化和精神生活的需要,从本国经济领土和国外购买的货物和服务的支出。它不包括非常住单位在本国经济领土内的消费支出。最终消费支出分为居民消费支出和政府消费支出。

居民消费支出 指常住住户在一定时期内对于货物和服务的全部最终消费支出。居民消费支出除了直接以货币形式购买的货物和服务的消费支出外,还包括以其他方式获得的货物和服务的消费支出,即所谓的虚拟消费支出。居民虚拟消费支出包括如下几种类型:单位以实物报酬及实物转移的形式提供给劳动者的货物和服务;住户生产并由本住户消费了的货物和服务,其中的服务仅指住户的自有住房服务和付酬的家庭雇员提供的家庭和个人服务;金融机构提供的金融媒介服务。

政府消费支出 指政府部门为全社会提供的公共服务的消费支出和免费或以较低的价格向居民住户提供的货物和服务的净支出,前者等于政府服务的产出价值减去政府单位所获得的经营收入的价值,后者等于政府部门免费或以较低价格向居民住户提供的货物和服务的市场价值减去向住户收取的价值。

资本形成总额 指常住单位在一定时期内获得减去处置的固定资产和存货的净额,包括固定资本形成总额和存货变动两部分。

固定资本形成总额 指常住单位在一定时期内获得的固定资产减处置的固定资产的价值总额。固定资产是通过生产活动生产出来的,且其使用年限在一年以上、单位价值在规定标准以上的资产,不包括自然资产。可分为有形固定资本形成总额和无形固定资本形成总额。有形固定资本形成总额包括一定时期内完成的建筑工程、安装工程和设备工器具购置(减处置)价值,以及土地改良、新增役、种、奶、毛、娱乐用牲畜和新增经济林木价值。无形固定资本形成总额包括矿藏的勘探、计算机软件等获得减处置。

存货变动 指常住单位在一定时期内存货实物量变动的市场价值,即期末价值减期初价值的差额,再扣除当期由于价格变动而产生的持有收益。存货变动可以是正值,也可以是负值,正值表示存货上升,负值表示存货下降。存货包括生产单位购进的原材料、燃料和储备物资等存货,以及生产单位生产的产成品、在制品和半成品等存货。

货物和服务净出口 指货物和服务出口减货物和服务进口的差额。出口包括常住单位向非常住单位出售或无偿转让的各种货物和服务的价值;进口包括常住单位从非常住单位购买或无偿得到的各种货物和服务的价值。由于服务活动的提供与使用同时发生,一般把常住单位从非常住单位得到的服务作为进口,非常住单位从常住单位得到的服务作为出口。货物的出口和进口都按离岸价格计算。

2-1 国民经济和社会发展总量与速度指标

指标	总量指标					2022年比2021年增长(%)
	2018年	2019年	2020年	2021年	2022年	
人口						
年末总人口(万人)	237.11	238.71	246.80	247.56	248.0	0.2
城镇人口	170.98	173.90	194.06	196.39	198.08	0.9
乡村人口	66.13	64.81	52.74	51.17	49.92	-2.4
就业						
就业人员(万人)	132.84	133.21				
#年末在岗职工	33.03	34.19				
城镇登记失业人员总数(万人)	3.74	3.60	4.25	4.87		
国民经济核算						
地区生产总值(亿元)	1260.86	1327.82	1372.98	1548.79	1644.35	2.1
第一产业	46.08	51.33	57.17	58.93	62.96	4.4
第二产业	386.18	398.78	418.72	518.22	618.45	11.4
第三产业	828.60	877.71	897.09	971.64	962.94	-2.7
支出法地区生产总值(亿元)	1260.86	1327.82	132.98			
#最终消费	660.57	697.64	726.87			
居民消费	552.19	583.48	611.78			
政府消费	108.38	114.46	115.09			
资本形成总额	657.91	690.85	708.87			
固定资本形成	585.54	616.64	633.33			
存货增加	72.37	74.21	75.54			
财政						
地方公共财政预算收入(亿元)	92.94	101.79	133.51	153.90	131.72	-14.4
公共财政预算支出(亿元)	297.48	328.04	329.51	343.83	339.04	-1.4
物价总指数(上年=100)						
商品零售价格总指数	102.0	101.9	102.4	101.3	103.0	3.0
居民消费价格总指数	102.7	102.5	102.7	101.3	102.5	2.5
农业						
乡村从业人员数(万人)	62.56	62.77	61.68	61.61	61.48	-0.2
农林牧渔业增加值(万元)	465075	513368	571697	594152	634614	4.4
主要农产品产量(万吨)						
粮食	22.57	23.21	23.34	21.31	21.78	2.2

注:地区生产总值及涉及增加值的指标数据增速均为可比增速。

2-1 续表1

指　　标	总量指标					2022年比2021年增长(%)
	2018年	2019年	2020年	2021年	2022年	
油料	7.14	7.71	8.18	8.80	9.09	3.3
奶类产量	11.99	12.02	11.38	12.62	15.19	20.4
禽蛋产量	0.80	0.78	0.54	0.48	0.47	-2.1
肉类	5.40	6.24	6.17	7.02	6.93	-1.3
猪肉	2.13	2.92	1.12	1.89	1.95	3.2
牛肉	1.88	1.73	3.76	3.80	3.63	-4.5
羊肉	1.15	1.14	1.11	1.19	1.22	2.5
主要工业产品产量						
自来水生产量(万吨)	12880	12995	12438	12585	12584	
发电量(亿千瓦小时)	107.71	86.46	85.43	126.25	133.86	6.0
钢(万吨)	138.08	178.83	193.24	186.69	121.28	-35.0
水泥(万吨)	398.55	490.89	483.74	463.18	452.95	-2.2
铝(万吨)	181.81	178.74	191.92	216.28	218.50	1.0
建筑业						
资质以上建筑业企业年末平均人数(万人)	7.46	7.78	7.52	6.45	6.59	2.2
建筑业增加值(亿元)	168.89	163.78	179.57	195.76	165.77	-12.8
房屋施工面积(万平方米)	187.71	2084.14	1824.51	2036.39	2009.58	-1.3
竣工房屋面积(万平方米)	231.93	102.59	93.33	43.68	151.70	247.3
交通运输						
货运量(万吨)	7548.6	6861.2	5998.5	7941.9	8328.2	4.9
#铁路	319.7	309.1	278.7	302.5	261.7	-13.5
公路	7225.1	6547.4	5715.9	7635.1	8064.9	5.6
民航	3.7	4.7	3.9	3.4	1.6	-52.9
客运量(万人次)	3793.8	3823.7	2680.8	1874.0	838.5	-55.3
#铁路	922.8	850.9	537.6	583.5	256.8	-56.0
公路	2156.1	2160.2	1557.0	704.1	320.7	-54.5
民航	714.9	812.6	586.2	586.4	260.9	-55.5
邮电通信业						
邮电业务总量(亿元)	160.37	233.71	314.98	403.09	50.76	
国内商业						
社会消费品零售总额(亿元)	602.10	632.09	573.57	621.09	531.68	-14.4
对外经济贸易						
进出口总额(万元)	312838	263806	168107	225013	324115	41.5
进口额	109768	117724	97558	132144	159339	17.0

2-1 续表 2

指 标	总量指标					2022年比2021年增长(%)
	2018年	2019年	2020年	2021年	2022年	
出口额	203072	146081	70549	92869	164776	77.5
金融保险						
金融机构人民币各项存款(亿元)	3786.52	4020.89	4371.64	4703.04	5254.21	11.7
金融机构人民币各项贷款(亿元)	5416.90	5347.69	5312.54	5450.31	5612.70	3.0
保险公司保费收入(亿元)	58.07	64.84	66.32	68.25	67.73	-0.8
教育						
在校学生数(万人)						
普通高等学校	7.77	8.20	8.34	8.71	9.46	8.6
普通中学	12.50	12.43	12.32	12.39	12.71	2.6
小学	15.36	15.88	16.33	16.84	16.69	-0.9
地方财政用于教育的支出(亿元)	52.84	58.49	52.24	52.25	50.79	-2.8
文化						
图书印数(万册)	1378	1340	2283	1462	1407	-3.8
生活						
城镇常住居民人均可支配收入(元)	32500	34846	36959	39251	40197	2.4
农村常住居民人均可支配收入(元)	11504	12577	13487	14948	15797	5.7
年末职工人数与工资						
年末在岗职工平均人数(万人)	31.18	32.59	32.49	32.29	32.82	1.6
在岗职工工资总额(亿元)	262.11	298.22	334.19	365.36	389.50	6.6
在岗职工年平均工资(元/人)	84071	91494	102871	113154	118666	4.9
卫生						
医疗卫生机构数(个)	1843	1927	1882	1873	1872	-0.1
卫生机构床位数(张)	20390	22094	22132	22102	22327	1.0
卫生技术人员(人)	26530	28250	28540	30100	29964	-0.5
市政建设						
自来水供应量(万吨)	11064	15421	15244	15157	14651	-3.3
排水管道长度(公里)	1172	1469	1499	1774	1805	1.7
道路面积(万平方米)	1657	1699	1793	1845	1897	2.8
建成区绿地面积(公顷)	3762	3845	4258	4334	4349	0.3
人均公园绿地面积(平方米/人)	12.5	12.4	12.8	13.1	13.1	

2-2 国民经济结构指标

单位:%

指 标	2018年	2019年	2020年	2021年	2022年
国民经济核算					
地区生产总值产业结构	100.00	100.00	100.00	100.00	100.00
第一产业	3.58	3.87	4.16	3.80	3.83
第二产业	36.38	30.03	30.50	33.46	37.61
第三产业	60.04	66.10	65.34	62.74	58.56
投资					
全社会固定资产投资结构	100.00	100.00	100.00	100.00	100.00
第一产业	1.38	1.41	1.29	0.83	1.57
第二产业	18.80	18.37	13.84	20.03	37.70
第三产业	79.82	80.23	84.87	79.14	60.73
农业					
农林牧渔业产值结构	100.00	100	100.00	100.00	100.00
农业	44.83	43.40	41.18	42.93	46.35
林业	2.27	1.88	1.34	1.97	1.22
牧业	52.04	53.90	56.71	54.34	51.70
渔业	0.00	0.00	0.00	0.00	0.00
服务业	0.86	0.81	0.71	0.75	0.73
商业					
社会消费品零售总额结构	100.00	100.00	100.00	100.00	100.00
城镇	91.00	90.20	89.54	89.52	89.38
乡村	9.00	9.80	10.46	10.48	10.62
对外经济贸易					
进出口总值结构	100.00	100	100.00	100.00	100.00
出口	35.09	44.63	41.97	41.27	50.84
进口	64.91	55.37	58.03	58.73	49.16
财政					
财政收入占生产总值比例	15.78	16.89	15.69	15.90	10.82
财政支出占生产总值比例	23.11	24.71	35.30	22.20	20.62
卫生					
每万人拥有卫生机构数(个)	7.80	8.10	7.63	7.60	7.55
每万人拥有医院、卫生院床位数(张)	86.08	92.87	89.68	89.22	87.12
市政建设					
城市自来水普及率	99.40	100.00	99.40	99.40	100.00
城市用气普及率	95.55	95.58	95.49	96.08	96.01

2-3 总产出

（按当年价格计算）　　　　单位:亿元

年 份	总产出	第一产业	第二产业			第三产业
				工业	建筑业	
2010	1329.06	38.28	885.39	717.32	168.07	405.39
2011	1638.49	42.62	1130.32	912.51	217.81	465.55
2012	1824.25	47.07	1265.34	1023.02	242.32	511.84
2013	2170.03	57.67	1489.60	1160.81	328.78	622.77
2014	2373.85	59.54	1621.02	1245.61	376.36	693.30
2015	2539.77	61.55	1684.54	1280.93	404.48	793.67
2016	2833.80	65.43	1878.26	1409.59	469.37	890.10
2017	3108.73	72.67	1905.30	1407.17	498.16	1130.76
2018	3404.11	73.45	1723.51	1121.04	602.47	1607.15
2019	3568.37	76.29	1770.90	1153.64	617.26	1721.18
2020	3644.90	81.15	1861.40	1223.93	637.47	1702.35

2-4 总产出指数

（上年 =100）

年 份	总产出	第一产业	第二产业			第三产业
				工业	建筑业	
2010	115.3	107.2	116.7	118.2	111.1	113.2
2011	115.6	105.6	118.5	118.0	120.8	110.3
2012	113.4	105.5	114.1	114.7	111.7	112.5
2013	116.3	105.1	117.1	117.1	119.6	112.7
2014	113.6	105.5	115.6	117.4	108.9	109.4
2015	110.7	105.8	111.2	110.9	112.6	109.7
2016	109.8	105.4	110.7	109.3	115.0	108.2
2017	109.3	105.5	109.7	108.1	114.5	108.7
2018	109.0	104.4	108.5	107.8	110.4	110.8
2019	107.0	104.4	107.7	108.1	107.3	106.4
2020	101.8	104.1	103.7	101.2	106.3	99.7

2-5 生产总值

（按当年价格计算）

单位:亿元

年份 地区	生产总值	第一产业	第二产业			第三产业
				工业	建筑业	
2010	465.18	27.10	131.56	84.57	46.99	306.52
2011	592.90	27.11	208.40	139.89	68.51	357.39
2012	627.11	30.84	223.76	148.55	75.21	372.51
2013	728.73	35.74	230.63	149.92	80.71	462.35
2014	806.30	37.37	238.64	151.84	86.80	530.29
2015	888.50	35.08	242.96	148.79	94.16	610.47
2016	1015.01	39.15	272.59	173.36	99.23	703.27
2017	1143.05	41.80	347.89	218.82	129.07	753.35
2018	1260.86	46.08	386.18	230.83	155.35	828.60
2019	1327.82	51.33	398.78	235.00	163.78	877.71
2020	1372.98	57.17	418.72	239.15	179.57	897.09
2021	1548.79	58.93	518.22	322.45	195.76	971.64
2022	1644.35	62.96	618.45	452.68	165.77	962.94
大通县	140.30	24.33	75.16	57.66	17.50	40.81
湟源县	32.84	7.40	14.89	7.98	6.91	10.55
湟中区	218.96	29.64	130.45	114.92	15.53	58.87
城东区	280.91	0.10	74.30	40.49	33.81	206.51
城中区	298.58	0.36	158.51	136.11	22.40	139.71
城西区	400.05	0.02	44.46	1.11	43.35	355.57
城北区	272.88	1.13	120.57	94.31	26.26	151.18

注:2022年生产总值数据为初步核算数。

2-6 生产总值构成

（按当年价格计算）

单位:%

年份 地区	生产总值	第一产业	第二产业	工业	建筑业	第三产业
2010	100.00	5.83	28.28	18.18	10.10	65.89
2011	100.00	4.57	35.15	23.59	11.56	60.28
2012	100.00	4.92	35.68	23.69	11.99	59.40
2013	100.00	4.90	31.65	20.57	11.08	63.45
2014	100.00	4.63	29.60	18.83	10.77	65.77
2015	100.00	3.95	27.34	16.75	10.60	68.71
2016	100.00	3.86	26.86	17.08	9.78	69.29
2017	100.00	3.66	30.44	19.14	11.29	65.91
2018	100.00	3.65	30.63	18.31	12.32	65.72
2019	100.00	3.87	30.03	17.70	12.33	66.10
2020	100.00	4.16	30.50	17.42	13.08	65.34
2021	100.00	3.81	33.46	20.82	12.64	62.74
2022	100.00	3.83	37.61	27.53	10.08	58.56
大通县	100.00	17.34	53.57	41.10	12.47	29.09
湟源县	100.00	22.54	45.35	24.29	21.06	32.11
湟中区	100.00	13.54	59.57	52.48	7.09	26.89
城东区	100.00	0.03	26.45	14.42	12.03	73.52
城中区	100.00	0.12	53.09	45.59	7.50	46.79
城西区	100.00	0.01	11.11	0.27	10.84	88.88
城北区	100.00	0.41	44.19	34.57	9.62	55.40

2-7 生产总值指数

（按可比价格计算）

（上年 =100）

年份 地区	生产总值	第一产业	第二产业			第三产业
				工业	建筑业	
2010	118.2	105.8	120.1	123.1	115.4	118.4
2011	115.0	105.3	115.2	117.9	110.3	115.8
2012	115.0	105.3	118.0	117.1	119.6	114.5
2013	114.1	105.1	117.5	118.3	116.0	113.2
2014	113.5	105.4	116.1	117.3	113.6	112.8
2015	110.9	105.3	112.5	112.7	112.1	110.5
2016	109.3	105.2	110.5	109.3	112.4	109.1
2017	109.5	105.1	114.1	109.7	120.7	107.9
2018	109.0	104.2	113.1	108.0	120.2	107.5
2019	107.0	104.2	103.9	106.1	101.2	108.5
2020	101.8	104.3	106.1	103.5	109.4	99.8
2021	108.1	104.6	110.8	120.4	100.1	107.0
2022	102.1	104.4	111.4	126.4	87.2	97.3
大通县	101.5	104.7	102.1	102.0	102.6	98.4
湟源县	102.5	104.7	108.3	102.8	115.1	95.4
湟中区	99.2	104.5	101.5	104.3	88.6	92.8
城东区	102.2	95.1	114.3	149.0	91.4	98.7
城中区	119.7	93.9	166.8	220.5	74.6	94.7
城西区	97.0	63.5	85.8	112.4	85.4	98.6
城北区	97.1	97.8	98.3	101.1	90.5	96.3

2-8 第三产业增加值

（按当年价格计算）

单位:亿元

指 标	2015年	2016年	2017年	2018年	2019年	2020年	2021年	2022年
行 业	610.47	703.27	753.35	828.60	877.71	897.09	971.64	962.94
农、林、牧、渔服务业	0.40	0.41	0.39	0.43	0.45	0.47	0.48	0.49
开采辅助活动								
金属制品、机械和设备修理业								
交通运输、仓储及邮政业	45.02	49.83	53.79	55.65	55.66	52.45	68.93	72.18
批发零售业	91.01	94.40	96.55	99.32	108.17	117.04	137.94	121.42
住宿餐饮业	22.90	24.30	25.71	26.03	28.51	22.84	24.32	16.05
金融业	159.64	176.79	196.80	197.60	201.78	200.77	209.28	213.96
房地产业	63.79	69.36	77.75	87.45	93.09	107.91	106.44	100.46
其他服务业	227.71	288.18	302.36	362.12	390.05	395.61	424.25	438.38

2-9 第三产业增加值构成

（按当年价格计算）

单位:%

指 标	2015年	2016年	2017年	2018年	2019年	2020年	2021年	2022年
行 业	100.00	100.00	100.00	100.00	100.00	100.00	100.00	100.00
农、林、牧、渔服务业	0.07	0.06	0.05	0.05	0.05	0.05	0.06	0.05
开采辅助活动								
金属制品、机械和设备修理业	0.04							
交通运输、仓储及邮政业	8.16	7.09	7.14	6.72	6.34	5.85	7.09	7.49
批发零售业	18.15	13.42	12.82	11.99	12.32	13.05	14.20	12.61
住宿餐饮业	2.04	3.46	3.41	3.14	3.25	2.55	2.50	1.67
金融业	22.15	25.14	26.12	23.85	22.99	22.38	21.54	22.22
房地产业	4.75	9.86	10.32	10.55	10.61	12.03	10.95	10.43
其他服务业	44.64	40.98	40.14	43.70	44.44	44.10	43.66	45.53

2-10 第三产业增加值指数

（按可比价格计算） （上年 =100）

指 标	2016 年	2017 年	2018 年	2019 年	2020 年	2021 年	2022 年
行 业	109.3	107.9	107.5	108.5	99.8	107.0	97.3
农、林、牧、渔服务业		93.5	107.5	104.2	101.2	100.6	100.4
开采辅助活动							
金属制品、机械和设备修理业							
交通运输、仓储及邮政业	106.5	105.7	105.2	100.2	95.8	128.9	108.8
批发零售业	104.9	102.0	102.8	105.3	107.6	110.7	86.1
住宿餐饮业	108.0	105.1	101.3	103.7	80.3	104.0	69.4
金融业	114.0	107.5	96.9	100.6	96.6	99.9	103.3
房地产业	105.1	110.8	106.9	103.1	101.4	103.0	93.1
其他服务业	109.7	110.4	117.4	117.0	100.8	107.8	98.9

2-11 生产总值构成项目

（按当年价格计算） 单位：亿元

年 份	生产总值	劳动者报 酬	生产税净 额	固定资产折旧	营业盈余
2010	465.18	230.58	67.38	85.60	81.62
2011	569.90	279.25	82.64	103.72	104.29
2012	627.11	306.34	91.32	113.19	116.26
2013	728.73	416.97	97.21	110.15	104.41
2014	806.30	462.31	107.97	121.44	114.58
2015	888.50	514.39	116.36	134.21	123.54
2016	1015.01	588.90	131.69	153.21	141.21
2017	1143.05	658.25	143.79	185.69	155.31
2018	1260.86	716.85	149.82	228.53	165.66
2019	1327.82	802.90	150.93	243.64	130.35
2020	1372.98	785.81	173.77	249.07	164.34

2-12 支出法生产总值

（按当年价格计算）

单位:亿元

年份	支出法生产总值	最终消费	资本形成总额		货物和服务净出口	资本形成率（%）	最终消费率（%）
			固定资产形成	库存增加			
2010	465.18	236.54	237.96	9.00	-18.33	53.09	50.85
2011	569.90	283.30	292.84	10.96	-17.21	53.31	49.71
2012	627.11	308.60	308.55	30.65	-20.69	54.09	49.21
2013	728.73	346.69	362.71	41.18	-21.86	55.43	47.57
2014	806.30	390.12	394.67	43.47	-21.96	54.34	48.38
2015	888.50	431.63	432.67	47.65	-23.45	54.06	48.58
2016	1015.01	500.89	484.04	54.55	-24.46	53.06	49.35
2017	1143.05	579.20	555.95	61.59	-53.70	54.03	50.67
2018	1260.86	660.57	585.54	72.37	-57.62	52.18	52.39
2019	1327.82	697.64	616.64	74.21	-60.68	52.03	52.54
2020	1372.98	726.87	633.34	75.54	-62.77	51.63	52.94

2-13 生产总值消费额及构成

（按当年价格计算）

年份	总消费（亿元）	居民消费(亿元)			政府消费（亿元）	以总消费为100		人均消费水平(元/人)		
		合计	农村居民	城镇居民		居民消费	政府消费	全体居民	农村居民	城镇居民
2010	236.54	194.91	36.55	158.36	41.63	82.40	17.60	8825	4558	11256
2011	283.30	234.45	42.82	191.63	48.84	82.76	17.24	10523	5561	13144
2012	308.60	252.75	44.48	208.26	55.85	81.90	18.10	11246	6132	13684
2013	346.69	284.63	51.08	233.56	62.06	82.10	17.90	12552	6995	15192
2014	390.12	326.33	54.53	271.80	63.79	83.65	16.35	14246	7582	17296
2015	431.63	363.42	61.91	301.51	68.21	84.20	15.80	15732	8659	18903
2016	500.89	423.08	71.03	352.05	77.81	84.47	15.53	18129	10152	21544
2017	579.20	490.06	82.26	407.80	89.15	84.61	15.39	20809	12102	24342
2018	660.57	552.19	93.21	458.98	108.38	83.59	16.41	23288	14094	26844
2019	697.64	583.18	98.44	484.74	114.46	82.16	17.84	24012	15189	27300
2020	726.87	611.78	103.43	508.35	115.09	84.17	15.83	24790	19614	26196

2-14　平均每天主要社会经济活动

指　标	2018 年	2019 年	2020 年	2021 年	2022 年
一、地区生产总值(万元)	34544	36379	37513	42433	45051
二、工农业总产值(万元)	38224	33934	33831	46075	60601
农业总产值(万元)	2379	2648	2925	3029	3236
规模以上工业总产值(万元)	31125	29113	30906	43045	57366
三、财政总收入(万元)	5563	6145	5887	6747	4878
四、主要工农业产品产量					
粮食产量(吨)	618	636	637	584	597
蔬菜产量(吨)	1866	1855	1778	1721	1724
肉类产量(吨)	148	163	171	192	190
规模以上工业企业发电量(万千瓦时)	2951	2646	2334	3459	3667
钢材(吨)	3783	4947	5166	4986	3305
原铝(吨)	4981	4897	5244	5926	5986
五、社会消费品零售总额(万元)	15462	16235	15671	17016	14567
六、其他经济活动					
出生人口(人)	83	80			
死亡人口(人)	39	36			
客运量(万人次)	10.39	10.48	7.33	5.13	2.30
货物运输量(万吨)	20.68	18.80	16.39	21.76	22.82
邮电业务量(万元)	4394	6403	8606	11043	1391
互联网用户(户)	2512	2580	2504	2860	3227

三、农业

指 标 解 释

乡村户数 指户口在农村的常住户数,包括参加乡村各级举办的各种行业的合作经济组织,并从中取得实物或货币收入的家庭户数。但不包括在乡村地区内的属国有经济的机关、团体、学校、企业、事业单位的集体户。

乡村人口 指乡村户数内的常住人口。包括常住人口中外出的民工、工人合同工、户口在家的在外学生,还包括户口在本乡镇的城镇居民在乡镇企业事业单位参加生产的以及农转非人员仍在乡镇企业或参加农业生产劳动的人口。但不包括户口在家领取工资的国家职工和户口迁入农村领取国家津贴的离退休职工。

乡村实有劳动力 指乡村实有人口中实际参加各种行业劳动并取得实物或货币收入的劳动力人数。包括劳动年龄内实际参加劳动的人口和不足或超过劳动年龄实际参加劳动的人口数。

耕地面积 指可以用来种植农作物、经常进行耕锄的田地,除包括熟地、当年新开荒地、连续撂荒未满 3 年的耕地和当年的休闲地(轮歇地)外,还包括以种植农作物为主并附带种桑树、茶树、果树和其他林木的土地以及沿湖地围垦利用的“滩涂”“湖田”等面积。但不包括属于专业性的桑园、茶园、果园、果木苗圃、林地、芦苇地、天然或人工草地面积。

农田有效灌溉面积 指具有一定的水源,地块比较平整、灌溉工程或设备已经配套,在一般年景下当年能够进行正常灌溉的耕地面积。

粮食产量 指全社会的产量。包括国有单位经营的、集体统一经营的和农民家庭经营的粮食产量,还包括工矿企业家属办的农场和其他生产单位的产量,粮食除包括稻谷、小麦、玉米、高粱、谷子及其他杂粮外还包括薯类和大豆。

油料产量 指全部油料作物的生产量。包括花生油菜籽、芝麻向日葵籽、胡麻籽(亚麻籽)和其他油料。不包括大豆,也不包括木本油料和野生油料。花生以带壳干花生计算。

水产品产量 指人工养殖的水产品和天然生产的水产品捕捞量,包括海水的鱼类、虾蟹类、贝类和藻类以及内陆水域的鱼类、虾蟹类和贝类,不包括淡水生植物。

猪、牛、羊肉产量 指当年出栏并已屠宰的猪、牛、羊肉产量。即屠宰后除去头蹄下水后带骨肉(即胴体重)的重量。

农业机械总动力 指主要用于农、林、牧、渔业的各种动力机械的动力总和,包括耕作机械、农用排灌机械、收获机械、植保机械、畜牧机械、渔业机械、农产品加工机械、农用运输机械、其他农业机械。

农业总产值 是以货币表现的农、林、牧、渔业的全部产品的总量。它反映一定时期内农业生产的总规模、总水平。

3-1 农村基本情况及乡村从业人员

指　标	2013年	2014年	2015年	2016年	2017年	2018年	2019 年	2020 年	2021 年	2022 年
一、农村基层组织情况										
1.乡镇政府个数	50	50	50	50	50	50	50	50	50	50
#民族乡镇数	6	6	6	6	6	6	6	6	6	6
乡政府数	23	23	23	23	23	23	23	23	23	23
镇政府数	27	27	27	27	27	27	27	27	27	27
2.村民委员会个数	931	931	917	917	917	917	917	917	917	917
二、户数及人口情况										
1.乡村户数(万户)	24.84	25.99	26.05	26.36	26.52	26.77	26.94	27.11	27.08	27.04
2.乡村人口数(万人)	103.44	107.86	107.22	107.27	108.14	109.19	109.47	109.54	109.53	109.29
三、乡村从业人员(万人)	60.09	62.89	62.01	61.73	62.43	62.56	62.77	61.68	61.61	61.48
当年外出务工人数	35.72	38.11	38.42	37.55	37.80	36.53	36.22	33.67	30.35	30.74
(一)按性别分										
男	32.33	33.92	33.28	33.24	33.37	33.69	33.85	33.04	33.12	33.28
女	27.76	28.97	28.73	28.49	29.06	28.87	28.92	28.64	28.49	28.20
(二)按国民经济行业分										
1.农林牧渔业	25.21	25.00	24.19	23.80	23.90	24.32	24.30	23.86	23.72	23.87
2.工业	6.86	7.54	7.03	7.07	7.16	7.00	6.81	6.48	6.22	6.10
3.建筑业	10.91	11.45	11.89	11.99	12.01	11.15	11.50	11.19	11.10	10.42
4.交通运输、仓储及邮电业	4.20	4.63	4.29	4.07	4.31	4.42	4.32	4.46	4.48	4.61
5.批发与零售贸易业	4.03	4.47	4.52	4.60	4.79	4.93	4.94	4.97	5.06	5.09
6.信息传输、计算机服务和软件业	0.08	0.08	0.04	0.03	0.03	0.05	0.04	0.06	0.07	0.07
7.住宿餐饮业	3.64	3.92	4.15	4.35	4.39	4.68	4.67	4.41	4.55	4.48
8.其他非农行业	5.16	5.80	5.90	5.82	5.84	6.01	6.19	6.25	6.41	6.84

注:乡村人口指乡村地区常住居民户数中的常住人口数,即经常在家或在家居住6个月以上,而且经济和生活与本户连成一体的人口。外出从业人员在外居住时间虽然在6个月以上但收入主要带回家中,经济与本户连为一体,仍视为家庭常住人口;在家居住,生活和本户连成一体的国家职工、退休人员也视为家庭常住人口。

3-2 西宁市农村基本情况(2022年)

指 标	单位	西宁市	城东区	城中区	城西区	城北区	湟中区	大通县	湟源县
一、乡(镇)政府个数	个	**50**	**2**	**1**	**1**	**2**	**15**	**20**	**9**
民族乡镇数	个	6					3	2	1
乡政府	个	23					5	11	7
镇政府	个	27	2	1	1	2	10	9	2
二、村委会个数	个	**917**	**20**	**32**	**12**	**38**	**380**	**289**	**146**
三、合作社个数	个	**2495**		**68**	**5**	**72**	**1182**	**757**	**411**
四、乡村户数	户	**270383**	**9952**	**11196**	**5295**	**18192**	**107495**	**91413**	**26840**
五、乡村人口数	人	**1092946**	**37573**	**44642**	**20978**	**70947**	**432513**	**383853**	**102440**
六、农村基础设施									
1.通有线电视的村数	个	838	20	32	12	38	380	210	146
2.通公路村数	个	917	20	32	12	38	380	289	146
3.通宽带村数	个	917	20	32	12	38	380	289	146
4.通电话村数	个	917	20	32	12	38	380	289	146
5.自来水受益村数	个	917	20	32	12	38	380	289	146
6.集市贸易市场数	个	77	6	10	2	11	29	16	3

3-3 农村家庭从业人员及主要行业分布情况(2022年)

单位:人

指 标	西宁市	城东区	城中区	城西区	城北区	湟中区	大通县	湟源县
一、乡村从业人员总数	**614825**	**17073**	**23479**	**14980**	**39906**	**248358**	**218873**	**52156**
当年外出人员	307355	8047	7241	3226	19974	124382	117280	27205
其中:县内乡外	165366	5367	6621	568	11679	77096	48485	15550
省内县外	110618	2474	588	2287	8152	36853	50125	10139
国内省外	31371	206	32	371	143	10433	18670	1516
(一)按性别分组								
男	332837	8911	11816	7407	20511	141374	113950	28868
女	281988	8162	11663	7573	19395	106984	104923	23288
(二)按文化程度分组								
不识字和识字很少	17987	172	440	10	143	8408	8043	771
小学	167302	3451	2879	1711	4875	71837	68353	14196
初中	291846	8052	14024	7927	21331	113850	101296	25366
高中及以上	137690	5398	6136	5332	13557	54263	41181	11823
(三)按行业分组								
1.农林牧渔从业人员	238686	116	5936	7	3327	103281	91504	34515
2.工业从业人员	60995	1096	2822	554	3465	25699	24907	2452
3.建筑业从业人员	104170	696	5856	1763	6313	40875	45795	2872
4.交通运输和邮电业从业人员	46115	2991	1462	1257	7695	14736	15882	2092
5.信息传输、计算机服务和软件业	748	417		81	37	108	17	88
6.批零贸易从业人员	50902	2911	1445	2241	6097	21362	14810	2036
7.住宿、餐饮业从业人员	44764	2167	1382	2343	4719	17268	13963	2922
8.其他从业人员	68445	6679	4576	6734	8253	25029	11995	5179
二、乡村劳动力资源	**717321**	**22962**	**26731**	**17082**	**47759**	**281499**	**243921**	**77367**

3-4 农村基层组织情况

单位：个

年 份	乡镇数	乡数	镇数	村民委员会	合作社
1975	67	67		995	4174
1980	63	60	3	915	4600
1985	71	67	4	935	4333
1990	71	67	4	936	4575
1995	71	67	4	935	4566
2000	69	56	13	935	4581
2001	55	30	25	935	4581
2002	55	30	25	935	4670
2003	55	30	25	934	4643
2004	55	30	25	933	4643
2005	55	30	25	932	4655
2006	50	23	27	931	4589
2007	50	23	27	931	4587
2008	50	23	27	931	4575
2009	50	23	27	931	4580
2010	50	23	27	931	4580
2011	50	23	27	931	4580
2012	50	23	27	931	4576
2013	50	23	27	931	4535
2014	50	23	27	931	4486
2015	50	23	27	917	4382
2016	50	23	27	917	4271
2017	50	23	27	917	4270
2018	50	23	27	917	2766
2019	50	23	27	917	3033
2020	50	23	27	917	2523
2021	50	23	27	917	2490
2022	50	23	27	917	2495

3-5 乡村户数、人口及乡村从业人员

年份	乡村户数（万户）	乡村人口数（万人）	乡村从业人员（万人）	男	女	乡村从业人员合计（万人）	农林牧渔业	工业	建筑业	交通运输业仓储及邮电通讯业	批发零售贸易业住宿餐饮业	其他行业（万人）	信息运输计算机服务和软件业
1957	10.31	52.40	24.35			24.35							
1965	11.10	60.25	28.13			28.13							
1970	12.26	72.70	30.50			30.50							
1975	13.58	83.69	32.21			32.21							
1980	13.98	83.17	30.76			30.76							
1985	15.19	84.96	36.01			36.01	29.20	1.97	1.26	1.06	0.47	2.05	
1990	17.48	89.47	41.83			41.83	33.56	2.43	1.42	1.64	0.86	1.92	
1995	19.72	94.10	47.38			47.38	37.11	3.24	1.72	1.96	1.35	2.00	
2000	21.71	97.46	55.58	29.18	26.40	55.58	42.27	3.50	2.45	1.80	1.50	4.06	
2001	22.34	98.40	56.04	29.42	26.62	56.04	42.43	3.58	2.54	1.96	1.51	4.02	
2002	22.66	99.07	56.38	29.64	26.74	56.38	40.43	4.02	3.26	2.43	1.85	4.39	
2003	22.86	99.84	57.06	30.01	27.05	57.06	40.00	4.91	3.68	2.18	1.74	4.54	
2004	23.09	100.63	57.57	30.61	26.96	57.57	38.15	5.39	4.83	2.53	1.75	4.92	
2005	23.23	101.19	57.64	30.91	26.73	57.64	36.89	5.36	5.78	2.24	3.50	3.84	
2006	23.53	101.55	57.82	31.40	26.42	57.82	32.49	6.42	7.59	2.67	4.43	4.11	0.11
2007	23.62	101.99	58.85	32.02	26.83	58.85	30.26	6.85	8.89	2.96	5.38	4.50	0.01
2008	24.13	102.74	58.99	32.01	26.98	58.99	27.96	6.83	10.01	3.37	6.19	4.61	0.02
2009	24.36	103.34	59.47	32.01	27.46	59.47	27.68	7.06	10.12	3.48	6.45	4.64	0.03
2010	24.73	104.42	60.13	32.72	27.41	60.13	26.77	7.37	10.66	3.56	7.02	4.72	0.03
2011	25.20	105.27	61.32	33.19	28.13	61.32	25.83	7.49	9.80	4.24	7.48	6.43	0.05
2012	25.44	106.05	61.39	32.93	28.46	61.39	25.39	7.43	10.66	4.61	7.52	5.69	0.09
2013	24.84	103.44	60.09	32.34	27.75	60.09	25.21	6.86	10.91	4.20	7.67	5.16	0.08
2014	25.99	107.86	62.89	33.92	28.97	62.89	25.00	7.54	11.45	4.63	8.39	5.80	0.08
2015	26.05	107.22	62.01	33.28	28.73	62.01	24.19	7.03	11.89	4.29	8.67	5.90	0.04
2016	26.36	107.27	61.73	33.24	28.49	61.73	23.80	7.07	11.99	4.07	8.95	5.82	0.03
2017	26.52	108.14	62.43	33.37	29.06	62.43	23.90	7.16	12.01	4.31	9.18	5.84	0.03
2018	26.77	109.19	62.56	33.69	28.87	62.56	24.32	7.00	11.15	4.42	9.61	6.01	0.05
2019	26.94	109.47	62.77	33.85	28.92	62.77	24.30	6.81	11.50	4.32	9.61	6.19	0.04
2020	27.11	109.54	61.68	33.04	28.64	61.68	23.86	6.48	11.19	4.46	9.38	6.25	0.06
2021	27.08	109.53	61.61	33.12	28.49	61.61	23.72	6.22	11.10	4.48	9.61	6.41	0.07
2022	27.04	109.29	61.48	33.28	28.20	61.48	23.87	6.10	10.42	4.61	9.57	6.84	0.07

3-6 耕地面积

单位:公顷

指　　标	2009 年	2010 年	2011 年	2012 年	2013 年	2014 年	2015 年	2016 年	2017 年	2018 年	2019 年	2020 年
一、年初实有耕地面积		**151278**	**150477**	**149394**	**148147**	**147006**	**145487**	**145284**	**144854**	**144709**	**144638**	**126970**
二、年内新增耕地面积		**212**	**192**	**110**	**12**		**193**	**101**	**204**	**288**		
其中:新开荒面积												
三、当年减少耕地面积		**1013**	**1275**	**1357**	**1153**	**1519**	**396**	**532**	**349**	**358**		
其中:1.国家基建占地												
2.其他基建占地												
3.退耕还林还草												
4.耕地改园地												
四、年末实有耕地面积	**151278**	**150477**	**149394**	**148147**	**147006**	**145487**	**145284**	**144853**	**144709**	**144638**	**126970**	**126902**
1.水浇地	38526	37855	36913	35774	34844	33497	33226	32839	32660	32584		
2.浅山地												
3.脑山地												
五、年末耕地中												
全民所有制耕地面积												

注:2009 年数据根据第二次全国土地调查结果进行了调整。

3-7 区县耕地面积(2020 年)

单位:公顷

指　　标	合　计	城东区	城中区	城西区	城北区	湟中区	大通县	湟源县
一、年初实有耕地面积	126970	130	1535	69	1068	58624	45621	19923
二、年内新增耕地面积	290	0	3	1	6	71	206	3
三、当年减少耕地面积	358	4	5	0	9	185	126	29
四、年末实有耕地面积	126902	126	1533	70	1065	58510	45701	19897
水浇地	27288	65	474	18	931	10342	9292	6166

3-8 农、林、牧、渔、服务业总产值

（按当年价格计算）

单位:万元

年份 地区	农林牧渔服务业总产值	农业	林业	牧业	渔业	农林牧渔服务业
1990	54578	33418	1767	15469	85	
1995	123849	83933	2314	37424	178	
2000	141567	83311	3104	54886	266	
2001	153166	87776	4824	60299	267	
2002	153243	81498	5817	65627	301	
2003	164461	80344	2892	73275	182	7768
2004	185705	82003	2592	92908	169	8033
2005	201728	88019	1819	103842	89	7959
2006	211700	98753	2867	104207	72	5801
2007	268500	126313	3497	132613	51	6026
2008	344967	156058	3809	180105	36	4959
2009	348831	165250	3682	174913	27	4959
2010	450995	247682	4979	192937	14	5383
2011	504945	260830	5176	233798	15	5126
2012	575254	289010	7816	272918	12	5498
2013	668019	337316	5554	319147	8	5994
2014	699532	340088	7054	346009	4	6377
2015	702654	349019	9975	336860	12	6788
2016	735823	357119	10810	360850	10	7034
2017	787284	371526	16081	392928	0	6749
2018	868382	389339	19677	451893		7473
2019	966559	419518	18172	521017		7852
2020	1070714	440906	14392	607249		8167
2021	1105694	474683	21807	600875		8329
2022	1180960	547368	14464	610563		8565
城东区	1394	21	348	1025		
城中区	9913	4443	470	4448		552
城西区	474	82	290	102		
城北区	16600	13202	1778	808		812
湟中区	538897	280709	5536	251990		662
大通县	478208	195472	2330	275352		5054
湟源县	135474	53439	3712	76838		1485

注:区县为2022年数据。

3-9 农林牧渔服务业总产值构成

（按当年价格计算）

单位：%

年 份	农林牧渔服务业总产值	农业	林业	牧业	副业	渔业	农林牧渔服务业
1995	100	67.77	1.87	30.22		0.14	
2000	100	58.85	2.19	38.77		0.19	
2001	100	57.31	3.15	39.37		0.17	
2002	100	53.18	3.80	42.82		0.20	
2003	100	48.85	1.76	44.55		0.11	4.73
2004	100	44.16	1.40	50.03		0.09	4.32
2005	100	43.63	0.90	51.48		0.04	3.95
2006	100	46.65	1.35	49.22		0.04	2.74
2007	100	47.04	1.30	49.39		0.02	2.25
2008	100	45.24	1.10	52.21		0.01	1.44
2009	100	47.37	1.06	50.14		0.01	1.42
2010	100	54.92	1.11	42.78		0.01	1.19
2011	100	51.66	1.02	46.30			1.02
2012	100	50.24	1.36	47.44			0.96
2013	100	50.49	0.83	47.78		0.01	0.89
2014	100	48.62	1.01	49.46		0.01	0.90
2015	100	49.67	1.42	47.94			0.97
2016	100	48.53	1.47	49.04			0.96
2017	100	47.19	2.04	49.91			0.86
2018	100	44.83	2.27	52.04			0.86
2019	100	43.40	1.88	53.91			0.81
2020	100	41.18	1.34	56.72			0.76
2021	100	42.93	1.97	54.35			0.75
2022	100	46.35	1.22	51.70			0.73

3-10 农林牧渔服务业总产值增长速度

（按可比价计算）

上年 =100 单位：%

年 份	农林牧渔服务业总产值	农业	林业	牧业	副业	渔业	农林牧渔服务业
1995	-2.93	-7.01	-9.14	6.60		18.55	
2000	2.43	-0.89	-0.61	8.55		6.07	
2001	7.44	6.55	18.67	7.80		10.00	
2002	3.60	-4.49	36.20	13.02		21.82	
2003	1.72	-9.01	-49.18	12.93		-50.25	
2004	5.80	3.50	-8.01	9.37		-9.00	2.53
2005	6.33	6.24	-29.86	8.34		-47.34	-7.41
2006	5.98	1.19	57.69	10.17		-19.25	-7.42
2007	5.21	2.53	21.97	7.67		-29.58	-4.60
2008	5.60	11.74	8.94	1.04		-30.06	-24.44
2009	6.29	3.36	-3.35	9.29		-24.57	-3.10
2010	7.24	11.11	36.08	3.05		-48.51	4.78
2011	5.59	3.09	3.94	9.26		10.14	-9.57
2012	5.49	4.29	51.03	5.86		-22.37	4.13
2013	5.36	5.12	-28.94	6.59		-32.20	6.16
2014	5.55	3.64	26.99	7.24		-47.50	2.99
2015	5.42	5.58	41.42	4.59		195.24	2.15
2016	5.38	3.98	8.37	6.80		-20.16	1.79
2017	5.38	3.52	48.76	6.13		-100.00	-5.38
2018	4.38	3.96	22.36	3.98			8.03
2019	4.19	4.36	-7.65	4.59			2.61
2020	4.27	5.85	-20.80	3.92			1.18
2021	4.54	4.88	51.52	3.23			0.58
2022	4.60	4.64	-33.67	6.01			0.42

3-11 分项目农林牧渔服务业总产值(2022年)

单位:万元

指标	按当年价格计算
农林牧渔服务业总产值	**1180960**
一、农业产值	**547368**
(一)谷物及其他作物	277547
1.谷物	45802
2.薯类	108623
3.油料	75374
4.豆类	2022
5.其他农作物	45726
(二)中药材	27165
(三)蔬菜	221901
(四)食用菌	4585
(五)花卉盆景园艺作物	1408
鲜切花	29
(六)水果、坚果、饮料和香料作物	14762
二、林业产值	**14464**
(一)林木的培育和种植	14386
1.育种育苗	2237
2.造林	7342
3.抚育和管理	4807
(二)木材采运	78
(三)林产品	
三、牧业产值	**610563**
(一)大牲畜饲养	287374
牛的饲养	286203
(二)羊的饲养	105356
(三)猪的饲养	78927
(四)家禽饲养	5958
(五)畜产品	105748
1.奶产品	100428
2.毛绒产品	664
3.禽蛋	4656
(六)狩猎和捕捉动物	4700
(七)其他家养动物及产品	22500
四、渔业产值	
五、农林牧渔服务业产值	**8565**

3-12 区县农林牧渔服务业总产值(2022 年)

单位:万元

指　　标	西宁市	城东区	城中区	城西区	城北区	湟中区	大通县	湟源县
农林牧渔服务业总产值(当年价格)	**1180960**	**1394**	**9913**	**474**	**16600**	**538897**	**478208**	**135474**
(一)农业产值	547368	21	4443	82	13202	280709	195472	53439
(二)林业产值	14464	348	470	290	1778	5536	2330	3712
(三)牧业产值	610563	1025	4448	102	808	251990	275352	76838
(四)渔业产值								
(五)农林牧渔服务业产值	8565		552		812	662	5054	1485

3-13 主要农作物播种面积及种植结构

指标	播种面积(公顷)						种植结构(%)					
	2017 年	2018 年	2019 年	2020年	2021 年	2022 年	2017 年	2018 年	2019 年	2020年	2021 年	2022 年
农作物总播种面积	**133725**	**124276**	**125665**	**127096**	**122584**	**122855**	**100.00**	**100.00**	**100.00**	**100.00**	**100.00**	**100.00**
一、粮食作物	**66962**	**58952**	**58689**	**60292**	**60500**	**60609**	**50.07**	**47.43**	**46.70**	**47.44**	**49.35**	**49.33**
小麦	39983	31427	31648	32993	33924	36120	29.90	25.29	25.18	25.96	27.67	29.40
青稞	2163	3856	3805	4891	5200	5201	1.62	3.10	3.03	3.85	4.24	4.23
其他	156	807	715	1348	1609	1465	0.11	0.65	0.57	1.06	1.31	1.19
豆类	4385	5603	5013	3419	2178	1603	3.28	4.50	3.99	2.69	1.78	1.31
蚕豆	4243	5485	4948	2969			3.17	4.41	3.94	2.34		
豌豆	142	118	65	450			0.11	0.09	0.05	0.35		
薯类	20275	17259	17508	17641	17589	16220	15.16	13.89	13.93	13.88	14.35	13.20
二、经济作物	**38627**	**35353**	**36641**	**36463**	**35449**	**34451**	**28.89**	**28.45**	**29.16**	**28.69**	**28.92**	**28.04**
油料作物	36067	31843	32645	33228	33608	33969	26.97	25.63	25.98	26.14	27.42	27.65
油菜籽	36014	31734	32620	33215	33603	33969	26.93	25.54	25.96	26.13	27.41	27.65
胡麻	53	109	25	13	5		0.04	0.09	0.02	0.01	0.01	
其他经济作物	2560	3510	3996	3235	1841	482	1.92	2.82	3.18	2.55	1.50	0.39
#药材	2560	3510	3996	3235	1841	482	1.92	2.82	3.18	2.55	1.50	0.39
三、蔬菜、食用菌、瓜类	**18125**	**18591**	**18014**	**16811**	**15982**	**15981**	**13.55**	**14.96**	**14.33**	**13.23**	**13.04**	**13.01**
#蔬菜	18094	18545	17965	16685	15825	15803	13.53	14.92	14.30	13.13	12.91	12.86
四、其他农作物	**10011**	**11380**	**12321**	**13530**	**10653**	**11814**	**7.49**	**9.16**	**9.80**	**10.64**	**8.69**	**9.62**
#青饲料	8264	8807	10211	10664	8600	9888	6.18	7.09	8.13	8.39	7.02	8.05
果园面积(公顷)	**333**	**333**	**471**	**466**	**471**	**102**						

注:1.从 2013 年开始,食用菌不再计入农作物总播种面积;

2.根据第三次全国农业普查数据对相应指标数据进行了修订。

3-14 农作物总播种面积

单位:公顷

年份 地区	总播种 面积	粮食 作物	小麦	杂粮	薯类	经济 作物	油料	蔬菜
2000	142522	93341	53299	27194	12848	41582	41582	5060
2001	135593	87972	49476	24873	13623	41433	41203	5344
2002	130647	82893	45062	25606	14200	39040	38640	6977
2003	127791	73613	36219	21857	15537	43497	42542	8597
2004	127297	68531	32895	20033	15603	46462	45644	9749
2005	127168	70404	35049	20081	15274	42688	42213	9870
2006	126555	70620	34787	19724	16109	40476	40358	10021
2007	126519	70552	27355	20292	17985	40976	40784	10395
2008	117602	62528	27355	17394	17779	38581	38451	12681
2009	117407	63152	28134	17046	17972	38228	38097	13999
2010	119946	61328	28075	15652	17601	39626	39484	16475
2011	121155	60492	26920	14736	18836	41750	41589	16898
2012	121026	58116	26931	14839	16346	36845	36239	18410
2013	120376	56988	26101	14716	16171	34368	33500	18895
2014	120591	56404	27041	13410	15953	35161	34046	18794
2015	120880	55909	27709	12046	16154	37032	35813	18315
2016	132124	65278	38499	6641	20138	38703	37041	18649
2017	133725	66962	39983	6704	20275	38627	36067	18094
2018	124276	58952	31427	10266	17259	35353	31843	18545
2019	125665	58689	31648	9533	17508	36641	32645	17965
2020	127096	60292	32993	9658	17641	36463	33228	16685
2021	122583	60500	33924	8987	17589	35449	33608	15825
2022	122855	60609	36120	8269	16220	34451	33969	15803
城东区	18	11	3	8	0	7	7	1
城中区	1120	445	385	60	0	210	203	183
城西区	9	0	0	0	0	5	1	3
城北区	1292	62	61	1	0	101	101	466
湟中区	46266	22808	15236	3513	6726	14860	14422	4929
大通县	54740	29257	16917	847	8827	14712	14726	7815
湟源县	19410	8026	3518	3841	667	4556	4509	2405

注:1.区县为2022年数据;

2.根据第三次全国农业普查数据对2007-2016年度数据进行修订。

3-15 主要农产品产量

单位:吨

年份 地区	粮食	#小麦	#杂粮	#薯类	油料	#油菜籽	蔬菜	水果	#苹果	#梨
2000	247620	148323	51467	47830	62922	62763	261548	2089	1836	78
2001	307375	171357	71213	64805	80500	80357	267471	2034	1746	95
2002	259291	130209	67325	61757	78880	78663	275833	1899	1661	96
2003	245915	113186	64156	68573	88048	87921	307427	1277	1176	34
2004	228870	101808	55077	71985	95369	95250	334394	1508	1391	45
2005	257161	119217	60478	77466	102672	102526	354434	1521	1359	88
2006	242828	112470	59375	70983	90349	90171	382928	1044	813	128
2007	267295	111194	64209	91892	97599	97541	380667	1270	785	94
2008	264524	107514	65264	91746	108468	108374	448768	1297	740	94
2009	264400	110311	59064	95025	109572	109446	517159	2150	815	137
2010	243550	104218	50783	88549	109129	108968	606206	3040	1096	159
2011	243595	100217	48610	94768	109572	109418	620769	1775	1059	181
2012	243137	103313	53580	86244	100797	100506	679072	1719	1122	182
2013	235736	101583	48048	86105	91072	90670	692826	1278	981	150
2014	233300	104155	42705	86440	94754	94546	701124	1056	699	84
2015	222664	100875	35065	86724	95455	95367	692481	1365	741	89
2016	243030	130712	15866	96452	98584	98496	682069	925	332	73
2017	242869	131001	15432	96436	88356	88247	670357	1036	78	49
2018	225665	109965	26133	89567	71363	71149	681192	923	49	46
2019	232112	114716	26894	90502	77052	77003	681130	634		
2020	233410	116820	28658	87932	81828	81801	650667	1048	1	
2021	213091	133752	15699	63640	88008	88001	628293	1061	1	12
2022	217790	129651	15418	72721	90915	90915	629088	358	1	14
城东区	24	9	15		12	12	13			
城中区	1359	1272	87		364	364	4793	11		
城西区					3	3	55			
城北区	213	212	1		283	283	13593	122	1	14
湟中区	104897	60187	6647	38063	39412	39412	286609	90		
大通县	87712	54991	1364	31357	40020	40020	238766	30		
湟源县	23585	12980	7304	3301	10821	10821	85259	105		

注:1.区县为 2022 年数据;

2.根据第三次全国农业普查数据对 2007-2016 年度数据进行修。

3-16 林业生产情况

指　　标	2011年	2012年	2013年	2014年	2015年	2016年	2017年	2018年	2019年	2020年	2021年	2022年
一、营林情况												
1.当年造林面积(公顷)	9699	9154	6410	10488	9882	13606	8374	12930	16836	4461	9712	9319
当年造林合格面积(公顷)	9699	9154	6410	10488	9882	13606	8374	12930	16836	4461	9712	9319
按主要林种用途分												
用材林(公顷)												
经济林(公顷)												
防护林(公顷)	9699	9154	6410	10488	9882	13606	8374	12930	16836	4461	9712	9319
薪炭林(公顷)												
其他林(公顷)												
2.迹地更新面积(公顷)												
3.封山育林面积(公顷)	143781	150514	161847									
# 本年新封面积(公顷)	11294	6733	11333									
4.零星(四旁)植树(百株)	29445	47552	49193	45100	27810	27810	48500	50600	50300	50000	50000	27933
5.本年新育面积(公顷)	351	309	327	467	297	283	407	198	578	389	1119	853
6.幼林抚育作业面积(公顷)	7998	6941	2734	7000	4666	3433	6333	7487	973	23445	3747	4766
7.成林抚育面积(公顷)				133			1867		25026	7600	6265	2667
二、主要林产品产量												
花椒(吨)	0.65	0.19	0.20	0.38	0.02	0.02	0.01	0.01				
三、全社会木材采伐量(立方米)	**1098**	**3049**	**7055**	**3253**	**3288**	**8517**	**15212**	**3517**	**44**	**12738**	**850**	**1200**

3-17 主要畜牧业生产情况

指标	2012年	2013年	2014年	2015年	2016年	2017年	2018年	2019年	2020年	2021年	2022年
一、大牲畜年末存栏头数(万头)	**35.66**	**35.42**	**37.26**	**38.21**	**38.02**	**39.62**	**42.23**	**40.92**	**45.22**	**40.59**	**40.89**
#牛(万头)	31.15	31.43	33.48	37.17	37.1	38.7	41.4	39.78	44.7	39.82	40.24
马(万头)	1.94	1.68	1.63	0.92	0.84	0.84	0.75	0.74	0.21	0.57	0.58
二、羊年末存栏只数(万只)	**83.65**	**85.93**	**88.24**	**92.75**	**86.96**	**91.07**	**80.38**	**72.44**	**84.32**	**99.86**	**98.74**
#绵羊(万只)	81.06	82.94	85.71	90.35	86.7	85.43	77.87	–	74.43	91.05	95.26
三、猪年末存栏头数(万头)	**41.71**	**39.06**	**37.54**	**30.96**	**26.08**	**20.83**	**16.96**	**9.25**	**18.35**	**21.09**	**16.19**
四、肉用大牲畜出栏头数(万头)	**23.02**	**22.76**	**23.03**	**15.76**	**18.53**	**17.14**	**17.64**	**17.97**	**34.2**	**31.97**	**29.49**
五、肉用羊出栏只数(万只)	**68.52**	**65.17**	**68.47**	**54.97**	**63.12**	**68.03**	**68.71**	**66.04**	**63.94**	**65.51**	**65.75**
六、肉用猪出栏头数(万头)	**45.67**	**47.1**	**45.58**	**35.97**	**29.91**	**27.75**	**26.11**	**37.47**	**13.96**	**21.88**	**22.91**
七、肉类产量(吨)	**75270**	**71857**	**75222**	**59369**	**61866**	**60954**	**53984**	**62378**	**61691**	**70235**	**69319**
#猪肉(吨)	35965	34837	35391	27500	24600	24400	21300	29200	11231	18859	19463
牛肉(吨)	24309	23513	24403	19700	23200	22400	18800	17300	37598	38031	36316
羊肉(吨)	11743	10454	11595	9300	11000	11200	11500	11400	11071	11937	12163
八、奶类(牛奶)(吨)	**133511**	**142093**	**149182**	**105400**	**116100**	**119300**	**119900**	**120179**	**113806**	**126195**	**151927**
九、羊毛(吨)	**1269**	**1240**	**1394**	**1492**	**1377**	**1274**	**1253**	**1231**	**901**	**580**	**525**
#绵羊毛(吨)	1233	1211	1363	1458	1356	1254	1226	1177	843	527	473
十、羊绒(公斤)	**5909**	**4000**	**5000**	**5000**	**5000**	**2000**	**4000**	**8000**	**–**	**11155**	**12016**
十一、禽蛋(吨)	**7987**	**8627**	**10571**	**12100**	**12800**	**10500**	**7965**	**7755**	**5449**	**4799**	**4741**
十二、水产品总产量(吨)	**8**	**7**	**3**	**8**	**5**					**–**	**–**

注:根据第三次全国农业普查数据对2007–2016年度数据进行修订。

3-18 区县主要牧渔业生产情况(2022年)

指　　标	单位	西宁市	城东区	城中区	城西区	城北区	湟中区	大通县	湟源县
一、奶类产量合计	**吨**	**151927**	**36**	**840**		**273**	**16695**	**97684**	**36399**
二、肉类产量合计	**吨**	**69319**	**64**	**488**	**13**	**104**	**31594**	**26060**	**10996**
#猪肉	吨	19463	24	196	6	45	9768	7596	1828
牛肉	吨	36316	12	168	4	35	16473	14671	4953
羊肉	吨	12163	27	94	3	21	4491	3378	4149
禽肉	吨	1186	1	30		3	795	294	63
三、羊毛产量	**吨**	**525**					**88**	**281**	**156**
1.山羊毛	吨	52					17	34	1
2.绵羊毛	吨	473					71	247	155
四、山羊绒	**公斤**	**12016**					**5016**	**6000**	**1000**
五、牦牛绒	**公斤**	**1500**						**1500**	
六、禽蛋产量	**吨**	**4741**		**281**			**624**	**2585**	**1251**
七、年末养蜂	**箱**								
八、水产品产量	**吨**								
养殖	吨								
1.草鱼	吨								
2.鲤鱼	吨								
3.鲫鱼	吨								
4.鲢鱼	吨								
5.其他鱼	吨								
九、淡水养殖面积	**公顷**								
池塘养殖	公顷								
十、水果产量	**吨**	**358**		**11**		**122**	**90**	**30**	**105**
#1.苹果	吨	1				1			
2.梨	吨	14				14			
十一、年末果园面积	**公顷**	**102**				**19**	**9**	**7**	**67**
#苹果园	公顷	1				1			
梨园	公顷	1				1			
十二、年末实有零星果树	**百株**								
#1.苹果树	百株								
2.梨树	百株								

3-19 农村电力、农田水利建设和物资消耗

指标	2013年	2014年	2015年	2016年	2017年	2018年	2019年	2020年	2021年	2022年
一、农村电力										
乡村办水电站(个)	11	11	11	11	8	8	9	9	9	9
装机容量(千瓦)	9520	10650	10650	10650	10030	10030	10780	10780	9978	10978
发电量(万千瓦时)	5271	5385	5047	5067	4627	4632	5014	5074	4149	4149
农村用电量(万千瓦时)	15449	19433	22936	23711	25593	26154	28312	27840	29213	30330
二、农田水利建设情况										
有效灌溉面积(公顷)	35404	35404	35404	35404	35404					
机电排灌面积(公顷)	2360	4297	4573	5346	10181	10415	10415	10409	6796	6912
旱涝保收面积(公顷)	5166	5723	4685	4685	10181	10415	10415	10409	10574	10690
三、农用化肥施用量(实物·吨)	**80043**	**81932**	**83201**	**60427**	**58802**	**55319**	**45612**	**40979**	**36112**	**35139**
氮肥(实物量)(吨)	22874	23863	23298	21874	21671	21130	16479	14820	12984	12788
折纯量(吨)	10568	11019	10762	10106	10012	9742	7596	6831	5974	5856
磷肥(实物量)(吨)	40527	41118	42207	22526	22356	22303	19428	17204	15766	15608
折纯量(吨)	4864	4936	5064	2703	2683	2675	2330	2065	1892	1870
钾肥(实物量)(吨)	3263	3284	3247	1652	1579	1575	1514	1403	1314	1254
折纯量(吨)	1632	1643	1626	826	789	788	757	702	658	626
复合肥(实物量)(吨)	13379	13667	14449	14375	13196	10311	8191	7552	6048	5489
折纯量(吨)	8561	8747	9244	9201	8445	6598	5200	4823	3868	3440
四、农用塑料薄膜使用量(吨)	**921**	**1030**	**1113**	**955**	**955**	**1012**	**1338**	**1069**	**1008**	**945**
# 地膜使用量(吨)	574	678	812	812	818	861	948	899	847	750
地膜覆盖面积(公顷)	9400	11236	13908	14138	14655	15341	16598	15222	14802	13051
五、农用柴油使用量(吨)	**18621**	**18776**	**19776**	**18134**	**18196**	**16879**	**16325**	**16595**	**16408**	**16429**
六、农药使用量(吨)	**704**	**684**	**681**	**660**	**655**	**628**	**491**	**454**	**413**	**390**
七、农业机械化水平										
1.机械耕地面积(公顷)	76356	81168	95196	99133	108107	108000	115429	116091	116809	121563
2.机械播种面积(公顷)	47911	51896	52546	53292	52641	70177	71034	71050	75968	77896
3.机械收获面积(公顷)	34087	42167	55466	56655	62043	70931	75572	76787	80633	79705

3-20 区县农村电力、农田水利建设和物资消耗(2022年)

指　　标	单位	西宁市	城东区	城中区	城西区	城北区	湟中区	大通县	湟源县
一、乡村办水电站	个	**9**					**4**	**4**	**1**
二、农村用电量	万千瓦/小时	**30330**	**1653**	**2255**	**168**	**2581**	**12146**	**10462**	**1065**
三、农用化肥施用量(实物量)	吨	**35139**	**2**	**236**	**21**	**874**	**16300**	**16867**	**839**
折纯量	吨	11792	1	130	6	295	5092	5888	380
1.氮肥实物量	吨	12788	1	61	11	256	5670	6109	680
折纯量	吨	5856	1	28	5	117	2609	2785	311
2.磷肥实物量	吨	15608	0	18	10	396	8265	6886	33
折纯量	吨	1870	0	2	1	50	993	820	4
3.钾肥实物量	吨	1254		4		64	63	1020	103
折纯量	吨	626		2		33	31	510	50
4.复合肥实物量	吨	5489	1	153		158	2302	2852	23
折纯量	吨	3440		98		95	1459	1773	15
四、农用塑料薄膜使用量	吨	**945**	**0**	**21**	**0**	**3**	**363**	**501**	**57**
# 地膜使用量	公斤	750	0	4	0	2	339	361	44
地膜覆盖面积	公顷	13051	0	67	0	27	5549	6004	1404
五、农用柴油	吨	**16429**		**890**		**203**	**7796**	**3060**	**4480**
六、农药使用量	吨	**390**	**0**	**3**	**0**	**2**	**181**	**176**	**28**
七、农业机械化水平									
1.机械耕地面积	公顷	121563	58	858	23	458	55493	45907	18766
2.机械播种面积	公顷	77896	58	858	23	458	33127	30045	13327
3.机械收获面积	公顷	79705	58	858	23	458	35507	31261	11540

3-21 农业机械年末拥有量

指　　标	单位	2012 年	2013 年	2014 年	2015 年	2016 年	2017 年	2018 年	2019 年	2020 年	2021 年	2022 年
一、农业机械总动力	**万千瓦**	**134.85**	**128.34**	**128.99**	**131.80**	**133.85**	**142.14**	**147.27**	**147.76**	**148.99**	**146.99**	**149.69**
柴油发动机动力	万千瓦	119.08	111.74	112.45	115.30	117.01	126.61	132.11	132.48	133.59	131.27	133.79
汽油发动机动力	万千瓦	9.15	9.26	9.33	9.33	9.59	8.78	8.87	8.92	8.92	8.81	8.81
电动机动力	万千瓦	6.33	6.99	7.00	7.12	7.25	6.75	6.29	6.36	6.48	6.88	7.07
其他机械动力	万千瓦	0.29	0.35	0.21	0.05						0.03	0.02
二、主要农业机械与设备												
大中型拖拉机	台	1001	1133	1848	2225	2682	2697	3005	3204	3346	3728	4056
	万千瓦	3.11	3.57	5.42	6.51	8.46	9.55	10.72	11.65	12.37	14.78	16.51
小型拖拉机	万台	9.80	8.68	8.91	8.86	8.80	8.79	8.78	8.68	8.68	8.49	8.47
	万千瓦	93.83	85.35	87.48	87.64	87.13	87.22	87.06	86.27	86.27	83.68	83.57
大中型拖拉机配套农具	部	597	905	1922	2570	4032	4387	5282	5970	6345	7347	8053
小型拖拉机配套农具	万部	9.43	9.36	9.57	9.41	9.40	9.76	9.79	9.79	9.79	9.72	9.70
农用排灌动力机械	台	129	510	502	318	318	318	407	404	404	345	328
	万千瓦	0.51	1.02	1.03	0.94	0.94	0.94	1.12	1.12	1.12	0.56	0.56
联合收割机	台	310	387	513	859	937	1114	1195	1285	1319	1262	1375
	万千瓦	1.40	1.78	2.53	3.66	4.08	4.08	4.67	5.03	5.33	6.22	7.17
机动脱粒机	台	6091	5613	6153	6071	5964	6129	5954	5955	5955	5916	5917
农用运输车	辆	9001	9001	9024	9388	9378	10456	10144	10144	10144	10092	10094
农用水泵	台	472	464	385	295	295	384	384	384	384	309	309
机电井	眼	16	27	22	15	15	15	15	15	15	15	15

3-22 区县农业机械年末拥有量(2022年)

指　　标	单位	西宁市	城东区	城中区	城西区	城北区	湟中区	大通县	湟源县
农业机械总动力	**万千瓦**	**149.69**	**0.77**	**0.22**	**0.10**	**7.25**	**69.18**	**53.68**	**18.49**
1.柴油发动机动力	万千瓦	133.79	0.62	0.18	0	6.65	57.22	52.17	16.95
2.汽油发动机动力	万千瓦	8.81	0	0.01	0.04	0	8.42	0.13	0.21
3.电动机动力	万千瓦	7.07	0.15	0.01	0.06	0.06	3.54	1.38	1.33
4.其他机械动力	万千瓦	0.02	0	0.02	0	0	0	0	0
一、耕地机械									
大中型拖拉机	台	4056	6	15	2	109	1065	2078	781
	千瓦	165133	215	649	96	3802	47059	79889	33423
小型拖拉机	台	84741	263	131		2589	42841	28978	9939
	千瓦	835743	2542	216		25754	381332	331995	93904
大中型拖拉机配套农具	台	8053	4	19	25	68	1514	4498	1925
小型拖拉机配套农具	台	97027	71	73		3208	45733	38052	9890
二、农用排灌机械动力	**千瓦**	**5607**	**1310**	**125**			**2070**	**1121**	**981**
其中:电动机	台	301	16	3			97	160	25
	千瓦	5354	1310	125			2070	1121	728
柴油机	台	27							27
	千瓦	253							253
机电井	眼	15					4		11
农用水泵	台	309	16	8			50	149	86
三、收获机械									
联合收割机	台	1375	3	4		15	615	602	136
	千瓦	71702	176	233		810	25879	36485	8119
机动割晒机	台	628	6			20	15	572	15
	千瓦	1665	94			170	135	1160	106
机动脱粒机	台	5917	4	9		75	1093	4133	603
	千瓦	36299	40	44		56	6767	25812	3580
四、植保机械									
喷雾机	台	2378		8	4		179	1703	484
	千瓦	10717		35	337		1971	6075	2299
五、运输机械									
农用运输车	辆	10094	11	40		51	4525	4242	1225
	千瓦	177321	346	483		1703	67917	84525	22347

3-23 主要年份农业经济效益主要指标

年 份	人均粮食产量(千克/人)			人均油料产量(千克/人)			人均农业总产值(元/人)		
	按 总 人 口	按乡村 人 口	按农业从 业 人 员	按 总 人 口	按乡村 人 口	按农业从 业 人 员	按 总 人 口	按乡村 人 口	按农业从 业 人 员
1995	220	385	766	24	42	83.7	750.98	1314.31	2613.49
2000	125	254	446	32	65	113	715	1453	2547
2001	154	312	548	40	82	144	765	1557	2733
2002	128	262	460	39	80	140	757	1547	2718
2003	120	246	431	43	88	154	802	1647	2882
2004	111	227	398	46	95	166	897	1845	3225
2005	123	254	446	49	101	178	968	1994	3500
2006	114	239	420	42	89	156	1002	2084	3661
2007	124	262	454	45	96	166	1254	2633	4562
2008	121	257	448	50	106	184	1584	3358	5848
2009	120	256	446	50	106	184	1582	3376	5866
2010	110	233	405	49	105	181	2042	4319	7500
2011	109	231	397	49	104	179	2266	4796	8235
2012	108	229	396	45	95	164	2560	5424	9371
2013	104	228	392	40	88	152	2946	6458	11116
2014	102	216	371	41	88	151	3054	6486	11123
2015	96	208	359	41	89	154	3042	6553	11331
2016	104	227	394	42	92	160	3153	6860	11919
2017	103	225	389	38	82	142	3343	7280	12612
2018	95	207	361	30	65	114	3662	7953	13881
2019	97	212	370	32	70	123	4049	8829	15400
2020	95	213	378	33	75	133	4338	9775	17358
2021	86	195	346	36	80	143	4466	10095	17945
2022	88	199	354	37	83	148	4762	10805	19208

注:1.总产值按当年价格计算;

2.根据第三次全国农业普查数据对相关指标数据进行了修订。

3-24 牲畜出栏、存栏数(2022 年)

指　标	西宁市	城东区	城中区	城西区	城北区	湟中区	大通县	湟源县
一、当年出栏肉用畜								
1.大牲畜(万头)	29.49	0.01	0.14	0.00	0.03	13.47	11.98	3.86
#牛	29.36	0.01	0.14	0.00	0.03	13.43	11.90	3.85
2.羊(万只)	65.75	0.15	0.53	0.02	0.13	26.62	16.97	21.33
山羊	0.69	0.00	0.00	0.00	0.00	0.38	0.29	0.02
绵羊	65.06	0.15	0.53	0.02	0.13	26.24	16.68	21.31
3.猪(万头)	22.91	0.03	0.24	0.01	0.06	8.71	11.57	2.29
二、年末存栏数								
1.大牲畜(万头)	40.89	0.06	0.21	0.00	0.04	15.94	19.61	5.03
牛	40.24	0.06	0.21	0.00	0.04	15.78	19.14	5.01
#良种乳牛	8.06	0.00	0.03	0.00	0.02	5.29	0.86	1.86
马	0.58	0.00	0.00	0.00	0.00	0.15	0.41	0.02
驴	0.04	0.00	0.00	0.00	0.00	0.01	0.03	0.00
骡	0.04	0.00	0.00	0.00	0.00	0.00	0.04	0.00
2.羊(万只)	98.74	0.14	0.91	0.07	0.16	35.10	30.19	32.17
山羊	3.48	0.00	0.00	0.00	0.00	2.87	0.58	0.03
绵羊	95.26	0.14	0.91	0.07	0.16	32.23	29.61	32.13
3.猪(万头)	16.19	0.03	0.15	0.01	0.04	8.96	6.23	0.79

3-25　蔬菜及特种作物生产情况(2022 年)

指　标	西宁市		城东区		城中区		城西区		城北区		湟中区		大通县		湟源县	
	面积(公顷)	产量(吨)	面积(公顷)	产量(吨)	面积(公顷)	产量(吨)	面积(公顷)	产量(吨)	面积(公顷)	产量(吨)	面积(公顷)	产量(吨)	面积(公顷)	产量(吨)	面积(公顷)	产量(吨)
一、蔬菜合计	15803	624643	1	13	183	4739	3	55	466	12550	7815	283456	4929	238574	2405	85256
1.叶菜类	6347	231934	1	11	23	512	1	16	335	8981	3757	133890	1781	72318	449	16206
2.白菜类	1051	39030	0		1	11	0		5	152	624	22801	276	11654	145	4412
3.甘蓝类	1347	78076	0		0	6	0		1	23	247	8188	1001	66511	97	3348
4.根茎类	1772	73814	0		90	2116	0	2	33	965	427	20260	483	22582	738	27889
5.瓜菜类	1138	54620	0	1	17	420	0	5	3	92	528	19322	532	32284	57	2496
6.豆类	360	9324	0		1	8	0		1	26	54	1002	2	53	301	8235
7.茄果类	885	34797	0	1	50	1652	1	11	12	327	549	20132	241	11162	32	1512
8.葱蒜类	2802	100243	0		1	14	0	4	68	1937	1554	55885	607	21852	571	20551
9.其他蔬菜	103	2805	0		0		1	17	9	47	73	1976	6	158	14	607
二、食用菌(干鲜混合)	176	4445	0		4	54	0		58	1043	107	3153	7	192	0	3
三、特种作物	69	1098	0		7		3	1	0		58	1097	0		0	
四、瓜果类	178	4646	0		13	199	2	3	63	2181	65	1374	33	841	2	48
其中:西瓜	2	40	0		1	17	0		0		1	15	0	8	0	
草莓	168	4527	0		12	181	2	3	63	2181	56	1281	33	833	2	48

四、工业

指 标 解 释

工业 指从事自然资源的开采,对采掘品和农产品进行加工和再加工的物质生产部门。具体包括:(1)对自然资源的开采,如采矿、晒盐等(但不包括禽兽捕猎和水产捕捞);(2)对农副产品的加工、再加工,如粮油加工、食品加工、缫丝、纺织、制革等;(3)对采掘品的加工、再加工,如炼铁、炼钢、化工生产、石油加工、机器制造、木材加工等,以及电力、自来水、煤气的生产和供应等;(4)对工业品的修理、翻新,如机器设备的修理、交通运输工具(如汽车)的修理等。

工业统计调查单位为独立核算法人工业企业。

独立核算法人工业企业指从事工业生产经营活动的单位。独立核算法人工业企业应同时具备以下条件:①依法成立,有自己的名称、组织机构和场所,能够承担民事责任;②独立拥有和使用资产,承担负债,有权与其他单位签订合同;③独立核算盈亏,并能够编制资产负债表。

本年鉴中涉及的企业登记注册类型:

国有及国有控股企业 指国有企业加上国有控股企业。国有企业(即原全民所有制工业或国营工业)指企业全部资产归国家所有,并按《中华人民共和国企业法人登记管理条例》规定登记注册的非公司制的经济组织。包括国有企业、国有独资公司和国有联营企业。1957 年以前的公私合营和私营工业,后均改造为国营工业,1992 年改为国有工业,这部分工业的资料不单独分列时,均包括在国有企业内。国有控股企业是对混合所有制经济的企业进行的"国有控股"分类。它是指这些企业的全部资产中国有资产(股份)相对其他所有者中的任何一个所有者占资(股)最多的企业。该分组反映了国有经济控股情况。

集体企业 指企业资产归集体所有,并按《中华人民共和国企业法人登记管理条例》规定登记注册的经济组织。是社会主义公有制经济的组成部分。包括城乡所有使用集体投资举办的企业,以及部分个人通过集资自愿放弃所有权并依法经工商行政管理机关认定为集体所有制的企业。

股份合作企业指以合作制为基础,由企业职工共同出资入股,吸收一定比例的社会资产投资组建,实行自主经营,自负盈亏,共同劳动,民主管理,按劳分配与按股分红相结合的一种集体经济组织。

联营企业 指两个及两个以上相同或不同所有制性质的企业法人或事业单位法人,按自愿、平等、互利的原则,共同投资组成的经济组织。联营企业包括:

国有联营企业指国有企业与国有企业间的联营;

集体联营企业指集体企业与集体企业间的联营;

国有与集体联营企业指国有企业与集体企业间的联营。

有限责任公司 指根据《中华人民共和国公司登记管理条例》规定登记注册,由两个以上,五十个以下的股东共同出资,每个股东以其所认缴的出资额对公司承担有限责任,公司以其全部资产对其债务承担责任的经济组织。

有限责任公司包括国有独资公司以及其他有限责任公司。

股份有限公司 指根据《中华人民共和国企业法人登记管理条例》规定登记注册,其全部注册资本由等额股份构成并通过发行股票筹集资本,股东以其认购的股份对公司承担有限责任,公司以其全部资产对其债务承担责任的经济组织。

私营企业指由自然人投资设立或由自然人控股,以雇佣劳动为基础的营利性经济组织。包括按照《公司法》、《合伙企业法》、《私营企业暂行条例》规定登记注册的私营有限责任公司、私营股份有限公司、私营合伙企业和私营独资企业。

港、澳、台商投资企业 指企业注册登记类型中的港、澳、台资合资、合作、独资经营企业和股份有限公司之和。

外商投资企业 指企业注册登记类型中的中外合资、合作经营企业、外资企业和外商投资股份有限公司之和。

轻工业 指主要提供生活消费品和制作手工工具的工业。按其所使用的原料不同,可分为两大类:(1)以农产品为原料的轻工业,是指直接或间接以农产品为基本原料的轻工业。主要包括食品制造、饮料制造、烟草加工、纺织、缝纫、皮革和毛皮制作、造纸以及印刷等工业;(2)以非农产品为原料的轻工业,是指以工业品为原料的轻工业。主要包括文教体育用品、化学药品制造、合成纤维制造、日用化学制品、日用玻璃制品、日用金属制品、手工工具制造、医疗器械制造、文化和办公用机械制造等工业。

重工业 指为国民经济各部门提供物质技术基础的主要生产资料的工业。按其生产性质和产品用途,可以分为下列三类:(1)采掘(伐)工业,是指对自然资源的开采,包括石油开采、煤炭开采、金属矿开采、非金属矿开采等工业;(2)原材料工业,指向国民经济各部门提供基本材料、动力和燃料的工业。包括金属冶炼及加工、炼焦及焦炭、化学、化工原料、水泥、人造板以及电力、石油和煤炭加工等工业;(3)加工工业,是指对工业原材料进行再加工制造的工业。包括装备国民经济各部门的机械设备制造工业、金属结构、水泥制品等工业,以及为农业提供的生产资料如化肥、农药等工业。

根据上述划分原则,修理业中以重工业产品为修理作业对象的划为重工业,反之划为轻工业。

工业总产值

(1)定义:

工业总产值是以货币形式表现的,工业企业在一定时期内生产的工业最终产品或提供工业性劳务活动的总价值量。它反映一定时间内工业生产的总规模和总水平。

(2)计算原则:

工业生产的原则,即凡是企业在报告期生产的经检验合格的产品,不管是否在报告期销售,均包括在内。

最终产品的原则,即凡是计入工业总产值的产品,必须是本企业生产的经检验合格的,不需要再进行任何加工的最终产品。如果企业有中间产品(半成品)对外销售,则对外销售的中间产品应视为企业的最终产品。

工厂法原则,即工业总产值是以工业企业作为基本计算(核算)单位,即按企业的最终产品计算工业总产值。按这种方法计算的工业总产值,不允许同一产品价值在企业内部重复计算,不能把企业内部各个车间(分厂)生产的成果相加,但允许企业间的重复计算。

(3)内容及计算方法:

1995 年全国工业普查对工业总产值(原规定)的内容及计算原则和方法做了某些修订,修订后的工业总产值(新规定)包括三项内容:即本期生产成品价值、对外加工费收入、在制品半成品期末期初差额价值三部分。

本期生产成品价值 指企业本期生产,并在报告期内不再进行加工,经检验、包装入库的全部工业成品(半成品)价值合计,包括企业生产的自制设备及提供给本企业在建工程、其他非工业部门和福利部门等单位使用的成品价值。本期生产成品价值为按自备原材料生产的产品的数量乘以本期不含增值税(销项税额)的产品实际销售平均单价计算;会计核算中按成本价格转账的自制设备和自产自用的成品,按成本价格计算生产成品价值。生产成品价值中不包括用订货者来料加工的成品(半成品)价值。

对外加工费收入 指企业在报告期内完成的对外承接的工业品加工(包括用订货者来料加工产品)的加工费收入和对外工业修理作业所取得的加工费收入。对外加工费收入按不含增值税(销项税额)的价格计算,可根据会计"产品销售收入"科目的有关资料取得。

对于本企业对内非工业部门提供的加工修理、设备安装的劳务收入,如果企业会计核算基础较好,能取得这部分资料,而且这部分价值所占比重较大,应包括在对外加工费收入中。

自制半成品在制品期末期初差额价值:指企业报告期在制品期末减期初的差额价值,本指标一般可以从会计核算资料中取得。如果会计产品成本核算中不计算半成品、在制品的成本,则总产值中也不包括这部分价值,反之则包括。

(4)工业总产值统计范围变化和计算方法修订情况:

1984 年以前工业总产值不包括村办工业,村办工业总产值划归农业。1984 年以后工业总产值包括村办工业。

1995 年工业普查对工业总产值计算方法做了修订,即从 1995 年始按新修订(新规定)方法计算工业总产值。新规定与原规定的区别如下：

全价与加工费的计算原则不同：新规定为凡自备原材料，不论其生产繁简程度如何，一律按全价计算工业总产值；凡来料加工，允许按加工费计算工业总产值。原规定则视生产加工的繁简程度不同，规定哪些行业按全价，哪些行业按加工费计算工业总产值。

自制半成品、在产品期末期初差额价值的计算原则不同：新规定要求，凡会计产品成本核算时计算了成本的差额价值，总产值中就应包括，否则可不包括；原规定则按生产周期六个月的界限区分，凡生产周期六个月以上的企业，总产值计算中应包括这部分差额价值，否则可不包括。

计算价格不同：新规定按不含增值税（销项税额）的价格计算；原规定则按含增值税（销项税额）的价格计算。

工业增加值　指工业企业在报告期内以货币表现的工业生产活动的最终成果。

工业增加值有两种计算方法：一是生产法，即工业总产出减去工业中间投入加上应交增值税；二是收入法，即从收入的角度出发，根据生产要素在生产过程中应得到的收入份额计算，具体构成项目有固定资产折旧、劳动者报酬、生产税净额、营业盈余，这种方法也称要素分配法。本年鉴中的工业增加值是以生产法计算的。

生产法工业增加值的计算方法为：

工业增加值 = 工业总产出 − 工业中间投入 + 应交增值税

（1）工业总产出：指工业企业在一定时期内工业生产活动的总成果。工业总产出包括：成品生产价值，对外加工费收入，自制半成品、在产品期末期初差额价值。1995年后用新规定计算的工业总产值代替。

（2）工业中间投入：指工业企业在工业生产活动中消耗的外购物质产品和对外支付的服务费用。服务费用包括支付给物质生产部门（工业、农业、批发零售贸易业、建筑业、运输邮电业）的服务费用和支付给非物质生产部门（如保险、金融、文化教育、科学研究、医疗卫生、行政管理等）的服务费用。工业中间投入的确定须遵循以下原则：必须从外部购入的，并已计入工业总产出的产品和服务价值；必须是本期投入生产，并一次性消耗掉（包括本期摊销的低值易耗品等）的产品和服务价值。

工业中间投入包括直接材料费用、制造费用中的工业中间投入、管理费用中的工业中间投入、销售费用中的工业中间投入和利息支出五部分。

资产总计　指企业拥有或控制的能以货币计量的经济资源，包括各种财产、债权和其他权利。资产按流动性分为流动资产、长期投资、固定资产、无形资产、递延资产和其他资产。该指标根据企业会计“资产负债表”中“资产总计”项目的期末数增列。

流动资产　指企业可以在一年内或者超过一年的一个生产周期内变现或者耗用的资产，包括现金及各种存款、短期投资，应收及预付款项、存货等。

流动资产平均余额指企业在报告期内全部流动资产的平均余额。

固定资产原价　指企业在建造、购置、安装、改建、扩建、技术改造某项固定资产时所支出的全部货币总额。它一般包括买价、包装费、运杂费和安装费等。

固定资产净值年平均余额　指固定资产净值在报告期内余额的平均数。计算公式为：

$$固定资产净值年平均余额 = \frac{1至12月各月月初、月末固定资产净值之和}{24}$$

该指标根据“资产负债表”中“固定资产原价”、“累计折旧”指标的期初、期末数计算填列。

固定资产净值　指固定资产原价减去历年已提折旧额后的净额。计算公式为：

固定资产净值 = 固定资产原价 − 累计折旧

负债合计　指企业所承担的能以货币计量，将以资产或劳务偿付的债务，偿还形式包括货币、资产或提供劳务。负债一般按偿还期长短分为流动负债和长期负债。根据会计“资产负债表”中“负债合计”的年末数填列。

所有者权益　指企业投资人对企业净资产的所有权。企业净资产等于企业全部资产减去全部负债后的余额，包括企业投资人对企业的最初投入的实际到位的资产及资本公积金、盈余公积金和未分配利润。所有者权益合计数小于零,表示企业资不抵债。

主营业务收入 指会计“利润表”中对应指标的本年累计数。未执行2001年《企业会计制度》的企业,用“产品销售收入”的本期累计数代替。

主营业务成本 指会计“利润表”中对应指标的本年累计数。未执行2001年《企业会计制度》的企业,用“产品销售成本”的本期累计数代替。

主营业务税金及附加 指会计“利润表”中对应指标的本年累计数。未执行2001年《企业会计制度》的企业,用“产品销售税金及附加”的本期累计数代替。

利润总额 指企业生产经营活动的最终成果,是企业在一定时期内实现的盈亏相抵后的利润总额(亏损以“-”号表示),它等于营业利润加上补贴收入加上投资收益加上营业外净收入再加上以前年度损益调整。

本年应交增值税指企业在报告期内应交纳的增值税额。它等于本年销项税额加上出口退税加上进项税额转出数减去本年进项税额。小规模纳税企业直接按全年计税销售额乘以征收率计算取得。

从业人员平均人数 是指报告期内每天拥有的从业人员人数。其计算公式为:

$$月平均人数=\frac{报告月内每天实有人数和}{报告月日历日数}$$

$$季平均人数=\frac{季内各月平均人数之和}{3}$$

$$年平均人数=\frac{年内各月平均人数之和}{12}$$

总资产贡献率 反映企业全部资产的获利能力,是企业经营业绩和管理水平的集中体现,是评价和考核企业盈利能力的核心指标。计算公式为:

$$总资产贡献率(\%)=\frac{(利润总额+税金总额+利息支出)}{平均资金总额}\times 100\%$$

公式中:税金总额为产品销售税金及附加与应交增值税之和;平均资产总额为期初期末资产之和的算术平均值。

资产负债率 该指标既反映企业经营风险的大小,也反映企业利用债权人提供的资金从事经营活动的能力。计算公式为:

$$资产负债率(\%)=\frac{负债总额}{资产总额}\times 100\%$$

资产与负债均为报告期期末数。

流动资产周转次数 指一定时期内流动资产完成的周转次数,反映投入工业企业流动资金的周转速度。计算公式为:

$$流动资产周转次数=\frac{产品销售收入}{全部流动资产平均余额}$$

公式中:全部流动资产平均余额为期初和期末的流动资产之和的算术平均值。

成本费用利润率 反映企业投入的生产成本及费用的经济效益,同时也反映企业降低成本所取得的经济效益。计算公式为:

$$成本费用利润率(\%)=\frac{利润总额}{成本费用总额}\times 100\%$$

公式中:成本费用总额为产品销售成本、销售费用、管理费用、财务费用之和。

产品销售率 该指标反映工业产品已实现销售的程度,是分析工业产销衔接情况,研究工业产品满足社会需求的指标。计算公式为:

$$产品销售率(\%)=\frac{现价工业销售产值}{现价工业总产值}\times 100\%$$

规模以下工业主要指标解释

应收账款 指企业因销售商品、提供劳务等经营活动,应向购货单位或接受劳务单位收取的款项,主要包括企业销售商品或提供劳务等应向有关债务人收取的价款及代购货单位垫付的包装费、运杂费等。根据会计"资产负债表"中"应收账款"项目的期末余额数填报。

本年折旧 指企业在报告期内提取的固定资产折旧合计数。可以根据会计"财务状况变动表"中"固定资产折旧"项的数值填报。

负债合计 指企业过去的交易或者事项形成的,预期会导致经济利益流出企业的现时义务。包括流动负债和长期负债。

主营业务收入 指企业确认的销售商品、提供劳务等主营业务的收入。

出口产品销售收入 指工业企业销售给外贸部门或自营(委托)出口(包括销往香港、澳门、台湾),用外汇价格结算的销售收入,以及外商来样、来料加工、来件装配和补偿贸易等收入。在计算时,要把外汇价格按交易时的汇率折算成人民币计算。

主营业务成本 指企业经营主要业务所发生的成本总额。

税金总额 指企业报告期内应交纳的各种税金总和,包括产品销售税金及附加(城市维护建设税、消费税、资源税、营业税和教育费附加)、增值税、所得税以及房产税、印花税、车船使用税和土地使用税等。

所得税 指企业按税法规定,应从生产经营等活动的所得中缴纳的税金。

营业利润指企业从事生产经营活动所取得的利润。

利息支出 指企业短期借款利息、长期借款利息、应付票据利息、票据贴现利息、应付债券利息、长期应付引进国外设备款利息等利息支出。该指标为各项利息支出的总和,不冲减利息收入。

银行贷款利息 指本报告期,企业向银行、信用社等金融机构支付的利息。

民间借款利息 指本报告期,企业为生产经营发生的民间借款(非银行、非金融机构借款)所支付的利息。

期末剩余订单额 指本企业在报告期末,尚未兑现的订货金额,即企业现存的订货金额。

应付职工薪酬(贷方累计发生额) 指企业为获得职工提供的服务而给予各种形式的报酬以及其他相关支出。包括职工工资、奖金、津贴和补贴,职工福利费,医疗保险费、养老保险费、失业保险费、工伤保险费和生育保险费等社会保险费,住房公积金,工会经费和职工教育经费,非货币性福利,因解除与职工的劳动关系给予的补偿,其他与获得职工提供的服务相关的支出。

从业人员期末人数 指报告期末最后一日 24 时在本单位中工作,并取得工资或其他形式劳动报酬的人员数。该指标为时点指标,不包括最后一日当天及以前已经与单位解除劳动合同关系的人员,是在岗职工、劳务派遣人员及其他从业人员之和。

营业收入 指企业经营主要业务和其他业务所确认的收入总额。营业收入合计包括"主营业务收入"和"其他业务收入"。根据会计"利润表"中"营业收入"项目的本期金额数填报。

生产支出 指个体经营工业单位在工业生产活动中所消耗的原材料、燃料、动力、服务等费用。具体包括材料费、水电费、租赁费、邮电费、修理费、运输费、包装费等。但不包括支付给雇工的工资报酬、上交的税金及购置固定资产支出。

4-1 工业总产值

（按当年价格计算）

单位:万元

年 份	全部工业产值	规模以上工业产值	轻工业	重工业	# 国有及国有控股	规模以下工业产值
2000	1108419	827813	110878	716935	683887	280606
2001	1210831	846394	122769	723625	704788	364437
2002	1270281	929183	139450	789733	709488	341098
2003	1621064	1148959	145900	1003059	860439	472105
2004	2061280	1834341	158620	1675721	1456719	226939
2005	2744751	2277411	188850	2088564	1836953	467340
2006	3394824	3186761	291009	2895752	2590790	208063
2007	4550474	4154737	412347	3742390	3079314	395737
2008	5889864	5468283	578449	4889834	3495096	421581
2009	5957083	5456161	724181	4731980	3263822	500922
2010	8185153	7513761	998008	6515753	4554247	671392
2011	10569739	9488389	1142233	8346156	5086356	1081350
2012	12106110	10311687	1452783	8858904	5047808	1794423
2013	14094669	12052080	1903227	10148853	5372106	2042589
2014	15887362	13322699	2618970	10703729	5503469	2564663
2015	15706127	13770276	3172092	10598184	5792249	1935851
2016	17683385	15434493	3997318	11437175	6134141	2248892
2017	16409132	13498156	2585798	10912358	6234723	2910976
2018	13083549	11391795	1404866	9986929	6178567	1691754
2019	11419481	10655206	1483257	9171949	6303680	764275
2020	–	11280722	1205949	10074773	6959341	–
2021	–	15901947	1577563	14324384	9445563	–
2022		20938431	2602014	18336417	9656608	–

注:2011 年规模以上工业企业口径调整为年主营业务收入 2000 万元以上。

4-2 规模以上工业增加值增速(分经济类型)

单位:%

类　　别	2018 年	2019 年	2020 年	2021 年	2022 年
总计	**8.0**	**6.5**	**3.5**	**21.4**	**26.9**
#国有控股	6.9	-1.5	11.9	18.4	0.9
按登记注册经济类型分					
国有企业	8.1	2.9	41.0	8.5	17.0
集体企业	85.7	9.2	0	0	0
股份合作企业	1.5	-13.7	-13.3	27.7	-43.9
股份制企业	8.5	6.3	-2.4	23.5	28.4
外商及港澳台投资企业	-13.2	20.1	-8.4	49.0	26.1
其他经济类型	-0.7	126.7	-52.2	-8.7	-66.0

4-3 规模以上工业企业单位数

类　　别	2012 年	2013 年	2014 年	2015 年	2016 年	2017 年	2018 年	2019 年	2020 年	2021 年	2022 年
规模以上工业企业(个)	**196**	**226**	**246**	**255**	**278**	**270**	**252**	**243**	**224**	**248**	**247**
按登记注册类型分组:											
内资企业	182	210	232	241	263	257	243	234	215	240	239
国有企业	19	7	6	7	7	6	5	4	5	7	9
中央企业	6		1	1	1	1	3	2	3	3	3
地方企业	13	7	5	6	6	5	2	2	2	4	6
集体企业	3	2	2	2	2	1					
股份合作企业	1	1	1	2	4	2	2	2	2	2	2
联营企业											
国有联营企业											
集体联营企业											
其他联营企业											
有限责任公司	58	81	94	94	104	102	97	104	101	101	102
国有独资公司	4	7	11	11	12	12	13	12	11	7	8
其他有限责任公司	54	74	83	83	92	90	84	92	90	94	94
股份有限公司	7	11	11	12	12	14	14	14	11	12	11
私营企业	94	107	117	124	134	132	125	110	96	118	115
私营独资企业	2	4	3	2	1	1	2	2	4	4	3
私营合伙企业	1				1	1				1	1
私营有限责任公司	51	98	108	115	125	123	114	99	88	109	108
私营股份有限公司	40	5	6	7	7	7	9	9	4	4	3
港、澳、台商投资企业	4	4	3	3	5	5	3	3	2	2	2
合资经营企业(港或澳、台资)	3	3	3	3	4	4	1	1	1	1	1
港澳台商独资经营企业	1	1			1	1	2	2	1	1	
外商投资企业	10	12	11	11	10	8	6	6	7	6	6
中外合资经营企业	7	8	7	9	8	6	3	4	4	3	3
中外合作经营企业	1	1	1	1	1	1	1	1	1	1	1
外资企业	3	3	3	1	1	1	2	1	2	1	1
# 亏损企业	54	57	71	81	73	90	92	99	82	96	114
# 国有控股	42	49	49	30	55	55	48	51	50	52	53

注:股份合作企业含其他企业。

4-4 2022年规模以上工业企业

分 组	代 码	企业数（个）	亏损企业	年初存货	产成品
总 计	01	247	114	1808467.80	670846.30
一、按登记注册类型分组：					
内资企业	02	239	112	1772998.30	663688.60
国有企业	03	9	3	73465.10	30211.60
中央企业	04	3	1	9242.40	339.60
地方企业	05	6	2	64222.70	29872.00
集体企业	06	0	0	0.00	0.00
股份合作企业	07	2	1	10241.00	7892.10
联营企业	08	0	0	0.00	0.00
国有联营企业	09	0	0	0.00	0.00
集体联营企业	10	0	0	0.00	0.00
国有与集体联营企业	11	0	0	0.00	0.00
其他联营企业	12	0	0	0.00	0.00
有限责任公司	13	102	43	1287589.80	411886.40
国有独资公司	14	8	1	105698.40	2183.20
其他有限责任公司	15	94	42	1181891.40	409703.20
股份有限公司	16	11	6	113111.20	58401.50
私营企业	17	115	59	288591.20	155297.00
私营独资企业	18	3	2	802.10	202.50
私营合伙企业	19	1	0	1342.30	722.30
私营有限责任公司	20	108	56	279990.90	153828.70
私营股份有限公司	21	3	1	6455.90	543.50
其他企业	22	0	0	0.00	0.00
港、澳、台商投资企业	23	2	0	673.10	673.10
合资经营企业(港或澳、台资)	24	1	0	261.00	261.00
合作经营企业(港或澳、台资)	25	0	0	0.00	0.00
港澳台商独资经营企业	26	1	0	412.10	412.10
港澳台商投资股份有限公司	27	0	0	0.00	0.00
其他港澳台商投资企业	28	0	0	0.00	0.00
外商投资企业	29	6	2	34796.40	6484.60
中外合资经营企业	30	3	1	31828.50	6065.90
中外合作经营企业	31	1	0	2631.60	375.40
外资企业	32	1	1	293.00	0.00
外商投资股份有限公司	33	0	0	0.00	0.00
其他外商投资企业	34	1	0	43.30	43.30

主要经济指标(综合分组)

单位:万元

流动资产合计	应收账款	存货	产成品	长期股权投资	固定资产原价	房屋和构筑物	机器设备
12128184.50	2892177.30	2290734.60	692937.60	1980653.10	22558932.30	5311595.00	14464668.10
11591066.20	2871904.10	2261621.20	683300.30	1803719.60	22155903.80	5126234.70	14269016.40
887847.50	234104.20	79297.70	34466.00	22283.20	7212639.30	814703.50	6233530.90
604393.90	190793.10	10374.80	552.80	16610.10	6243765.70	593322.50	5538330.60
283453.60	43311.10	68922.90	33913.20	5673.10	968873.60	221381.00	695200.30
0.00	0.00	0.00	0.00	0.00	0.00	0.00	0.00
39214.30	9754.20	23584.40	9678.10	5608.00	11991.50	2461.60	533.30
0.00	0.00	0.00	0.00	0.00	0.00	0.00	0.00
0.00	0.00	0.00	0.00	0.00	0.00	0.00	0.00
0.00	0.00	0.00	0.00	0.00	0.00	0.00	0.00
0.00	0.00	0.00	0.00	0.00	0.00	0.00	0.00
0.00	0.00	0.00	0.00	0.00	0.00	0.00	0.00
8365928.20	2143492.80	1781898.60	463610.60	895187.90	12491210.20	3847681.20	7330034.30
493443.50	35233.60	104205.70	2528.70	450.00	689907.40	158983.60	470940.70
7872484.70	2108259.20	1677692.90	461081.90	894737.90	11801302.80	3688697.60	6859093.60
789571.50	28570.20	83992.20	26182.30	817814.60	1699846.30	209524.00	471991.80
1508504.70	455982.70	292848.30	149363.30	62825.90	740216.50	251864.40	232926.10
6976.90	5259.10	748.60	443.70	0.00	8706.30	4235.20	2342.90
2220.40	570.70	809.70	232.50	0.00	3356.70	2313.40	428.70
1457435.50	432997.10	286372.00	147633.20	55400.00	694080.30	224896.30	218639.90
41871.90	17155.80	4918.00	1053.90	7425.90	34073.20	20419.50	11514.60
0.00	0.00	0.00	0.00	0.00	0.00	0.00	0.00
15215.40	2920.10	1545.90	379.70	0.00	15240.20	2261.70	78.20
12964.50	2503.20	321.30	321.30	0.00	11865.40	0.00	0.00
0.00	0.00	0.00	0.00	0.00	0.00	0.00	0.00
2250.90	416.90	1224.60	58.40	0.00	3374.80	2261.70	78.20
0.00	0.00	0.00	0.00	0.00	0.00	0.00	0.00
0.00	0.00	0.00	0.00	0.00	0.00	0.00	0.00
521902.90	17353.10	27567.50	9257.60	176933.50	387788.30	183098.60	195573.50
504552.50	13018.10	23710.40	8893.00	172767.50	369266.40	172915.50	193074.10
9581.60	670.10	2560.60	310.20	4166.00	6250.40	5396.40	429.50
3245.50	0.00	443.20	0.00	0.00	5394.70	0.00	0.00
0.00	0.00	0.00	0.00	0.00	0.00	0.00	0.00
4523.30	3664.90	853.30	54.40	0.00	6876.80	4786.70	2069.90

4-4 续表 1

分　　组	代　码	企业数（个）	亏损企业	年初存货	产成品
二、在总计中:亏损企业	35	114	114	744275.90	329165.20
在总计中:国有控股企业	36	53	20	935828.70	324443.60
在总计中:轻工业	37	81	35	364984.80	122979.20
重工业	38	166	79	1443483.00	547867.10
在总计中:大型企业	39	19	5	869199.90	336916.50
中型企业	40	30	11	548557.80	171845.80
小型企业	41	198	98	390710.10	162084.00
三、按工业行业分组	00	247	114	1808467.80	670846.30
有色金属矿采选业	09	1	0	11397.40	4127.80
非金属矿采选业	10	1	0	209.00	209.00
农副食品加工业	13	14	8	31917.50	18028.10
食品制造业	14	16	8	24143.80	6638.10
酒、饮料和精制茶制造业	15	4	2	2816.10	284.50
纺织业	17	3	1	16641.70	15722.00
纺织服装、服饰业	18	4	1	2753.20	513.90
造纸和纸制品业	22	1	0	1200.80	0.00
印刷和记录媒介复制业	23	2	2	1386.20	509.80
文教、工美、体育和娱乐用品制造业	24	3	3	8580.20	5468.40
石油、煤炭及其他燃料加工业	25	1	0	1723.40	689.40
化学原料和化学制品制造业	26	13	2	81246.60	38342.70
医药制造业	27	25	7	71618.60	24923.60
化学纤维制造业	28	1	0	9356.20	496.30
橡胶和塑料制品业	29	6	3	2251.40	441.30
非金属矿物制品业	30	45	28	125682.20	62807.90
黑色金属冶炼和压延加工业	31	12	5	341039.10	262914.80
有色金属冶炼和压延加工业	32	39	22	570584.40	114653.80
金属制品业	33	7	6	19327.10	5742.40
通用设备制造业	34	2	2	1149.50	511.40
专用设备制造业	35	3	1	3178.70	10.50
铁路、船舶、航空航天和其他运输设备制造业	37	1	1	2421.60	791.50
电气机械和器材制造业	38	11	4	209184.10	56688.60
计算机、通信和其他电子设备制造业	39	13	2	209481.20	42974.30
仪器仪表制造业	40	1	0	2037.90	876.90
废弃资源综合利用业	42	1	1	1266.40	607.90
金属制品、机械和设备修理业	43	2	0	0.00	0.00
电力、热力生产和供应业	44	8	4	52805.10	5401.60
燃气生产和供应业	45	4	0	1109.20	469.80
水的生产和供应业	46	3	1	1959.20	0.00

单位:万元

流动资产合计	应收账款	存货		长期股权投资	固定资产原价	房屋和构筑物	机器设备
			产成品				
3820720.60	841039.70	848969.00	221088.70	89063.40	11260365.80	2319846.10	7808570.60
4396936.90	584836.40	970748.20	226183.80	855684.40	17105013.10	3916781.60	11058162.80
2833795.10	1399755.50	403724.90	142231.40	62900.30	2035699.80	483067.50	1275000.60
9294389.40	1492421.80	1887009.70	550706.20	1917752.80	20523232.50	4828527.50	13189667.50
7231842.40	1923008.70	1184181.30	309910.90	1006468.80	17536668.10	3929706.70	11740742.30
2459848.70	291688.20	731559.00	231636.90	841069.10	2478418.20	734102.00	1541967.70
2436493.40	677480.40	374994.30	151389.80	133115.20	2543846.00	647786.30	1181958.10
12128184.50	2892177.30	2290734.60	692937.60	1980653.10	22558932.30	5311595.00	14464668.10
202498.30	778.30	4497.50	4127.80	789060.20	1049029.60	26840.20	19774.50
18415.30	10951.60	4154.40	3681.20	0.00	3690.80	825.50	2852.30
168207.70	39324.60	39735.00	26299.30	18017.20	188268.30	101676.40	18672.20
88795.50	13276.90	25675.70	5683.00	14250.30	101254.90	29994.80	26549.20
12885.80	5591.60	4268.40	129.60	0.00	45508.10	15380.60	22836.50
28502.70	2967.00	15124.30	14547.10	0.00	36508.00	10893.90	4730.50
38431.20	1961.70	2653.10	576.30	5780.70	22990.00	3019.50	12457.00
3533.10	1062.30	1200.80	0.00	0.00	371.40	0.00	371.40
3278.40	1333.00	1266.30	821.90	0.00	15152.90	6569.10	6459.70
29584.70	9541.20	8918.10	6100.50	1284.00	34285.00	13567.10	17583.00
3616.60	383.50	3084.10	1025.20	0.00	1992.30	288.00	1700.00
207083.30	31459.40	85640.90	37175.70	4587.00	806499.30	252604.60	513673.50
316329.30	84567.60	77292.60	18587.30	23568.10	145108.90	46838.00	40627.60
70066.10	478.30	15934.50	8951.70	0.00	203203.40	77258.60	119495.10
12815.10	6638.50	2994.20	1464.20	0.00	7911.50	152.10	3793.90
682902.30	343825.30	100917.30	28986.90	30175.70	1256609.10	472407.20	566257.10
1013318.00	92825.70	312481.60	171324.60	34566.00	1720770.40	633440.30	626181.30
2442474.40	189508.90	660190.50	111605.70	17366.70	3511936.20	789639.60	2652648.00
116153.30	31284.40	12528.90	2025.10	0.00	51250.10	34245.00	14816.20
20588.10	2303.50	2212.50	1448.90	0.00	17145.60	5686.10	9313.60
82166.10	15550.40	6473.20	5335.80	950.20	6920.90	2416.50	2754.20
6000.70	606.60	2371.40	816.10	0.00	8973.20	2292.50	3142.10
2129168.80	1255683.00	225823.20	64712.80	532.50	1328635.80	197470.50	1073592.00
3173096.40	358074.00	616937.40	170428.40	1006061.70	2691710.60	760916.80	1736764.60
19956.30	3075.80	1768.00	720.30	4955.00	12831.80	6066.10	4976.70
16544.50	3658.90	1069.10	1047.30	0.00	6662.50	3731.10	2931.40
14930.10	4751.50	743.40	743.40	0.00	4521.10	0.00	601.20
1008276.20	362933.20	48336.30	1100.00	19643.10	9022528.60	1774094.90	6947190.40
64472.50	7049.90	4159.00	3471.50	0.00	87262.20	923.00	84.10
134093.70	10730.70	2282.90	0.00	9854.70	169399.80	42357.00	11838.80

分　组	累计折旧	本年折旧	固定资产净额	在建工程
总 计	9667273.50	994304.90	11758184.40	2584247.10
一、按登记注册类型分组：				
内资企业	9430327.90	976720.80	11592101.70	2571844.20
国有企业	3634390.50	323283.00	3575576.90	420264.60
中央企业	2953383.00	297860.80	3289027.80	366459.50
地方企业	681007.50	25422.20	286549.10	53805.10
集体企业	0.00	0.00	0.00	0.00
股份合作企业	8935.40	500.90	3056.10	5300.60
联营企业	0.00	0.00	0.00	0.00
国有联营企业	0.00	0.00	0.00	0.00
集体联营企业	0.00	0.00	0.00	0.00
国有与集体联营企业	0.00	0.00	0.00	0.00
其他联营企业	0.00	0.00	0.00	0.00
有限责任公司	4044501.10	561026.30	7337842.30	2070726.10
国有独资公司	332624.00	26261.70	184981.40	11865.90
其他有限责任公司	3711877.10	534764.60	7152860.90	2058860.20
股份有限公司	1389716.70	29965.40	305569.60	8641.40
私营企业	352784.20	61945.20	370056.80	66911.50
私营独资企业	4470.50	408.30	4231.50	804.70
私营合伙企业	1632.90	170.40	1723.70	0.00
私营有限责任公司	335133.70	59707.80	341868.70	51231.20
私营股份有限公司	11547.10	1658.70	22232.90	14875.60
其他企业	0.00	0.00	0.00	0.00
港、澳、台商投资企业	7527.00	763.10	7713.20	7413.50
合资经营企业(港或澳、台资)	6368.40	564.10	5497.00	271.80
合作经营企业(港或澳、台资)	0.00	0.00	0.00	0.00
港澳台商独资经营企业	1158.60	199.00	2216.20	7141.70
港澳台商投资股份有限公司	0.00	0.00	0.00	0.00
其他港澳台商投资企业	0.00	0.00	0.00	0.00
外商投资企业	229418.60	16821.00	158369.50	4989.40
中外合资经营企业	220837.50	16536.60	148428.80	2686.30
中外合作经营企业	1174.10	87.30	5076.20	2303.10
外资企业	4048.50	182.50	1346.20	0.00
外商投资股份有限公司	0.00	0.00	0.00	0.00
其他外商投资企业	3358.50	14.60	3518.30	0.00

单位:万元

无形资产	土地使用权	资产总计	流动负债合计	应付账款	负债合计	所有者权益合计
546070.10	350695.70	29496200.80	17339167.90	4761604.40	21117979.70	8378220.10
536114.60	341569.90	28594651.40	17099442.20	4738607.00	20871367.40	7723283.10
53615.90	29358.50	5065517.90	2372813.30	665847.90	3278858.30	1786659.90
42522.70	18285.50	4422805.90	1406151.90	595364.50	2242921.70	2179884.30
11093.20	11073.00	642712.00	966661.40	70483.40	1035936.60	-393224.40
0.00	0.00	0.00	0.00	0.00	0.00	0.00
1738.00	1738.00	56208.60	40644.30	5456.90	45527.50	10680.90
0.00	0.00	0.00	0.00	0.00	0.00	0.00
0.00	0.00	0.00	0.00	0.00	0.00	0.00
0.00	0.00	0.00	0.00	0.00	0.00	0.00
0.00	0.00	0.00	0.00	0.00	0.00	0.00
0.00	0.00	0.00	0.00	0.00	0.00	0.00
393025.40	270840.60	19258097.40	12439046.60	3559149.20	14797246.70	4460850.70
22328.00	12749.90	720656.10	337127.50	115138.60	342216.60	378439.40
370697.40	258090.70	18537441.30	12101919.10	3444010.60	14455030.10	4082411.30
37331.40	14864.30	2131448.20	921373.90	66838.10	1294753.60	836694.60
50403.90	24768.50	2083379.30	1325564.10	441314.90	1454981.30	628397.00
135.30	135.30	12916.80	7954.90	3624.40	10700.00	2216.70
0.80	0.00	3945.10	4326.50	-37.10	4326.50	-381.40
46928.70	21597.70	1978435.90	1290299.90	433948.50	1400496.90	577938.00
3339.10	3035.50	88081.50	22982.80	3779.10	39457.90	48623.70
0.00	0.00	0.00	0.00	0.00	0.00	0.00
779.80	779.80	31586.00	4304.80	626.40	4494.80	27091.20
465.50	465.50	19145.40	2976.80	351.00	2976.80	16168.60
0.00	0.00	0.00	0.00	0.00	0.00	0.00
314.30	314.30	12440.60	1328.00	275.40	1518.00	10922.60
0.00	0.00	0.00	0.00	0.00	0.00	0.00
0.00	0.00	0.00	0.00	0.00	0.00	0.00
9175.70	8346.00	869963.40	235420.90	22371.00	242117.50	627845.80
8118.40	7288.70	835063.90	231741.50	20197.50	235296.50	599767.30
239.40	239.40	21423.90	1796.70	1180.30	4911.70	16512.20
331.10	331.10	4922.90	610.70	299.60	610.70	4312.20
0.00	0.00	0.00	0.00	0.00	0.00	0.00
486.80	486.80	8552.70	1272.00	693.60	1298.60	7254.10

4–4 续表 3

分 组	累计折旧	本年折旧	固定资产净额	在建工程
二、在总计中:亏损企业	4723270.00	501768.70	5961490.10	824044.70
在总计中:国有控股企业	8173882.60	624781.00	7913137.00	1928999.80
在总计中:轻工业	620676.30	182012.50	1350323.90	291813.10
重工业	9046597.20	812292.40	10407860.50	2292434.00
在总计中:大型企业	7752647.40	766058.10	9004112.00	2139591.10
中型企业	794623.70	120583.80	1650901.20	273320.80
小型企业	1120002.40	107663.00	1103171.20	171335.20
三、按工业行业分组	9667273.50	994304.90	11758184.40	2584247.10
有色金属矿采选业	926421.20	9967.00	122608.30	7020.70
非金属矿采选业	1410.20	501.20	2280.60	527.40
农副食品加工业	54435.30	9139.90	84631.70	15787.70
食品制造业	41569.60	5910.30	46879.50	8994.20
酒、饮料和精制茶制造业	31969.90	972.90	13538.10	0.00
纺织业	25317.00	2590.50	11191.00	1128.40
纺织服装、服饰业	15814.60	1997.80	7175.40	1118.70
造纸和纸制品业	154.30	65.60	217.10	0.00
印刷和记录媒介复制业	8638.80	756.80	6514.00	804.70
文教、工美、体育和娱乐用品制造业	17550.20	1513.80	16734.70	9612.50
石油、煤炭及其他燃料加工业	1410.10	133.70	582.20	0.00
化学原料和化学制品制造业	402151.70	48370.90	401789.20	35026.90
医药制造业	63230.60	8267.30	80747.30	38394.90
化学纤维制造业	13820.30	10192.40	189383.10	117219.70
橡胶和塑料制品业	2492.00	635.60	3960.50	136.30
非金属矿物制品业	525431.40	36614.00	417308.20	211321.90
黑色金属冶炼和压延加工业	672956.30	74559.70	1022763.60	37206.00
有色金属冶炼和压延加工业	1763679.70	124277.20	1396269.80	183849.60
金属制品业	11576.60	2040.70	39615.40	1485.70
通用设备制造业	5050.90	252.20	9948.80	0.00
专用设备制造业	3661.90	356.10	3258.90	0.00
铁路、船舶、航空航天和其他运输设备制造业	3842.00	171.80	5131.10	556.60
电气机械和器材制造业	375029.60	143755.30	931748.00	137164.50
计算机、通信和其他电子设备制造业	419170.20	129751.60	2258173.20	392585.50
仪器仪表制造业	10753.80	350.20	2077.90	0.00
废弃资源综合利用业	1417.00	474.40	5245.50	12.70
金属制品、机械和设备修理业	2680.00	54.60	1799.30	0.00
电力、热力生产和供应业	4157926.30	370485.10	4527662.20	1316601.30
燃气生产和供应业	36627.80	1902.70	50634.20	5134.90
水的生产和供应业	71084.20	8243.60	98315.60	62556.30

单位:万元

无形资产	土地使用权	资产总计	流动负债合计	应付账款	负债合计	所有者权益合计
239673.60	172965.10	11035510.30	7636999.00	2163132.50	9295461.70	1740048.50
312509.30	209948.50	15584933.90	9293440.90	1594268.90	12122977.70	3461956.30
82717.80	40698.70	4827555.40	3346726.90	1268471.70	3673908.10	1153646.80
463352.30	309997.00	24668645.40	13992441.00	3493132.70	17444071.60	7224573.30
295060.90	202230.50	19976847.30	11836274.60	3400652.70	14341780.40	5635066.90
91231.80	62185.80	5359532.40	2388572.30	623665.80	3036315.50	2323216.60
159777.40	86279.40	4159821.10	3114321.00	737285.90	3739883.80	419936.60
546070.10	350695.70	29496200.80	17339167.90	4761604.40	21117979.70	8378220.10
25031.00	4958.70	1267003.40	426349.10	9088.30	600239.00	666764.40
445.20	1.20	21779.70	20102.00	8468.00	20202.90	1576.80
8983.40	8200.80	332171.90	107194.50	7926.10	199755.00	132416.80
12898.00	2453.00	187767.40	82675.20	20726.90	88369.80	99397.30
1721.30	1721.30	28169.70	6202.90	3216.40	6414.00	21755.60
1369.20	456.10	42191.30	28293.20	2005.10	36301.30	5890.00
952.50	951.40	55203.60	17275.70	928.40	17902.50	37301.10
0.00	0.00	3757.40	2564.20	1070.90	2755.20	1002.20
135.30	135.30	11476.10	9391.50	4646.90	10113.70	1362.60
7808.60	7799.70	64850.00	30376.90	8773.50	44534.60	20315.30
370.40	370.40	4891.10	2534.60	933.70	2534.60	2356.50
12263.20	10107.20	662412.90	467053.30	87143.00	579279.10	83133.80
12710.50	7761.20	476706.50	163549.80	59662.50	197064.30	279642.10
7017.20	0.00	400020.00	186915.60	59966.70	298525.20	101494.80
42.90	42.90	17597.10	5226.20	2476.30	11056.50	6540.60
39751.20	26741.70	1250642.40	1374108.40	463097.90	1421252.00	-170609.80
89810.20	71887.90	2272787.70	2027763.90	256607.50	2089672.30	183115.40
69032.70	66345.10	4312186.70	3459362.50	612206.00	4022665.10	289521.50
7239.10	7201.30	155014.40	93456.00	13682.80	123871.90	31142.70
699.60	669.60	33539.60	13773.40	3046.80	16910.40	16629.20
441.00	0.00	91590.90	61707.10	7160.90	63794.30	27796.60
868.00	699.90	12556.60	12656.60	1286.70	12656.60	-100.00
32582.60	14674.00	3363207.80	2758754.00	1106871.50	2826715.40	536492.40
104612.30	67989.20	7001214.60	3189864.10	1266396.20	3777156.50	3224057.90
0.00	0.00	28202.60	2767.50	769.80	2767.50	25435.10
639.90	639.90	22442.60	20712.40	12818.40	20948.40	1494.20
321.10	0.00	17764.20	5916.10	2103.30	6508.80	11255.40
66763.30	38329.90	6878187.20	2610613.10	683594.10	4362989.90	2515197.30
1523.40	465.50	128144.90	37971.30	5242.10	43785.20	84359.50
40037.00	10092.50	352720.50	114036.80	49687.70	211237.70	141482.80

4–4 续表 4

分组	实收资本	国家资本	集体资本	法人资本
总计	6837099.40	3141965.40	368090.50	2989686.70
一、按登记注册类型分组:				
内资企业	6766121.20	3141965.40	367790.50	2970154.00
国有企业	2220672.00	2069327.40	0.00	151344.60
中央企业	1888843.60	1888843.60	0.00	0.00
地方企业	331828.40	180483.80	0.00	151344.60
集体企业	0.00	0.00	0.00	0.00
股份合作企业	6160.00	0.00	0.00	0.00
联营企业	0.00	0.00	0.00	0.00
国有联营企业	0.00	0.00	0.00	0.00
集体联营企业	0.00	0.00	0.00	0.00
国有与集体联营企业	0.00	0.00	0.00	0.00
其他联营企业	0.00	0.00	0.00	0.00
有限责任公司	3971807.90	1019876.00	358990.50	2546253.20
国有独资公司	304603.10	6230.40	0.00	298372.70
其他有限责任公司	3667204.80	1013645.60	358990.50	2247880.50
股份有限公司	203102.80	52762.00	8800.00	44103.00
私营企业	364378.50	0.00	0.00	228453.20
私营独资企业	11357.00	0.00	0.00	11357.00
私营合伙企业	394.20	0.00	0.00	394.20
私营有限责任公司	320636.50	0.00	0.00	195261.20
私营股份有限公司	31990.80	0.00	0.00	21440.80
其他企业	0.00	0.00	0.00	0.00
港、澳、台商投资企业	13522.60	0.00	0.00	2600.00
合资经营企业(港或澳、台资)	2600.00	0.00	0.00	2600.00
合作经营企业(港或澳、台资)	0.00	0.00	0.00	0.00
港澳台商独资经营企业	10922.60	0.00	0.00	0.00
港澳台商投资股份有限公司	0.00	0.00	0.00	0.00
其他港澳台商投资企业	0.00	0.00	0.00	0.00
外商投资企业	57455.60	0.00	300.00	16932.70
中外合资经营企业	39434.90	0.00	0.00	7529.30
中外合作经营企业	8321.00	0.00	300.00	4403.40
外资企业	4699.70	0.00	0.00	0.00
外商投资股份有限公司	0.00	0.00	0.00	0.00
其他外商投资企业	5000.00	0.00	0.00	5000.00

单位:万元

个人资本	港澳台资本	外商资本	制造成本	直接材料消耗	生产部门人员薪酬	营业收入	主营业务收入
292431.80	14540.20	30384.70	19207432.10	13340047.70	518067.40	26111591.70	25105346.70
286211.20	0.00	0.00	18996534.40	13174915.90	499584.80	25523546.50	24517721.90
0.00	0.00	0.00	3595142.70	433026.10	25419.70	4340626.80	4318160.50
0.00	0.00	0.00	3099025.50	0.00	0.00	3804548.20	3795966.90
0.00	0.00	0.00	496117.20	433026.10	25419.70	536078.60	522193.60
0.00	0.00	0.00	0.00	0.00	0.00	0.00	0.00
6160.00	0.00	0.00	28274.60	25997.40	2204.30	36116.20	28637.50
0.00	0.00	0.00	0.00	0.00	0.00	0.00	0.00
0.00	0.00	0.00	0.00	0.00	0.00	0.00	0.00
0.00	0.00	0.00	0.00	0.00	0.00	0.00	0.00
0.00	0.00	0.00	0.00	0.00	0.00	0.00	0.00
0.00	0.00	0.00	0.00	0.00	0.00	0.00	0.00
46688.10	0.00	0.00	11452365.00	9547849.20	397484.30	16286036.40	15479525.10
0.00	0.00	0.00	857650.90	497992.80	34380.10	1368966.20	929894.20
46688.10	0.00	0.00	10594714.10	9049856.40	363104.20	14917070.20	14549630.90
97437.80	0.00	0.00	1054986.50	731733.90	30115.90	1566755.20	1486421.00
135925.30	0.00	0.00	2865765.60	2436309.30	44360.60	3294011.90	3204977.80
0.00	0.00	0.00	2982.70	1030.20	1077.10	9274.30	6731.70
0.00	0.00	0.00	585.70	512.20	37.30	2167.00	2167.00
125375.30	0.00	0.00	2854494.30	2433889.60	42884.80	3262276.90	3175786.70
10550.00	0.00	0.00	7702.90	877.30	361.40	20293.70	20292.40
0.00	0.00	0.00	0.00	0.00	0.00	0.00	0.00
0.00	10922.60	0.00	18022.90	15727.90	155.70	22001.00	21871.50
0.00	0.00	0.00	16526.30	15160.60	0.00	20510.90	20381.40
0.00	0.00	0.00	0.00	0.00	0.00	0.00	0.00
0.00	10922.60	0.00	1496.60	567.30	155.70	1490.10	1490.10
0.00	0.00	0.00	0.00	0.00	0.00	0.00	0.00
0.00	0.00	0.00	0.00	0.00	0.00	0.00	0.00
6220.60	3617.60	30384.70	192874.80	149403.90	18326.90	566044.20	565753.30
6220.60	0.00	25685.00	189493.40	147272.30	17946.80	550815.80	550634.50
0.00	3617.60	0.00	1096.60	730.90	94.90	3711.10	3606.70
0.00	0.00	4699.70	1894.70	1356.30	256.90	2685.00	2679.80
0.00	0.00	0.00	0.00	0.00	0.00	0.00	0.00
0.00	0.00	0.00	390.10	44.40	28.30	8832.30	8832.30

4–4 续表 5

分　组	实收资本	国家资本	集体资本	法人资本
二、在总计中:亏损企业	3234981.60	2546375.50	174847.70	385666.90
在总计中:国有控股企业	4532253.70	3139021.00	143176.80	1155045.60
在总计中:轻工业	511625.60	18803.30	41603.70	345475.00
重工业	6325473.80	3123162.10	326486.80	2644211.70
在总计中:大型企业	4028524.00	2439012.10	0.00	1472211.60
中型企业	1506143.10	501386.40	3142.80	989513.90
小型企业	1302432.30	201566.90	364947.70	527961.20
三、按工业行业分组	6837099.40	3141965.40	368090.50	2989686.70
有色金属矿采选业	130445.40	39707.60	0.00	0.00
非金属矿采选业	1300.00	0.00	0.00	0.00
农副食品加工业	72800.00	0.00	0.00	31550.00
食品制造业	45823.00	1954.40	0.00	24275.50
酒、饮料和精制茶制造业	22572.10	0.00	0.00	12529.30
纺织业	10110.00	0.00	0.00	5110.00
纺织服装、服饰业	27100.00	3100.00	0.00	22800.00
造纸和纸制品业	878.80	0.00	0.00	878.80
印刷和记录媒介复制业	11792.60	435.60	0.00	11357.00
文教、工美、体育和娱乐用品制造业	14580.00	0.00	0.00	13420.00
石油、煤炭及其他燃料加工业	2000.00	0.00	0.00	1800.00
化学原料和化学制品制造业	260292.10	122442.00	300.00	118634.50
医药制造业	129210.10	13313.30	41603.70	49638.50
化学纤维制造业	0.00	0.00	0.00	0.00
橡胶和塑料制品业	3759.00	0.00	0.00	915.90
非金属矿物制品业	433769.90	338215.00	1000.00	61760.80
黑色金属冶炼和压延加工业	125572.40	2580.40	0.00	121792.00
有色金属冶炼和压延加工业	1613000.70	391855.60	180000.00	1029015.00
金属制品业	54115.50	11980.00	0.00	30100.00
通用设备制造业	15000.00	0.00	0.00	15000.00
专用设备制造业	17902.80	0.00	0.00	17602.80
铁路、船舶、航空航天和其他运输设备制造业	5080.00	0.00	0.00	0.00
电气机械和器材制造业	284350.10	0.00	0.00	259992.50
计算机、通信和其他电子设备制造业	1157050.00	0.00	0.00	1124487.50
仪器仪表制造业	1500.00	0.00	1500.00	0.00
废弃资源综合利用业	2000.00	0.00	0.00	2000.00
金属制品、机械和设备修理业	1830.00	490.00	510.00	830.00
电力、热力生产和供应业	2351208.20	2207791.50	143044.00	372.70
燃气生产和供应业	12800.00	4000.00	0.00	8800.00
水的生产和供应业	29256.70	4100.00	132.80	25023.90

单位:万元

个人资本	港澳台资本	外商资本	制造成本	直接材料消耗	生产部门人员薪酬	营业收入	主营业务收入
119141.70	0.00	8949.70	8157467.90	4534203.90	110824.10	8764315.80	8608317.70
95010.30	0.00	0.00	9196898.50	4468387.20	241819.40	11906788.70	11256674.80
84778.20	10922.60	10042.80	2594610.30	2148623.30	139114.70	4941350.50	4802116.90
207653.60	3617.60	20341.90	16612821.80	11191424.40	378952.70	21170241.20	20303229.80
96958.40	0.00	20341.90	12570623.90	7810441.60	385496.20	17516035.40	16745294.50
12100.00	0.00	0.00	3159020.90	2499493.80	71674.40	4369834.30	4241115.70
183373.40	14540.20	10042.80	3477787.30	3030112.30	60896.80	4225722.00	4118936.50
292431.80	14540.20	30384.70	19207432.10	13340047.70	518067.40	26111591.70	25105346.70
90737.80	0.00	0.00	133115.10	97590.70	6456.50	406461.20	361500.20
1300.00	0.00	0.00	7542.70	6528.90	613.80	9331.80	9331.80
41250.00	0.00	0.00	77119.90	65272.00	1781.30	95123.30	81200.60
8670.50	10922.60	0.00	87013.30	76106.00	4790.10	124194.80	118797.10
0.00	0.00	10042.80	10589.30	2475.80	1005.00	24988.80	24802.30
5000.00	0.00	0.00	11763.30	10899.40	782.70	15777.20	15777.20
1200.00	0.00	0.00	14699.10	10628.50	1197.20	20023.20	19435.20
0.00	0.00	0.00	1106.00	1058.00	48.00	1948.90	1948.90
0.00	0.00	0.00	3788.90	1252.80	1745.50	6483.60	6011.40
1160.00	0.00	0.00	13636.40	12701.90	861.60	21365.30	18701.50
200.00	0.00	0.00	53459.90	52386.80	887.80	56316.80	56316.80
15298.00	3617.60	0.00	527481.40	413472.40	13318.40	702448.00	688317.10
24654.60	0.00	0.00	144958.60	80090.40	8554.50	231505.20	222382.50
0.00	0.00	0.00	114753.30	80686.70	13225.70	128713.00	127832.10
2843.10	0.00	0.00	11321.50	9690.00	1308.30	13235.30	12788.20
32794.10	0.00	0.00	375998.40	288857.10	29898.90	657759.40	615729.00
1200.00	0.00	0.00	1422210.50	1199341.20	53751.80	1713189.10	1655327.20
12130.00	0.00	0.00	6743085.30	5311378.70	133074.90	7971605.10	7390217.60
12035.50	0.00	0.00	15089.40	11461.40	1382.00	56109.80	55868.70
0.00	0.00	0.00	4391.60	3037.50	48.40	8660.70	3689.30
300.00	0.00	0.00	5826.70	4138.50	398.00	37301.20	37280.30
5080.00	0.00	0.00	497.40	208.50	63.60	580.40	580.40
24357.60	0.00	0.00	2172954.90	1856225.50	106764.00	4349599.20	4243755.20
12220.60	0.00	20341.90	3629697.60	3429595.10	96138.70	4801549.80	4710409.90
0.00	0.00	0.00	5970.20	3408.60	2188.90	10568.30	10562.90
0.00	0.00	0.00	25691.60	24658.40	74.10	25358.00	25358.00
0.00	0.00	0.00	0.00	0.00	0.00	54480.70	54478.60
0.00	0.00	0.00	3539027.20	245488.30	36008.10	4418337.00	4397199.00
0.00	0.00	0.00	37079.60	35514.20	141.50	113450.40	112898.00
0.00	0.00	0.00	17563.00	5894.40	1558.10	35126.20	26849.70

4-4　续表 6

分　组	营业成本	税金及附加	销售费用	管理费用		
					上交管理费	董事会费
总　计	23093362.40	98363.40	257730.80	423915.40	0.00	42.30
一、按登记注册类型分组:						
内资企业	22873324.60	90188.80	253971.30	407972.50	0.00	42.30
国有企业	4267938.10	8073.40	831.60	59352.50	0.00	3.60
中央企业	3799322.60	4885.40	604.00	44846.00	0.00	3.60
地方企业	468615.50	3188.00	227.60	14506.50	0.00	0.00
集体企业	0.00	0.00	0.00	0.00	0.00	0.00
股份合作企业	30826.70	618.10	878.80	2034.20	0.00	0.00
联营企业	0.00	0.00	0.00	0.00	0.00	0.00
国有联营企业	0.00	0.00	0.00	0.00	0.00	0.00
集体联营企业	0.00	0.00	0.00	0.00	0.00	0.00
国有与集体联营企业	0.00	0.00	0.00	0.00	0.00	0.00
其他联营企业	0.00	0.00	0.00	0.00	0.00	0.00
有限责任公司	14286011.70	59084.50	149356.90	248833.20	0.00	0.00
国有独资公司	1201870.10	7477.10	6404.00	12451.80	0.00	0.00
其他有限责任公司	13084141.60	51607.40	142952.90	236381.40	0.00	0.00
股份有限公司	1307772.80	13030.90	25769.00	33936.70	0.00	38.70
私营企业	2980775.30	9381.90	77135.00	63815.90	0.00	0.00
私营独资企业	8748.60	82.00	557.30	1024.40	0.00	0.00
私营合伙企业	1615.00	1.70	36.30	328.30	0.00	0.00
私营有限责任公司	2953721.10	9156.80	75763.90	59186.60	0.00	0.00
私营股份有限公司	16690.60	141.40	777.50	3276.60	0.00	0.00
其他企业	0.00	0.00	0.00	0.00	0.00	0.00
港、澳、台商投资企业	17310.00	74.40	173.00	720.40	0.00	0.00
合资经营企业(港或澳、台资)	16536.90	72.20	29.70	402.50	0.00	0.00
合作经营企业(港或澳、台资)	0.00	0.00	0.00	0.00	0.00	0.00
港澳台商独资经营企业	773.10	2.20	143.30	317.90	0.00	0.00
港澳台商投资股份有限公司	0.00	0.00	0.00	0.00	0.00	0.00
其他港澳台商投资企业	0.00	0.00	0.00	0.00	0.00	0.00
外商投资企业	202727.80	8100.20	3586.50	15222.50	0.00	0.00
中外合资经营企业	192147.50	7909.30	2551.70	13992.70	0.00	0.00
中外合作经营企业	2699.70	3.70	317.80	281.10	0.00	0.00
外资企业	1896.70	82.20	205.40	716.00	0.00	0.00
外商投资股份有限公司	0.00	0.00	0.00	0.00	0.00	0.00
其他外商投资企业	5983.90	105.00	511.60	232.70	0.00	0.00

单位:万元

研发费用	财务费用			资产减值损失	信用减值损失	其他收益	投资收益
		利息费用	利息收入				
256995.00	284663.20	244343.00	20928.90	−62122.90	−29957.10	89533.10	314298.80
245044.80	289006.20	244298.80	14350.50	−62138.60	−15480.10	75888.60	314379.80
27495.70	40536.30	38416.10	461.30	−161.40	−1391.90	2310.40	1487.90
9774.00	39659.30	37695.70	448.60	−72.90	−1366.80	915.10	1487.90
17721.70	877.00	720.40	12.70	−88.50	−25.10	1395.30	0.00
0.00	0.00	0.00	0.00	0.00	0.00	0.00	0.00
0.00	1725.60	1634.00	4.80	0.00	0.00	0.00	260.90
0.00	0.00	0.00	0.00	0.00	0.00	0.00	0.00
0.00	0.00	0.00	0.00	0.00	0.00	0.00	0.00
0.00	0.00	0.00	0.00	0.00	0.00	0.00	0.00
0.00	0.00	0.00	0.00	0.00	0.00	0.00	0.00
0.00	0.00	0.00	0.00	0.00	0.00	0.00	0.00
170272.00	212230.10	166751.00	7820.80	−60340.30	−13172.10	66233.60	96185.50
466.90	2196.50	3202.00	770.40	−325.80	−433.80	1814.80	1280.70
169805.10	210033.60	163549.00	7050.40	−60014.50	−12738.30	64418.80	94904.80
16339.00	19571.00	27357.00	5201.40	−301.40	−14.60	1453.40	216378.90
30938.10	14943.20	10140.70	862.20	−1335.50	−901.50	5891.20	66.60
868.80	64.30	9.30	5.50	−10.90	−2.30	80.30	0.00
0.00	84.60	58.00	26.60	0.00	0.00	0.00	0.00
29717.40	13844.80	10045.70	813.10	−1324.60	−883.40	5660.90	3662.20
351.90	949.50	27.70	17.00	0.00	−15.80	150.00	−3595.60
0.00	0.00	0.00	0.00	0.00	0.00	0.00	0.00
178.90	−5.20	44.70	49.90	0.00	0.00	0.00	0.00
0.00	−49.90	0.00	49.90	0.00	0.00	0.00	0.00
0.00	0.00	0.00	0.00	0.00	0.00	0.00	0.00
178.90	44.70	44.70	0.00	0.00	0.00	0.00	0.00
0.00	0.00	0.00	0.00	0.00	0.00	0.00	0.00
0.00	0.00	0.00	0.00	0.00	0.00	0.00	0.00
11771.30	−4337.80	−0.50	6528.50	15.70	−14477.00	13644.50	−81.00
11584.90	−4406.10	0.00	6449.00	15.70	−14477.00	13590.30	0.00
186.40	147.10	0.00	0.00	0.00	0.00	0.00	−81.00
0.00	−79.00	−0.50	79.50	0.00	0.00	0.00	0.00
0.00	0.00	0.00	0.00	0.00	0.00	0.00	0.00
0.00	0.20	0.00	0.00	0.00	0.00	54.20	0.00

4–4 续表 7

分组	营业成本	税金及附加	销售费用	管理费用	上交管理费	董事会费
二、在总计中:亏损企业	8786806.50	28561.00	56318.50	168282.00	0.00	3.60
在总计中:国有控股企业	10955320.90	58652.40	38809.10	223604.50	0.00	42.30
在总计中:轻工业	4465991.60	9148.60	153192.60	76159.30	0.00	0.00
重工业	18627370.80	89214.80	104538.20	347756.10	0.00	42.30
在总计中:大型企业	15506342.20	65185.60	89998.80	211494.80	0.00	42.30
中型企业	3613352.60	19917.70	44767.70	106659.70	0.00	0.00
小型企业	3973667.60	13260.10	122964.30	105760.90	0.00	0.00
三、按工业行业分组	23093362.40	98363.40	257730.80	423915.40	0.00	42.30
有色金属矿采选业	337737.50	6579.00	548.80	11551.70	0.00	38.70
非金属矿采选业	7644.10	150.60	21.40	1432.20	0.00	0.00
农副食品加工业	87196.70	108.20	2878.90	8700.40	0.00	0.00
食品制造业	100158.60	784.70	7548.60	9120.50	0.00	0.00
酒、饮料和精制茶制造业	17860.30	715.30	1813.00	1536.30	0.00	0.00
纺织业	15474.80	64.50	13.70	682.20	0.00	0.00
纺织服装、服饰业	14334.60	208.30	31.10	4874.90	0.00	0.00
造纸和纸制品业	1226.20	1.20	17.70	817.60	0.00	0.00
印刷和记录媒介复制业	6331.20	62.20	518.20	1463.10	0.00	0.00
文教、工美、体育和娱乐用品制造业	18267.90	417.70	883.80	2189.00	0.00	0.00
石油、煤炭及其他燃料加工业	53459.90	61.30	1997.80	579.10	0.00	0.00
化学原料和化学制品制造业	561747.60	3310.90	14978.20	30547.00	0.00	0.00
医药制造业	102446.80	2762.60	72077.00	18670.50	0.00	0.00
化学纤维制造业	69201.50	258.30	228.60	7335.00	0.00	0.00
橡胶和塑料制品业	11966.60	19.50	395.20	562.60	0.00	0.00
非金属矿物制品业	595248.20	5221.50	25110.50	39106.50	0.00	0.00
黑色金属冶炼和压延加工业	1525493.60	17004.30	13796.90	44962.00	0.00	0.00
有色金属冶炼和压延加工业	7335395.70	30335.30	28545.60	68085.40	0.00	0.00
金属制品业	54737.00	439.20	499.40	3106.60	0.00	0.00
通用设备制造业	7310.00	60.60	529.10	1504.90	0.00	0.00
专用设备制造业	25426.50	157.40	216.60	1997.00	0.00	0.00
铁路、船舶、航空航天和其他运输设备制造业	316.50	72.50	97.50	741.00	0.00	0.00
电气机械和器材制造业	4102662.80	4000.00	67635.00	22982.40	0.00	0.00
计算机、通信和其他电子设备制造业	3496978.90	14634.90	9947.90	74465.10	0.00	0.00
仪器仪表制造业	6459.00	180.40	557.90	1161.90	0.00	0.00
废弃资源综合利用业	25143.50	345.40	585.30	477.80	0.00	0.00
金属制品、机械和设备修理业	49289.60	246.00	0.00	4107.90	0.00	0.00
电力、热力生产和供应业	4357366.70	9396.40	1682.60	47347.70	0.00	3.60
燃气生产和供应业	84901.80	300.60	2793.60	2168.20	0.00	0.00
水的生产和供应业	21578.30	464.60	1780.90	11638.90	0.00	0.00

单位:万元

研发费用	财务费用			资产减值损失	信用减值损失	其他收益	投资收益
		利息费用	利息收入				
86639.90	170730.10	159020.30	4673.70	−57370.10	−7800.50	27964.20	−9388.50
122131.00	239335.30	198281.90	10237.00	−48238.60	−6159.30	18825.10	213836.80
25827.10	8656.90	7230.90	−184.80	−796.50	−3401.90	15297.20	−3203.50
231167.90	276006.30	237112.10	21113.70	−61326.40	−26555.20	74235.90	317502.30
137577.20	176887.30	143815.60	14930.40	−28402.90	−24697.10	67907.10	214667.20
78671.50	60963.40	61621.50	2985.00	−22337.60	−1133.70	9626.20	100684.00
40746.30	46812.50	38905.90	3013.50	−11382.40	−4126.30	11999.80	−1052.40
256995.00	284663.20	244343.00	20928.90	−62122.90	−29957.10	89533.10	314298.80
4273.10	21320.10	25543.30	5184.80	−316.50	0.20	289.10	216246.80
0.00	11.60	10.60	1.00	0.00	0.00	0.00	0.00
1093.20	5038.90	2537.70	4.20	4.00	−15.80	1363.90	−3595.20
1763.10	443.40	130.30	16.20	15.10	24.90	150.30	63.60
0.00	−78.20	−0.50	80.30	15.70	0.00	352.40	0.00
47.50	758.80	59.80	0.00	0.00	0.00	139.50	0.00
0.00	−308.10	0.00	−54.60	3.10	5.60	658.20	0.00
0.00	1.90	0.00	0.00	0.00	0.00	0.00	0.00
776.90	46.80	0.00	0.00	−10.90	−2.30	80.30	0.00
646.00	248.10	246.40	0.00	0.00	0.00	0.00	0.00
10.00	−64.50	62.70	127.20	0.00	0.00	0.00	0.00
12390.60	18748.10	17922.60	−459.40	−1629.30	184.50	2488.50	80.00
9966.90	457.30	368.70	84.70	−121.80	−3311.60	2547.20	321.80
7405.40	2862.80	3534.80	−349.30	0.00	1.40	596.50	47.50
0.00	83.50	45.40	33.70	0.00	0.00	0.00	0.00
6395.70	4393.10	2312.40	307.70	−15120.40	68.40	635.00	933.60
50174.10	78847.00	73075.70	1874.90	−23585.30	−2504.20	4899.00	−3297.70
53965.60	29976.70	31750.90	1786.60	−5247.90	−224.30	8651.40	383.30
2018.70	1792.00	2846.90	1596.20	−14073.60	−191.80	42.30	0.00
428.70	−74.10	25.80	0.10	0.00	−57.50	163.10	−13.10
813.90	826.50	399.40	27.50	0.00	−780.60	186.70	0.00
0.00	361.20	360.70	0.10	0.00	−123.10	0.00	0.00
8452.50	2055.10	2907.00	22.80	−706.80	−104.10	9408.90	−41.20
84295.70	16143.40	24270.90	9060.40	−388.20	−19766.20	52506.20	99257.20
835.80	−0.70	0.00	1.70	0.00	0.00	0.00	0.00
0.00	12.40	0.00	0.10	0.00	0.00	0.00	0.00
0.00	313.80	0.20	28.30	0.00	6.10	0.00	0.00
11241.60	99257.70	53920.00	656.30	−944.30	−1844.70	3696.60	1454.80
0.00	−90.00	294.80	406.60	0.00	−150.20	100.60	0.00
0.00	1278.60	1716.50	490.80	−15.80	−1171.80	577.40	2457.40

4-4 续表 8

分　组	净敞口套期收益	公允价值变动收益	资产处置收益	营业利润	营业外收入	营业外支出
总 计	0.00	-1439.90	-87.50	1998452.00	88894.20	66000.00
一、按登记注册类型分组:						
内资企业	0.00	-1439.90	-103.20	1666810.90	87949.80	64975.60
国有企业	0.00	0.00	111.00	-61244.40	29930.80	5458.50
中央企业	0.00	0.00	4.70	-93574.40	29083.80	4854.00
地方企业	0.00	0.00	106.30	32330.00	847.00	604.50
集体企业	0.00	0.00	0.00	0.00	0.00	0.00
股份合作企业	0.00	0.00	0.00	293.70	463.70	6.50
联营企业	0.00	0.00	0.00	0.00	0.00	0.00
国有联营企业	0.00	0.00	0.00	0.00	0.00	0.00
集体联营企业	0.00	0.00	0.00	0.00	0.00	0.00
国有与集体联营企业	0.00	0.00	0.00	0.00	0.00	0.00
其他联营企业	0.00	0.00	0.00	0.00	0.00	0.00
有限责任公司	0.00	-2302.10	193.40	1238714.80	36744.30	51380.40
国有独资公司	0.00	0.00	10.10	140445.80	810.70	2735.60
其他有限责任公司	0.00	-2302.10	183.30	1098269.00	35933.60	48644.80
股份有限公司	0.00	39.40	-399.40	367491.80	809.90	5038.40
私营企业	0.00	822.80	-8.20	121555.00	20001.10	3091.80
私营独资企业	0.00	0.00	0.00	-2003.80	341.40	93.30
私营合伙企业	0.00	0.00	0.00	101.10	127.40	36.30
私营有限责任公司	0.00	-51.80	-1.70	127944.80	19295.50	2844.00
私营股份有限公司	0.00	874.60	-6.50	-4487.10	236.80	118.20
其他企业	0.00	0.00	0.00	0.00	0.00	0.00
港、澳、台商投资企业	0.00	0.00	0.00	3549.60	538.10	1.10
合资经营企业(港或澳、台资)	0.00	0.00	0.00	3519.60	538.10	1.10
合作经营企业(港或澳、台资)	0.00	0.00	0.00	0.00	0.00	0.00
港澳台商独资经营企业	0.00	0.00	0.00	30.00	0.00	0.00
港澳台商投资股份有限公司	0.00	0.00	0.00	0.00	0.00	0.00
其他港澳台商投资企业	0.00	0.00	0.00	0.00	0.00	0.00
外商投资企业	0.00	0.00	15.70	328091.50	406.30	1023.30
中外合资经营企业	0.00	0.00	15.70	326180.40	153.10	891.00
中外合作经营企业	0.00	0.00	0.00	-5.70	239.90	129.50
外资企业	0.00	0.00	0.00	-136.20	11.80	1.60
外商投资股份有限公司	0.00	0.00	0.00	0.00	0.00	0.00
其他外商投资企业	0.00	0.00	0.00	2053.00	1.50	1.20

单位:万元

利润总额	所得税费用	应付职工薪酬	工资、奖金、津贴和补贴	福利费	社保费	住房公积金	工会经费	职工教育经费
2021344.20	302471.20	1240265.80	911877.30	70251.70	148696.40	54191.20	12504.50	10068.60
1689783.10	253174.70	1199774.90	875950.10	69463.70	146057.60	53535.80	12280.80	10059.40
-36772.10	1932.50	246749.00	151485.10	18722.10	49075.40	15839.00	3102.20	5283.30
-69344.70	1467.40	193792.70	116674.60	14959.40	39107.30	12395.90	2154.40	5259.40
32572.60	465.10	52956.30	34810.50	3762.70	9968.10	3443.10	947.80	23.90
0.00	0.00	0.00	0.00	0.00	0.00	0.00	0.00	0.00
750.90	0.00	3963.80	3362.60	143.20	450.60	0.00	7.40	0.00
0.00	0.00	0.00	0.00	0.00	0.00	0.00	0.00	0.00
0.00	0.00	0.00	0.00	0.00	0.00	0.00	0.00	0.00
0.00	0.00	0.00	0.00	0.00	0.00	0.00	0.00	0.00
0.00	0.00	0.00	0.00	0.00	0.00	0.00	0.00	0.00
0.00	0.00	0.00	0.00	0.00	0.00	0.00	0.00	0.00
1224077.90	222486.20	792424.60	599780.50	43822.70	77373.70	32663.50	8032.60	4189.90
138521.10	21079.40	59596.80	34189.60	4095.50	3942.30	4183.40	678.00	811.10
1085556.80	201406.80	732827.80	565590.90	39727.20	73431.40	28480.10	7354.60	3378.80
363263.30	6562.10	69812.50	47426.50	4029.50	11848.60	4014.90	694.40	113.80
138463.10	22193.90	86825.00	73895.40	2746.20	7309.30	1018.40	444.20	472.40
-1756.10	24.20	1260.50	1119.10	2.90	103.40	14.10	20.90	0.00
192.20	0.00	163.00	148.30	1.50	13.20	0.00	0.00	0.00
144395.50	21924.70	82546.30	70104.30	2732.10	6883.00	993.60	423.30	472.40
-4368.50	245.00	2855.20	2523.70	9.70	309.70	10.70	0.00	0.00
0.00	0.00	0.00	0.00	0.00	0.00	0.00	0.00	0.00
4086.50	640.20	1053.20	735.90	75.00	188.20	28.10	10.70	1.10
4056.50	640.20	524.60	349.50	58.30	66.50	28.10	6.90	1.10
0.00	0.00	0.00	0.00	0.00	0.00	0.00	0.00	0.00
30.00	0.00	528.60	386.40	16.70	121.70	0.00	3.80	0.00
0.00	0.00	0.00	0.00	0.00	0.00	0.00	0.00	0.00
0.00	0.00	0.00	0.00	0.00	0.00	0.00	0.00	0.00
327474.60	48656.30	39437.70	35191.30	713.00	2450.60	627.30	213.00	8.10
325442.70	48140.70	37581.10	33730.90	713.00	2128.80	578.80	190.60	8.10
104.70	2.30	245.90	237.00	0.00	8.90	0.00	0.00	0.00
-126.00	0.00	1006.40	728.40	0.00	223.60	38.40	12.50	0.00
0.00	0.00	0.00	0.00	0.00	0.00	0.00	0.00	0.00
2053.20	513.30	604.30	495.00	0.00	89.30	10.10	9.90	0.00

4–4　续表 9

分　　组	净敞口套期收益	公允价值变动收益	资产处置收益	营业利润	营业外收入	营业外支出
二、在总计中:亏损企业	0.00	−1430.80	131.90	−589247.70	56293.90	20538.50
在总计中:国有控股企业	0.00	−2262.70	155.20	445076.60	48978.30	26643.50
在总计中:轻工业	0.00	826.10	−9.60	211070.30	16371.90	38937.20
重工业	0.00	−2266.00	−77.90	1787381.70	72522.30	27062.80
在总计中:大型企业	0.00	37.80	−382.90	1557678.50	50885.70	51983.40
中型企业	0.00	356.00	299.00	532995.00	6496.80	1491.80
小型企业	0.00	−1833.70	−3.60	−92221.50	31511.70	12524.80
三、按工业行业分组	0.00	−1439.90	−87.50	1998452.00	88894.20	66000.00
有色金属矿采选业	0.00	39.40	−713.20	239996.80	234.90	762.70
非金属矿采选业	0.00	0.00	0.00	71.90	32.70	0.40
农副食品加工业	0.00	874.60	−6.50	−11268.40	8790.30	245.90
食品制造业	0.00	0.00	0.00	4614.50	1675.80	2945.00
酒、饮料和精制茶制造业	0.00	0.00	−1.20	3509.00	17.30	16.20
纺织业	0.00	0.00	0.00	−1124.80	1203.10	7.50
纺织服装、服饰业	0.00	0.00	10.10	1559.40	54.60	0.30
造纸和纸制品业	0.00	0.00	0.00	−115.70	162.50	0.00
印刷和记录媒介复制业	0.00	0.00	0.00	−2647.50	502.20	0.60
文教、工美、体育和娱乐用品制造业	0.00	0.00	0.00	−1287.20	788.20	8.00
石油、煤炭及其他燃料加工业	0.00	0.00	0.00	273.20	46.80	0.00
化学原料和化学制品制造业	0.00	0.00	423.60	62272.30	1269.50	430.00
医药制造业	0.00	−51.80	−12.50	24495.20	2585.80	1797.00
化学纤维制造业	0.00	3.30	0.00	42070.10	23.70	771.00
橡胶和塑料制品业	0.00	0.00	0.00	207.70	77.30	1.70
非金属矿物制品业	0.00	0.00	3.00	−36677.60	9988.50	1607.70
黑色金属冶炼和压延加工业	0.00	−4.90	0.70	−41581.50	7180.70	1613.10
有色金属冶炼和压延加工业	0.00	−2300.50	431.10	424157.70	6251.50	11627.60
金属制品业	0.00	0.00	0.00	−20706.40	221.70	2818.30
通用设备制造业	0.00	0.00	15.30	−990.70	564.20	317.80
专用设备制造业	0.00	0.00	0.00	7269.40	775.20	0.10
铁路、船舶、航空航天和其他运输设备制造业	0.00	0.00	0.00	−1131.40	131.40	5.10
电气机械和器材制造业	0.00	0.00	0.50	150368.70	2204.40	33593.70
计算机、通信和其他电子设备制造业	0.00	0.00	−240.10	1236453.20	10991.70	1083.00
仪器仪表制造业	0.00	0.00	0.00	1374.10	346.70	26.30
废弃资源综合利用业	0.00	0.00	0.00	−1206.40	578.10	209.60
金属制品、机械和设备修理业	0.00	0.00	1.70	531.30	104.80	9.00
电力、热力生产和供应业	0.00	0.00	0.00	−105593.20	30642.20	6027.10
燃气生产和供应业	0.00	0.00	0.00	23326.30	1342.30	47.50
水的生产和供应业	0.00	0.00	0.00	232.00	106.10	27.80

单位:万元

利润总额	所得税费用	应付职工薪酬	工资、奖金、津贴和补贴	福利费	社保费	住房公积金	工会经费	职工教育经费
-553493.50	5893.90	418264.60	281212.80	29755.90	65425.60	26249.40	3793.30	5808.80
467410.40	96898.60	644981.20	413680.50	46284.70	98239.00	44208.10	7611.40	7876.20
188504.00	23144.20	231697.10	184825.70	8142.40	26460.70	4503.20	2974.20	1561.90
1832840.20	279327.00	1008568.70	727051.60	62109.30	122235.70	49688.00	9530.30	8506.70
1556581.10	223287.90	879247.50	638778.70	51080.90	105636.70	40432.90	9023.90	8838.00
538000.20	67696.30	193609.90	145630.80	12081.10	22809.60	8222.00	1957.30	306.60
-73237.10	11487.00	167408.40	127467.80	7089.70	20250.10	5536.30	1523.30	924.00
2021344.20	302471.20	1240265.80	911877.30	70251.70	148696.40	54191.20	12504.50	10068.60
239469.00	4847.10	12616.70	6969.50	1787.60	2281.60	832.00	156.70	0.40
104.00	25.60	707.40	694.80	0.00	12.60	0.00	0.00	0.00
-2724.00	268.80	5427.70	4803.50	70.30	500.40	6.40	27.60	0.10
3344.40	701.80	13603.10	11052.60	481.90	1750.80	156.00	141.40	19.40
3510.10	804.40	3405.90	2634.90	32.90	634.00	66.40	33.90	0.30
70.80	74.30	1696.90	1639.80	2.10	55.00	0.00	0.00	0.00
1613.80	902.10	6585.30	3230.80	1274.70	450.90	186.20	101.70	1.50
46.80	0.00	91.00	75.30	0.00	15.70	0.00	0.00	0.00
-2145.90	0.00	2310.70	1903.10	2.90	258.00	106.40	40.20	0.00
-507.00	0.00	2571.10	2136.40	25.40	375.30	23.50	10.50	0.00
320.00	18.70	1009.30	887.80	84.90	36.60	0.00	0.00	0.00
63111.40	116.30	40589.00	28248.30	2360.50	7690.30	1572.10	414.70	86.60
25283.90	3380.90	29215.80	22744.70	944.60	4410.30	768.90	227.00	15.70
41322.80	4842.30	17721.70	14168.90	1210.40	1108.70	885.30	347.20	1.20
283.20	11.40	2037.70	1415.10	10.70	58.30	0.00	2.40	0.00
-28297.00	2920.70	62981.60	44539.80	4021.30	8951.90	4276.80	541.50	411.60
-36013.80	34838.30	76210.10	59777.20	5003.80	4521.70	5613.80	640.00	11.60
418781.40	65747.60	242054.30	158735.90	14153.70	30279.30	13598.30	2428.30	1596.80
-23303.10	-206.90	4427.30	3197.70	341.30	641.60	189.30	40.00	9.30
-744.30	-48.40	1253.80	950.90	0.40	252.50	50.00	0.00	0.00
8044.50	7.20	1344.00	1076.20	50.50	180.30	33.70	3.30	0.00
-1005.10	0.00	246.10	214.50	3.20	28.40	0.00	0.00	0.00
118979.40	12213.30	152599.30	123308.60	4388.70	17315.90	2413.70	2054.40	1523.70
1246362.00	149632.40	257199.50	225641.20	11747.20	14185.70	3654.60	1484.50	18.30
1694.50	128.80	3686.70	3314.70	2.90	368.60	0.00	0.00	0.50
-837.90	22.40	344.60	322.60	18.20	3.80	0.00	0.00	0.00
627.10	108.00	31096.30	20448.00	2564.50	4291.00	2045.60	387.50	146.70
-80978.10	17019.20	247416.00	154548.70	18639.60	44879.00	16247.70	3208.60	6217.20
24621.00	3776.90	4389.30	3044.10	295.50	678.60	256.10	77.50	2.30
310.30	318.00	15427.60	10151.70	732.00	2479.60	1208.40	135.60	5.40

4–4 续表10

分组	应付职工薪酬		其他属于劳动者报酬的部分	上交政府的各项非税费用	水电费	
	劳务派遣人员薪酬	其他职工薪酬				上缴的各项税费
总计	15355.40	17314.40	1057.40	20615.80	1387943.80	122658.50
一、按登记注册类型分组：						
内资企业	15110.40	17310.90	1057.40	20592.60	1386969.70	122648.40
国有企业	2766.40	475.10	0.00	0.00	170582.10	19078.40
中央企业	2766.40	475.10	0.00	0.00	1110.10	0.00
地方企业	0.00	0.00	0.00	0.00	169472.00	19078.40
集体企业	0.00	0.00	0.00	0.00	0.00	0.00
股份合作企业	0.00	0.00	0.00	0.00	38.90	31.20
联营企业	0.00	0.00	0.00	0.00	0.00	0.00
国有联营企业	0.00	0.00	0.00	0.00	0.00	0.00
集体联营企业	0.00	0.00	0.00	0.00	0.00	0.00
国有与集体联营企业	0.00	0.00	0.00	0.00	0.00	0.00
其他联营企业	0.00	0.00	0.00	0.00	0.00	0.00
有限责任公司	12027.10	14532.10	1034.80	19193.30	1045972.40	96005.00
国有独资公司	1570.20	10126.30	71.40	357.60	274052.90	35588.10
其他有限责任公司	10456.90	4405.80	963.40	18835.70	771919.50	60416.90
股份有限公司	0.00	1684.30	0.00	47.60	2583.60	234.50
私营企业	316.90	619.40	22.60	1351.70	167792.70	7299.30
私营独资企业	0.00	0.00	0.00	0.00	134.00	0.00
私营合伙企业	0.00	0.00	0.00	0.00	6.80	0.00
私营有限责任公司	316.90	618.00	22.60	1351.70	166744.10	7299.20
私营股份有限公司	0.00	1.40	0.00	0.00	907.80	0.10
其他企业	0.00	0.00	0.00	0.00	0.00	0.00
港、澳、台商投资企业	14.10	0.00	0.00	0.00	33.10	6.00
合资经营企业(港或澳、台资)	14.10	0.00	0.00	0.00	0.00	0.00
合作经营企业(港或澳、台资)	0.00	0.00	0.00	0.00	0.00	0.00
港澳台商独资经营企业	0.00	0.00	0.00	0.00	33.10	6.00
港澳台商投资股份有限公司	0.00	0.00	0.00	0.00	0.00	0.00
其他港澳台商投资企业	0.00	0.00	0.00	0.00	0.00	0.00
外商投资企业	230.90	3.50	0.00	23.20	941.00	4.10
中外合资经营企业	230.90	0.00	0.00	0.00	860.80	0.00
中外合作经营企业	0.00	0.00	0.00	22.10	34.00	0.00
外资企业	0.00	3.50	0.00	1.10	46.20	4.10
外商投资股份有限公司	0.00	0.00	0.00	0.00	0.00	0.00
其他外商投资企业	0.00	0.00	0.00	0.00	0.00	0.00

单位:万元

差旅费	应交增值税	销项税额	进项税额	工业总产值(当年价格)	平均用工人数(人)	期末用工人数(人)	从业人员期末人数(人)	从业人员平均人数(人)	亏损企业亏损总额
16380.70	585178.60	3899546.80	3339539.40	21060013.00	87582.00	86135.00	83553.00	81556.00	553493.50
16320.80	530993.60	3824122.00	3318108.00	20504103.20	85771.00	84383.00	81808.00	79759.00	553003.80
3373.90	98187.30	817664.80	723876.60	3066072.30	10233.00	10346.00	9912.00	9773.00	86910.00
3274.00	82704.30	631825.80	536796.00	2538311.30	6782.00	6936.00	6495.00	6347.00	70238.80
99.90	15483.00	185839.00	187080.60	527761.00	3451.00	3410.00	3417.00	3426.00	16671.20
0.00	0.00	0.00	0.00	0.00	0.00	0.00	0.00	0.00	0.00
21.90	356.40	4644.50	4288.10	26155.20	620.00	622.00	566.00	566.00	464.50
0.00	0.00	0.00	0.00	0.00	0.00	0.00	0.00	0.00	0.00
0.00	0.00	0.00	0.00	0.00	0.00	0.00	0.00	0.00	0.00
0.00	0.00	0.00	0.00	0.00	0.00	0.00	0.00	0.00	0.00
0.00	0.00	0.00	0.00	0.00	0.00	0.00	0.00	0.00	0.00
0.00	0.00	0.00	0.00	0.00	0.00	0.00	0.00	0.00	0.00
12140.30	337889.60	2400442.80	2101713.30	12944187.40	58558.00	57303.00	54975.00	53088.00	420939.20
39.20	35294.80	189476.90	154497.20	1154887.70	3338.00	3360.00	3088.00	3090.00	6232.40
12101.10	302594.80	2210965.90	1947216.10	11789299.70	55220.00	53943.00	51887.00	49998.00	414706.80
310.00	44851.10	206040.60	162782.50	1329090.10	4459.00	4677.00	4672.00	4600.00	12814.90
474.70	49709.20	395329.30	325447.50	3138598.20	11901.00	11435.00	11683.00	11732.00	31875.20
75.60	443.90	880.30	749.60	9217.30	223.00	108.00	105.00	107.00	2054.10
1.70	2.80	18.80	16.00	781.00	24.00	16.00	16.00	16.00	0.00
386.70	48832.70	392020.50	322769.00	3111724.80	11354.00	11046.00	11300.00	11306.00	24149.40
10.70	429.80	2409.70	1912.90	16875.10	300.00	265.00	262.00	303.00	5671.70
0.00	0.00	0.00	0.00	0.00	0.00	0.00	0.00	0.00	0.00
2.90	475.00	1990.90	1482.90	23864.30	122.00	121.00	114.00	114.00	0.00
0.00	413.70	1845.20	1398.50	20381.40	50.00	50.00	40.00	40.00	0.00
0.00	0.00	0.00	0.00	0.00	0.00	0.00	0.00	0.00	0.00
2.90	61.30	145.70	84.40	3482.90	72.00	71.00	74.00	74.00	0.00
0.00	0.00	0.00	0.00	0.00	0.00	0.00	0.00	0.00	0.00
0.00	0.00	0.00	0.00	0.00	0.00	0.00	0.00	0.00	0.00
57.00	53710.00	73433.90	19948.50	532045.50	1689.00	1631.00	1631.00	1683.00	489.70
20.10	53150.10	71933.30	18978.10	518672.80	1482.00	1437.00	1437.00	1482.00	363.70
5.50	2.40	2.40	0.00	1891.10	29.00	31.00	31.00	31.00	0.00
30.20	160.20	350.00	218.30	2679.50	119.00	104.00	104.00	113.00	126.00
0.00	0.00	0.00	0.00	0.00	0.00	0.00	0.00	0.00	0.00
1.20	397.30	1148.20	752.10	8802.10	59.00	59.00	59.00	57.00	0.00

分 组	应付职工薪酬		其他属于劳动者报酬的部分	上交政府的各项非税费用	水电费	
	劳务派遣人员薪酬	其他职工薪酬				上缴的各项税费
二、在总计中:亏损企业	5183.00	832.20	855.40	3274.80	176563.60	10702.50
在总计中:国有控股企业	11869.70	15209.30	1034.80	18838.50	968260.60	106473.00
在总计中:轻工业	25.90	3201.80	0.00	293.70	35432.00	143.90
重工业	15329.50	14112.60	1057.40	20322.10	1352511.80	122514.60
在总计中:大型企业	11423.60	14032.10	202.00	15650.80	1022865.30	108169.50
中型企业	1423.30	1178.60	0.00	4441.10	328347.10	13531.60
小型企业	2508.50	2103.70	855.40	523.90	36731.40	957.40
三、按工业行业分组	15355.40	17314.40	1057.40	20615.80	1387943.80	122658.50
有色金属矿采选业	0.00	588.80	0.00	47.60	0.00	0.00
非金属矿采选业	0.00	0.00	0.00	1.00	122.40	0.00
农副食品加工业	18.00	1.40	0.00	0.00	459.00	0.10
食品制造业	0.00	0.50	0.00	15.00	1301.90	21.20
酒、饮料和精制茶制造业	0.00	3.50	0.00	1.10	162.90	4.10
纺织业	0.00	0.00	0.00	0.00	145.10	2.60
纺织服装、服饰业	7.90	1331.60	0.00	0.00	165.40	1.80
造纸和纸制品业	0.00	0.00	0.00	0.00	0.00	0.00
印刷和记录媒介复制业	0.00	0.00	0.00	0.00	155.70	0.00
文教、工美、体育和娱乐用品制造业	0.00	0.00	0.00	0.00	155.30	31.20
石油、煤炭及其他燃料加工业	0.00	0.00	0.00	0.00	130.20	0.00
化学原料和化学制品制造业	139.60	76.70	130.60	27.70	94115.70	0.00
医药制造业	0.00	103.90	0.00	8.30	1158.80	3.50
化学纤维制造业	0.00	0.00	0.00	0.00	8675.20	0.00
橡胶和塑料制品业	0.00	551.20	0.00	0.00	264.40	14.00
非金属矿物制品业	192.00	44.40	22.60	1315.90	58661.30	7382.40
黑色金属冶炼和压延加工业	425.30	216.70	0.00	137.10	177076.30	11028.70
有色金属冶炼和压延加工业	9449.30	11811.30	71.40	2437.40	905910.90	56217.10
金属制品业	0.00	8.10	0.00	186.30	333.90	2.30
通用设备制造业	0.00	0.00	0.00	0.00	0.00	0.00
专用设备制造业	0.00	0.00	0.00	0.00	24.20	0.00
铁路、船舶、航空航天和其他运输设备制造业	0.00	0.00	0.00	0.00	75.70	0.10
电气机械和器材制造业	204.30	1390.00	0.00	269.30	23028.80	71.10
计算机、通信和其他电子设备制造业	463.70	4.20	0.00	0.00	112613.60	4656.10
仪器仪表制造业	0.00	0.00	0.00	0.00	148.10	0.00
废弃资源综合利用业	0.00	0.00	0.00	0.00	158.30	20.60
金属制品、机械和设备修理业	1213.00	0.00	0.00	0.00	426.60	0.00
电力、热力生产和供应业	3199.30	475.60	832.80	14896.60	1913.50	43201.60
燃气生产和供应业	43.00	−8.20	0.00	0.00	83.10	0.00
水的生产和供应业	0.00	714.70	0.00	1272.50	477.50	0.00

单位:万元

差旅费	应交增值税	销项税额	进项税额	工业总产值(当年价格)	平均用工人数(人)	期末用工人数(人)	从业人员期末人数(人)	从业人员平均人数(人)	亏损企业亏损总额
4541.10	142250.40	1530686.60	1425775.60	7046809.30	31867.00	29599.00	27189.00	25795.00	553493.50
4910.50	248804.90	1920279.60	1661803.20	9839764.10	39234.00	37753.00	34491.00	34232.00	457599.60
1013.10	64504.00	634701.70	598791.80	2610187.10	24370.00	24276.00	23836.00	23986.00	23016.80
15367.60	520674.60	3264845.10	2740747.60	18449825.90	63212.00	61859.00	59717.00	57570.00	530476.70
14116.40	453235.60	2738490.90	2266043.70	13180608.30	52009.00	51378.00	49004.00	47146.00	300565.50
1112.40	67697.60	713485.90	653442.60	3870604.60	17719.00	18110.00	18199.00	17882.00	73894.70
1151.90	64245.40	447570.00	420053.10	4008800.10	17854.00	16647.00	16350.00	16528.00	179033.30
16380.70	585178.60	3899546.80	3339539.40	21060013.00	87582.00	86135.00	83553.00	81556.00	553493.50
53.00	10351.60	57848.40	48552.50	197771.70	679.00	822.00	822.00	822.00	0.00
8.00	279.90	279.90	0.00	12850.90	91.00	107.00	107.00	91.00	0.00
23.50	400.20	7497.20	6913.30	77363.40	982.00	824.00	873.00	913.00	7621.00
285.40	3309.10	12253.70	10280.50	124594.40	1880.00	1840.00	1840.00	1813.00	6853.90
33.40	1324.90	3234.40	2129.40	23317.60	403.00	388.00	388.00	395.00	489.70
0.10	192.30	1944.00	1816.90	12322.10	226.00	220.00	220.00	228.00	240.90
14.40	1271.90	2287.30	1499.50	19170.70	1561.00	1480.00	1025.00	1110.00	269.90
0.00	16.80	253.30	236.50	2324.40	13.00	13.00	38.00	38.00	0.00
69.40	139.70	805.00	634.80	7245.40	238.00	244.00	241.00	238.00	2145.90
39.80	415.40	2737.10	2410.10	13256.10	380.00	360.00	406.00	404.00	507.00
162.00	857.40	7321.10	6463.70	56316.80	102.00	95.00	95.00	102.00	0.00
491.30	13698.00	79227.40	64835.00	669799.30	3617.00	3593.00	3521.00	3523.00	6161.90
163.90	15413.20	28274.50	12620.00	220104.50	3306.00	3297.00	3278.00	3308.00	4844.20
228.30	−20641.00	16682.00	21101.10	143324.60	1762.00	2050.00	1971.00	1752.00	0.00
0.00	284.40	1665.10	1380.70	14261.00	256.00	248.00	241.00	250.00	44.30
220.80	12097.60	106833.20	69351.50	585986.10	5588.00	5280.00	5537.00	5594.00	42581.70
555.80	45808.20	363003.50	320436.70	1461727.70	11187.00	9037.00	6635.00	6822.00	188231.80
209.10	149402.10	1080091.30	975190.10	7675866.90	15887.00	15572.00	15772.00	15605.00	78864.70
26.70	407.30	5422.20	5167.80	41281.00	459.00	435.00	434.00	460.00	23393.90
12.80	298.20	490.30	389.60	8011.70	304.00	149.00	149.00	150.00	744.30
15.40	368.70	4869.10	480.70	31206.60	202.00	200.00	200.00	202.00	983.90
7.50	34.80	75.40	40.60	560.20	35.00	15.00	35.00	35.00	1005.10
200.40	63198.40	568976.00	548485.30	2032763.40	14016.00	13948.00	13924.00	14169.00	417.00
10109.10	174842.80	822413.80	640529.20	4320171.90	12177.00	13444.00	13760.00	11673.00	25738.80
3.80	779.60	1312.70	533.10	11682.20	410.00	409.00	409.00	411.00	0.00
0.90	2424.90	3296.50	871.60	25888.40	33.00	23.00	29.00	29.00	837.90
101.70	2227.20	4609.50	2278.10	52476.80	2089.00	2109.00	2109.00	2089.00	0.00
3298.20	102596.60	705424.90	586295.30	3097868.80	8522.00	8760.00	8319.00	8151.00	159783.70
44.40	2063.90	9714.80	8128.90	94569.60	299.00	299.00	301.00	301.00	0.00
1.60	1314.50	703.20	486.90	25928.80	878.00	874.00	874.00	878.00	1732.00

4-5 规模以上工业企业主要工业产品产量

产品名称	单位	2014年	2015年	2016年	2017年	2018年	2019年	2020年	2021年	2022年
原煤	吨	1134656	1065224	817111						
发电量	万千瓦小时	977849	921849	951651	1318300	1077051	864554	854299	1262463	1338588
自来水生产量	万吨	13248	12113	11858	12675	12880	12995	12438	12585	12584
小麦粉	万吨	12.7	10.0	11.04	15.76	0.36	10.03	10.56	5.37	2.47
食用植物油	吨	36437	58370	42914	27889	17136	39458	23971	11468	10728
配混合饲料	吨	13723	48916	60367	52001	60744	21654	10009	4237	0
白酒	吨	201	1178	273	147	8	328	204	226	140
啤酒	吨	118910	110950	106755	30210	19450	20274	13021	16987	15720
纱	吨			1207	945					
服装	万件	608	612	522	432	301	171	87	117	9
皮鞋	万双	2	12	5	12					
纸制品	吨	765	651	393	459	301	372	51		
单色印刷品	令	520375	518307	733907	1166948	85619	87535	55521	77020	49219
多色印刷品	对开色令	1194409	1159955	1188016	1110519	928224	456513	460954	463303	399421
硫酸(折100%)	吨	366094	372550	165907			8441	55320	61478	57272
烧碱(折100%)	吨	186679	176612	184660	144940	234052	321579	196093	330517	337378
农用氮、磷、钾肥料	吨	210429	184726	91617	103219	178962	229866	241080	237302	255838
化学药品原药	吨	55	49	51	46	49	67	42	22	29
中成药	吨	2072	1804	1805	1376	1317	2034	1115	1499	1647
塑料制品	吨	68951	2138	766	5479	3910	3266	1468	4504	2670
水泥	万吨	599.36	663.78	682.04	384.6	398.55	490.89	483.74	463.18	452.95
砖	万吨	5206	4160	2839	1514	2633	3217	2947	2892	1481
钢	吨	1442934	1205509	1148738	1195636	1380804	1788309	1932388	1866894	1212813
钢材	吨	1314066	1135942	1251436	1270862	1466298	1805617	1891066	1819882	1206386
铁合金	吨	1369798	1408903	1074405	801505	878214	753578	674647	831222	793620
生铁	吨	1270215	1126158	966088	1024319	1244498	1518502	1603394	1542191	993642
焦炭	吨									
锌	吨	79591	7018	45461	60983	90509	94408	114293	123762	105767
铝	吨	1997420	1759831	1752691	1817812	1818140	1787393	1919156	2162810	2185025
铝材	吨	578405	855975	1141318	834506	746477	728223	1122832	1231699	1176989
金属切削机床	台	376	338	238	334	209	138	109	119	53

注:2011年规模以上工业企业口径调整为年主营业务收入2000万元及以上。

五、交通　运输　邮电

指 标 解 释

货(客)运量 指在一定时期内,各种运输工具实际运送的货物(旅客)数量。该指标是反映运输业为国民经济和人民生活服务的数量指标,也是制定和检查运输生产计划、研究运输发展规模和速度的重要指标。货运按吨计算,客运按人计算。货物不论运输距离长短、货物类别,均按实际重量统计。旅客不论行程远近或票价多少,均按一人一次客运量统计;半价票、小孩票也按一人统计。

民用汽车拥有量 指报告期末,在公安交通管理部门按照《机动车注册登记工作规范》,已注册登记领有民用车辆牌照的全部汽车数量。汽车拥有量统计的主要分类:根据汽车结构分为载客汽车、载货汽车及其他汽车;根据汽车所有者不同分为个人(私人)汽车、单位汽车;根据汽车的使用性质分为营运汽车、非营运汽车;根据汽车大小规格不同载客汽车分为大型、中型、小型和微型,载货汽车分为重型、中型、轻型和微型。

邮电业务总量 指以货币形式表示的邮电企业为社会提供各类邮电服务的总数量,是用于观察邮电业务发展变化总趋势的综合性总量指标。分别按邮政业务总量和电信业务总量统计。邮电业务总量是以各类业务的实物量分别乘以相应的不变单价,得出各类业务的货币量再加总求得。

移动电话用户 指在电信运营企业营业网点办理开户登记手续,通过移动电话交换机进入移动电话网,占用移动电话号码的各类电话用户。包括 GSM 数字移动电话用户、CDMA 数字移动电话用户和电信运营企业发行的报告期末已激活充值的能异地漫游的各种智能卡用户。

固定电话用户 指在电信运营企业营业网点办理开户登记手续并已接入固定电话网上的全部电话用户。包括普通电话用户、公用电话用户、窄带综合业务数字网(N—ISDN)用户、智能网专用接入终端用户等。按行政区划分为城市电话用户和农村电话用户。

住宅电话用户 指安装在居民住宅或农民家里并按照住宅电话用户登记注册和收费的各类电话用户。包括私人付费、单位付费和按规定免费安装的住宅电话用户。

5-1 客运量

单位:万人次

年 份	客运量总 计	铁路	公路	民用航空
2000	1986.8	168.0	1809.2	9.6
2001	2022.8	194.0	1813.3	15.5
2002	2321.2	223.7	2082.7	14.8
2003	2345.8	177.6	2152.4	15.8
2004	2373.4	231.4	2419.6	22.4
2005	2817.0	223.0	2567.5	26.5
2006	3087.0	246.0	2803.5	37.5
2007	3303.0	295.0	2965.0	43.0
2008	3483.8	311.0	3127.0	45.8
2009	4621.3	333.4	4221.7	66.2
2010	4868.0	372.1	4417.3	78.6
2011	5049.9	397.2	4558.8	93.9
2012	5233.4	404.0	4701.0	128.4
2013	1940.5	430.0	1354.0	156.5
2014	2232.0	444.0	1587.0	201.0
2015	2592.0	671.0	1709.0	212.0
2016	3165.7	705.0	1950.0	510.7
2017	3564.0	825.9	2112.4	625.5
2018	3793.8	922.8	2156.1	714.9
2019	3823.7	850.9	2160.2	812.6
2020	2680.8	537.6	1557.0	586.2
2021	1874.0	583.5	704.1	586.4
2022	838.5	256.8	320.7	260.9

注:西宁市交通局对 2014 年、2013 年数据进行了调整,2013 年同期数据为 1355 万人次。

5-2 货运量

单位:万吨

年 份	货运量总 计	铁路	公路	民用航空
2000	1813.5	138.4	1675.0	0.1
2001	1837.4	139.3	1698.0	0.1
2002	1906.7	176.3	1730.3	0.1
2003	2037.1	213.9	1823.0	0.2
2004	2366.7	244.5	2122.0	0.2
2005	2494.3	269.0	2225.0	0.3
2006	2669.5	333.0	2336.0	0.5
2007	2441.5	359.0	2082.0	0.5
2008	2641.6	383.0	2258.0	0.6
2009	2575.6	366.9	2208.1	0.6
2010	2978.6	512.4	2465.7	0.5
2011	3082.7	485.1	2597.3	0.3
2012	3278.5	576.0	2702.0	0.5
2013	5178.7	491.0	4687.0	0.7
2014	6221.0	458.0	5761.0	2.0
2015	6923.0	339.0	6583.0	0.9
2016	6952.6	308.0	6642.0	2.5
2017	7268.0	301.8	6962.8	3.0
2018	7548.6	319.7	7225.1	3.7
2019	6861.2	309.1	6547.4	4.7
2020	5998.5	278.7	5715.9	3.9
2021	7941.9	302.5	7635.1	3.4
2022	8328.2	261.7	8064.9	1.6

注:西宁市交通局对 2014 年、2013 年数据进行了调整,2013 年同期数据为 4687 万人次。

5-3 机动车拥有量

单位:辆

指 标	2011 年	2012 年	2013 年	2014 年	2015 年	2016 年	2017 年	2018年	2019 年	2020年	2021 年	2022 年
合 计	246706	290647	337887	391230	428070	491161	558710	615173	674007	730381	784265	833323
一、汽车	195558	241740	305763	360573	412346	477842	541329	597491	656501	711106	764336	810880
1.载客汽车	142740	183610	230258	285740	342501	404853	461848	512822	565402	608679	654269	694598
2.载货汽车	49617	54646	62096	64565	64659	67942	74490	79856	86655	97610	105020	110981
3.其他汽车	3201	3484	13409	10268	5186	5047	4991	4813	4444	4817	5047	5301
二、摩托车	37190	35818	29567	27863	13259	10655	13758	13417	12852	13764	13926	16173
1.普通	36354	35103	28900	27194	13208	10612	13708	13367	12802	13717	13876	15914
2.轻便	836	715	667	669	51	43	50	50	50	47	50	529
三、农用运输车	12022	10874									-	-
四、拖拉机											-	-
五、挂车	1893	2171	2514	2751	2453	2653	3615	4258	4647	5504	5996	6263
六、其他类型车	43	44	43	43	12	11	8	7	7	7	7	7

注:由于指标变动,农用运输车包括在其他汽车里,不再单列。

5-4 邮电业务基本情况

年份	邮电业务总量（万元）	#邮电业务（万元）	#电信业务总量（万元）	长途电话（万次）	移动电话年末用户（户）	固定电话用户（户）	#住宅电话（户）	互联网用户（户）
2000			20961	3897.28	157023	236625	193229	7279
2001			27054	4699.40	207035	297385	249688	19841
2002			35009	5072.40	458082	371807	293698	29644
2003			38604	5072.40	561190	471791	386282	34485
2004			42554	8449.08	603349	583021	442352	38821
2005	59280	9893	49387	6300.60	719848	717972	579736	54169
2006	69837	11654	58183	6708.84	851649	786577	645527	82929
2007	88995	11177	77818	8104.50	1050972	765126	606500	112658
2008	108734	11848	96886	10545.49	1080596	701027	543376	151588
2009	130247	14156	116091	6275.00	1508019	643248	478823	176388
2010	173199	11573	161626	4954.00	2000287	631125	461000	238846
2011	208847	10608	198239	7606.00	2342625	635362	479201	270314
2012	266732	11879	254853	11019.00	2638480	645354	474346	347495
2013	276251	12285	263966	8636.98	2759041	661919	423352	386967
2014	358554	27547	331007	7733.50	2779064	644369	450686	422350
2015	460214	22500	437714	1166.00	2773187	669909	452100	454443
2016	644715	29597	615118		2837548	617551	384819	466962
2017	715735	38095	677641		3217105	615823	390805	70.23（万户）
2018	1603654	46906	1556748		3229808	552189	326029	91.68（万户）
2019	2337124	53605	2283519		3267988	614660	323232	94.17（万户）
2020	3149750	60910	3088840		3169003	635419	336276	91.63（万户）
2021	4030876	69157	3961719		3035240	619970	357532	104.40（万户）
2022	507605	61483	446122		3079945	746991	–	117.79（万户）

注:2022年电信数据由市工信局统一提供,数据口径发生变化;指标没有住宅电话,本地电话年末用户改为固定电话用户。

六、能源

指 标 解 释

单位地区生产总值能耗 指一定时期内，一个地区每生产一个单位的地区生产总值所消耗的能源。计算公式为：单位地区生产总值能耗 = 能源消费总量 / 地区生产总值。

单位规模以上工业增加值能耗 计算公式为：单位规模以上工业增加值能耗 = 工业综合能源消费量 / 工业增加值。

能源消费总量 是指一定地域内，国民经济各行业和居民家庭在一定时间消费的各种能源的总和。包括：原煤、原油、天然气、水能、核能、风能、太阳能、地热能、生物质能等一次能源；一次能源通过加工转换产生的洗煤、焦炭、煤气、电力、热力、成品油等二次能源和同时产生的其他产品；其他化石能源、可再生能源和新能源。其中水能、风能、太阳能、地热能、生物质能等可再生能源，是指人们通过一定技术手段获得的，并作为商品能源使用的部分。在核算过程中，一次能源、二次能源消费不能重复计算。能源消费总量分为终端能源消费量、能源加工转换损失量和能源损失量三部分。

综合能源消费量 指企业(单位)在报告期内工业生产实际消费的各种能源(扣除能源加工转换和能源回收利用等重复因素)的总和。计算综合能源消费量时，需要将各种能源品种的消费量换算成按照标准计量单位(如：吨标准煤)计量的消费量。

6-1　产值综合能耗分组表(2022年)

指　　标	企　业 单位数	综合能源 消费量 (吨标准煤)	工业总产 值(万元)	产值能耗 (吨标准煤 /万元)
工业企业合计	256	12361238	20937430	0.5904
(一)采矿业	1	8332	8429	0.9885
煤炭开采和洗选业				
石油和天然气开采业				
黑色金属矿采选业				
有色金属矿采选业				
非金属矿采选业	1	8332	8429	0.9885
开采辅助活动				
其他采矿业				
(二)制造业	241	9702126	17818994	0.5445
农副食品加工业	15	3219	79367	0.0406
食品制造业	16	11009	124495	0.0884
酒、饮料和精制茶制造业	5	5063	23588	0.2146
烟草制品业				
纺织业	3	792	22576	0.0351
纺织服装、服饰业	5	2319	9263	0.2504
皮革、毛皮、羽毛及其制品和制鞋业				
木材加工和木、竹、藤、棕、草制品业				
家具制造业				
造纸和纸制品业	1	238	2324	0.1024
印刷和记录媒介复制业	4	876	9202	0.0952
文教、工美、体育和娱乐用品制造业	4	3863	14044	0.2751
石油加工、炼焦和核燃料加工业	1	4343	56317	0.0771
化学原料和化学制品制造业	11	1101981	840607	1.3109
医药制造业	25	16094	206016	0.0781
化学纤维制造业	1	78920	143325	0.5506
橡胶和塑料制品业	6	1072	14627	0.0733
非金属矿物制品业	44	771906	572079	1.3493
黑色金属冶炼和压延加工业	12	1922839	1409236	1.3645
有色金属冶炼和压延加工业	42	4672846	7568629	0.6174
金属制品业	6	606	34349	0.0176
通用设备制造业	3	938	18392	0.0510
专用设备制造业	5	1895	2650	0.7150
汽车制造业				
铁路、船舶、航空航天和其他运输设备制造业	1	90	560	0.1607
电气机械和器材制造业	13	134889	2170211	0.0622
计算机、通信和其他电子设备制造业	13	963168	4398330	0.2190
仪器仪表制造业	1	1224	11682	0.1048
其他制造业				
废弃资源综合利用业	2	402	34649	0.0116
金属制品、机械和设备修理业	2	1536	52477	0.0293
(三)电力、热力、燃气及水生产和供应业	14	2650780	3110008	0.8523
电力、热力生产和供应业	7	2642691	2988891	0.8842
燃气生产和供应业	4	3945	94570	0.0417
水的生产和供应业	3	4144	26548	0.1561

注:工业企业能源购进、消费与库存表及附表的统计范围为规模以上工业企业。

6-2 工业企业能源购进、

能源名称	计量单位	年初库存量	购进量	其中:购自省外
原煤	吨	896116	7535948	4338191
其中:1.无烟煤	吨	760	11173	11173
2.炼焦烟煤	吨			
3.一般烟煤	吨	895356	7524775	4327018
4.褐煤	吨			
洗精煤	吨			
其他洗煤	吨			
煤制品	吨			
焦炭	吨	162878	1268234	718241
其他焦化产品	吨			
焦炉煤气	万立方米		7962	
高炉煤气	万立方米			
转炉煤气	万立方米			
发生炉煤气	万立方米			
天然气(气态)	万立方米	36	73377	
液化天然气(液态)	吨		110	42
煤层气(煤田)	万立方米			
原油	吨			
汽油	吨	19	570	
煤油	吨	0	45	
柴油	吨	175	13030	3965
燃料油	吨	177	883	425
液化石油气	吨			
炼厂干气	吨			
石脑油	吨			
润滑油	吨		22	22
石蜡	吨			
溶剂油	吨			
石油焦	吨	8282	451821	64558
石油沥青	吨	1026	27168	733
其他石油制品	吨		21	
热力	百万千焦		2876497	
电力	万千瓦时		5310954	
煤矸石用于燃料	吨			
城市垃圾用于燃料	吨			
生物质废料用于燃料	吨			
余热余压	百万千焦		298869	
其他工业废料用于燃料	吨			
其他燃料	吨标准煤			
能源合计	吨标准煤			

注:工业企业能源购进、消费与库存表及附表的统计范围为规模以上工业企业。

消费与库存(2022 年)

工业生产消费	用于原材料	运输工具消费	期末库存量
7673303			661878
10900			1033
7662403			660845
1267485	744989		157474
7962			
137472			
7905			
72911	35901	36	11
110		68	
10332	10332		
380		346	17
1			
12604	65	8787	613
860	73		187
22			
455687	245067		3725
24745	24745		3448
4734603			
5340826		1424	
2975547			
14652078	1550318		

6-3　工业企业能源购进、

能源名称	计量单位	工业生产消费量	加工转换投入合计	火力发电	供热
原煤	吨	7591660	6875606	6443123	432483
其中:1.无烟煤	吨	10900			
2.炼焦烟煤	吨				
3.一般烟煤	吨	7580760	6875606	6443123	432483
4.褐煤	吨				
洗精煤	吨				
其他洗煤	吨				
煤制品	吨				
焦炭	吨	874611			
其他焦化产品	吨				
焦炉煤气	万立方米	7316			
高炉煤气	万立方米	137472	39618		39618
转炉煤气	万立方米	7905			
发生炉煤气	万立方米				
天然气(气态)	万立方米	14931	1348		1348
液化天然气(液态)	吨				
煤层气(煤田)	万立方米	10332			
原油	吨				
汽油	吨	65			
煤油	吨				
柴油	吨	2643	222	222	
燃料油	吨	409	409	409	
液化石油气	吨				
炼厂干气	吨				
石脑油	吨				
润滑油	吨				
石蜡	吨				
溶剂油	吨				
石油焦	吨	176643			
石油沥青	吨				
其他石油制品	吨				
热力	百万千焦	4059406			
电力	万千瓦时	2240746			
煤矸石用于燃料	吨				
城市垃圾用于燃料	吨				
生物质废料用于燃料	吨				
余热余压	百万千焦	2676678	2080298	2080298	
其他工业废料用于燃料	吨				
其他燃料	吨标准煤				
能源合计	吨标准煤	9238157	4354286	4011539	342746

注:工业企业能源购进、消费与库存表及附表的统计范围为规模以上工业企业。

消费与库存附表(2022 年)

原煤入洗	炼焦	炼油及煤制油	制气	天然气液化	加工煤制品	能源加工转换产出	回收利用
							137472
							7905
							10332
						8639386	
						1338588	
							3161580
						1939728	351112

6-4 工业企业能源购进、消费与库存(2012-2021 年)

能 源 名 称	计量单位	2012 年				
		购进量		消费量		期末库存 量
		实物量	金 额(千元)	合计	工业生产消费	
原煤	吨	6515869	2787662	6353006	6299303	595048
其中:1.无烟煤	吨	12346	5971	10024	10024	5049
2.炼焦烟煤	吨	184417	95670	206832	206832	56619
3.一般烟煤	吨	6319106	2686020	6136151	6082448	533379
4.褐煤	吨					
洗精煤	吨	18550	14562	968030	961586	50433
其他洗煤	吨					
煤制品	吨	5311	2626	5173	5173	138
焦炭	吨	1303421	1662011	1281150	1281150	110291
其他焦化产品	吨					1607
焦炉煤气	万立方米	6285	38966	17740	17740	
高炉煤气	万立方米			185322	185322	
转炉煤气	万立方米					
发生炉煤气	万立方米					
天然气(气态)	万立方米	67196	916068	67164	64988	44
液化天然气(液态)	吨	503	4027	503	503	
煤层气(煤田)	万立方米					
原油	吨					
汽油	吨	2518	20354	2537	604	35
煤油	吨	30	300	32	32	3
柴油	吨	19120	145792	19080	13562	575
燃料油	吨	597	4892	1656	749	145
液化石油气	吨	1	6	1	0	
炼厂干气	吨					
石脑油	吨					
润滑油	吨					
石蜡	吨					
溶剂油	吨	62	635	55	55	7
石油焦	吨	473045	886560	472114	472114	33538
石油沥青	吨	52078	155776	50469	50469	11100
其他石油制品	吨	26	546	24	24	2
热力	百万千焦			1955401	1156234	
电力	万千瓦时	3928654	14527300	4095809	4083864	
煤矸石用于燃料	吨					
城市垃圾用于燃料	吨					
生物质废料用于燃料	吨					
余热余压	百万千焦					
其他工业废料用于燃料	吨					
其他燃料	吨标准煤					
能源合计	吨标准煤			12694183	12575237	

注:工业企业能源购进、消费与库存表及附表的统计范围为规模以上工业企业。

6-4 续表 1

能源名称	计量单位	2013年				
		购进量		消费量		期末库存量
		实物量	金额(千元)	合计	工业生产消费	
原煤	吨	6873461	2848380	6993455	6948419	512657
其中:1.无烟煤	吨	14203	9347	14969	14914	4283
2.炼焦烟煤	吨	179255	87563	235875	235875	
3.一般烟煤	吨	6680003	2751470	6742611	6697630	508374
4.褐煤	吨					
洗精煤	吨	20409	16396	1074937	1058905	53139
其他洗煤	吨					
煤制品	吨	4882	4378	5020	5020	
焦炭	吨	1437164	1597214	1354964	1354791	197599
其他焦化产品	吨	3248	2533	3343	3343	2206
焦炉煤气	万立方米	10545	65380	25837	25837	
高炉煤气	万立方米			200084	200084	
转炉煤气	万立方米					
发生炉煤气	万立方米					
天然气(气态)	万立方米	60655	803636	60660	59511	32
液化天然气(液态)	吨					
煤层气(煤田)	万立方米					
原油	吨					
汽油	吨	1789	15006	1776	553	42
煤油	吨	61	612	63	62	2
柴油	吨	16168	122578	16007	10776	788
燃料油	吨	642	5332	636	636	151
液化石油气	吨	40	321	40	38	
炼厂干气	吨					
石脑油	吨					
润滑油	吨					
石蜡	吨					
溶剂油	吨	80	829	77	77	10
石油焦	吨	347209	552256	356542	356542	24205
石油沥青	吨	22866	77745	22092	22092	11875
其他石油制品	吨	18	496	18	18	
热力	百万千焦			1505927	1046657	
电力	万千瓦时	4319397	16692286	4503133	4473868	
煤矸石用于燃料	吨					
城市垃圾用于燃料	吨					
生物质废料用于燃料	吨					
余热余压	百万千焦					
其他工业废料用于燃料	吨					
其他燃料	吨标准煤					
能源合计	吨标准煤			13696548	13578170	

注:工业企业能源购进、消费与库存表及附表的统计范围为规模以上工业企业。

6-4 续表 2

能源名称	计量单位	2014年				
		购进量		消费量		期末库存量
		实物量	金额（千元）	合计	工业生产消费	
原煤	吨	6280570	2454248	6311766	6260292	491865
其中：1.无烟煤	吨	9388	10816	10177	10114	3494
2.炼焦烟煤	吨					
3.一般烟煤	吨	6271182	2443432	6301589	6250178	488371
4.褐煤	吨					
洗精煤	吨	20585	15366	20535	20535	50
其他洗煤	吨					
煤制品	吨	4401	2187	4401	4401	
焦炭	吨	1288683	1241341	1358660	1357114	121372
其他焦化产品	吨					
焦炉煤气	万立方米	10011	62067	10011	10011	
高炉煤气	万立方米			193726	193726	
转炉煤气	万立方米					
发生炉煤气	万立方米					
天然气（气态）	万立方米	82672	1190811	82642	81079	18
液化天然气（液态）	吨					
煤层气（煤田）	万立方米					
原油	吨					
汽油	吨	1706	14194	1713	490	39
煤油	吨	20	211	22	21	0
柴油	吨	12762	95614	13032	7653	538
燃料油	吨	405	3363	368	368	188
液化石油气	吨	122	908	122	121	
炼厂干气	吨					
石脑油	吨					
润滑油	吨	25	51	30	30	3
石蜡	吨					
溶剂油	吨	82	845	89	89	3
石油焦	吨	361546	574280	361363	361363	34281
石油沥青	吨	20095	51242	21062	21062	10908
其他石油制品	吨	26	689	26	26	
热力	百万千焦			1571141	1411586	
电力	万千瓦时	3941869	14693733	4513390	4481841	
煤矸石用于燃料	吨					
城市垃圾用于燃料	吨					
生物质废料用于燃料	吨					
余热余压	百万千焦					
其他工业废料用于燃料	吨					
其他燃料	吨标准煤					1
能源合计	吨标准煤			12645497	12536596	

注：工业企业能源购进、消费与库存表及附表的统计范围为规模以上工业企业。

6-4 续表3

能源名称	计量单位	2015年				
		购进量		消费量		期末库存量
		实物量	金额（千元）	合计	工业生产消费	
原煤	吨	5351115	1920189	5424900	5384790	389321
其中:1.无烟煤	吨	713		713	657	3494
2.炼焦烟煤	吨					
3.一般烟煤	吨	5350402	1920189	5424187	5384133	385827
4.褐煤	吨					
洗精煤	吨	12512	4138	12512	12512	100
其他洗煤	吨					
煤制品	吨	2331		2331	2308	
焦炭	吨	1304882	476946	1348016	1345414	71957
其他焦化产品	吨					
焦炉煤气	万立方米	6937		6937	6937	
高炉煤气	万立方米			176594	176594	
转炉煤气	万立方米					
发生炉煤气	万立方米			11	8	
天然气(气态)	万立方米	79841	821	82377	80712	53
液化天然气(液态)	吨					
煤层气(煤田)	万立方米					
原油	吨					
汽油	吨	1571	148	1601	468	23
煤油	吨	42		42	41	
柴油	吨	10497	578	10614	6278	455
燃料油	吨	281		264	264	205
液化石油气	吨	149	1	149	142	
炼厂干气	吨					
石脑油	吨					
润滑油	吨	10		10	10	
石蜡	吨					
溶剂油	吨	57		39	39	10
石油焦	吨	482042	22500	502964	502964	14360
石油沥青	吨	11322		12064	12064	10165
其他石油制品	吨	7		7	7	
热力	百万千焦			1319190	1192075	
电力	万千瓦时	3413074	4028	3916561	3882278	
煤矸石用于燃料	吨					
城市垃圾用于燃料	吨					
生物质废料用于燃料	吨					
余热余压	百万千焦			2598029	2598029	
其他工业废料用于燃料	吨					
其他燃料	吨标准煤					
能源合计	吨标准煤			11916804	11809680	

注：工业企业能源购进、消费与库存表及附表的统计范围为规模以上工业企业。

6-4 续表4

能源名称	计量单位	2016年				
		购进量		消费量		期末库存量
		实物量	金额（千元）	合计	工业生产消费	
原煤	吨	4867737	481365	4919592	4893233	435014
其中：1.无烟煤	吨	67		67		
2.炼焦烟煤	吨					
3.一般烟煤	吨	4867670	481365	4919525	4893233	435014
4.褐煤	吨					
洗精煤	吨					
其他洗煤	吨					
煤制品	吨					
焦炭	吨	1500101	695838	1155419	1154968	116868
其他焦化产品	吨					
焦炉煤气	万立方米	8243		8243	8243	
高炉煤气	万立方米			157354	157354	
转炉煤气	万立方米					
发生炉煤气	万立方米					
天然气（气态）	万立方米	117151		117836	115762	50
液化天然气（液态）	吨	692		692	134	
煤层气（煤田）	万立方米					
原油	吨					
汽油	吨	1979	137	1958	840	56
煤油	吨	19		19	19	0
柴油	吨	10843	608	11009	6979	318
燃料油	吨	1059	831	950	950	314
液化石油气	吨	87	1	87	86	
炼厂干气	吨					
石脑油	吨					
润滑油	吨	24		24	24	1
石蜡	吨					
溶剂油	吨					
石油焦	吨	530345	16638	530231	530231	4069
石油沥青	吨	11355		15559	15559	5961
其他石油制品	吨	6		6	6	
热力	百万千焦			1330839	1271316	
电力	万千瓦时	3519403		3720382	3685742	
煤矸石用于燃料	吨					
城市垃圾用于燃料	吨					
生物质废料用于燃料	吨					
余热余压	百万千焦	616315		2805540	2805540	
其他工业废料用于燃料	吨					
其他燃料	吨标准煤			30	15	
能源合计	吨标准煤			11684041	11585249	

注：工业企业能源购进、消费与库存表及附表的统计范围为规模以上工业企业。

6-4 续表5

能源名称	计量单位	2017年				
		购进量		消费量		期末库存量
		实物量	金额（千元）	合计	工业生产消费	
原煤	吨	6757308	1341021	6850507	6790523	534007
其中:1.无烟煤	吨	2530	0	2530	2470	0
2.炼焦烟煤	吨	0	0	0	0	0
3.一般烟煤	吨	6754778	1341021	6847977	6788053	534007
4.褐煤	吨	0	0	0	0	0
洗精煤	吨	0	0	0	0	0
其他洗煤	吨	0	0	0	0	0
煤制品	吨	0	0	0	0	0
焦炭	吨	1102480	384172	1133023	1132909	100408
其他焦化产品	吨	0	0	0	0	0
焦炉煤气	万立方米	8099	0	8099	8099	0
高炉煤气	万立方米	0	0	176908	176908	0
转炉煤气	万立方米	0	0	0	0	0
发生炉煤气	万立方米	0	0	0	0	0
天然气(气态)	万立方米	89746	0	89638	87584	34
液化天然气(液态)	吨	725	0	725	20	0
煤层气(煤田)	万立方米	0	0	0	0	0
原油	吨	0	0	0	0	0
汽油	吨	2058	51	2080	936	23
煤油	吨	23	0	23	23	0
柴油	吨	12346	880	12393	9302	504
燃料油	吨	1422	1362	1500	1500	236
液化石油气	吨	5	0	5	5	0
炼厂干气	吨	0	0	0	0	0
石脑油	吨	0	0	0	0	0
润滑油	吨	18	0	18	18	0
石蜡	吨	0	0	0	0	0
溶剂油	吨	0	0	0	0	0
石油焦	吨	473314	0	464699	464699	12291
石油沥青	吨	17049	0	17137	17137	5873
其他石油制品	吨	23	0	23	23	0
热力	百万千焦	0	0	1608317	1464223	0
电力	万千瓦时	3633596	0	3876383	3844497	0
煤矸石用于燃料	吨	0	0	0	0	0
城市垃圾用于燃料	吨	0	0	0	0	0
生物质废料用于燃料	吨	0	0	0	0	0
余热余压	百万千焦	710509	0	2498843	2498843	0
其他工业废料用于燃料	吨	0	0	0	0	0
其他燃料	吨标准煤	52	0	46	46	6
能源合计	吨标准煤	0	0	12575370	12457803	0

注：工业企业能源购进、消费与库存表及附表的统计范围为规模以上工业企业。

6-4 续表 6

能源名称	计量单位	2018年				
		购进量		消费量		期末库存量
		实物量	金额（千元）	合计	工业生产消费	
原煤	吨	5951324	1087091	5779382	5757980	654890
其中：1.无烟煤	吨	4211		4211	4175	
2.炼焦烟煤	吨					
3.一般烟煤	吨	5947113	1087091	5775171	5753805	654890
4.褐煤	吨					
洗精煤	吨					
其他洗煤	吨					
煤制品	吨					
焦炭	吨	1297418	607191	1265042	1265042	132927
其他焦化产品	吨					
焦炉煤气	万立方米	7002		7002	7002	
高炉煤气	万立方米			193418	193418	
转炉煤气	万立方米			8850	8850	
发生炉煤气	万立方米					
天然气（气态）	万立方米	75980		75636	73667	104
液化天然气（液态）	吨	673		673	401	
煤层气（煤田）	万立方米					
原油	吨					
汽油	吨	1300		1310	445	24
煤油	吨	27		26	26	0
柴油	吨	10208	269	10230	6509	327
燃料油	吨	1309	1113	1352	1352	187
液化石油气	吨	26		26	26	
炼厂干气	吨					
石脑油	吨					
润滑油	吨	1		1	1	
石蜡	吨					
溶剂油	吨					
石油焦	吨	471349	26744	482451	482451	1190
石油沥青	吨	19823		23108	23108	2587
其他石油制品	吨	28		28	21	
热力	百万千焦	460891		3413659	3123409	
电力	万千瓦时	3922932		4160581	4126673	
煤矸石用于燃料	吨					
城市垃圾用于燃料	吨					
生物质废料用于燃料	吨					
余热余压	百万千焦			3024570	2524799	
其他工业废料用于燃料	吨	4				
其他燃料	吨标准煤	33		37	37	2
能源合计	吨标准煤			12108900	11993536	

注：工业企业能源购进、消费与库存表及附表的统计范围为规模以上工业企业。

6-4 续表 7

能源名称	计量单位	2019年				
		购进量		消费量		期末库存量
		实物量	金额（千元）	合计	工业生产消费	
原煤	吨	5067722	1243946	5119715	5106399	561680
其中：1.无烟煤	吨	444	0	444	444	0
2.炼焦烟煤	吨	0	0	0	0	0
3.一般烟煤	吨	5067278	1243946	5119271	5105955	561680
4.褐煤	吨	0	0	0	0	0
洗精煤	吨	0	0	0	0	0
其他洗煤	吨	0	0	0	0	0
煤制品	吨	0	0	0	0	0
焦炭	吨	1375559	580074	1354393	1354393	152032
其他焦化产品	吨	0	0	0	0	0
焦炉煤气	万立方米	8653	0	8653	8653	0
高炉煤气	万立方米	0	0	202521	202521	0
转炉煤气	万立方米	0	0	11464	11464	0
发生炉煤气	万立方米	0	0	0	0	0
天然气(气态)	万立方米	78189	0	78029	76747	59
液化天然气(液态)	吨	605	0	605	605	0
煤层气(煤田)	万立方米	0	0	0	0	0
原油	吨	0	0	0	0	0
汽油	吨	1090	18	1098	373	18
煤油	吨	33	0	33	33	0
柴油	吨	10842	383	10636	7140	489
燃料油	吨	1283	1104	1279	1279	191
液化石油气	吨	16	0	16	16	0
炼厂干气	吨	0	0	0	0	0
石脑油	吨	0	0	0	0	0
润滑油	吨	3	0	3	3	0
石蜡	吨	0	0	0	0	0
溶剂油	吨	0	0	0	0	0
石油焦	吨	538803	37602	535897	535897	6741
石油沥青	吨	24972	0	24499	24499	3061
其他石油制品	吨	11	0	11	11	0
热力	百万千焦	1077196	0	3267897	2762541	0
电力	万千瓦时	3799309	0	4024056	4002110	0
煤矸石用于燃料	吨	0	0	0	0	0
城市垃圾用于燃料	吨	0	0	0	0	0
生物质废料用于燃料	吨	0	0	0	0	0
余热余压	百万千焦	736691	0	3795220	3619309	0
其他工业废料用于燃料	吨	38	0	0	0	0
其他燃料	吨标准煤	18	0	19	19	1
能源合计	吨标准煤	0	0	11845766	11763720	0

注：工业企业能源购进、消费与库存表及附表的统计范围为规模以上工业企业。

6-4 续表 8

能源名称	计量单位	2020 年			
		购进量	其中:购自省外	工业生产消费	期末库存量
原煤	吨	5209143	913012	5063157	658161
其中:1.无烟煤	吨	8158	8158	8063	191
2.炼焦烟煤	吨	0	0	0	0
3.一般烟煤	吨	5200986	904854	5055094	657970
4.褐煤	吨	0	0	0	0
洗精煤	吨	0	0	0	0
其他洗煤	吨	31	0	31	0
煤制品	吨	0	0	0	0
焦炭	吨	1247113	435037	1229468	169654
其他焦化产品	吨	0	0	0	0
焦炉煤气	万立方米	8991	0	8991	0
高炉煤气	万立方米	0	0	219859	0
转炉煤气	万立方米	0	0	13091	0
发生炉煤气	万立方米	0	0	0	0
天然气(气态)	万立方米	63982	314	65357	107
液化天然气(液态)	吨	839	0	839	0
煤层气(煤田)	万立方米	0	0	0	0
原油	吨	0	15	0	0
汽油	吨	825	0	792	8
煤油	吨	64	534	65	0
柴油	吨	11024	1026	10530	394
燃料油	吨	1371	0	1197	227
液化石油气	吨	18	0	19	0
炼厂干气	吨	0	0	0	0
石脑油	吨	0	3	0	0
润滑油	吨	3	0	3	0
石蜡	吨	0	0	0	0
溶剂油	吨	0	46857	0	0
石油焦	吨	520699	3254	525059	2381
石油沥青	吨	27609	0	28552	2118
其他石油制品	吨	31	0	31	0
热力	百万千焦	1217091	0	2908830	0
电力	万千瓦时	3944192	0	4072403	0
煤矸石用于燃料	吨	0	0	0	0
城市垃圾用于燃料	吨	0	0	0	0
生物质废料用于燃料	吨	0	0	0	0
余热余压	百万千焦	0	0	3111824	0
其他工业废料用于燃料	吨	0	0	0	0
其他燃料	吨标准煤	229	0	204	0
能源合计	吨标准煤	0	0	11570112	0

注:工业企业能源购进、消费与库存表及附表的统计范围为规模以上工业企业。

6-4 续表 9

能源名称	计量单位	2021年			
		购进量	其中:购自省外	工业生产消费	期末库存量
原煤	吨	7731072	2323468	7425569	893660
其中:1.无烟煤	吨	12969	12969	12399	760
2.炼焦烟煤	吨	0	0	0	0
3.一般烟煤	吨	7718103	2310499	7413169	892900
4.褐煤	吨	0	0	0	0
洗精煤	吨	0	0	0	0
其他洗煤	吨	0	0	0	0
煤制品	吨	0	0	0	0
焦炭	吨	1549842	706705	1540093	175689
其他焦化产品	吨	0	0	0	0
焦炉煤气	万立方米	13588	0	13588	0
高炉煤气	万立方米	0	0	199827	0
转炉煤气	万立方米	0	0	11852	0
发生炉煤气	万立方米	0	0	0	0
天然气(气态)	万立方米	68584	0	68061	70
液化天然气(液态)	吨	387	135	387	0
煤层气(煤田)	万立方米	0	0	0	0
原油	吨	0	0	0	0
汽油	吨	725	2	523	12
煤油	吨	54	0	54	0
柴油	吨	11044	508	10360	558
燃料油	吨	1479	1377	1399	177
液化石油气	吨	2	0	1	0
炼厂干气	吨	0	0	0	0
石脑油	吨	0	0	0	0
润滑油	吨	6	6	6	0
石蜡	吨	0	0	0	0
溶剂油	吨	0	0	0	0
石油焦	吨	477880	33160	475915	4346
石油沥青	吨	26911	3273	28003	1026
其他石油制品	吨	46	0	46	0
热力	百万千焦	1342439	0	3310277	0
电力	万千瓦时	4587341	0	4700446	0
煤矸石用于燃料	吨	0	0	0	0
城市垃圾用于燃料	吨	0	0	0	0
生物质废料用于燃料	吨	0	0	0	0
余热余压	百万千焦	327187	0	3815252	0
其他工业废料用于燃料	吨	0	0	0	0
其他燃料	吨标准煤	0	0	0	0
能源合计	吨标准煤	0	0	14042188	0

注:工业企业能源购进、消费与库存表及附表的统计范围为规模以上工业企业。

6-5 西宁地区生产总值及规上工业增加值能耗(2011-2022年)

年 份	万元地区生产总值能源消费量(吨标煤/万元)	万元规模以上工业增加值能源消费量(吨标煤/万元)
2011	2.0529	2.4735
2012	2.4444	2.4877
2013	2.3064	2.7433
2014	2.0797	2.3472
2015	1.8161	1.9503
2016	1.6231	2.3717
2017	1.4824	2.2206
2018	1.4264	2.0312
2019	1.6872	2.8970
2020	1.6449	4.0577
2021	1.6146	4.3120
2022	1.6912	2.7120

注:1.规模以上工业每年会有新入规及退库企业,企业数量的变化导致万元规模以上工业增加值能源消费量指标值年度之间不可比;

2.本表中2019年度之后指标数据为四经普修订数,其他年份指标数据未修订;

3.2000-2015年万元地区生总值及规模以上工业增加值按2010年可比价格计算;2016-2020年万元地区生总值及规模以上工业增加值按2015年可比价格计算;2021-2022年万元地区生总值及规模以上工业增加值按2020年可比价格计算。

七、固定资产投资　建筑业

指标解释

固定资产投资　是以货币形式表现的在一定时期内建造和购置固定资产的工作量以及与此有关的费用的总称。固定资产投资按登记注册类型可分为国有、集体、个体、联营、股份制、外商、港澳台商、其他等。

房地产开发投资　指各种登记注册类型的房地产开发法人单位统一开发的住宅、饭店、宾馆、度假村、写字楼、办公楼等房屋建筑物,配套的服务设施、土地开发工程(如道路、给水、排水、供电、供热、通讯、平整场地等基础设施工程)和土地购置的投资。不包括单纯的土地开发和交易活动。

固定资产投资资金来源　根据固定资产投资的资金来源不同,包括国家预算资金、国内贷款、债券、利用外资、自筹资金和其他资金。

国家预算资金　指各级政府用于固定资产投资的财政资金,包括中央预算资金和地方预算资金。国家预算包括一般预算、政府性基金预算、国有资本经营预算和社保基金预算。各类预算中用于固定资产投资的资金全部作为国家预算资金填报,其中一般预算中用于固定资产投资的部分包括基建投资、车购税、灾后恢复重建基金和其他财政投资。各级政府债券、政府专项债也应归入国家预算资金。

中央预算资金　指国家预算资金中,来源于中央公共预算安排的用于项目建设的资金数额。

国内贷款　指报告期向银行及非银行金融机构借入用于在建项目投资的各种国内借款,包括银行利用自有资金及吸收存款发放的贷款、上级拨入的国内贷款、国家专项贷款,地方财政专项资金安排的贷款、国内储备贷款、周转贷款等。

利用外资　指报告期内收到的境外(包括外国及港澳台地区)资金(包括设备、材料、技术在内)。包括对外借款(外国政府贷款、国际金融组织贷款、出口信贷、外国银行商业贷款、对外发行债券和股票)、外商直接投资、外商其他投资(包括补偿贸易、加工装配由外商提供的设备价款、国际租赁,外商投资收益的再投资资金)。不包括我国自有外汇资金(国家外汇、地方外汇、留成外汇、调剂外汇和中国境内银行自有资金发放的外汇贷款等)。各类外资按报告期的外汇牌价(中间价)折成人民币计算。

自筹资金　指在报告期内筹集的用于在建项目投资的资金。包括自有资金、股东投入资金和借入资金,但不包括各类财政性资金、从各类金融机构借入资金和国外资金。

其他资金来源　指在报告期收到的除以上各种资金之外的用于固定资产投资的资金。包括债券、社会集资、个人资金、无偿捐赠的资金及其他单位拨入的资金等。

债券　指企业或金融机构为筹集用于固定资产投资的资金向投资者出具的承诺按一定发行条件还本付息的债务凭证,包括金融债券和企业债券。金融债券是由银行和非银行金融机构发行的债券。在我国目前金融债券主要分两类,一是由国家开发银行、进出口银行等政策性银行发行的政策性金融债券,二是由商业银行、证券公司、财务公司等商业性金融机构发行的商业金融债券。企业债券是工商企业依照法定程序发行的债券。公司债券的发行主体可以是股份公司也可以是非股份公司,可以是上市公司也可以是非上市公司,包括依据《企业债券管理条例》发行的企业债券、依据《公司法》发行的上市公司债券、依据中国人民银行规章发行的中期票据等。

固定资产投资按国民经济行业分　根据建设项目建成投产后的主要产品或主要用途及社会经济活动性质来确定国民经济行业。一般情况下,一个建设项目或一个企业、事业单位只能属于一种国民经济行业。

固定资产投资按建设性质分　固定资产再生产的性质根据整个建设项目情况来确定。建设项目的性质一般分为新建、扩建、改建和技术改造、迁建、恢复等,一个建设项目只能有一种建设性质。房地产开发单位、农村投资、城镇工矿区私人建房投资不划分建设性质。

(1)新建:一般指从无到有开始建设的企业、事业和行政单位或建设项目。现有企业、事业、行政单位一般不属于新建。但如有的单位原有基础很小，经过建设后新增的固定资产价值超过该企、事业、行政单位原有固定资产价值(原值)三倍以上的也应作为新建。

(2)扩建：指为扩大原有产品的生产能力(或效益)或增加新的产品生产能力，而增建主要的生产车间(或主要工程)、分厂、独立的生产线。行政、事业单位在原单位增建业务用房(如学校增建教学用房、医院增建门诊部、病房等)也作为扩建。

现有调查单位为扩大原有主要产品生产能力或增加新的产品生产能力，增建一个或几个主要生产车间(或主要工程)、分厂，同时进行一些更新改造工程的，也应作为扩建。

(3)改建和技术改造：指现有企业、事业单位，对原有设施进行技术改造或更新(包括相应配套的辅助性生产、生活福利设施)的建设项目。改建项目包括调查单位为适应市场变化的需要，而改变企业的主要产品种类(如军工企业转产民用品等)的建设项目。原有产品生产作业线由于各工序(车间)之间能力不平衡，为填平补齐充分发挥原有生产能力而增建但不增加主要产品设计能力的建设项目。技术改造是指调查单位在现有基础上，用先进的技术代替落后的技术，用先进的工艺和装备代替落后的工艺和装备，以改变企业落后的技术经济面貌，实现以内涵为主的扩大再生产，达到提高产品质量、促进产品更新换代、节约能源、降低消耗、扩大生产规模、全面提高社会经济效益的目的。技术改造具体包括以下内容：机器设备和工具的更新改造；生产工艺改革、节约能源和原材料的改造；厂房建筑和公共设施的改造；保护环境进行的“三废”治理改造；劳动条件和生产环境的改造等。

固定资产投资按构成分　固定资产投资活动按其工作内容和实现方式分为建筑安装工程，设备、工具、器具购置，其他费用三个部分。

建筑工程　指各种房屋、建筑物的建造工程。这部分投资额必须兴工动料，通过施工活动才能实现。建筑工程包括：(1)各种房屋如厂房、仓库、办公室、住宅、商店、学校、医院、俱乐部、食堂、招待所。包括：房屋的土建工程；列入房屋工程预算内的暖气、卫生、通风、照明、煤气等设备的价值及装设油饰工程；列入建筑工程预算内的各种管道(如蒸汽、压缩空气、石油、给排水等管道)、电力、电讯电缆导线等的敷设工程。(2)设备基础、支柱、操作平台、梯子、烟囱、凉水塔、水池、灰塔等建筑工程；炼焦炉、裂解炉、蒸汽炉等各种窖炉的砌筑工程及金属结构工程。(3)为施工而进行的建筑场地的布置、工程地质勘探，原有建筑物和障碍物的拆除，平整场地、施工临时用水、电、汽、道路工程，以及完工后建筑场地的清理、环境绿化美化工作等。(4)矿井的开凿，井巷掘进延伸，露天矿的剥离，石油、天然气钻井工程和铁路、公路、港口、桥梁等工程。(5)水利工程，如水库、堤坝、灌溉以及河道整治等工程。(6)防空、地下建筑等特殊工程及其他建筑工程。

安装工程　指各种设备、装置的安装工程。安装工程包括：(1)生产、动力、起重、运输、传动和医疗、实验等各种需要安装设备的装配和安装，与设备相连的工作台、梯子、栏杆等装设工程，附属于被安装设备的管线敷设工程，被安装设备的绝缘、防腐、保温、油漆等工作。(2)为测定安装工程质量，对单个设备、系统设备进行单机试运、系统联动无负荷试运工作(投料试运工作不包括在内)。

在安装工程中，不包括被安装设备本身价值。

设备工器具购置　指报告期内购置或自制的，达到固定资产标准的设备、工具、器具的价值。(1)设备：指各种生产设备、传导设备、动力设备、运输设备等。分为需要安装的设备和不需要安装的设备两种。需要安装的设备(简称“需安设备”)：是指必须将其整体或几个部位装配起来，安装在基础上或建筑物支架上才能使用的设备。如轧钢机、发电机、蒸汽锅炉、变压器、塔、换热器、各种泵、机床等。有的设备虽不要基础，但必须进行组装工作，并在一定范围内使用，如生产用电铲、塔吊、门吊、皮带运输机等也作为需要安装的设备统计。不需要安装的设备(简称“不需安设备”)：指不必固定在一定位置或支架上就可以使用的各种设备，如电焊机、叉车、汽车、机车、飞机、船舶以及生产上流动使用的空压机、泵等。(2)工具、器具：指具有独立用途的各种生产用具、工作工具和仪器。如生产和维修用的切削工具、压延工具、铆焊工具、模压器、铸型、风镐等，检验、实验测量用的各种计量、分析、化验仪器，以及达到固定资产标准的包装容器等。

其他费用　指在项目建设过程中发生的，除建筑安装工程和设备、工器具购置投资完成额以外的费用，不指经营中财务上的其他费用。用于项目建设的贷款的利息支出，在项目建设期应纳入统计，项目建成投产后不应纳入。

施工项目 指报告期内进行过建筑或安装施工活动的项目。凡是报告期内施过工的建设项目,不论施工时间长短,均作为施工项目统计。施工项目个数可以反映一定时期固定资产投资的实际规模,与同期全部建成投产项目个数相比,可以从建设速度的角度反映固定资产投资的效果。根据建设项目施工活动的不同性质,施工项目又分为:本年正式施工项目、本年收尾项目和以前年度全部停缓建项目。

全部建成投产项目 工业项目指设计文件规定形成生产能力的主体工程及其相应配套的辅助设施全部建成,经负荷试运转,证明具备生产设计规定合格产品的条件,并经过验收鉴定合格或达到竣工验收标准,与生产性工程配套的生活福利设施可以满足近期正常生产的需要,正式移交生产的建设项目。非工业项目指设计文件规定的主体工程和相应的配套工程全部建成,能够发挥设计规定的全部效益,经验收鉴定合格或达到竣工验收标准,正式移交使用的建设项目。

房屋施工面积 指报告期内施工的全部房屋建筑面积。包括本期新开工的房屋建筑面积、上期跨入本期继续施工的房屋建筑面积、上期停缓建在本期恢复施工的房屋建筑面积、本期竣工的房屋建筑面积以及本期施工后又停缓建的房屋建筑面积。多层建筑应填各层建筑面积之和。

房屋竣工面积 指在报告期内房屋建筑按照设计要求已经全部完工,达到住人和使用条件,经验收鉴定合格(或达到竣工验收标准),正式移交使用单位的各栋房屋建筑面积的总和。

项目建成投产率 指一定时期内全部建成投产项目个数与同期施工项目个数的比率。该指标是从建设单位建设速度的角度反映投资效果的指标。

固定资产交付使用率 指一定时期新增固定资产与同期完成投资额的比率。该指标是反映固定资产动用速度,衡量建设过程中宏观投资效果的综合指标。由于新增固定资产是较长时期内形成的结果,而投资额则是当年完成的,因此,该指标一般适宜于反映较长时期内固定资产的动用情况。

商品房销售面积 指报告期内出售商品房屋的合同总面积(即双方签署的正式买卖合同中所确定的建筑面积)。由现房销售建筑面积和期房销售建筑面积两部分组成。

商品房销售额 指报告期内出售商品房屋的合同总价款(即双方签署的正式买卖合同中所确定的合同总价)。该指标与商品房销售面积同口径,由现房销售额和期房销售额两部分组成。

建筑业统计单位 指从事房屋、构筑物建造和设备安装活动的法人企业。建筑业法人企业应具有建筑业资质并能够独立核算,同时其应具备以下条件:

(1)依法成立,有自己的名称、组织机构和场所,能够承担民事责任;

(2)独立拥有和使用资产,承担负债,有权与其他单位签订合同;

(3)独立核算盈亏,能够编制资产负债表。

建筑业总产值 是以货币形式表现的建筑业企业在一定时期内生产的建筑业产品和提供的服务的总和。建筑业总产值包括:

(1)建筑工程产值:指列入建筑工程预算内的各种工程价值。

(2)安装工程产值:指设备安装工程价值以及将预制部品部件安装成建筑工程产品的价值。

在设备安装产值中,不得包括被安装设备、被安装部品部件本身价值。

(3)其他产值:建筑业总产值中除建筑工程、安装工程以外的产值。包括房屋构筑物修理产值、非标准设备制造产值、总包企业向分包企业收取的管理费以及不能明确划分的施工活动所完成的产值。

a.房屋构筑物修理产值:指房屋和构筑物修理所完成的产值,但不包括被修理房屋、构筑物本身价值和生产设备的修理产值。

b.非标准设备制造产值:指加工制造没有定型的非标准生产设备的加工费和原材料价值(如化工厂、炼油厂用的各种罐、槽,矿井生产统一使用的各种漏斗、三角槽、阀门等)以及附属加工厂为本企业承建工程制作的非标准设备的价值。

建筑业增加值　指建筑业企业在报告期内以货币形式表现的建筑业生产经营活动的最终成果。

从 2004 年第一次全国经济普查开始，建筑业现价增加值按生产法和分配法（收入法）两种方法计算，以收入法的计算结果为准，即从收入的角度出发，根据生产要素在生产过程中应得的收入份额计算。具体计算方法：经济普查年度建筑业增加值按照《经济普查年度 GDP 核算方案》计算，非经济普查年度建筑业增加值按照《非经济普查年度 GDP 核算方案》计算。

7-1 固定资产投资增长速度

单位:%

年份	总计	按所有制形式分			
		国有经济	集体经济	个体经济	其他经济
2018	9.0	19.6	-74.2	0.7	155.9
2019	2.6	3.2	62.8	-20.8	-35.4
2020	-25.9	-32.5	85.7	-23.9	-21.2
2021	6.8	-11.6	25.7	6.7	-51.3
2022	-18.3	-23.6	118.7	-30.0	-59.7

7-2 固定资产投资

指　　标	2018年	2019年	2020年	2021年	2022年
投资增速(%)	**9.0**	**2.6**	**-25.9**	**6.8**	**-18.3**
按登记注册类型分(%)					
内资					
国有	19.6	3.2	-32.5	-11.6	-23.6
集体	-74.2	62.8	85.7	25.7	118.7
联营经济	0	-100	0	0	0
其他有限责任公司	-15.9	46.7	-9.3	30.4	-4.4
股份制经济	158.5	-24.4	-73.3	38.0	-90.1
私营个体经济	0.7	-20.8	-23.9	6.7	-30.0
其他经济	155.9	-35.4	-21.2	-51.3	-59.7
港澳台商投资	208.2	-88.7	-100	0	0
外商投资经济	-5.8	65.3	-88.8	-12.8	22.1
按产业分(%)					
第一产业	20.3	4.8	-32.0	-31.3	55.0
第二产业	5.6	0.3	-44.1	54.6	53.7
第三产业	9.7	3.1	-21.6	-0.4	-37.3
按构成分(%)					
建筑安装工程	6.9	-8.9	-26.3	5.7	-30.1
设备工器具购置	4.2	-4.1	-28.5	55.8	64.1
其他费用	29.2	76.6	-23.4	-8.9	-32.5
房屋建筑面积(万平方米)					
施工面积	1875.71	2084.14	1824.51	2036.39	2009.57
#住宅	1102.26	1309.38	1196.06	1390.51	1345.07
竣工面积	231.93	102.59	93.33	43.68	151.69
#住宅	123.61	61.79	53.52	32.99	117.18
本年资金来源(%)	**5.0**	**5.0**	**-22.5**	**1.3**	**-29.8**
国家预算内资金	153.8	-17.8	-60.1	7.8	-57.9
国内贷款	-7.9	-28.2	-48.5	-5.9	-39.2
债券	-35.7	1939.5	-47.6	-26.9	182.4
利用外资	0	-99.0	-100	0	188.7
自筹资金	-19.0	15.0	-33.6	51.6	-15.4
其他资金	-85.2	34.1	26.2	-33.2	-45.4

7-3 固定资产投资施工、投产项目个数

年 份	施工项目（个）	全部建成投产项目（个）	全部建成投产率（%）	固定资产交付使用率（%）
2000	938	567	60.44	56.91
2001	936	636	67.95	68.83
2002	869	553	63.64	48.18
2003	644	359	55.75	56.72
2004	631	274	43.42	75.34
2005	801	367	45.82	61.00
2006	855	504	58.95	83.08
2007	846	416	49.17	57.11
2008	790	383	48.48	57.41
2009	1001	630	62.94	52.41
2010	825	389	47.15	36.62
2011	905	518	57.24	64.34
2012	991	509	51.36	60.66
2013	1127	598	53.06	48.64
2014	1100	637	57.91	50.79
2015	1416	911	64.34	46.35
2016	3373	2503	74.21	41.92
2017	2530	1811	71.58	66.50
2018	934	113	12.1	31.12
2019	1259	313	24.9	23.47
2020	962	218	22.7	22.38
2021	1007	222	22.1	17.44
2022	889	158	17.8	26.43

7-4　国民经济行业分固定资产完成情况(2022年)

单位:%

项　　目	合　计
合　计	
一、农、林、牧、渔业	55.0
二、采矿业	-100
三、制造业	64.9
四、电力、热力、燃气及水的生产和供应业	24.6
五、建筑业	0
六、交通运输、仓储和邮政业	-32.3
七、信息传输、软件和信息技术服务业	-76.4
八、批发和零售业	32.8
九、住宿和餐饮业	58.4
十、金融业	-100
十一、房地产业	-17.8
十二、租赁和商务服务业	-63.3
十三、科学研究、技术服务业	-79.9
十四、水利、环境和公共设施管理业	-46.1
十五、居民服务、修理和其他服务业	-30.6
十六、教育	-18.1
十七、卫生和社会工作	-35.3
十八、文化、体育和娱乐业	-49.8
十九、公共管理、社会保障和社会组织	-56.6
二十、国际组织	0

7–5　房地产施工、竣工面积及价值(2022年)

项　　目	房屋施工面积（平方米）		竣工房屋面积（平方米）	竣工房屋价值（万元）
		#新开工		
总计	20095769	1797198	1516957	534239
1.住宅	13450739	1145738	1171829	429264
#其中:90平方米以下	0	0	0	0
144平方米以上	0	0	0	0
2.办公楼	709065	130112	6416	293
3.商业营业用房	2473578	256383	139270	49606
4.其他房屋	3462387	264965	199442	55076

7–6　房地产开发

项　　目	2018年	2019年	2020年	2021年	2022年
房地产开发投资增速(%)	**–16.8**	**–0.4**	**–7.1**	**–1.7**	**–36.1**
按构成分(%)					
建筑工程	–17.3	–11.5	6.0	–3.8	–39.8
安装工程	–47.9	–27.4	–69.9	91.6	–41.7
设备工器具购置	–38.0	–53.2	–44.5	–40.1	–59.8
其他费用	24.0	58.8	–19.3	–2.3	–25.2
按构成用途分(%)					
住宅	2.4	14.2	–12.0	19.7	–39.1
办公楼	–50.7	–34.3	–5.9	–14.9	–4.0
商业营业用房	–33.3	–18.8	–24.1	–18.2	–41.1
其他	–29.2	–22.7	47.8	–65.1	–5.0
按资金来源分(%)					
国家预算资金					
国内贷款	–36.6	–8.6	–25.3	–0.1	–57.1
利用外资	0	0	0	0	0
自筹资金	–43.5	49.5	–30.5	43.2	–65.1
其他资金	–90.2	14.9	–57.7	61.8	31.6
本年土地购置面积(万平方米)	**36.25**	**21.71**	**12.26**	**75.45**	**19.84**
商品房销售面积(万平方米)	**332.22**	**321.24**	**298.97**	**226.64**	**100.21**
住宅	274.02	259.58	259.05	176.85	80.26
办公楼	8.38	7.60	0.48	6.61	2.90
商业营业用房	42.38	31.34	24.47	25.85	4.41
其他	7.44	22.72	14.97	17.33	12.64
竣工房屋造价(元/平方米)	**5072**	**2388**	**2846**	**3397**	**3522**
商品房销售额(%)	**–5.8**	**18.8**	**–0.3**	**–27.8**	**–56.9**
#住宅	2.7	22.8	12.6	–30.5	–57.3

7-7 总承包和专业承包建筑业

指标名称	法人企业数(个)	年初存货	流动资产合计	应收账款	应收工程款	存货
总计	288	70.57	608.14	155.54	128.88	64.54
建筑业	288	70.57	608.14	155.54	128.88	64.54
房屋建筑业	105	29.57	110.31	33.39	28.46	20.83
住宅房屋建筑	100	25.52	105.96	31.78	27.09	20.15
住宅房屋建筑	100	25.52	105.96	31.78	27.09	20.15
体育场馆建筑	1	0.02	0.92	0.81	0.81	0.00
体育场馆建筑	1	0.02	0.92	0.81	0.81	0.00
其他房屋建筑业	4	4.03	3.43	0.80	0.56	0.68
其他房屋建筑业	4	4.03	3.43	0.80	0.56	0.68
土木工程建筑业	99	34.86	432.63	101.53	82.68	33.60
铁路、道路、隧道和桥梁工程建筑	50	12.25	174.20	28.32	25.70	11.75
铁路工程建筑	2	2.70	22.78	6.27	5.91	2.43
公路工程建筑	36	7.45	139.52	19.62	17.87	7.05
市政道路工程建筑	11	0.90	8.96	2.24	1.73	0.91
其他道路、隧道和桥梁工程建筑	1	1.20	2.95	0.19	0.19	1.37
水利和水运工程建筑	17	5.56	24.24	8.17	6.85	5.23
水源及供水设施工程建筑	14	5.42	22.68	7.52	6.28	5.09
河湖治理及防洪设施工程建筑	3	0.14	1.56	0.65	0.57	0.14
工矿工程建筑	4		1.28	0.82	0.59	0.00
工矿工程建筑	4		1.28	0.82	0.59	0.00
架线和管道工程建筑	15	0.15	17.60	6.49	5.82	0.14
架线及设备工程建筑	14	0.15	17.26	6.44	5.82	0.14
管道工程建筑	1	0.00	0.34	0.04		
电力工程施工	4	16.46	211.07	56.66	42.90	15.55
水力发电工程施工	2	16.46	209.59	55.61	41.86	15.32
其他电力工程施工	2		1.48	1.05	1.05	0.22
其他土木工程建筑	9	0.44	4.25	1.07	0.82	0.92
园林绿化工程施工	6	0.41	2.65	0.76	0.70	0.40
其他土木工程建筑施工	3	0.03	1.59	0.31	0.12	0.52
建筑安装业	47	4.51	54.69	15.59	13.46	9.04
电气安装	18	2.23	35.98	8.07	7.49	5.68
电气安装	18	2.23	35.98	8.07	7.49	5.68
管道和设备安装	9	2.14	10.29	3.64	2.76	2.90
管道和设备安装	9	2.14	10.29	3.64	2.76	2.90
其他建筑安装业	20	0.13	8.42	3.87	3.21	0.46
体育场地设施安装	6	0.02	3.96	1.58	1.36	0.12
其他建筑安装	14	0.12	4.47	2.29	1.84	0.34
建筑装饰、装修和其他建筑业	37	1.64	10.50	5.04	4.28	1.07
建筑装饰和装修业	27	1.10	6.25	3.17	2.42	0.85
公共建筑装饰和装修	15	0.30	3.06	1.71	1.52	0.54
住宅装饰和装修	12	0.81	3.19	1.45	0.91	0.31
建筑物拆除和场地准备活动	5	0.40	1.32	0.48	0.47	0.09
建筑物拆除活动	1	0.04	0.03	0.02		
场地准备活动	4	0.36	1.29	0.47	0.47	0.09

法人单位主要财务状况(2022 年)

单位:亿元

固定资产减值准备	固定资产原价			累计折旧		在建工程	无形资产	
		房屋和构筑物	机器设备		其中:本年折旧			土地使用权
0.03	88.04	9.95	15.76	43.43	4.35	6.23	67.54	2.71
0.03	88.04	9.95	15.76	43.43	4.35	6.23	67.54	2.71
0.00	11.08	2.76	3.90	5.78	0.98	1.98	0.59	0.16
0.00	10.15	2.56	3.20	5.38	0.95	1.98	0.40	0.16
0.00	10.15	2.56	3.20	5.38	0.95	1.98	0.40	0.16
	0.20	0.02	0.18	0.01	0.00			
	0.20	0.02	0.18	0.01	0.00			
	0.73	0.18	0.52	0.39	0.03	0.00	0.19	
	0.73	0.18	0.52	0.39	0.03	0.00	0.19	
0.02	69.53	5.69	9.47	33.29	3.01	3.84	66.30	2.06
0.02	23.82	3.89	5.62	10.86	0.72	3.33	1.34	0.74
	3.29	1.47	1.52	2.24	0.28	1.08	0.19	
0.01	18.98	2.26	3.75	7.61	0.39	1.45	1.00	0.61
0.01	1.44	0.16	0.35	0.93	0.05	0.80	0.15	0.13
	0.10			0.08	0.00			
	2.97	0.64	1.19	1.45	0.18	0.24	1.23	0.30
	2.43	0.39	0.90	1.27	0.08	0.24	1.20	0.30
	0.55	0.25	0.29	0.18	0.10		0.04	
	1.57	0.04	0.02	0.12	0.01	0.00		
	1.57	0.04	0.02	0.12	0.01	0.00		
	3.38	0.50	2.10	2.03	0.22		0.20	
	3.37	0.50	2.10	2.02	0.22		0.20	
	0.01			0.01	0.00			
	37.30	0.44	0.44	18.62	1.86	0.27	63.22	0.72
	37.18	0.39	0.40	18.56	1.83	0.27	63.22	0.72
	0.12	0.05	0.04	0.06	0.03			
	0.48	0.17	0.10	0.21	0.02		0.30	0.30
	0.38	0.17	0.10	0.16	0.02		0.30	0.30
	0.10			0.05	0.00			
0.01	5.82	1.23	1.73	3.42	0.29	0.23	0.46	0.40
	3.44	0.63	0.86	2.12	0.11	0.20	0.40	0.34
	3.44	0.63	0.86	2.12	0.11	0.20	0.40	0.34
0.01	0.97	0.06	0.46	0.62	0.12	0.04	0.06	0.06
0.01	0.97	0.06	0.46	0.62	0.12	0.04	0.06	0.06
0.00	1.41	0.54	0.41	0.68	0.07			
	0.78	0.33	0.30	0.28	0.04			
0.00	0.62	0.21	0.10	0.40	0.02			
	1.62	0.27	0.67	0.95	0.07	0.17	0.20	0.08
	0.63	0.20	0.19	0.42	0.04	0.03	0.09	0.08
	0.45	0.14	0.11	0.29	0.02	0.03	0.06	0.06
	0.18	0.06	0.08	0.13	0.03		0.03	0.03
	0.36	0.03	0.27	0.24	0.01			
	0.06			0.01	0.01			
	0.30	0.03	0.27	0.23	0.00			

7-7 续表 1

指标名称	法人企业数(个)	年初存货	流动资产合计	应收账款	应收工程款	存货
其他未列明建筑业	5	0.13	2.93	1.39	1.39	0.13
其他未列明建筑业	5	0.13	2.93	1.39	1.39	0.13
内资企业	288	70.57	608.14	155.54	128.88	64.54
国有企业	11	21.06	259.21	65.68	50.53	19.23
集体企业	6	0.11	6.37	2.47	2.42	0.18
有限责任公司	50	11.49	128.11	29.95	26.84	9.33
国有独资公司	6	2.33	24.82	6.44	6.44	2.09
其他有限责任公司	44	9.16	103.29	23.50	20.40	7.24
股份有限公司	6	0.42	61.09	9.18	9.16	2.77
私营企业	215	37.50	153.35	48.27	39.92	33.02
私营有限责任公司	214	37.49	153.16	48.31	39.96	33.01
私营股份有限公司	1	0.01	0.19	-0.05	-0.05	0.01
国有控股	34	28.49	342.88	83.39	66.70	27.45
集体控股	15	0.86	19.46	7.25	6.86	0.79
私人控股	239	41.23	245.80	64.90	55.32	36.30
其中:民营经济(含集体)	254	42.09	265.26	72.15	62.18	37.09
其中:民营经济(不含集体)	239	41.23	245.80	64.90	55.32	36.30
总承包	206	67.81	574.93	138.39	114.32	62.35
特级	1	16.45	207.50	55.33	41.64	15.32
一级	22	15.35	161.09	30.06	28.03	13.33
二级	96	26.29	145.70	32.71	27.03	23.34
三级及以下	87	9.72	60.64	20.29	17.62	10.36
专业承包	82	2.76	33.20	17.15	14.55	2.19
一级	3	0.70	11.59	7.02	6.97	0.01
二级	41	1.65	12.37	5.04	3.34	1.67
三级及以下	38	0.42	9.25	5.08	4.24	0.50
中央	11	19.31	248.62	67.70	53.53	20.38
地方	28	3.90	79.83	10.13	7.35	5.61
其他	249	47.36	279.68	77.71	68.00	38.55
企业	288	70.57	608.14	155.54	128.88	64.54
城东区	32	23.66	242.70	64.41	49.09	20.26
城中区	56	6.64	106.70	19.00	15.85	5.42
城西区	115	16.80	87.32	30.81	26.56	11.71
城北区	55	10.76	103.91	23.09	21.46	14.67
湟中区	12	10.33	46.01	12.74	11.72	9.87
大通回族土族自治县	14	2.23	14.23	4.33	3.35	2.41
湟源县	4	0.14	7.26	1.17	0.84	0.19
大型	6	18.98	333.21	73.77	60.07	19.93
中型	66	34.15	185.17	49.27	43.61	27.93
小型	147	14.17	77.73	25.42	19.89	13.74
微型	69	3.27	12.03	7.08	5.31	2.94

单位:亿元

固定资产减值准备	固定资产原价	房屋和构筑物	机器设备	累计折旧	其中:本年折旧	在建工程	无形资产	土地使用权
	0.62	0.04	0.21	0.29	0.02	0.14	0.11	
	0.62	0.04	0.21	0.29	0.02	0.14	0.11	
0.03	88.04	9.95	15.76	43.43	4.35	6.23	67.54	2.71
	39.21	0.92	1.61	19.48	1.94	0.42	63.91	1.40
	1.15	0.40	0.27	0.77	0.07	0.18	0.08	0.06
0.00	15.05	3.85	5.59	8.96	0.84	2.84	1.50	0.34
0.00	4.66	1.69	1.92	2.54	0.32	0.88	0.83	0.30
	10.39	2.16	3.68	6.42	0.52	1.97	0.66	0.04
	11.89	1.47	1.52	4.78	0.12	0.76	0.42	0.41
0.03	20.74	3.30	6.76	9.44	1.39	2.03	1.64	0.49
0.03	20.66	3.30	6.76	9.37	1.39	2.03	1.64	0.49
	0.08			0.06			0.00	
0.00	51.00	3.82	6.05	26.67	2.55	2.95	65.46	2.02
	3.45	0.84	0.85	2.20	0.13	1.09	0.34	0.10
0.03	33.59	5.28	8.86	14.56	1.68	2.18	1.74	0.59
0.03	37.04	6.12	9.71	16.76	1.81	3.28	2.08	0.69
0.03	33.59	5.28	8.86	14.56	1.68	2.18	1.74	0.59
0.02	84.41	9.56	14.73	41.08	4.10	5.95	66.97	2.27
	36.11			17.82	1.78	0.27	63.19	0.70
	23.54	4.28	6.94	11.11	0.74	3.08	1.72	0.81
0.01	17.27	3.87	4.83	8.14	1.12	1.30	1.67	0.45
0.01	7.49	1.40	2.96	4.01	0.46	1.29	0.38	0.32
0.01	3.63	0.39	1.03	2.35	0.26	0.27	0.57	0.44
	0.88	0.01	0.15	0.55	0.02		0.02	
0.00	1.55	0.21	0.41	0.98	0.06	0.25	0.25	0.14
0.01	1.20	0.17	0.47	0.82	0.18	0.02	0.30	0.30
0.00	46.02	2.87	4.07	24.02	2.31	1.53	64.30	1.06
	4.87	1.39	2.01	2.74	0.20	0.16	0.54	0.31
0.03	37.15	5.69	9.68	16.67	1.84	4.54	2.71	1.35
0.03	88.04	9.95	15.76	43.43	4.35	6.23	67.54	2.71
	40.61	1.73	1.47	20.61	1.95	0.47	63.33	0.83
0.00	16.41	1.90	2.22	6.25	0.27	0.78	0.46	0.19
0.01	15.12	2.68	5.59	7.50	0.80	1.87	1.31	0.44
0.01	10.33	2.08	3.20	6.13	0.73	1.86	1.00	0.54
	3.95	1.26	2.41	2.38	0.34	1.18	1.01	0.30
0.01	0.78	0.06	0.33	0.33	0.14	0.06	0.05	0.03
	0.83	0.23	0.55	0.23	0.13		0.38	0.38
	52.58	2.77	4.85	25.52	2.29	1.15	63.93	1.07
0.01	14.51	3.55	5.28	8.30	0.95	4.33	1.83	0.99
0.01	14.35	2.98	4.46	6.86	0.87	0.56	1.22	0.66
0.01	6.59	0.65	1.16	2.75	0.24	0.19	0.56	

7-7 续表 2

指标名称	资产合计	流动负债合计	其中:应付账款	非流动负债合计	负债合计	所有者权益合计
总计	860.05	542.88	248.75	60.78	615.25	244.86
建筑业	860.05	542.88	248.75	60.78	615.25	244.86
房屋建筑业	136.85	91.43	35.00	2.23	100.52	36.39
住宅房屋建筑	131.18	87.01	32.74	2.23	96.10	35.13
住宅房屋建筑	131.18	87.01	32.74	2.23	96.10	35.13
体育场馆建筑	1.38	1.25	0.61		1.25	0.13
体育场馆建筑	1.38	1.25	0.61		1.25	0.13
其他房屋建筑业	4.30	3.17	1.66		3.17	1.13
其他房屋建筑业	4.30	3.17	1.66		3.17	1.13
土木工程建筑业	651.77	400.40	186.50	57.99	461.51	190.27
铁路、道路、隧道和桥梁工程建筑	248.85	158.57	58.72	5.29	166.96	81.89
铁路工程建筑	28.99	21.92	11.01	1.01	22.93	6.06
公路工程建筑	204.70	127.11	42.42	4.13	134.34	70.36
市政道路工程建筑	12.20	7.66	3.84	0.15	7.81	4.39
其他道路、隧道和桥梁工程建筑	2.97	1.89	1.45		1.89	1.08
水利和水运工程建筑	29.57	18.30	7.73	0.79	19.11	10.46
水源及供水设施工程建筑	27.59	18.32	8.12	0.45	18.77	8.82
河湖治理及防洪设施工程建筑	1.97	−0.02	−0.39	0.34	0.33	1.64
工矿工程建筑	2.73	1.18	0.75	0.00	1.18	1.55
工矿工程建筑	2.73	1.18	0.75	0.00	1.18	1.55
架线和管道工程建筑	19.71	11.36	8.32	0.42	11.78	7.92
架线及设备工程建筑	19.35	11.26	8.32	0.42	11.68	7.66
管道工程建筑	0.36	0.10	0.00		0.10	0.26
电力工程施工	346.03	207.64	109.13	51.49	259.13	86.90
水力发电工程施工	344.49	206.37	108.98	51.49	257.86	86.63
其他电力工程施工	1.55	1.27	0.15		1.27	0.27
其他土木工程建筑	4.88	3.34	1.85	0.00	3.34	1.54
园林绿化工程施工	3.24	1.78	1.57		1.78	1.45
其他土木工程建筑施工	1.64	1.55	0.28	0.00	1.56	0.09
建筑安装业	58.66	43.99	22.90	0.30	45.19	13.47
电气安装	38.32	30.05	17.34	0.25	31.13	7.19
电气安装	38.32	30.05	17.34	0.25	31.13	7.19
管道和设备安装	10.83	6.39	2.25		6.43	4.41
管道和设备安装	10.83	6.39	2.25		6.43	4.41
其他建筑安装业	9.50	7.55	3.31	0.05	7.63	1.87
体育场地设施安装	4.57	3.81	1.30		3.81	0.76
其他建筑安装	4.93	3.74	2.01	0.05	3.82	1.11
建筑装饰、装修和其他建筑业	12.77	7.07	4.35	0.26	8.04	4.73
建筑装饰和装修业	7.70	4.18	2.25	0.07	4.25	3.45
公共建筑装饰和装修	3.50	2.22	1.63	0.03	2.25	1.25
住宅装饰和装修	4.20	1.95	0.62	0.04	2.00	2.20
建筑物拆除和场地准备活动	1.44	0.84	0.45	0.19	1.02	0.42
建筑物拆除活动	0.08	0.07	0.04		0.07	0.01
场地准备活动	1.36	0.77	0.41	0.19	0.95	0.41

单位:亿元

实收资本		营业收入		营业成本		税金及附加		其他业务利润	销售费用	管理费用
	个人资本		主营业务		主营业务		主营业务税金及附加			
146.21	18.82	573.09	559.87	543.84	506.96	1.97	1.88	0.04	0.16	19.70
146.21	18.82	573.09	559.87	543.84	506.96	1.97	1.88	0.04	0.16	19.70
33.12	9.30	73.93	71.66	69.88	67.40	0.27	0.25		0.06	3.14
31.42	7.89	70.63	68.35	66.79	64.32	0.25	0.23		0.06	2.97
31.42	7.89	70.63	68.35	66.79	64.32	0.25	0.23		0.06	2.97
0.09		0.13	0.13	0.11	0.11	0.00	0.00			0.02
0.09		0.13	0.13	0.11	0.11	0.00	0.00			0.02
1.61	1.41	3.17	3.17	2.97	2.97	0.01	0.01			0.15
1.61	1.41	3.17	3.17	2.97	2.97	0.01	0.01			0.15
101.11	7.04	443.85	433.10	422.73	388.90	1.49	1.42	0.03	0.05	13.95
65.42	4.68	102.34	101.54	93.48	90.41	0.43	0.41	0.01	0.03	3.68
4.83		23.57	23.54	22.48	22.48	0.04	0.04		0.03	0.53
56.45	4.68	68.04	67.35	60.65	57.62	0.35	0.34	0.01	0.00	2.88
3.13		5.77	5.70	5.49	5.46	0.02	0.01			0.22
1.00		4.95	4.95	4.85	4.85	0.02	0.02			0.06
7.41	1.16	20.94	14.08	18.57	12.65	0.08	0.05	0.01	0.00	1.78
5.82	0.96	20.24	13.37	17.99	12.06	0.08	0.05	0.01	0.00	1.66
1.58	0.20	0.71	0.71	0.58	0.58	0.00	0.00			0.12
1.56	0.00	1.25	0.91	1.19	0.88	0.00			0.00	0.09
1.56	0.00	1.25	0.91	1.19	0.88	0.00			0.00	0.09
5.96	1.10	20.64	20.31	19.45	18.54	0.08	0.07	0.02	0.01	1.16
5.96	1.10	20.41	20.08	19.25	18.35	0.08	0.07	0.02	0.01	1.15
0.01		0.23	0.23	0.19	0.19	0.00	0.00			0.01
19.91		295.00	292.58	286.54	262.92	0.88	0.88		0.00	7.09
19.70		294.17	291.76	285.79	262.17	0.87	0.87			7.00
0.21		0.83	0.82	0.75	0.75	0.00	0.00		0.00	0.08
0.85	0.10	3.68	3.68	3.50	3.50	0.01	0.01			0.16
0.81	0.13	0.87	0.87	0.79	0.79	0.01	0.01			0.10
0.04	-0.03	2.82	2.82	2.72	2.72	0.00	0.00			0.07
7.58	1.47	47.69	47.60	44.16	43.65	0.18	0.18	0.00	0.05	2.08
4.59	1.12	35.15	35.12	33.11	33.07	0.14	0.14	0.00	0.01	1.46
4.59	1.12	35.15	35.12	33.11	33.07	0.14	0.14	0.00	0.01	1.46
1.55		8.03	8.03	7.05	7.05	0.03	0.03		0.00	0.23
1.55		8.03	8.03	7.05	7.05	0.03	0.03		0.00	0.23
1.44	0.35	4.51	4.45	4.00	3.54	0.02	0.02		0.04	0.38
0.45	0.01	2.24	2.24	2.05	2.05	0.01	0.01		0.01	0.14
0.99	0.34	2.27	2.21	1.95	1.49	0.01	0.01		0.03	0.24
4.39	1.00	7.63	7.51	7.07	7.02	0.04	0.03	0.01	0.01	0.52
3.23	0.60	4.45	4.45	4.22	4.22	0.02	0.02	0.01	0.01	0.24
1.34	0.54	1.46	1.45	1.32	1.32	0.00	0.00	0.01	0.01	0.17
1.89	0.06	3.00	3.00	2.90	2.90	0.01	0.01			0.08
0.39		0.53	0.53	0.43	0.43	0.00	0.00			0.06
0.01		0.01	0.01	0.01	0.01					0.00
0.38		0.52	0.52	0.41	0.41	0.00	0.00			0.06

7–7 续表 3

指标名称	资产合计	流动负债合计	其中:应付账款	非流动负债合计	负债合计	所有者权益合计
其他未列明建筑业	3.63	2.05	1.66		2.76	0.87
其他未列明建筑业	3.63	2.05	1.66		2.76	0.87
内资企业	860.05	542.88	248.75	60.78	615.25	244.86
国有企业	406.11	247.21	129.31	52.84	300.06	106.05
集体企业	7.46	5.08	2.25		5.08	2.38
有限责任公司	154.74	96.49	39.67	2.52	101.37	53.37
国有独资公司	37.25	28.33	11.18	1.00	31.68	5.57
其他有限责任公司	117.49	68.16	28.49	1.52	69.69	47.80
股份有限公司	106.87	76.47	25.90	2.55	79.01	27.86
私营企业	184.88	117.63	51.63	2.87	129.73	55.20
私营有限责任公司	184.65	117.50	51.52	2.87	129.60	55.10
私营股份有限公司	0.23	0.13	0.11		0.13	0.10
国有控股	531.46	327.77	166.01	54.69	384.80	146.66
集体控股	26.06	15.09	6.46	0.99	16.08	9.98
私人控股	302.53	200.02	76.29	5.10	214.36	88.22
其中:民营经济(含集体)	328.59	215.11	82.75	6.09	230.44	98.20
其中:民营经济(不含集体)	302.53	200.02	76.29	5.10	214.36	88.22
总承包	820.16	517.33	232.54	60.41	588.28	231.94
特级	342.04	204.98	108.92	51.48	256.46	85.58
一级	233.52	158.68	60.32	5.20	166.22	67.30
二级	175.60	107.97	42.67	3.15	118.61	56.99
三级及以下	69.01	45.70	20.63	0.58	46.99	22.07
专业承包	39.89	25.55	16.21	0.37	26.97	12.92
一级	12.49	11.27	9.46	0.28	11.55	0.94
二级	17.29	8.34	3.30	0.09	9.48	7.81
三级及以下	10.11	5.94	3.45	0.00	5.94	4.17
中央	421.86	261.46	135.44	52.87	316.67	105.19
地方	95.95	53.62	17.42	1.25	54.88	41.08
其他	342.24	227.81	95.90	6.67	243.70	98.59
企业	860.05	542.88	248.75	60.78	615.25	244.86
城东区	382.29	229.98	117.49	51.70	282.73	99.56
城中区	140.08	92.91	26.59	2.78	99.57	40.52
城西区	133.48	80.58	33.69	2.36	87.69	45.79
城北区	124.43	80.63	40.55	1.77	84.30	40.13
湟中区	55.96	40.99	21.45	1.26	42.25	13.70
大通回族土族自治县	15.55	12.49	5.31	0.40	12.88	2.72
湟源县	8.26	5.31	3.67	0.51	5.81	2.45
大型	503.18	319.20	153.70	54.97	374.17	129.00
中型	210.47	147.37	70.43	3.27	151.13	59.33
小型	94.38	49.36	20.54	1.93	55.76	38.62
微型	52.03	26.96	4.09	0.62	34.19	17.90

单位:亿元

实收资本		营业收入		营业成本		税金及附加		其他业务利润	销售费用	管理费用
	个人资本		主营业务		主营业务		主营业务税金及附加			
0.77	0.41	2.65	2.54	2.42	2.37	0.02	0.02			0.22
0.77	0.41	2.65	2.54	2.42	2.37	0.02	0.02			0.22
146.21	18.82	573.09	559.87	543.84	506.96	1.97	1.88	0.04	0.16	19.70
34.64		338.16	335.73	324.92	299.38	1.10	1.10	0.01		8.49
0.58	0.00	5.41	5.41	4.85	4.85	0.04	0.04			0.75
45.96	2.46	79.48	72.29	73.55	66.36	0.33	0.26	0.02	0.10	3.90
6.69		25.01	24.98	23.76	23.75	0.05	0.04		0.09	0.64
39.27	2.46	54.47	47.31	49.80	42.61	0.29	0.23	0.02	0.01	3.26
14.78		34.51	34.48	31.63	31.10	0.13	0.13			0.97
50.26	16.36	115.53	111.97	108.89	105.26	0.37	0.35	0.01	0.06	5.58
50.16	16.26	115.30	111.74	108.69	105.06	0.37	0.35	0.01	0.06	5.57
0.10	0.10	0.23	0.23	0.20	0.20	0.00	0.00			0.01
73.65	0.01	413.34	410.64	395.76	368.89	1.40	1.37	0.03	0.09	11.99
6.26	1.50	18.35	11.40	16.19	9.81	0.10	0.05		0.01	1.45
66.30	17.30	141.40	137.83	131.89	128.26	0.48	0.46	0.01	0.06	6.26
72.56	18.81	159.75	149.23	148.08	138.07	0.57	0.51	0.01	0.07	7.71
66.30	17.30	141.40	137.83	131.89	128.26	0.48	0.46	0.01	0.06	6.26
135.66	17.31	547.51	534.70	520.77	484.20	1.89	1.81	0.03	0.10	18.19
18.70		290.29	287.88	281.94	258.36	0.83	0.83			7.00
50.16	3.58	110.95	103.84	102.55	93.79	0.43	0.38	0.02	0.03	3.44
51.34	8.13	90.97	88.58	85.13	82.23	0.42	0.40	0.02	0.06	4.49
15.46	5.61	55.30	54.40	51.15	49.82	0.22	0.21		0.00	3.25
10.55	1.51	25.59	25.18	23.06	22.76	0.08	0.07	0.01	0.07	1.51
0.70		10.54	10.24	9.77	9.55	0.03	0.02		0.01	0.30
6.25	0.30	9.96	9.84	8.68	8.60	0.04	0.04	0.01	0.04	0.72
3.60	1.21	5.09	5.09	4.61	4.61	0.01	0.01		0.01	0.48
36.57		358.56	356.06	346.39	322.03	1.09	1.08	0.02	0.03	10.00
35.60	1.60	37.92	37.68	33.09	31.29	0.21	0.20	0.00	0.00	1.54
74.04	17.22	176.62	166.13	164.35	153.64	0.68	0.61	0.02	0.13	8.15
146.21	18.82	573.09	559.87	543.84	506.96	1.97	1.88	0.04	0.16	19.70
31.17	4.40	306.35	303.68	297.11	272.91	0.89	0.88	0.01	0.00	7.88
26.90	1.58	44.90	42.15	40.24	37.56	0.16	0.15	0.00	0.04	2.20
40.73	6.42	71.90	64.62	67.61	60.66	0.28	0.23	0.02	0.07	3.78
30.94	2.81	90.09	89.67	82.04	79.80	0.48	0.46		0.01	3.55
12.27	2.57	41.83	41.77	39.63	39.54	0.11	0.11	0.01	0.03	1.67
2.46	1.03	9.65	9.60	9.12	9.10	0.01	0.01	0.01		0.31
1.75		8.37	8.37	8.09	7.40	0.04	0.04			0.31
42.62		370.79	368.29	355.89	330.38	1.11	1.11	0.02	0.03	8.91
48.86	6.20	146.01	145.58	136.04	134.32	0.64	0.62	0.01	0.01	6.35
34.81	9.80	45.74	45.48	42.37	41.78	0.16	0.15	0.00	0.12	3.37
19.91	2.82	10.56	0.53	9.53	0.48	0.07	0.01	0.01	0.00	1.06

7–7 续表 4

指 标 名 称	研发费用	财务费用	其中:利息收入	其中:利息支出	资产减值损失	公允价值变动收益	投资收益
总计	15.13	3.24	–0.11	1.38	–0.40	–0.04	0.40
建筑业	15.13	3.24	–0.11	1.38	–0.40	–0.04	0.40
房屋建筑业	0.00	0.25	0.02	0.11	–0.08	–0.02	0.02
住宅房屋建筑	0.00	0.23	0.02	0.09	–0.08	–0.02	0.02
住宅房屋建筑	0.00	0.23	0.02	0.09	–0.08	–0.02	0.02
体育场馆建筑							
体育场馆建筑							
其他房屋建筑业		0.02	0.00	0.02			
其他房屋建筑业		0.02	0.00	0.02			
土木工程建筑业	15.00	2.92	–0.11	1.21	–0.33	–0.01	–0.03
铁路、道路、隧道和桥梁工程建筑	2.42	1.37	–0.12	1.16	–0.29	–0.01	0.67
铁路工程建筑	0.07	0.10	0.02	0.09	–0.21	–0.01	–0.06
公路工程建筑	2.35	1.25	–0.15	1.04	–0.03		0.73
市政道路工程建筑		0.02	0.01	0.03	–0.06		
其他道路、隧道和桥梁工程建筑		0.00	0.00		0.01		
水利和水运工程建筑	0.30	0.03	0.00	0.02	0.00		
水源及供水设施工程建筑	0.30	0.03	0.00	0.02	0.00		
河湖治理及防洪设施工程建筑		0.00					
工矿工程建筑		0.00		0.00			
工矿工程建筑		0.00		0.00			
架线和管道工程建筑		0.03	0.00	0.03	–0.02		0.12
架线及设备工程建筑		0.03	0.00	0.03	–0.02		0.12
管道工程建筑			0.00				
电力工程施工	12.28	1.47	0.00	0.00	–0.02		–0.82
水力发电工程施工	12.28	1.47	0.00		–0.02		–0.82
其他电力工程施工		0.00	0.00	0.00			
其他土木工程建筑		0.01	0.01				
园林绿化工程施工		0.00	0.00				
其他土木工程建筑施工		0.01	0.01				
建筑安装业	0.10	0.03	–0.04	0.05	0.02		0.40
电气安装	0.10	0.04	0.01	0.04	0.02		0.40
电气安装	0.10	0.04	0.01	0.04	0.02		0.40
管道和设备安装		–0.05	–0.05	0.00			
管道和设备安装		–0.05	–0.05	0.00			
其他建筑安装业		0.05	0.00	0.01			
体育场地设施安装		0.03	0.00	0.00			
其他建筑安装		0.02		0.01			
建筑装饰、装修和其他建筑业	0.03	0.03	0.02	0.00	0.00		0.00
建筑装饰和装修业		0.03	0.02	0.00	0.00		0.00
公共建筑装饰和装修		0.01	0.00	0.00			
住宅装饰和装修		0.02	0.02	0.00	0.00		0.00
建筑物拆除和场地准备活动		0.00	0.00	0.00			
建筑物拆除活动							
场地准备活动		0.00	0.00	0.00			

单位:亿元

其他收益	营业利润	营业外收入	营业外支出	利润总额	所得税费用	应付职工薪酬（本年贷方累计发生额）	增值税总额（本期累计发生额）	建筑业企业在境外完成的营业收入
0.54	15.67	0.72	0.77	15.64	2.35	47.20	8.23	26.68
0.54	15.67	0.72	0.77	15.64	2.35	47.20	8.23	26.68
0.00	0.60	0.02	0.14	0.48	0.19	6.42	2.25	0.02
0.00	0.58	0.02	0.13	0.48	0.18	6.20	2.04	0.02
0.00	0.58	0.02	0.13	0.48	0.18	6.20	2.04	0.02
	0.00		0.00	0.00	0.00	0.02		
	0.00		0.00	0.00	0.00	0.02		
	0.01	0.00	0.01	0.00	0.01	0.20	0.21	
	0.01	0.00	0.01	0.00	0.01	0.20	0.21	
0.53	13.48	0.63	0.55	13.55	1.88	37.29	4.74	26.64
0.10	4.40	0.27	0.24	4.43	0.77	6.71	2.12	
0.00	0.04	0.09	0.01	0.13	0.05	2.45	0.16	
0.03	4.27	0.16	0.17	4.27	0.68	3.59	1.55	
0.07	0.06	0.02	0.05	0.03	0.04	0.62	0.27	
	0.02	0.00	0.01	0.01	0.00	0.05	0.15	
0.00	0.29	0.16	0.03	0.42	0.04	0.95	0.55	
0.00	0.29	0.16	0.03	0.42	0.04	0.72	0.51	
	0.00	0.00	0.00	0.00	0.00	0.23	0.04	
	–0.03	0.00	0.00	–0.03	0.00	0.04	0.02	
	–0.03	0.00	0.00	–0.03	0.00	0.04	0.02	
0.00	0.73	0.05	0.02	0.75	0.07	2.37	0.97	
0.00	0.70	0.05	0.02	0.73	0.07	2.36	0.96	
0.00	0.02			0.02		0.01	0.01	
0.43	8.10	0.15	0.26	7.98	0.99	27.10	1.02	26.64
0.43	8.11	0.14	0.26	7.99	0.99	27.06	1.01	26.64
	–0.01	0.00		–0.01	0.00	0.04	0.01	
	0.00	0.00	0.01	–0.01	0.00	0.13	0.06	
	–0.02		0.00	–0.03	0.00	0.07	0.04	
	0.02	0.00	0.00	0.02	0.00	0.05	0.02	
0.01	1.64	0.05	0.08	1.64	0.27	2.92	0.87	
0.01	0.82	0.03	0.03	0.83	0.11	1.67	0.26	
0.01	0.82	0.03	0.03	0.83	0.11	1.67	0.26	
0.00	0.77	0.00	0.03	0.78	0.16	0.64	0.46	
0.00	0.77	0.00	0.03	0.78	0.16	0.64	0.46	
	0.05	0.01	0.02	0.04	0.01	0.61	0.15	
	0.00	0.00	0.00	0.00	0.01	0.33	0.08	
	0.04	0.01	0.01	0.04	0.00	0.28	0.07	
	–0.04	0.02	0.01	–0.03	0.01	0.57	0.36	0.02
	–0.06	0.00	0.00	–0.06	0.01	0.23	0.23	0.02
	–0.05	0.00	0.00	–0.05	0.00	0.14	0.06	
	–0.01	0.00	0.00	–0.01	0.01	0.08	0.17	0.02
	0.04	0.00	0.01	0.04	0.00	0.08	0.01	
	0.00			0.00		0.01	0.00	
	0.04	0.00	0.01	0.04	0.00	0.08	0.01	

指 标 名 称	研发费用	财务费用	其中:利息收入	其中:利息支出	资产减值损失	公允价值变动收益	投资收益
其他未列明建筑业	0.03	0.00	0.00	0.00			
其他未列明建筑业	0.03	0.00	0.00	0.00			
内资企业	15.13	3.24	–0.11	1.38	–0.40	–0.04	0.40
国有企业	14.16	1.45	–0.15	0.14	–0.02		–0.17
集体企业		0.00	0.00		0.02		0.41
有限责任公司	0.49	0.41	–0.02	0.39	–0.37	–0.01	0.07
国有独资公司	0.08	0.13	0.02	0.09	–0.30		–0.06
其他有限责任公司	0.41	0.28	–0.04	0.30	–0.07	–0.01	0.13
股份有限公司	0.40	1.08	0.01	0.71	0.01		0.08
私营企业	0.08	0.31	0.06	0.13	–0.03	–0.02	0.02
私营有限责任公司	0.08	0.30	0.06	0.13	–0.03	–0.02	0.02
私营股份有限公司		0.01					
国有控股	14.80	1.96	–0.14	0.46	–0.35	–0.01	–0.12
集体控股	0.25	0.06	0.00	0.04	0.01		0.41
私人控股	0.08	1.23	0.03	0.88	–0.06	–0.02	0.11
其中:民营经济(含集体)	0.33	1.29	0.03	0.92	–0.05	–0.02	0.52
其中:民营经济(不含集体)	0.08	1.23	0.03	0.88	–0.06	–0.02	0.11
总承包	15.10	3.14	–0.14	1.33	–0.29	–0.04	0.40
特级	12.28	1.47			–0.02		–0.82
一级	1.85	1.23	–0.08	0.99	–0.21		0.78
二级	0.92	0.41	–0.03	0.32	–0.06	–0.04	0.02
三级及以下	0.05	0.03	–0.03	0.03	0.00		0.41
专业承包	0.04	0.10	0.03	0.05	–0.10		
一级		0.03	0.00	0.04	–0.01		
二级	0.04	0.04	0.03	0.01	–0.10		
三级及以下		0.02	0.00	0.01			
中央	12.95	1.77	0.01	0.14	–0.31	–0.01	–0.36
地方	1.09	0.11	–0.17	0.21	0.03		0.64
其他	1.10	1.36	0.05	1.02	–0.12	–0.02	0.12
企业	15.13	3.24	–0.11	1.38	–0.40	–0.04	0.40
城东区	12.28	1.54	0.00	0.03	0.01	–0.04	–0.82
城中区	0.57	0.93	–0.01	0.76	–0.13		0.11
城西区	0.37	0.53	0.03	0.18	–0.01		0.12
城北区	1.38	0.05	–0.16	0.25	0.01		1.05
湟中区	0.07	0.12	0.02	0.09	–0.21		–0.06
大通回族土族自治县		0.09	0.03	0.05	–0.06		0.00
湟源县	0.46	–0.02	–0.02	0.00			
大型	13.35	2.37	–0.07	0.81	–0.23		–0.04
中型	1.46	0.36	–0.08	0.41	–0.03	–0.01	0.41
小型	0.08	0.28	0.04	0.09	–0.10	–0.02	0.00
微型	0.25	0.23	0.01	0.06	–0.03		0.02

单位:亿元

其他收益	营业利润	营业外收入	营业外支出	利润总额	所得税费用	应付职工薪酬(本年贷方累计发生额)	增值税总额(本期累计发生额)	建筑业企业在境外完成的营业收入
	−0.02	0.01	0.00	−0.01	0.00	0.25	0.13	
	−0.02	0.01	0.00	−0.01	0.00	0.25	0.13	
0.54	15.67	0.72	0.77	15.64	2.35	47.20	8.23	26.68
0.45	12.46	0.19	0.37	12.27	1.31	29.04	2.13	26.66
0.00	0.29	0.12	0.00	0.41	0.00	0.96	0.21	
0.07	1.23	0.22	0.16	1.29	0.38	9.02	2.18	
0.00	−0.08	0.11	0.01	0.01	0.02	2.27	0.26	
0.07	1.31	0.11	0.14	1.28	0.36	6.75	1.93	
0.01	1.08	0.02	0.05	1.04	0.40	1.00	0.32	
0.01	0.61	0.18	0.19	0.63	0.25	7.18	3.39	0.02
0.01	0.61	0.18	0.19	0.63	0.25	7.15	3.38	0.02
	0.00		0.00	0.00	0.00	0.02	0.01	
0.52	12.74	0.36	0.49	12.61	1.62	35.86	3.13	26.66
0.00	0.94	0.17	0.05	1.06	0.05	2.31	1.04	
0.01	1.99	0.18	0.24	1.97	0.68	9.03	4.05	0.02
0.02	2.93	0.36	0.29	3.03	0.73	11.33	5.10	0.02
0.01	1.99	0.18	0.24	1.97	0.68	9.03	4.05	0.02
0.54	14.89	0.66	0.71	14.87	2.21	44.60	7.10	26.64
0.42	8.07	0.14	0.26	7.96	0.97	24.19	0.66	26.64
0.04	4.84	0.17	0.16	4.88	0.66	6.78	1.49	
0.08	0.71	0.19	0.19	0.71	0.40	9.07	3.30	
0.01	1.26	0.17	0.10	1.33	0.18	4.56	1.65	
0.00	0.78	0.05	0.06	0.77	0.14	2.60	1.13	0.04
0.00	0.47	0.03	0.02	0.48	0.04	0.91	0.62	0.02
	0.34	0.02	0.01	0.36	0.10	1.13	0.36	0.02
0.00	−0.03	0.00	0.04	−0.07	0.00	0.56	0.15	
0.44	9.05	0.28	0.31	9.02	1.13	32.69	2.05	26.64
0.08	3.93	0.01	0.10	3.84	0.48	3.48	0.75	
0.02	2.70	0.42	0.36	2.79	0.74	11.03	5.43	0.04
0.54	15.67	0.72	0.77	15.64	2.35	47.20	8.23	26.68
0.48	8.04	0.15	0.32	7.87	1.04	25.89	1.45	26.64
0.01	1.61	0.05	0.12	1.55	0.32	2.29	1.58	
0.00	0.20	0.22	0.11	0.31	0.26	7.14	1.90	0.04
0.04	5.54	0.05	0.14	5.48	0.65	8.29	2.16	
0.00	−0.01	0.13	0.01	0.11	0.04	2.40	0.79	
	0.10	0.11	0.03	0.18	0.03	0.66	0.32	
0.00	0.19	0.00	0.05	0.14	0.00	0.51	0.03	
0.45	13.03	0.25	0.30	12.98	1.57	29.05	1.20	26.64
0.02	3.54	0.16	0.30	3.43	0.71	13.41	5.49	0.02
0.07	−0.44	0.16	0.13	−0.42	0.04	3.76	1.24	
0.00	−0.47	0.15	0.04	−0.35	0.03	0.98	0.30	0.02

7-8 总承包和专业承包建筑业

指标名称	全部建筑业企业个数（个）	企业个数		合同情况(千元)		
		有工作量的建筑业企业个数（个）	亏损企业个数(个)	签订的合同额	上年结转合同额	本年新签合同额
总计	298	245	107	161340551	94256209	67084342
其中:国有及国有控股企业	32	27	9	115034800	65750719	49284081
内资企业	297	245	107	161340551	94256209	67084342
国有企业	10	9	2	11706964	7005299	4701665
集体企业	6	5	1	912027	134403	777624
有限责任公司	52	46	18	104991098	61233662	43757436
国有独资公司	7	6	2	92010299	54469266	37541033
其他有限责任公司	45	40	16	12980799	6764396	6216403
股份有限公司	6	5		19318377	13850268	5468109
私营企业	223	180	86	24412085	12032577	12379508
私营有限责任公司	221	178	86	24107755	11927609	12180146
私营股份有限公司	2	2		304330	104968	199362
外商投资企业	1					
中外合资经营企业	1					
建筑业	298	245	107	161340551	94256209	67084342
房屋建筑业	107	93	42	17362141	10195064	7167077
住宅房屋建筑	102	88	40	14813314	7835123	6978191
住宅房屋建筑	102	88	40	14813314	7835123	6978191
体育场馆建筑	1	1	1	32174	9386	22788
体育场馆建筑	1	1	1	32174	9386	22788
其他房屋建筑业	4	4	1	2516653	2350555	166098
其他房屋建筑业	4	4	1	2516653	2350555	166098
土木工程建筑业	103	86	35	133567870	82727389	50840481
铁路、道路、隧道和桥梁工程建筑	51	39	20	40448982	28515225	11933757
铁路工程建筑	2	2		7278111	3536150	3741961
公路工程建筑	37	27	18	30534153	23648222	6885931
市政道路工程建筑	11	9	2	1767198	1231034	536164
其他道路、隧道和桥梁工程建筑	1	1		869520	99819	769701
水利和水运工程建筑	17	17	5	4249883	1990368	2259515
水源及供水设施工程建筑	14	14	3	4129382	1924764	2204618
河湖治理及防洪设施工程建筑	3	3	2	120501	65604	54897
工矿工程建筑	4	3	1	125005	8094	116911
工矿工程建筑	4	3	1	125005	8094	116911
架线和管道工程建筑	18	16	6	3237191	1119718	2117473
架线及设备工程建筑	17	15	6	3214135	1119718	2094417
管道工程建筑	1	1		23056		23056
电力工程施工	4	4	1	85140663	51003008	34137655
水力发电工程施工	2	2		85091743	51001414	34090329
其他电力工程施工	2	2	1	48920	1594	47326
其他土木工程建筑	9	7	2	366146	90976	275170
园林绿化工程施工	6	4	2	86921	55795	31126
其他土木工程建筑施工	3	3		279225	35181	244044
建筑安装业	49	40	15	8954792	733501	8221291
电气安装	18	16	5	7662382	549361	7113021
电气安装	18	16	5	7662382	549361	7113021
管道和设备安装	9	9	2	893400	70222	823178
管道和设备安装	9	9	2	893400	70222	823178
其他建筑安装业	22	15	8	399010	113918	285092
体育场地设施安装	6	5	3	204523	20012	184511
其他建筑安装	16	10	5	194487	93906	100581

法人单位生产经营情况(2022年)

承包工程完成情况(千元)				建筑业总产值(千元)		
直接从建设单位承揽工程完成的产值	自行完成施工产值	分包出去工程的产值(千元)	从建设单位以外承揽工程完成的产值	建筑业总产值(千元)	其中:装配式建筑工程产值	其中:装饰装修产值
46367446	45052730	1314716	708434	45761164	113991	325671
31147217	30059617	1087600	531798	30591415	64437	
46367446	45052730	1314716	708434	45761164	113991	325671
3843158	3843158			3843158		
576322	576322			576322		
28918726	28695316	223410	564997	29260313	64437	258701
23477127	23361966	115161	531798	23893764		
5441599	5333350	108249	33199	5366549	64437	258701
2835577	1934189	901388		1934189		
10193663	10003745	189918	143437	10147182	49554	66970
10040684	9850766	189918	143437	9994203	49554	66970
152979	152979			152979		
46367446	45052730	1314716	708434	45761164	113991	325671
6647721	6517536	130185	20781	6538317	73261	183843
6363239	6233054	130185	20781	6253835	73261	183843
6363239	6233054	130185	20781	6253835	73261	183843
17019	17019			17019		
17019	17019			17019		
267463	267463			267463		
267463	267463			267463		
35071386	34911000	160386	616076	35527076	14285	2644
8555625	8530780	24845	32713	8563493	14285	2622
1761515	1761515			1761515		
5848013	5823168	24845		5823168		
451145	451145		32713	483858	14285	2622
494952	494952			494952		
2087470	2087470			2087470		
2034032	2034032			2034032		
53438	53438			53438		
125005	125005			125005		
125005	125005			125005		
1969599	1949219	20380	32965	1982184		22
1946543	1926163	20380	32965	1959128		22
23056	23056			23056		
22009825	21894664	115161	531798	22426462		
21960905	21845744	115161	531798	22377542		
48920	48920			48920		
323862	323862		18600	342462		
69237	69237			69237		
254625	254625		18600	273225		
3972175	3068959	903216	4328	3073287	18866	
2907151	2005763	901388		2005763		
2907151	2005763	901388		2005763		
744805	744805			744805		
744805	744805			744805		
320219	318391	1828	4328	322719	18866	
211931	211931			211931		
108288	106460	1828	4328	110788	18866	

7-8　续表 1

指　标　名　称	全部建筑业企业个数（个）	企业个数		合同情况(千元)		
		有工作量的建筑业企业个数（个）	亏损企业个数(个)	签订的合同额	上年结转合同额	本年新签合同额
建筑装饰、装修和其他建筑业	39	26	15	1455748	600255	855493
建筑装饰和装修业	29	20	13	1237943	596400	641543
公共建筑装饰和装修	16	11	9	343497	121943	221554
住宅装饰和装修	13	9	4	894446	474457	419989
建筑物拆除和场地准备活动	5	2	1	3815	1790	2025
建筑物拆除活动	1	1	1	954	790	164
场地准备活动	4	1		2861	1000	1861
其他未列明建筑业	5	4	1	213990	2065	211925
其他未列明建筑业	5	4	1	213990	2065	211925
房屋建筑业	107	93	42	17362141	10195064	7167077
土木工程建筑业	103	86	35	133567870	82727389	50840481
铁路、道路、隧道和桥梁工程建筑	51	39	20	40448982	28515225	11933757
水利和水运工程建筑	17	17	5	4249883	1990368	2259515
工矿工程建筑	4	3	1	125005	8094	116911
架线和管道工程建筑	18	16	6	3237191	1119718	2117473
电力工程施工	4	4	1	85140663	51003008	34137655
其他土木工程建筑	9	7	2	366146	90976	275170
建筑安装业	49	40	15	8954792	733501	8221291
建筑装饰、装修和其他建筑业	39	26	15	1455748	600255	855493
中央	11	9		99647605	55998951	43648654
地方	32	28	11	14960659	8648075	6312584
其他	255	208	96	46732287	29609183	17123104
施工总承包序列	209	176	72	157885263	93340486	64544777
施工总承包序列特级工程	1	1		84587542	50864345	33723197
施工总承包序列一级工程	23	19	8	44874366	30982142	13892224
施工总承包序列二级工程	98	83	36	21809921	10138211	11671710
施工总承包序列三级工程	87	73	28	6613434	1355788	5257646
专业承包序列	89	69	35	3455288	915723	2539565
专业承包序列一级工程	3	3	1	1344108	166141	1177967
专业承包序列二级工程	43	32	14	1487996	516718	971278
专业承包序列三级工程	41	33	19	620798	232164	388634
专业承包序列不分等级工程	2	1	1	2386	700	1686
城东区	34	26	10	89249241	54139133	35110108
城中区	56	43	19	20033156	16123447	3909709
城西区	122	96	49	12028973	6637915	5391058
城北区	56	52	20	23602861	10112591	13490270
大通回族土族自治县	12	12	4	12677860	5184640	7493220
湟源县	14	13	2	2357872	1426182	931690
营业	4	3	3	1390588	632301	758287
停业(歇业)	291	245	107	161340551	94256209	67084342
国有控股	7					
集体控股	32	27	9	115034800	65750719	49284081
私人控股	15	14	3	2938811	1070525	1868286
外商控股	250	204	95	43366940	27434965	15931975
其他	1					
其中:民营经济(含集体)	265	218	98	46305751	28505490	17800261
其中:民营经济(不含集体)	250	204	95	43366940	27434965	15931975
大型	5	5		111427025	69043016	42384009
中型	78	76	26	33597860	16490888	17106972
小型	143	130	58	5750617	2510696	3239921
微型	72	34	23	10565049	6211609	4353440

承包工程完成情况(千元)				建筑业总产值(千元)		
直接从建设单位承揽工程完成的产值	自行完成施工产值	分包出去工程的产值(千元)	从建设单位以外承揽工程完成的产值	建筑业总产值(千元)	其中:装配式建筑工程产值	其中:装饰装修产值
676164	555235	120929	67249	622484	7579	139184
515116	515116		1374	516490	7579	139184
128741	128741		1374	130115	7579	31323
386375	386375			386375		107861
13653	13653			13653		
954	954			954		
12699	12699			12699		
147395	26466	120929	65875	92341		
147395	26466	120929	65875	92341		
6647721	6517536	130185	20781	6538317	73261	183843
35071386	34911000	160386	616076	35527076	14285	2644
8555625	8530780	24845	32713	8563493	14285	2622
2087470	2087470			2087470		
125005	125005			125005		
1969599	1949219	20380	32965	1982184		22
22009825	21894664	115161	531798	22426462		
323862	323862		18600	342462		
3972175	3068959	903216	4328	3073287	18866	
676164	555235	120929	67249	622484	7579	139184
26565451	25548902	1016549	531798	26080700		
4193043	4121992	71051		4121992	65187	132428
15608952	15381836	227116	176636	15558472	48804	193243
43947872	42672229	1275643	650681	43322910	87546	291415
21572927	21457766	115161	531798	21989564		
9776205	8874817	901388		8874817		102000
8265114	8106731	158383	108184	8214915	2424	141931
4333626	4232915	100711	10699	4243614	85122	47484
2419574	2380501	39073	57753	2438254	26445	34256
1026727	1026727			1026727		
940999	939171	1828	24788	963959	5283	9861
449462	412217	37245	32965	445182	21162	24395
2386	2386			2386		
22901178	22786017	115161	541394	23327411		156701
3638320	3593142	45178		3593142	18866	8561
6348443	6309114	39329	69411	6378525	22614	28563
8315463	7222095	1093368	65875	7287970	66111	19363
4086977	4086977			4086977		102000
718212	696532	21680	31754	728286	6400	10483
358853	358853			358853		
46367446	45052730	1314716	708434	45761164	113991	325671
31147217	30059617	1087600	531798	30591415	64437	
1681271	1681271			1681271		
13538958	13311842	227116	176636	13488478	49554	325671
15220229	14993113	227116	176636	15169749	49554	325671
13538958	13311842	227116	176636	13488478	49554	325671
26698548	25681999	1016549	531798	26213797		
13200816	12986900	213916	117638	13104538	72511	263941
3393063	3308812	84251	58855	3367667	39184	40287
3075019	3075019		143	3075162	2296	21443

7-8 续表 2

指 标 名 称	建筑业总产值(千元)				竣工产值(千元)
	其中:在外省完成的产值	建筑工程产值	安装工程产值	其他产值	
总计	23170796	41424231	3391265	945668	16585304
其中:国有及国有控股企业	21787341	28626484	1119659	845272	12395235
内资企业	23170796	41424231	3391265	945668	16585304
国有企业	831323	3455180	387978		1150049
集体企业		56383	519898	41	137531
有限责任公司	21261349	27266788	1130196	863329	11972900
国有独资公司	20486761	23526555	364236	2973	11044516
其他有限责任公司	774588	3740233	765960	860356	928384
股份有限公司	660843	1829502	104687		33965
私营企业	417281	8816378	1248506	82298	3290859
私营有限责任公司	417281	8663399	1248506	82298	3290859
私营股份有限公司		152979			
外商投资企业					
中外合资经营企业					
建筑业	23170796	41424231	3391265	945668	16585304
房屋建筑业	1017864	5981851	327125	229341	3601968
住宅房屋建筑	955744	5697369	327125	229341	3586990
住宅房屋建筑	955744	5697369	327125	229341	3586990
体育场馆建筑		17019			10762
体育场馆建筑		17019			10762
其他房屋建筑业	62120	267463			4216
其他房屋建筑业	62120	267463			4216
土木工程建筑业	21729423	33568370	1309502	649204	12078227
铁路、道路、隧道和桥梁工程建筑	1221940	8478306	73935	11252	2188447
铁路工程建筑	422998	1761515			1921070
公路工程建筑	624215	5789817	24441	8910	237972
市政道路工程建筑		432022	49494	2342	29405
其他道路、隧道和桥梁工程建筑	174727	494952			
水利和水运工程建筑	51845	2049719	36191	1560	197577
水源及供水设施工程建筑	51845	1998281	34191	1560	144639
河湖治理及防洪设施工程建筑		51438	2000		52938
工矿工程建筑	6496	46202	78803		34314
工矿工程建筑	6496	46202	78803		34314
架线和管道工程建筑	300985	986435	359357	636392	139033
架线及设备工程建筑	300985	986435	336301	636392	115977
管道工程建筑			23056		23056
电力工程施工	20141515	21665246	761216		9467732
水力发电工程施工	20141515	21625328	752214		9467732
其他电力工程施工		39918	9002		
其他土木工程建筑	6642	342462			51124
园林绿化工程施工		69237			49282
其他土木工程建筑施工	6642	273225			1842
建筑安装业	104692	1430487	1624598	18202	611542
电气安装	104692	1027157	978606		196548
电气安装	104692	1027157	978606		196548
管道和设备安装		252004	492801		344888
管道和设备安装		252004	492801		344888
其他建筑安装业		151326	153191	18202	70106
体育场地设施安装		136299	72659	2973	63835
其他建筑安装		15027	80532	15229	6271

房屋建筑施工面积(平方米)		从业人员情况(人)			年末自有施工机械设备(仅四季度汇总)		
房屋施工面积	其中:新开工面积	从事生产建筑业活动的从业人员平均人数	期末从业人员数	其中:工程技术人员	净值(千元)	总台数(台)	总功率(千瓦)
5622504	1330833	65850	42746	10972	1072515	10241	401027
2049571	681484	29941	19911	6438	949509	8499	374733
5622504	1330833	65850	42746	10972	1072515	10241	401027
25668	13668	11760	5181	1159	2219	381	2180
331	331	1334	1243	237	756	30	580
2422566	1053641	24968	18751	6338	937041	7829	375603
2013485	657398	12161	12020	4098	883863	5006	323239
409081	396243	12807	6731	2240	53178	2823	52364
13129	10418	3172	1213	630	27048	548	5571
3160810	252775	24616	16358	2608	105451	1453	17093
3160810	252775	24032	15875	2600	105451	1453	17093
		584	483	8			
5622504	1330833	65850	42746	10972	1072515	10241	401027
3569470	692853	17443	10324	2372	73275	890	9537
2274270	624016	17091	9984	2252	66811	873	8852
2274270	624016	17091	9984	2252	66811	873	8852
		69	68	24			
		69	68	24			
1295200	68837	283	272	96	6464	17	685
1295200	68837	283	272	96	6464	17	685
1988290	626431	40503	27195	7572	961235	8458	382725
1474090	115331	19697	12181	2463	30697	1239	16229
1471418	115331	1914	1868	685			
2672		13129	6388	1603	18668	1119	14490
		1496	729	76	10442	19	1600
		3158	3196	99	1587	101	139
2100		5047	2149	617	7335	51	1319
		4101	1480	451	7335	51	1319
2100		946	669	166			
		384	364	18	3101	10	501
		384	364	18	3101	10	501
		4581	1509	414	36239	2152	41437
		4515	1441	414	36239	2152	41437
		66	68				
509600	509600	10385	10559	4007	883863	5006	323239
509600	509600	10250	10499	4004	883863	5006	323239
		135	60	3			
2500	1500	409	433	53			
2500	1500	256	196	33			
		153	237	20			
64654	11549	6741	4116	783	36914	758	7952
10418	10418	3853	2201	518	28797	584	5991
10418	10418	3853	2201	518	28797	584	5991
54236	1131	1606	1057	183	5100	23	200
54236	1131	1606	1057	183	5100	23	200
		1282	858	82	3017	151	1761
		771	573	22	1064	49	458
		511	285	60	1953	102	1303

7-8 续表3

指标名称	建筑业总产值(千元)				竣工产值(千元)
	其中:在外省完成的产值	建筑工程产值	安装工程产值	其他产值	
建筑装饰、装修和其他建筑业	318817	443523	130040	48921	293567
建筑装饰和装修业	275177	423765	67175	25550	289020
公共建筑装饰和装修		79258	44982	5875	98899
住宅装饰和装修	275177	344507	22193	19675	190121
建筑物拆除和场地准备活动		13653			
建筑物拆除活动		954			
场地准备活动		12699			
其他未列明建筑业	43640	6105	62865	23371	4547
其他未列明建筑业	43640	6105	62865	23371	4547
房屋建筑业	1017864	5981851	327125	229341	3601968
土木工程建筑业	21729423	33568370	1309502	649204	12078227
铁路、道路、隧道和桥梁工程建筑	1221940	8478306	73935	11252	2188447
水利和水运工程建筑	51845	2049719	36191	1560	197577
工矿工程建筑	6496	46202	78803		34314
架线和管道工程建筑	300985	986435	359357	636392	139033
电力工程施工	20141515	21665246	761216		9467732
其他土木工程建筑	6642	342462			51124
建筑安装业	104692	1430487	1624598	18202	611542
建筑装饰、装修和其他建筑业	318817	443523	130040	48921	293567
中央	20968190	23884959	1563689	632052	11561545
地方	148581	3355308	744872	21812	587279
其他	2054025	14183964	1082704	291804	4436480
施工总承包序列	22378359	39390850	3018229	913831	15498978
施工总承包序列特级工程	20063763	21625328	364236		9079754
施工总承包序列一级工程	1851978	7734435	506770	633612	2832584
施工总承包序列二级工程	456122	7141193	1014137	59585	1928372
施工总承包序列三级工程	6496	2889894	1133086	220634	1658268
专业承包序列	792437	2033381	373036	31837	1086326
专业承包序列一级工程	753571	1023227	3500		764671
专业承包序列二级工程	34225	766605	169857	27497	173805
专业承包序列三级工程	4641	241163	199679	4340	145464
专业承包序列不分等级工程		2386			2386
城东区	20216200	22902241	400636	24534	9516107
城中区	617101	3125913	462096	5133	795383
城西区	1127071	4907852	805623	665050	2080397
城北区	431069	5396915	1659779	231276	1780255
大通回族土族自治县	779355	4069998	16979		2192981
湟源县		662459	46152	19675	182328
营业		358853			37853
停业(歇业)	23170796	41424231	3391265	945668	16585304
国有控股					
集体控股	21787341	28626484	1119659	845272	12395235
私人控股	54329	1153522	526148	1601	148334
外商控股	1329126	11644225	1745458	98795	4041735
其他					
其中:民营经济(含集体)	1383455	12797747	2271606	100396	4190069
其中:民营经济(不含集体)	1329126	11644225	1745458	98795	4041735
大型	21446589	24902138	679607	632052	11032078
中型	1612041	11070685	1794804	239049	4222966
小型	53825	2748490	550183	68994	1243935
微型	58341	2702918	366671	5573	86325

房屋建筑施工面积(平方米)		从业人员情况(人)			年末自有施工机械设备(仅四季度汇总)		
房屋施工面积	其中:新开工面积	从事生产建筑业活动的从业人员平均人数	期末从业人员数	其中:工程技术人员	净值(千元)	总台数(台)	总功率(千瓦)
90		1163	1111	245	1091	135	813
90		800	793	171	857	14	397
		327	308	72	656	8	96
90		473	485	99	201	6	301
		44	39	24	1	2	1
		18	16	4	1	2	1
		26	23	20			
		319	279	50	233	119	415
		319	279	50	233	119	415
3569470	692853	17443	10324	2372	73275	890	9537
1988290	626431	40503	27195	7572	961235	8458	382725
1474090	115331	19697	12181	2463	30697	1239	16229
2100		5047	2149	617	7335	51	1319
		384	364	18	3101	10	501
		4581	1509	414	36239	2152	41437
509600	509600	10385	10559	4007	883863	5006	323239
2500	1500	409	433	53			
64654	11549	6741	4116	783	36914	758	7952
90		1163	1111	245	1091	135	813
1991436	635349	17157	14874	5469	942811	7628	368562
67432	47949	11151	5276	1046	18098	1103	14082
3563636	647535	37542	22596	4457	111606	1510	18383
5550740	1330273	58338	39372	10389	1067922	9978	398203
509600	509600	9599	9780	3353	883863	5006	323239
2651853	207314	18223	8428	2128	88486	3218	51457
2099848	549803	20793	14351	3444	39809	1473	17972
289439	63556	9723	6813	1464	55764	281	5535
71764	560	7512	3374	583	4593	263	2824
		3601	818	135			
71764	560	2181	1582	238	1888	184	1205
		1700	952	210	2704	78	1609
		30	22		1	1	10
1921605	619218	11779	11597	3727	888332	5114	324719
326352	322053	5259	3540	633	20938	537	13468
1052792	155802	21229	9823	2808	77758	3047	46308
689105	45374	19546	11526	2448	72796	1425	14647
1594129	170331	4406	3158	963	2801	11	90
38190	17724	1594	1044	261	9134	77	1215
331	331	2037	2058	132	756	30	580
5622504	1330833	65850	42746	10972	1072515	10241	401027
2049571	681484	29941	19911	6438	949509	8499	374733
3042	331	4588	2508	626	757	31	590
3569891	649018	31321	20327	3908	122249	1711	25704
3572933	649349	35909	22835	4534	123006	1742	26294
3569891	649018	31321	20327	3908	122249	1711	25704
1991436	635349	15062	12743	4407	942811	7628	368562
2909291	254231	30231	20549	4772	41712	1555	10613
721356	440922	10568	6916	1358	83522	1012	20993
421	331	9989	2538	435	4470	46	859

7-8 续表4

指 标 名 称	企业总产值(仅四季度汇总)(千元)	房屋建筑竣工面积(平方米)			
		合计	住宅房屋	商业及服务用房屋	办公用房屋
总计	52129617	938322	594228	50615	87885
其中:国有及国有控股企业	37712882	66055	49805		
内资企业	52129617	938322	594228	50615	87885
国有企业	3671741				
集体企业	576322	331	331		
有限责任公司	36565464	153182	77205	33327	15149
国有独资公司	31062294	55637	49805		
其他有限责任公司	5503170	97545	27400	33327	15149
股份有限公司	1934189	13129			2711
私营企业	9381901	771680	516692	17288	70025
私营有限责任公司	9228922	771680	516692	17288	70025
私营股份有限公司	152979				
外商投资企业					
中外合资经营企业					
建筑业	52129617	938322	594228	50615	87885
房屋建筑业	6665236	852533	535342	50015	84605
住宅房屋建筑	6291617	848392	535342	50015	81801
住宅房屋建筑	6291617	848392	535342	50015	81801
体育场馆建筑	17770	4141			2804
体育场馆建筑	17770	4141			2804
其他房屋建筑业	355849				
其他房屋建筑业	355849				
土木工程建筑业	41758927	62909	50905	600	2400
铁路、道路、隧道和桥梁工程建筑	8562087	58309	49805		
铁路工程建筑	1761515	55637	49805		
公路工程建筑	5821762	2672			
市政道路工程建筑	483858				
其他道路、隧道和桥梁工程建筑	494952				
水利和水运工程建筑	1128537	2100	1100	600	400
水源及供水设施工程建筑	1075099				
河湖治理及防洪设施工程建筑	53438	2100	1100	600	400
工矿工程建筑	125005				
工矿工程建筑	125005				
架线和管道工程建筑	2001672				
架线及设备工程建筑	1978616				
管道工程建筑	23056				
电力工程施工	29594992				
水力发电工程施工	29546072				
其他电力工程施工	48920				
其他土木工程建筑	346634	2500			2000
园林绿化工程施工	73409	2000			2000
其他土木工程建筑施工	273225	500			
建筑安装业	3082068	18118	7700		
电气安装	2006057	10418			
电气安装	2006057	10418			
管道和设备安装	744805	7700	7700		
管道和设备安装	744805	7700	7700		
其他建筑安装业	331206				
体育场地设施安装	220414				
其他建筑安装	110792				

科研、教育、医疗用房屋	文化、体育和娱乐用房	厂房及建筑物	仓库	其他未列明的房屋建筑物
45446	11080	95285	11200	42583
5832		10418		
45446	11080	95285	11200	42583
18336		6903		2262
5832				
12504		6903		2262
		10418		
27110	11080	77964	11200	40321
27110	11080	77964	11200	40321
45446	11080	95285	11200	42583
33542	11080	84867	11200	41882
33542	11080	83530	11200	41882
33542	11080	83530	11200	41882
		1337		
		1337		
8504				500
8504				
5832				
2672				
				500
				500
		10418		
		10418		
		10418		

7-8　续表 5

指 标 名 称	企业总产值（仅四季度汇总）（千元）	房屋建筑竣工面积（平方米）			
		合计	住宅房屋	商业及服务用房屋	办公用房屋
建筑装饰、装修和其他建筑业	623386	4762	281		880
建筑装饰和装修业	516490	3882	281		
公共建筑装饰和装修	130115				
住宅装饰和装修	386375	3882	281		
建筑物拆除和场地准备活动	13653				
建筑物拆除活动	954				
场地准备活动	12699				
其他未列明建筑业	93243	880			880
其他未列明建筑业	93243	880			880
房屋建筑业	6665236	852533	535342	50015	84605
土木工程建筑业	41758927	62909	50905	600	2400
铁路、道路、隧道和桥梁工程建筑	8562087	58309	49805		
水利和水运工程建筑	1128537	2100	1100	600	400
工矿工程建筑	125005				
架线和管道工程建筑	2001672				
电力工程施工	29594992				
其他土木工程建筑	346634	2500			2000
建筑安装业	3082068	18118	7700		
建筑装饰、装修和其他建筑业	623386	4762	281		880
中央	33249230	66055	49805		
地方	4246346	41764	2819	33027	3111
其他	14634041	830503	541604	17588	84774
施工总承包序列	49590460	926157	593947	50615	87005
施工总承包序列特级工程	29158094				
施工总承包序列一级工程	8945587	380177	363927		
施工总承包序列二级工程	7052376	355709	214344	38234	42269
施工总承包序列三级工程	4434403	190271	15676	12381	44736
专业承包序列	2539157	12165	281		880
专业承包序列一级工程	1026727				
专业承包序列二级工程	1054001	10785	281		
专业承包序列三级工程	456043	500			
专业承包序列不分等级工程	2386	880			880
城东区	30501613	36281	1719	32427	2000
城中区	3412968	99126	56520	2400	
城西区	6503560	248139	67144	5891	64249
城北区	7491612	478245	418709	2557	17925
大通回族土族自治县	3122725	65810	49805		2711
湟源县	738286	10390		7340	1000
营业	358853	331	331		
停业(歇业)	52129617	938322	594228	50615	87885
国有控股					
集体控股	37712882	66055	49805		
私人控股	1681271	3542	331		2711
外商控股	12735464	868725	544092	50615	85174
其他					
其中：民营经济（含集体）	14416735	872267	544423	50615	87885
其中：民营经济（不含集体）	12735464	868725	544092	50615	85174
大型	33382327	66055	49805		
中型	12210543	638118	512687	46282	23233
小型	3461581	233228	31405	4333	64652
微型	3075166	921	331		

科研、教育、医疗用房屋	文化、体育和娱乐用房	厂房及建筑物	仓库	其他未列明的房屋建筑物
3400				201
3400				201
3400				201
33542	11080	84867	11200	41882
8504				500
8504				
				500
		10418		
3400				201
5832		10418		
2672				135
36942	11080	84867	11200	42448
42046	11080	88382	11200	41882
5832		10418		
13206	99	9836		37721
23008	10981	68128	11200	4161
3400		6903		701
3400		6903		201
				500
				135
2672		9717		27817
23564	10500	64535	11200	1056
13378	580	18983		6113
5832				7462
		2050		
45446	11080	95285	11200	42583
5832		10418		
				500
39614	11080	84867	11200	42083
39614	11080	84867	11200	42583
39614	11080	84867	11200	42083
5832		10418		
19263	481	6893		29279
20351	10599	77974	11200	12714
				590

7–8 续表 6

指标名称	竣工房屋价值(千元)			
	合计	住宅房屋	商业及服务用房屋	办公用房屋
总计	1913053	1277825	205702	105771
其中:国有及国有控股企业	225982	174317		
内资企业	1913053	1277825	205702	105771
国有企业				
集体企业	496	496		
有限责任公司	500825	252145	126650	23750
国有独资公司	194728	174317		
其他有限责任公司	306097	77828	126650	23750
股份有限公司	33825			2571
私营企业	1377907	1025184	79052	79450
私营有限责任公司	1377907	1025184	79052	79450
私营股份有限公司				
外商投资企业				
中外合资经营企业				
建筑业	1913053	1277825	205702	105771
房屋建筑业	1630180	1077063	204322	88169
住宅房屋建筑	1619421	1077063	204322	80618
住宅房屋建筑	1619421	1077063	204322	80618
体育场馆建筑	10759			7551
体育场馆建筑	10759			7551
其他房屋建筑业				
其他房屋建筑业				
土木工程建筑业	222876	176847	1380	15216
铁路、道路、隧道和桥梁工程建筑	201908	174317		
铁路工程建筑	194728	174317		
公路工程建筑	7180			
市政道路工程建筑				
其他道路、隧道和桥梁工程建筑				
水利和水运工程建筑	4830	2530	1380	920
水源及供水设施工程建筑				
河湖治理及防洪设施工程建筑	4830	2530	1380	920
工矿工程建筑				
工矿工程建筑				
架线和管道工程建筑				
架线及设备工程建筑				
管道工程建筑				
电力工程施工				
水力发电工程施工				
其他电力工程施工				
其他土木工程建筑	16138			14296
园林绿化工程施工	14296			14296
其他土木工程建筑施工	1842			
建筑安装业	54354	23100		
电气安装	31254			
电气安装	31254			
管道和设备安装	23100	23100		
管道和设备安装	23100	23100		
其他建筑安装业				
体育场地设施安装				
其他建筑安装				

科研、教育、医疗用房屋	文化、体育和娱乐用房	厂房及建筑物	仓库	其他未列明的房屋建筑物
147622	7883	98479	10050	59721
20411		31254		
147622	7883	98479	10050	59721
73481		18837		5962
20411				
53070		18837		5962
		31254		
74141	7883	48388	10050	53759
74141	7883	48388	10050	53759
147622	7883	98479	10050	59721
118891	7883	67225	10050	56577
118891	7883	64017	10050	56577
118891	7883	64017	10050	56577
		3208		
		3208		
27591				1842
27591				
20411				
7180				
				1842
				1842
		31254		
		31254		
		31254		

7-8 续表 7

指 标 名 称	竣工房屋价值(千元)			
	合计	住宅房屋	商业及服务用房屋	办公用房屋
建筑装饰、装修和其他建筑业	5643	815		2386
建筑装饰和装修业	3257	815		
公共建筑装饰和装修				
住宅装饰和装修	3257	815		
建筑物拆除和场地准备活动				
建筑物拆除活动				
场地准备活动				
其他未列明建筑业	2386			2386
其他未列明建筑业	2386			2386
房屋建筑业	1630180	1077063	204322	88169
土木工程建筑业	222876	176847	1380	15216
铁路、道路、隧道和桥梁工程建筑	201908	174317		
水利和水运工程建筑	4830	2530	1380	920
工矿工程建筑				
架线和管道工程建筑				
电力工程施工				
其他土木工程建筑	16138			14296
建筑安装业	54354	23100		
建筑装饰、装修和其他建筑业	5643	815		2386
中央	225982	174317		
地方	146909	9168	126550	3491
其他	1540162	1094340	79152	102280
施工总承包序列	1886731	1277010	205702	103385
施工总承包序列特级工程				
施工总承包序列一级工程	820385	768720		
施工总承包序列二级工程	825464	465824	172902	69477
施工总承包序列三级工程	240882	42466	32800	33908
专业承包序列	26322	815		2386
专业承包序列一级工程				
专业承包序列二级工程	22094	815		
专业承包序列三级工程	1842			
专业承包序列不分等级工程	2386			2386
城东区	146624	6638	125170	14296
城中区	283892	202504	44900	
城西区	359992	178008	9343	48539
城北区	872374	715862	6889	35915
大通回族土族自治县	219956	174317		2571
湟源县	29719		19400	4450
营业	496	496		
停业(歇业)	1913053	1277825	205702	105771
国有控股				
集体控股	225982	174317		
私人控股	4909	496		2571
外商控股	1682162	1103012	205702	103200
其他				
其中:民营经济(含集体)	1687071	1103508	205702	105771
其中:民营经济(不含集体)	1682162	1103012	205702	103200
大型	225982	174317		
中型	1397361	1041453	196736	39199
小型	287196	61559	8966	66572
微型	2514	496		

科研、教育、医疗用房屋	文化、体育和娱乐用房	厂房及建筑物	仓库	其他未列明的房屋建筑物
1140				1302
1140				1302
1140				1302
118891	7883	67225	10050	56577
27591				1842
27591				
				1842
		31254		
1140				1302
20411		31254		
7180				520
120031	7883	67225	10050	59201
146482	7883	79642	10050	56577
20411		31254		
54309	138	18620		44194
71762	7745	29768	10050	12383
1140		18837		3144
1140		18837		1302
				1842
				520
7180		13118		16190
76068	6300	29170	10050	2514
43963	1583	50322		17840
20411				22657
		5869		
147622	7883	98479	10050	59721
20411		31254		
				1842
127211	7883	67225	10050	57879
127211	7883	67225	10050	59721
127211	7883	67225	10050	57879
20411		31254		
78148	1445	19037		21343
49063	6438	48188	10050	36360
				2018

7-9 建筑安装施工企业单位数和职工人数

年 份	企业单位数(个)			全部职工平均人数(人)		
	合计	# 国有经济单位	# 城镇集体单位	合计	# 国有经济单位	# 城镇集体单位
2000	153	39	52	77186	44309	16617
2002	247	33	37	87666	32562	14990
2003	248	35	37	90047	37756	14574
2004	270	35	37	63979	34562	12441
2005	271	36	27	88959	35173	9953
2006	294	28	30	84360	21629	8953
2007	302	29	29	76524	22196	5376
2008	344	38	23	77017	25459	7279
2009	359	39	23	90060	42285	7557
2010	361	42	23	91934	42662	6843
2011	357	35	23	91058	36577	3697
2012	335	28	21	94921	39353	3017
2013	336	27	19	100607	41335	7131
2014	323	38	19	104201	48440	4144
2015	319	38	23	96091	43226	6615
2016	313	38	16	109774	49459	6291
2017	309	37	12	114569	50582	4304
2018	315	35	21	74556	27621	5045
2019	327	35	12	77798	31775	2179
2020	300	31	11	75236	32928	2109
2021	306	31	10	64502	29391	1692
2022	298	32	6	65850	29941	1334

7-10 建筑业企业计算指标

指　标	2012年	2013年	2014年	2015年	2016年	2017年	2018年	2019年	2020年	2021年	2022年
劳动生产率(元/人)(按总产值计算)	280281	338717	332188	349015	307710	289474	467540	470592	548765	734897	694928
劳动生产率(元/人)(按增加值计算)	60717	63825	59345	64533	70671	51384	66954	82830	80959	115360	63204
房屋建筑面积竣工率(%)	34.50	34.89	41.85	37.66	25.91	29.42	36.80	33.91	33.08	24.06	16.69
产值利润率(%)	3.71	3.62	3.30	3.47	3.55	2.84	4.31	1.84	2.21	2.98	3.42
产值利税率(%)	7.53	7.23	6.76	7.18	7.62	4.40	9.98	9.56	4.67	5.89	6.57
人均竣工产值(元/人)	84204	113464	136927	146857	104466	168809	120698	41222	175363	210482	251865
人均施工面积(平方米/人)	56.90	81.00	68.74	54.47	47.89	47.00	68.31	66.65	72.73	93.13	85.38
人均竣工面积(平方米/人)	19.63	28.26	28.77	20.51	12.40	13.83	25.14	22.60	24.06	22.42	14.25
人均利润(元/人)	10392	12273	10957	12128	10920	8528	20147	9242	12148	21890	23751
人均利税(元/人)	21100	24490	22452	25083	23448	13041	46222	25451	26583	43301	45664
资产负债率(%)	69.40	67.81	67.20	67.33	67.01	67.90	60.96	67.98	70.51	69.56	71.54

八、城市公用事业

指 标 解 释

人口密度 指城区内的人口疏密程度。城区人口 + 城区暂住人口与城区面积的比率。

人均日生活用水量 指每一用水人口平均每天的生活用水量。

用水普及率 指报告期末城区内用水人口与总人口的比率。

燃气普及率 指报告期末城区内使用燃气的人口与总人口的比率。

建成区供水管道密度 指报告期末建成区的供水管道分布的疏密程度。

人均城市道路面积 指报告期末城区内平均每人拥有的城市道路面积。

建成区路网密度 指报告期末建成区道路分布的疏密程度。

建成区道路面积率 指报告期末建成区道路面积占建成区面积的比重。

建成区地下综合管度密度 指报告期末建成区地下综合管廊分布的疏密程度。

建成区排水管道密度 指报告期末建成区排水管道分布的疏密程度。

工业废水排放量 指调查年度经过企业厂区所有排放口排到企业外部的工业废水量。包括生产废水、外排的直接冷却水、废气治理设施废水、超标排放的矿井地下水和与工业废水混排的厂区生活污水,不包括独立外排的间接冷却水(清浊不分流的间接冷却水应计算在内)。

工业废水处理量 指经各种水治理设施(含城镇污水处理厂、工业废水处理厂)实际处理的工业废水量,包括处理后外排的和处理后回用的工业废水量。虽经处理但未达到国家或地方排放标准的废水量也应计算在内。计算时,如遇有车间和厂排放口均有治理设施,并对同一废水分级处理时,不应重复计算工业废水处理量。

二氧化硫产生量 指调查年度企业生产过程中产生的未经过处理的废气中所含的二氧化硫总质量。

二氧化硫排放量 指调查年度企业在燃料燃烧和生产工艺过程中排入大气的二氧化硫总质量。工业中二氧化硫主要来源于化石燃料(煤、石油等)的燃烧,还包括含硫矿石的冶炼或含硫酸、磷肥等生产的工业废气排放。

烟(粉)尘产生量烟尘是指通过燃烧煤、石煤、柴油、木柴、天然气等产生的烟气中的尘粒。通过有组织排放的,俗称烟道尘。工业粉尘指在生产工艺过程中排放的能在空气中悬浮一定时间的固体颗粒。如钢铁企业耐火材料粉尘、焦化企业的筛焦系统粉尘、烧结机的粉尘、石灰窑的粉尘、建材企业的水泥粉尘等。烟(粉)尘产生量指当年全年调查对象生产过程中产生的未经过处理的废气中所含的烟尘及工业粉尘的总质量之和。

烟(粉)尘排放量 指调查年度企业在燃料燃烧和生产工艺过程中排入大气的烟尘及工业粉尘的总质量之和。烟尘或工业粉尘排放量可以通过除尘系统的排风量和除尘设备出口烟尘浓度相乘求得。

一般工业固体废物贮存量 指调查年度企业以综合利用或处置为目的,将固体废物暂时贮存或堆存在专设的贮存设施或专设的集中堆存场所内的量。专设的固体废物贮存场所或贮存设施必须有防扩散、防流失、防渗漏、防止污染大气、水体的措施。

一般工业固体废物处置量 指调查年度企业将工业固体废物焚烧和用其他改变工业固体废物的物理、化学、生物特性的方法,达到减少或者消除其危险成分的活动,或者将工业固体废物最终置于符合环境保护规定要求的填埋场的活动中,所消纳固体废物的量。

8-1　城市公用事业基本情况

指 标 名 称	单位	2013 年	2014 年	2015 年	2016 年	2017 年	2018 年	2019 年	2020 年	2021 年	2022 年
人口密度	人/平方公里	3257	3318	3388	3442	3493	3544	3577	3615	3629	3643
人均住宅建筑面积	平方米	28.80	29.85	31.46	31.85	32.5	33.3	34.2	39.6	36.1	35.8
人均生活用水量	升/日	189.10	186.14	187.73	186.47	180.98	180.66	119.89	120.79	121.30	172.22
供水普及率	%	99.99	99.99	99.99	99.99	100	99.4	100	99.85	100	100
每万人拥有公共交通车辆	标台	16.70	16.70	16.30	17.20	17.20	17.20	18.3	18.3	13.58	13.44
燃气普及率	%	95.06	95.12	95.16	95.27	95.53	95.55	95.58	95.49	96.08	96.01
人均城市道路面积	平方米	7.16	7.24	7.46	7.89	9.75	12.3	12.5	12.5	12.82	13.13
人均公园绿地面积	平方米	10.60	12	12	12	12.47	12.5	12.42	12.82	13.12	13.08
建成区绿地率	%	37.31	38.62	39.06	39.10	39.10	39.6	39.23	40.02	39.99	40.13
桥梁数	座	70	71	77	77	77	142	142	151	155	155
立交桥	座	4	4	4	4	4	4	4	4	4	4
路灯数	盏	83567	84562	85327	85807	92304	92324	92437	93786	94046	94211
排水管道长度	公里	797	818	831	853	865	1172	1469	1499	1774	1805
污水年排放量	万立方米	10573	10820	11417	11578	13383	12817	13999	13674	13165	13866

8-2 城市建设用地情况

指标名称	单位	2012年	2013年	2014年	2015年	2016年	2017年	2018年	2019年	2020年	2021年	2022年
市区常住人口	（万人）	118.02	123.91	125.04	126.76	128.91	130.84	131.55	132.29	199.11	194.65	196.03
城区面积	（平方公里）	380	380	380	380	380	380	380	380	397	397	397
建成区面积	（平方公里）	75.00	85.00	88.00	90.00	92.00	94.00	96.00	98.00	106.38	108.38	108.38
城市建设用地面积	（平方公里）	75.00	78.48	83.85	85.48	87.16	89.67	90.87	94.57	102.82	102.46	107.53
1.工业用地	（平方公里）	3.98	4.13	4.20	4.20	4.23	4.28	4.28	4.30	4.60	4.60	5.26
2.仓储用地	（平方公里）	13.14	13.14	13.87	14.21	14.24	14.27	8.77	8.47	8.71	6.83	7.34
3. 道路与交通设施用地	（平方公里）	4.85	5.61	6.24	6.47	6.57	7.21	13.45	17.01	18.45	19.02	19.36
4.生活居住用地	（平方公里）	39.58	41.12	43.32	44.01	45.03	47.53	28.76	27.60	28.88	28.90	29.10
5.其他城建用地	（平方公里）	13.45	14.48	16.22	16.59	17.09	16.38	35.61	37.19	42.18	43.11	46.47

8-3 公用交通客运情况

年 份	年底车辆总数(辆)	营运线路条数(条)	营运线路长度(公里)	总行驶里程(万公里)	客 运 总 量(万人次)	利 润 总 额(万元)	从业人数(人)	社会出租汽车(辆)
1957	8	1	5		60	-2		
1965	57	13	250		884	8		
1970	93	14	312		2524	12		
1975	168	16	435		3039	-40		
1980	167	17	466		6942	28		
1985	230	19	467		14832	98		
1990	289	23	499	1223	16876	1		
1995	383	20	320	1450	18054	-370		
2000	1125	35	350	2750	25085	-400	8983	5116
2001	1020	37	377	3457	20748	-25	8983	5116
2002	1086	41	427	3930	20857	52	8983	5116
2003	1142	45	494	4647	23760	-69	8983	5116
2004	1277	55	632	5087	25111	-365	8983	5116
2005	1605	55	437	9409	36098	-5	6548	5116
2006	1753	57	442	9409	41098	-5	6568	5116
2007	1710	60	377	10443	55432	-50	6602	5116
2008	1712	61	379	10091	58761	-219	6602	5116
2009	1801	61	563	10280	55170	-1326	6158	5116
2010	1932	63	982	11417	38594	-2307	6148	5116
2011	1828	69	1196	11643	38572	-517	6083	5116
2012	1867	74	1267	13730	38392	-582	6051	5116
2013	1885	78	1293	11644	40892	-7080	5987	5116
2014	1915	74	1181	7845	34047	-6684	4863	5666
2015	1918	76	1294	8032	40100	-7307	4557	5666
2016	1648	89	1294	8079	35661	-2832	4003	5666
2017	1703	90	1355	8520	34440	-368.6	4245	5666
2018	1767	93	1323	8446	33875	-14401	4755	5666
2019	1940	101	1444	8486	33978	-14253	4970	5666
2020	1940	102	1484	8075	27229	-4293	4967	5666
2021	1701	100	1459	8111	27781	-12075	4901	5666
2022	1701	102	1445	5793	16449	-6579	4632	5666

注:从业人员是预计数,按每辆车1.75的比例计算。

8-4 园林绿化情况

指标名称	单位	2012年	2013年	2014年	2015年	2016年	2017年	2018年	2019年	2020年	2021年	2022年
建成区绿化覆盖面积	（公顷）	2823	3277	3520	3647	3732	3809	3894	3977	4307	4362	4377
建成区绿地面积	（公顷）	2750	3205	3398	3515	3600	3677	3762	3845	4258	4334	4349
公园绿地面积	（公顷）	1180	1317	1500	1528	1584	1631	1645	1688	1838	1888	1890
建成区绿化覆盖率	（%）	37.63	38.56	40	40.5	40.5	40.5	40.5	40.58	40.5	40.25	40.39
人均公园绿地面积	（平方米/人）	10.00	10.60	12	12	12	12.47	12.5	12.42	12.82	13.12	13.08
公园个数	（个）	23	27	29	29	30	30	31	35	39	40	40
公园面积	（公顷）	855	950	1131	1131	1144	1144	1157	1172	1205	1211	1211
年游人量	（万人次）	900	950	920	940	950	965	935	983	979	1055	-
全年植树量	（万株）	85	179	236	112	76.49	81.3	50.4	48.5	22.02	38.38	22.2
年末苗圃面积	（公顷）	192	192	171	172	172	172	172	172	212	212	212

注：植树量为系统内数据，其他类指标是全社会数据。

8–5　自来水供水情况

年 份	年底供水管道总长度（公 里）	供 水 总 量（万吨）	售 水 总 量（万吨）	#生产用 水	生 活 用 水（万吨）	综合生产能 力（万立方米/日）	年底用水总 人 数（万人）	自来水普及率（%）	年末职工总 人 数（人）	水源数（个）
1965	88	207	193	39	154	0.75	9.90			1
1970	135	638	624	237	387	5.90	24.00			1
1975	143	2093	1995	755	1240	7.50	38.50			2
1980	240	3740	3562	1979	1584	14.50	41.73			4
1985	255	5577	5312	3293	2019	14.50	48.10			4
1990	300	12274	7301	4527	2774	34.40	63.70	98.00		5
1995	307	13251	8188	4912	3276	39.00	66.90	98.00		6
2000	416	12610	7612	3045	4567	49.00	72.00	96.82	904	6
2001	434	12649	5732	1329	4403	45.00	81.00	85.51	923	6
2002	450	11403	9425	3663	5762	44.89	76.55	99.66	930	6
2003	476	11559	9321	3470	5851	44.89	78.85	100.00	885	6
2004	505	12175	10176	4070	6106	44.89	80.05	100.00	877	6
2005	541	11192	9142	6399	2743	44.89	80.88	100.00	875	6
2006	753	11199	9749	4988	4761	56.80	82.43	100.00	877	6
2007	757	11646	9820	4967	4853	47.89	83.66	100.00	835	6
2008	773	12098	10008	5062	4946	47.89	88.02	100.00	833	7
2009	790	12168	10125	5123	5002	47.89	94.04	99.35	875	7
2010	829	12402	10399	5260	5139	50.39	100.16	99.85	856	7
2011	945	14030	11848	5992	5856	50.39	107.25	99.79	848	7
2012	959	14633	12255	6250	6005	50.39	114.99	99.99	724	7
2013	1020	15243	12751	6599	6152	50.39	123.77	99.99	725	7
2014	1024	15299	12782	6324	6458	50.39	126.08	99.89	726	6
2015	1136	15491	12970	5346	7624	50.39	128.74	99.99	716	6
2016	1141	15780	13071	5359	7712	50.39	130.78	99.99	709	6
2017	1183.27	15630	13205	4438	8767	50.39	132.75	100.00	704	6
2018	1217.74	11064	8950	3550	4540	50.39	121.09	99.40	727	7
2019	1341.55	15420.81	9551.88	3523.13	4835.52	53.39	135.93	100	848	4
2020	1697.39	15244.05	9843.26	3789.39	5212.54	55.08	143.15	99.4	735	5
2021	1739.63	15156.90	10312.30	3923.38	5292.79	55.08	143.93	99.4	717	5
2022	1720.44	14650.97	9615.03	822.48	5470.63	54.53	144.49	100	718	5

注:2008 年部分数据根据城建年报有调整。2022 年生产用水指标归类有调整。

8-6 集中供热情况

类别	单位	2012年	2013年	2014年	2015年	2016年	2017年	2018年	2019年	2020年	2021年	2022年
一、供热能力热水	（兆瓦）	74.5	74.5	74.5	74.50	74.50	4096	4096	4096	4096	4096	7124
二、供热总量	（万吉焦）	95	95	95	95	95	4352	4657	4682	4691	4694	2741
三、集中供热面积	（万平方米）	130	133	136	137.5	138.40	7325.4	7389.5	7401	8892	8892	8894
#住宅	（万平方米）	85.5	90.3	90.5	92	94.20	5588.8	5603.2	5359	6446	5544	5546
四、供热管道总长度	（公里）	16	16	16	16	16	1659	1689	1689	1689	1689	712

注:2017年该表统计口径有变化。

8-7 环境卫生基本情况

类别	单位	2012年	2013年	2014年	2015年	2016年	2017年	2018年	2019年	2020年	2021年	2022年
一、当年完成工作量												
清运生活垃圾	（万吨）	76.78	77.08	77.08	55.80	56.16	92.64	101.33	80.30	88.21	91.41	90.42
二、道路清扫面积	（万平方米）	1368	1431	1502	1534	1587	1605	1624	1685	2062	2110	2140
三、环境卫生专用车辆	辆	282	308	330	331	352	385	392	304	588	598	611
四、环境卫生设施												
公共厕所	（座）	489	512	530	543	543	548	550	553	475	479	499
#水冲式	（座）	489	512	530	543	543	548	550	553	465	469	489

注：生活垃圾清运量数据根据环卫年报调整。

8–8　道路、排水、养护情况

年 份	年末实有道路长度（公　里）	# 高级、次高级路面	道路面积（万平方米）	人行道面积（万平方米）	年底实有排水道长度（公里）
1965	142	25	204		20
1970	142	79	130		29
1975	144	117	145		44
1980	157	148	159		67
1985	175	174	176		85
1990	198	193	219	49	122
1995	263	263	256	97	139
2000	310	310	405	62	208
2001	313	313	408	63	209
2002	339	339	436	64	209
2003	346	346	490	103	400
2004	359	359	521	106	420
2005	370	370	551	109	424
2006	377	377	580	115	480
2007	379	379	588	156	515
2008	403	403	638	159	557
2009	417	417	687	161	590
2010	433	433	737	163	619
2011	450	450	754	170	711
2012	470	470	823	209	749
2013	484	484	886	246	797
2014	498	498	913	258	818
2015	512	512	960	268	831
2016	536	536	1033	287	853
2017	577	577	1295	343	865
2018	635.08	635.08	1656.5	389.32	1171.5
2019	656.98	656.98	1699.13	401.33	1469
2020	727.25	727.25	1793.32	414.57	1499
2021	742.45	740.25	1845.32	437.12	1774.43
2022	753.72	753.72	1896.82	447.12	1804.9

九、批发零售贸易 住宿餐饮业

指 标 解 释

社会消费品零售总额 指企业(单位、个体户)通过交易直接售给个人、社会集团非生产、非经营用的实物商品金额,以及提供餐饮服务所取得的收入金额。个人包括城乡居民和入境人员,社会集团包括机关、社会团体、部队、学校、企事业单位、居委会或村委会等。

零售额 指售给个人用于生活消费和社会集团用于公共消费的商品金额。

商品零售包括:(1)售给城乡居民和入境外国人、华侨、港澳台同胞的各类生活消费品;(2)售给行政事业单位、社会团体、军队和武警等机构的商品,以及以零售方式售给各类企业的商品。具体包括:用于非生产和社会交往的办公用品,如通讯设备、计算器具和设备、电讯网络设备、文印设备、音像视听器材和设备、纸张、本册、文具及装订文印材料、家具、日用电器、针纺织品、清洁卫生用品、文体用品、奖品、纪念品、礼品等;供内部人员乘坐的交通工具和燃料;用于办公设施修缮的各类配件、材料、工具等;用于取暖和防暑降温的设备、燃料、材料及食品等;专用于教学的用品和设备;非专用的劳动保护用品;不对外营业的内部食堂用的餐具、炊具、设备、清洁卫生工具和食品、燃料等;军队、武警用于其人员生活的衣着品和个人用品;其他各类非生产性设备和用品。

商品零售不包括:(1)售给城乡居民已确知是用于生产、经营的商品;(2)售给各类农业生产者的生产资料类商品,如农机、农药化肥、农膜、种子饲料等商品;(3)售给企业单位生产用具及生产上专用的劳动保护用品;(4)专用于科研的用品和设备;(5)售给医疗机构的中、西药品、中药材和医疗设备器材;(6)以投资为目的商品,如黄金、收藏品等。

通过公共网络实现的零售额 企业(单位)通过公共网络交易平台(包括自建网站和第三方平台)取得订单,售给个人、社会集团非生产、非经营用的实物商品金额(含增值税),付款可以在网上进行,也可以在网下进行。公共网络包括计算机互联网、移动互联网等。

商品购进额 指从本企业以外的单位和个人购进(包括从国外直接进口)作为转卖或加工后转卖的商品金额(含增值税)。本指标反映批发和零售业从国内外市场上购进商品的总价。

商品购进包括:(1)从工农业生产者、批发和零售业、住宿和餐饮业、出版社或报社的出版发行部门和其他服务业等企事业单位和个体经营户购进的商品;(2)从机关、社会团体购进的商品;(3)从海关、市场管理部门购进的缉私和没收的商品;(4)从居民收购的废旧商品等。

商品销售额 指对本单位以外的单位和个人出售的商品金额(包括售给本单位消费用的商品,含增值税),在批发和零售业中,本指标反映在国内市场上销售商品以及出口商品的总价。

商品销售包括:(1)售给个人和社会集团消费用的商品;(2)售给农业、工业、建筑业、服务业等国民经济各行业用于生产、经营用的商品,包括售予批发和零售业作为转卖或加工后转卖的商品;(3)对国(境)外直接出口的商品。

商品库存额 对于批发和零售业法人单位和个体经营户,是指报告期末取得所有权的全部商品金额(含增值税);对于批发和零售业产业活动单位,是指报告期末实际在库且归属法人具有所有权的全部商品金额(含增值税)。这个指标反映批发和零售业的商品库存情况,以及对市场商品供应的保证程度。

营业额 指住宿和餐饮业单位在经营活动中因提供服务或销售商品等取得的全部收入(含增值税),收入主要来源于提供客房、餐费服务、商品销售和其他服务,如商务服务。不包括多产业法人企业附营的其他行业产业活动单位的餐费收入、商品销售收入等各项收入。

客房收入 指住宿和餐饮业单位在经营活动中因提供住宿服务取得的收入(含增值税)。不包括多产业法人企业附营的其他行业产业活动单位的客房收入。

餐费收入 指本单位为顾客提供就餐服务取得的收入(含增值税)。包括:经烹饪、调制加工后出售的各种食品,如主食、炒菜、凉拌菜等的收入。不包括多产业法人企业附营的其他行业产业活动单位的餐费收入。

进出口总额 又称进出口贸易额或进出口总值,是以货币表示的一定时期内一国全部实际进出口商品的总金额,也就是同一时期的进口总额与出口总额之和。它反映一国对外贸易的总体规模和发展水平,是研究一国对外贸易往来和国际收支平衡状况的重要依据。进出口总额统计包括进口总额和出口总额,以人民币和美元两种货币表示。

进口总额又称进口贸易额或进口总值,是以货币表示的一定时期内一国从国外进口的商品的总金额。

出口总额又称出口贸易额或出口总值,是以货币表示的一定时期内一国向国外出口的商品的总金额。

9-1 社会消费品零售总额(按销售地区分)

年份	社会消费品零售总额(万元)	城镇	城区	乡村	增速(与上年同期比)(%)
2001	669941				9.3
2002	738386				10.2
2003	813896				10.2
2004	918999				12.9
2005	1046991				13.9
2006	1199092				14.5
2007	1394877				16.3
2008	1706483				22.3
2009	2024203				18.6
2010	2327675				17.0
2011	2725262	2511855	2511855	213407	17.1
2012	3189866	2940077	2940077	249789	17.0
2013	3673249	3379686	3379686	293563	15.0
2014	4162789	3796463	3796463	366326	13.3
2015	4644925	4258267	309658	386658	11.6
2016	5160289	4722623	3481321	437666	11.1
2017	5641571	5156953	3827809	484618	9.3
2018	6021000	5451841	4196584	569159	6.7
2019	6320877	5701456	4438089	619421	5.0
2020	5735731	5135621	4115426	600110	-9.3
2021	6210877	5559948	4562601	650929	8.3
2022	5316809	4751985	3954236	564824	-14.4

注:2001 年至 2019 年社会消费品零售总额及分项数据为西宁市第四次全国经济普查修订数。

9-2 社会消费品零售总额(按行业分)

单位:万元

年 份	批发零售业	住宿及餐饮业	其他行业
2001	560377	103733	5832
2002	616336	115817	6233
2003	691251	116401	6244
2004	782942	129249	6808
2005	889313	144124	13554
2006	1020034	164046	15012
2007	1185230	192627	17020
2008	1453698	232646	20139
2009	1747265	255022	21915
2010	2241771	85904	
2011	2629686	95576	
2012	3099339	90527	
2013	3466908	206341	
2014	3942994	219795	
2015	4411250	233675	
2016	4908500	251789	
2017	5368407	273164	
2018	5727431	293569	
2019	6012094	308783	
2020	5485569	250162	
2021	5917749	293128	
2022	5134082	182727	

注:1.2001-2019 年数据为西宁市第四次全国经济普查修订数;

2.2010 年之后,社会消费零售总额包括"批发及零售业"和"住宿及餐饮业"。

9-3 限额以上批发和零售业商品销售分类情况(2022年)

单位:万元

指标名称	批发业		零售业	
	销售额	零售额	销售额	零售额
合计	15367507.4	685820.8	1518241.0	1492843.2
其中:通过公共网络实现的商品销售	1214956.8		39854.3	34582.7
粮油、食品类	82625.6	3310.3	151499.2	150160.5
其中:粮油类	12545.5	3039.8	35448.7	35448.7
肉禽蛋类	20998.7	270.5	30661.2	30661.2
水产品类	348.4		11616.3	11616.3
蔬菜类	3799.7		22213.1	22213.1
干鲜果品类	457.4		19936.2	19936.2
饮料类	12640.5	7219.2	10717.0	10717.0
烟酒类	1117993.4	21526.2	42793.7	42793.7
服装、鞋帽、针纺织品类	19494.7		87085.6	85844.8
服装类			61109.3	61109.3
鞋帽类			21955.3	20714.5
针纺织品类	19494.7		4021.0	4021.0
化妆品类			41421.1	38767.2
金银珠宝类			28339.8	28339.8
日用品类	1465.2	130.1	38839.9	38839.0
其中:可穿戴智能设备			13.5	13.5
五金、电料类	313.1		90.7	90.7
体育、娱乐用品类			1751.9	1751.9
其中:照相器材类			5.2	5.2
书报杂志类	20909.4	3407.9	1948.8	1948.8
电子出版物及音像制品类	2.2	0.9	15.3	15.3
家用电器和音像器材类			41753.2	41753.2
其中:能效等级为1级和2级的商品			21787.5	21787.5
其中:智能家用电器和音像器材			13127.7	13127.7
中西药品类	480008.8	27776.9	53261.2	52814.4
其中:西药类	303968.2	27623.6	25288.5	25288.5
中草药及中成药类	73916.9	153.3	9501.4	9501.4
文化办公用品类	3333.0		26696.7	26696.7
其中:计算机及其配套产品	3333.0		24063.6	24063.6
家具类			1379.4	1379.4
通讯器材类			38882.7	36621.2
其中:智能手机			25533.0	23775.2
煤炭及制品类	703882.1			
木材及制品类	2964.2			
石油及制品类	3134835.9	600091.8	18970.4	14782.0
化工材料及制品类	649305.0			
其中:化肥类	333420.4			
金属材料类	8590965.5			
建筑及装潢材料类	38351.3		57.0	57.0
机电产品及设备类	66006.2	200.0	827.5	827.5
其中:农机类	39848.8			
汽车类	540.4		881037.2	870951.7
其中:新能源汽车			13013.8	12982.3
其中:新车	540.4		854200.3	844114.8
二手车			3777.6	3777.6
种子饲料类	68.8			
其他未列明商品类	441802.1	22157.5	50872.7	47691.4

9-4 限额以上批发零售法人

指 标 名 称	法人企业数（个）	从业人员期末人数（人）	商品购进额	进口	商品销售额	其 中：通过公共网络实现的销售额
总计	386	21711	16192885.1	228699.8	17520443.3	1048430.7
一、批发业	187	8855	14755598.7	209491.0	15896071.9	994484.6
农、林、牧、渔产品批发	3	51	151664.5		172028.1	
谷物、豆及薯类批发	1	9	650.0		727.8	
牲畜批发	1	32	2908.6		3310.1	
其他农牧产品批发	1	10	148105.9		167990.2	
食品、饮料及烟草制品批发	26	1290	1089656.0	4162.6	1271290.2	988529.2
米、面制品及食用油批发	3	67	71812.0		81612.0	
糕点、糖果及糖批发	1	27	4068.0		4344.4	
果品、蔬菜批发	2	48	8777.6		8579.1	
肉、禽、蛋、奶及水产品批发	5	183	29064.7	4162.6	30728.8	262.1
盐及调味品批发	1	30	1750.9		2550.6	
营养和保健品批发	2	20	4686.5		5047.7	
酒、饮料及茶叶批发	9	540	102792.5		137150.2	
烟草制品批发	2	355	857503.4		988267.1	988267.1
其他食品批发	1	20	9200.4		13010.3	
纺织、服装及家庭用品批发	5	99	46481.0		46479.8	
纺织品、针织品及原料批发	4	66	43315.2		42870.4	
厨具卫具及日用杂品批发	1	33	3165.8		3609.4	
文化、体育用品及器材批发	1	319	26107.8		20911.6	
图书批发	1	319	26107.8		20911.6	
医药及医疗器材批发	31	2040	478469.4		530510.6	1447.2
西药批发	12	734	120360.9		134170.8	1241.3
中药批发	11	1021	291501.7		322424.9	205.9
医疗用品及器材批发	8	285	66606.8		73914.9	
矿产品、建材及化工产品批发	99	4443	12726879.1	205328.4	13584109.9	4508.2
煤炭及制品批发	11	126	443281.3		450610.4	
石油及制品批发	9	3269	2498797.7	64796.1	3124493.1	
非金属矿及制品批发	1	15	2022.3		3039.8	
金属及金属矿批发	44	490	8681511.6	140532.3	8735833.2	449.6
建材批发	21	267	676687.9		721913.4	4058.6
化肥批发	3	150	252113.1		351066.4	
农药批发	1	23	5845.7		7159.6	
其他化工产品批发	9	103	166619.5		189994.0	
机械设备、五金产品及电子产品批发	19	466	71654.0		99563.3	
农业机械批发	4	132	31749.2		40676.9	
汽车及零配件批发	7	59	17830.5		20109.8	
五金产品批发	1	26			7639.6	
电气设备批发	2	68	760.5		3175.2	
计算机、软件及辅助设备批发	1	18	2955.0		3333.0	
通讯设备批发	1	20	1306.5		1323.0	
其他机械设备及电子产品批发	3	143	17052.3		23305.8	
其他批发业	3	147	164686.9		171178.4	
其他未列明批发业	3	147	164686.9		171178.4	

企业经营情况（2022 年）

单位：万元

其中：通过非自营平台实现的商品销售额	批发额	出口	零售额	其中：通过公共网络实现的零售额	其中：通过非自营平台实现的零售额	期末商品库存额	服务营业额	年末零售营业面积（平方米）
2224.9	14927423.3	24954.7	2574926.5	42584.4	1962.8	664401.1	32638.2	1009118.0
262.1	14870371.3	24954.7	1007607.1			448232.2	5007.1	166313.0
	172028.1					1369.6	531.7	14167.0
	727.8					9.9		4000.0
	3310.1					1355.3	531.7	10167.0
	167990.2					4.4		
262.1	1255318.1		15972.1			75392.4	222.0	12221.0
	81612.0					908.0		20.0
	4344.4					448.4	57.3	
	8579.1					409.8		2000.0
262.1	30412.4		316.4			12284.3		2942.0
	2550.6					215.7		
	5047.7					51.2		350.0
	121494.5		15655.7			6892.2	164.7	4939.0
	988267.1					52839.7		670.0
	13010.3					1343.1		1300.0
	46479.8	14261.9				2508.2		131.0
	42870.4	14261.9				1526.0		131.0
	3609.4					982.2		
	17502.8		3408.8			4296.2	739.4	3300.0
	17502.8		3408.8			4296.2	739.4	3300.0
	506921.1		23589.5			61933.5	1.3	14210.0
	133653.7		517.1			16514.5		4574.0
	303857.0		18567.9			36748.3	1.3	8171.0
	69410.4		4504.5			8670.7		1465.0
	12630520.8	10692.8	935495.6			290701.3	2646.3	55031.0
	450610.4					10289.8		26700.0
	2462059.1		662434.0			57273.8		13826.0
	3039.8							109.0
	8454678.8	10692.8	272011.9			183225.8	2507.2	1296.0
	721913.4					15428.9		8069.0
	351066.4					21528.3		3060.0
	7159.6					903.3	139.1	
	179993.3		1049.7			2051.4		1971.0
	70422.2		29141.1			11784.7	866.4	65053.0
	14127.3		26549.6			4136.2		49873.0
	18841.3		1268.5			2370.2	432.7	13234.0
	7639.6							
	3175.2					1617.2		500.0
	3333.0					360.8		
			1323.0			845.7	433.7	686.0
	23305.8					2454.6		760.0
	171178.4					246.3		2200.0
	171178.4					246.3		2200.0

9-4　续表 1

指　标　名　称	法人企业数（个）	从业人员期末人数（人）	商品购进额	进口	商品销售额	其　中：通过公共网络实现的销售额
内资企业	185	8118	14551466.9	209491.0	15675124.5	994484.6
国有企业	4	387	876662.3	17408.0	1019000.9	988267.1
有限责任公司	56	2175	7776712.6	123124.3	7873293.3	1503.4
国有独资公司	7	526	2527681.4		2536191.9	
其他有限责任公司	49	1649	5249031.2	123124.3	5337101.4	1503.4
股份有限公司	4	2454	2247940.5		2922096.3	
私营企业	121	3102	3650151.5	68958.7	3860734.0	4714.1
私营独资企业	1	6	1719.8		1854.7	
私营有限责任公司	118	3058	3580660.9	4162.6	3786781.3	4714.1
私营股份有限公司	2	38	67770.8	64796.1	72098.0	
外商投资企业	2	737	204131.8		220947.4	
外资企业	1	677	201759.6		216672.1	
其他外商投资企业	1	60	2372.2		4275.3	
国有控股	38	4005	10164024.5	140532.3	10926188.7	988267.1
集体控股	1	136	195452.9		284803.2	
私人控股	146	3977	4191989.5	68958.7	4464132.6	6217.5
外商控股	2	737	204131.8		220947.4	
独立门店	98	6581	5548389.4	4162.6	6376867.0	993243.3
连锁总店（总部）	1	62	12265.2		13264.2	
连锁直营店	1	197	12534.0		14518.6	
其他	87	2015	9182410.1	205328.4	9491422.1	1241.3
大型	5	3545	814632.1		1418566.3	400708.4
中型	42	3268	6523051.1		6872785.0	589005.9
小型	99	1794	6277214.6	192083.0	6408691.4	4320.7
微型	41	248	1140700.9	17408.0	1196029.2	449.6
城镇	184	8842	14597929.3	209491.0	15728015.1	994035.0
其中：城区	164	8602	10793583.1	209491.0	11891670.6	989976.4
乡村	3	13	157669.4		168056.8	449.6
二、零售业	199	12856	1437286.4	19208.8	1624371.4	53946.1
综合零售	25	5022	258060.8		362935.4	9124.1
百货零售	7	1772	98921.0		158086.5	5610.2
超级市场零售	13	2924	143520.3		182250.5	714.5
便利店零售	3	270	11423.2		18035.0	
其他综合零售	2	56	4196.3		4563.4	2799.4
食品、饮料及烟草制品专门零售	12	175	34242.1		36792.7	
粮油零售	1	20	1997.1		2192.8	
糕点、面包零售	1	16	155.2		180.5	
果品、蔬菜零售	1	3	1388.1		1349.0	
肉、禽、蛋、奶及水产品零售	1	34	1710.7		1841.6	
酒、饮料及茶叶零售	2	36	10731.9		12183.5	
烟草制品零售	3	36	17119.5		17281.4	
其他食品零售	3	30	1139.6		1763.9	
纺织、服装及日用品专门零售	10	749	67274.5		77854.3	1720.9
服装零售	6	352	56269.9		62410.9	1692.4
鞋帽零售	1	145	2533.5		4704.8	18.5
化妆品及卫生用品零售	3	252	8471.1		10738.6	10.0
文化、体育用品及器材专门零售	5	221	5410.1		6468.9	1977.4
文具用品零售	1	25	1693.5		1971.9	1971.9
图书、报刊零售	2	166	1380.0		2079.2	5.5

单位:万元

其中:通过非自营平台实现的商品销售额	批发额	出口	零售额	其中:通过公共网络实现的零售额	其中:通过非自营平台实现的零售额	期末商品库存额	服务营业额	年末零售营业面积(平方米)
262.1	14800593.3	24954.7	856437.7			447842.9	5007.1	165377.0
	1019000.9					53055.4		870.0
262.1	7821776.6	7935.2	39672.1			251804.5	3617.2	22323.0
	2532783.1		3408.8			22567.8	739.4	3300.0
262.1	5288993.5	7935.2	36263.3			229236.7	2877.8	19023.0
	2436016.9		486079.4			74438.7		10642.0
	3523798.9	17019.5	330686.2			68544.3	1389.9	131542.0
	1854.7					54.5		120.0
	3449846.2	17019.5	330686.2			65656.5	858.2	121255.0
	72098.0					2833.3	531.7	10167.0
	69778.0		151169.4			389.3		936.0
	65502.7		151169.4			56.3		866.0
	4275.3					333.0		70.0
	10421282.6	4231.9	501810.8			339745.4	3246.6	16092.0
	284803.2					21528.3		2960.0
262.1	4094507.5	20722.8	354626.9			86569.2	1760.5	146325.0
	69778.0		151169.4			389.3		936.0
262.1	5674599.0	9897.3	693518.7			158716.4	1477.2	129088.0
	13264.2					202.1		1240.0
			14518.6			787.6		
	9182508.1	15057.4	299569.8			288526.1	3529.9	35985.0
	775452.0		643114.3			16372.1		12346.0
	6805015.8		67769.2			199704.1	878.5	45934.0
262.1	6393502.7	24954.7	15188.7			227599.2	4128.6	85502.0
	896400.8		281534.9			4556.8		22531.0
262.1	14702314.5	24954.7	1007607.1			448232.2	5007.1	166293.0
262.1	10872807.9	24954.7	1000769.2			442790.3	4838.8	149680.0
	168056.8							20.0
1962.8	57052.0		1567319.4	42584.4	1962.8	216168.9	27631.1	842805.0
1746.2	1.9		362933.5	9124.1	1746.2	36703.5	284.4	319515.0
	1.9		158084.6	5610.2		14277.4		154238.0
			182250.5	714.5		20151.5	80.7	139379.0
			18035.0			2240.7	159.0	11698.0
1746.2			4563.4	2799.4	1746.2	33.9	44.7	14200.0
	14735.9		22056.8			5271.2	120.3	4009.0
			2192.8			666.8		550.0
			180.5					135.0
	1349.0					315.0		400.0
			1841.6					60.0
			12183.5			1213.3		217.0
	13386.9		3894.5			2657.8	120.3	1667.0
			1763.9			418.3		980.0
10.0	5229.5		72624.8	1720.9	10.0	12924.2	7.6	72581.0
			62410.9	1692.4		2761.8	7.6	64185.0
	1235.0		3469.8	18.5		7770.7		5946.0
10.0	3994.5		6744.1	10.0	10.0	2391.7		2450.0
			6468.9	1977.4		3374.5	339.5	11432.0
			1971.9	1971.9		374.4		
			2079.2	5.5		1310.6	173.0	10664.0

9–4　续表 2

指　标　名　称	法人企业数（个）	从业人员期末人数（人）	商品购进额	进口	商品销售额	其中：通过公共网络实现的销售额
珠宝首饰零售	1	15	1775.4		1863.9	
乐器零售	1	15	561.2		553.9	
医药及医疗器材专门零售	15	1054	39565.5		56925.4	29.2
西药零售	11	681	31173.2		43422.1	29.2
中药零售	4	373	8392.3		13503.3	
汽车、摩托车、零配件和燃料及其他动力销售	101	4503	931131.0	14695.7	948696.9	23309.8
汽车新车零售	89	4226	878348.7	14695.7	891584.7	23309.8
汽车旧车零售	2	97	40079.3		41430.9	
汽车零配件零售	2	61	4811.1		4381.8	
机动车燃油零售	4	54	4988.4		5998.9	
机动车燃气零售	4	65	2903.5		5300.6	
家用电器及电子产品专门零售	23	885	86026.5		113795.0	16503.7
日用家电零售	7	253	22462.5		41021.9	12301.6
计算机、软件及辅助设备零售	9	293	28249.7		33097.3	2349.3
通信设备零售	4	288	30251.4		33758.0	1852.8
其他电子产品零售	3	51	5062.9		5917.8	
五金、家具及室内装饰材料专门零售	3	85	9768.1		10307.7	
五金零售	2	74	9194.3		9441.8	
家具零售	1	11	573.8		865.9	
货摊、无店铺及其他零售业	5	162	5807.8	4513.1	10595.1	1281.0
互联网零售	2	29	162.0		1305.2	1281.0
生活用燃料零售	1	93	4513.1	4513.1	7166.1	
其他未列明零售业	2	40	1132.7		2123.8	
内资企业	197	12543	1407291.7	19208.8	1578870.6	53946.1
有限责任公司	50	4681	426948.2	13034.3	530876.9	44019.1
国有独资公司	1	137	23194.6	407.6	25440.9	2805.6
其他有限责任公司	49	4544	403753.6	12626.7	505436.0	41213.5
股份有限公司	3	857	57288.7		64267.4	
私营企业	144	7005	923054.8	6174.5	983726.3	9927.0
私营独资企业	4	71	3950.2		4130.8	
私营有限责任公司	138	6857	905254.1	6174.5	964768.5	9534.4
私营股份有限公司	2	77	13850.5		14827.0	392.6
港、澳、台商投资企业	2	313	29994.7		45500.8	
港澳台商独资企业	2	313	29994.7		45500.8	
国有控股	12	1157	105573.4	5142.7	143067.3	14232.6
集体控股	5	1245	125462.0		152600.1	4295.5
私人控股	180	10141	1176256.3	14066.1	1283203.2	35418.0
港澳台商控股	2	313	29994.7		45500.8	
独立门店	160	10306	1298017.3	19208.8	1436473.0	36018.1
连锁总店(总部)	8	809	28145.4		41934.9	47.7
连锁直营店	3	806	23682.6		39658.6	5414.2
连锁加盟店	1	35	3448.3		3860.3	
其他	27	900	83992.8		102444.6	12466.1
大型	5	2298	153546.8		200829.4	5010.0
中型	76	8082	972351.7	15152.4	1078614.5	13142.9
小型	96	2382	293635.6	4056.4	321593.1	32552.9
微型	22	94	17752.3		23334.4	3240.3

单位:万元

其中:通过非自营平台实现的商品销售额	批发额	出口	零售额	其中:通过公共网络实现的零售额	其中:通过非自营平台实现的零售额	期末商品库存额	服务营业额	年末零售营业面积(平方米)
			1863.9			1010.8		300.0
			553.9			678.7	166.5	468.0
	2881.3		54044.1	29.2		13985.5		25296.0
	2881.3		40540.8	29.2		10735.9		11721.0
			13503.3			3249.6		13575.0
	9691.9		939005.0	12015.5		129531.8	23881.8	349552.0
	5027.0		886557.7	12015.5		121669.1	23752.9	308801.0
			41430.9			6721.3	128.9	10120.0
			4381.8			693.2		1100.0
	3628.4		2370.5			382.1		16908.0
	1036.5		4264.1			66.1		12623.0
	24511.5		89283.5	16436.3		12958.8	2997.5	40610.0
			41021.9	12301.2		1836.7		32058.0
	17719.8		15377.5	2282.3		7108.8	2545.2	1265.0
	3790.5		29967.5	1852.8		2922.5	24.0	6960.0
	3001.2		2916.6			1090.8	428.3	327.0
			10307.7			655.0		17313.0
			9441.8			459.7		10200.0
			865.9			195.3		7113.0
206.6			10595.1	1281.0	206.6	764.4		2497.0
206.6			1305.2	1281.0	206.6	196.5		2497.0
			7166.1					
			2123.8			567.9		
1962.8	57052.0		1521818.6	42584.4	1962.8	211340.2	26107.0	815405.0
	3919.7		526957.2	32724.8		54640.7	6318.8	350179.0
			25440.9	1863.9		617.1	2417.5	9887.0
	3919.7		501516.3	30860.9		54023.6	3901.3	340292.0
			64267.4			6084.1		59041.0
1962.8	53132.3		930594.0	9859.6	1962.8	150615.4	19788.2	406185.0
			4130.8			791.2		1040.0
1962.8	53132.3		911636.2	9467.0	1962.8	147653.6	19693.6	400865.0
			14827.0	392.6		2170.6	94.6	4280.0
			45500.8			4828.7	1524.1	27400.0
			45500.8			4828.7	1524.1	27400.0
	453.7		142613.6	2938.3		13287.2	3412.6	86901.0
			152600.1	4295.5		10235.9		105607.0
1962.8	56598.3		1226604.9	35350.6	1962.8	187817.1	22694.4	622897.0
			45500.8			4828.7	1524.1	27400.0
206.6	44245.8		1392227.2	24723.4	206.6	182095.2	27057.8	743971.0
	1235.0		40699.9	47.7		16011.1		39267.0
			39658.6	5414.2		4040.7		21800.0
			3860.3			140.9		2384.0
1756.2	11571.2		90873.4	12399.1	1756.2	13881.0	573.3	35383.0
			200829.4	5010.0		17883.8	80.7	128723.0
10.0	22166.2		1056448.3	12201.2	10.0	145989.6	23762.2	490507.0
1746.2	32219.3		289373.8	22132.9	1746.2	49896.2	3780.6	189611.0
206.6	2666.5		20667.9	3240.3	206.6	2399.3	7.6	33964.0

9-4 续表 3

指 标 名 称	法人企业数（个）	从业人员期末人数（人）	商品购进额	进口	商品销售额	其中：通过公共网络实现的销售额
有店铺零售	178	11695	1371747.0	14695.7	1545234.5	48908.9
便利店	5	678	25870.9		30139.4	
超市	18	2784	136225.1		186615.6	3513.9
仓储会员店	1		144.4		342.1	
百货店	5	1348	107318.1		155324.9	4295.5
购物中心	1	88	27512.3		31893.8	1692.4
专业店	57	2658	249050.5	1161.9	301873.6	26248.9
品牌专卖店	86	4042	803971.9	13533.8	823762.7	13158.2
集合店	5	97	21653.8		15282.4	
无店铺零售	21	1161	65539.4	4513.1	79136.9	5037.2
网络零售	4	431	14220.6		16326.7	2988.3
其他	17	730	51318.8	4513.1	62810.2	2048.9
有店铺零售	180	12119	1387194.5	14695.7	1561705.0	50223.6
便利店	8	995	37233.4		47363.1	
超市	23	4294	174627.0		253137.9	4828.6
折扣店	1	24	3222.4		3926.5	
仓储会员店	1		144.4		342.1	
百货店	11	2171	130474.4		190589.0	5610.2
购物中心	3	348	35492.0		40540.2	1692.4
专业店	59	2780	264708.8	1161.9	316262.5	26248.9
品牌专卖店	91	4197	824039.8	13533.8	845798.0	16668.2
集合店	5	97	21653.8		15282.4	
无店铺零售	24	1234	73812.9	4513.1	88845.8	6890.0
网络零售	5	481	21123.0		24338.7	4841.1
其他	20	765	53011.7	4513.1	64899.7	2441.5
城镇	197	12838	1436625.1	19208.8	1623298.9	53739.5
其中:城区	188	12521	1422950.3	19208.8	1608063.5	53503.0
乡村	2	18	661.3		1072.5	206.6
港商投资	2	313	29994.7		45500.8	
澳商投资	1	214			10260.8	
台投资商	1	214			10260.8	
三、批发业按地区分组	187	8855	14755598.7	209491.0	15896071.9	994484.6
城东区	61	1727	4759744.0	192083.0	4762998.4	
城中区	18	802	2524627.9		2705270.6	400970.5
城西区	23	1353	932911.2	17408.0	1046957.7	587558.7
城北区	63	4727	2576951.1		3376984.3	1447.2
湟中区	17	173	1970231.5		2005467.0	4058.6
大通回族土族自治县	3	64	1952180.6		1958369.4	
湟源县	2	9	38952.4		40024.5	449.6
四、零售业按地区分组	199	12856	1437286.4	19208.8	1624371.4	53946.1
城东区	76	3932	613605.2	4464.0	632516.2	3198.2
城中区	46	3847	352729.8	8847.8	441880.9	22396.0
城西区	38	2908	251851.2		306046.3	23423.0
城北区	27	1812	203877.3	5897.0	226659.3	4485.8
湟中区	2	33	1460.6		1826.7	
大通回族土族自治县	8	306	11675.2		12703.6	443.1
湟源县	2	18	2087.1		2738.4	

单位：万元

其中：通过非自营平台实现的商品销售额	批发额	出口	零售额	其中：通过公共网络实现的零售额	其中：通过非自营平台实现的零售额	期末商品库存额	服务营业额	年末零售营业面积（平方米）
1746.2	35381.1		1509853.4	37614.2	1746.2	203308.1	24657.6	820740.0
			30139.4			4893.4		30745.0
1746.2	1349.0		185266.6	3513.9	1746.2	17578.4	125.4	154471.0
			342.1					
			155324.9	4295.5		13195.7		151575.0
			31893.8	1692.4		2065.2		19216.0
	24429.6		277444.0	26248.5		48095.9	799.5	151389.0
	5613.8		818148.9	1863.9		109207.6	23652.0	307734.0
	3988.7		11293.7			8271.9	80.7	5610.0
216.6	21670.9		57466.0	4970.2	216.6	12860.8	2973.5	22065.0
206.6	1.9		16324.8	2988.3	206.6	1810.9		18258.0
10.0	21669.0		41141.2	1981.9	10.0	11049.9	2973.5	3807.0
1746.2	35383.0		1526322.0	38928.9	1746.2	204884.9	24657.6	836481.0
			47363.1			7140.8	159.0	43293.0
1746.2	1933.7		251204.2	4828.6	1746.2	24744.5	125.4	235044.0
			3926.5			2.3		6231.0
			342.1					
	1.9		190587.1	5610.2		16671.3	159.0	198482.0
			40540.2	1692.4		4375.2		26717.0
	24429.6		291832.9	26248.5		50455.5	1002.8	156389.0
	7875.3		837922.7	5373.9		111289.3	23652.0	314598.0
	3988.7		11293.7			8271.9	80.7	5610.0
216.6	23932.4		64913.4	6823.0	216.6	12966.6	2973.5	24015.0
206.6	2263.4		22075.3	4841.1	206.6	1855.3		19908.0
10.0	21669.0		43230.7	2374.5	10.0	11148.9	2973.5	4187.0
1756.2	57052.0		1566246.9	42377.8	1756.2	215945.1	27631.1	835492.0
1756.2	54205.5		1553858.0	42141.7	1756.2	212222.5	27607.1	815986.0
206.6			1072.5	206.6	206.6	223.8		7313.0
			45500.8			4828.7	1524.1	27400.0
			10260.8					22980.0
			10260.8					22980.0
262.1	14870371.3	24954.7	1007607.1			448232.2	5007.1	166313.0
	4322919.7	12822.0	434031.5			237103.4	259.8	33961.0
262.1	2697777.2	12132.7	4196.4			59214.0	3270.7	6061.0
	853580.5		184627.9			61178.5	140.6	35709.0
	2999070.9		377913.4			86240.7	1167.7	74049.0
	1999724.7		5742.3			3950.7	168.3	15513.0
	1957319.7		1049.7			497.5		800.0
	39978.6		45.9			47.4		220.0
1962.8	57052.0		1567319.4	42584.4	1962.8	216168.9	27631.1	842805.0
	5027.0		627489.2	2256.5		91885.3	18916.2	205809.0
	4079.3		437801.6	12043.4		62127.0	3117.6	343509.0
10.0	38104.3		267942.0	23356.0	10.0	29007.4	3477.6	160760.0
1746.2	6994.9		219664.4	4485.8	1746.2	29141.4	2095.7	105808.0
			1826.7			256.7		7213.0
206.6	1529.0		11174.6	442.7	206.6	3413.5	24.0	10633.0
	1317.5		1420.9			337.6		9073.0

9–5 限额以上住宿和

指 标 名 称	法人企业数（个）	从业人员期末人数（人）	营业额	客房收入	其中:通过公共网络实现的客房收入	其中:通过非自营平台实现的客房收入
总计	96	4550	67718.9	37913.4	4286.3	179.8
一、住宿业	65	3009	45892.0	35103.8	4160.1	179.8
旅游饭店	43	2331	35679.0	25662.9	2771.9	30.6
旅游饭店	43	2331	35679.0	25662.9	2771.9	30.6
一般旅馆	22	678	10213.0	9440.9	1388.2	149.2
经济型连锁酒店	6	152	2606.4	2440.5	409.1	
其他一般旅馆	16	526	7606.6	7000.4	979.1	149.2
内资企业	64	2919	45256.8	34660.0	4061.6	179.8
国有企业	5	758	8844.3	3259.9	151.7	
股份合作企业	2	73	483.0	375.0	334.3	
有限责任公司	14	454	9697.2	7799.5	330.8	74.7
国有独资公司	2	70	1355.4	1069.9		
其他有限责任公司	12	384	8341.8	6729.6	330.8	74.7
股份有限公司	1	102	810.7	522.5		
私营企业	42	1532	25421.6	22703.1	3244.8	105.1
私营有限责任公司	41	1509	24922.5	22204.0	3170.7	105.1
私营股份有限公司	1	23	499.1	499.1	74.1	
外商投资企业	1	90	635.2	443.8	98.5	
外资企业	1	90	635.2	443.8	98.5	
国有控股	11	965	14175.1	7465.5	158.9	
集体控股	2	92	369.0	224.9	144.8	
私人控股	51	1862	30712.7	26969.6	3757.9	179.8
外商控股	1	90	635.2	443.8	98.5	
中型	3	742	8527.3	3010.3	151.1	
小型	52	2129	32821.2	27889.0	3147.7	179.8
微型	10	138	4543.5	4204.5	861.3	
城镇	65	3009	45892.0	35103.8	4160.1	179.8
城区	64	2995	45721.6	34933.4	4159.0	179.8

餐饮业法人单位经营情况(2022年)

单位:万元

餐费收入	其中:通过公共网络实现的餐费收入	其中:通过非自营平台实现的餐费收入	商品销售额收入	其他收入	其中:外卖送餐服务收入	客房数(间)	床位数(个)	餐位数(位)	年末餐饮营业面积(平方米)
26465.2	1088.0	45.4	718.9	2621.4	135.1	12240	20255	56339	458108.0
8036.4	163.7	3.1	513.4	2238.4		10938	18109	35174	333849.0
7526.3	5.7		495.9	1993.9		7855	12755	34306	228902.0
7526.3	5.7		495.9	1993.9		7855	12755	34306	228902.0
510.1	158.0	3.1	17.5	244.5		3083	5354	868	104947.0
128.5	8.0		11.4	26.0		694	1124	154	9942.0
381.6	150.0	3.1	6.1	218.5		2389	4230	714	95005.0
7864.7	163.7	3.1	513.4	2218.7		10686	17619	35174	328681.0
3911.4	5.7		468.8	1204.2		831	1256	2188	33977.0
108.0	108.0					260	505	100	780.0
1168.5	8.0	3.1	21.1	708.1		2446	4102	27967	95235.0
174.6				110.9		323	567	576	13804.0
993.9	8.0	3.1	21.1	597.2		2123	3535	27391	81431.0
265.6				22.6		269	450	800	1200.0
2411.2	42.0		23.5	283.8		6880	11306	4119	197489.0
2411.2	42.0		23.5	283.8		6669	10953	4119	197469.0
						211	353		20.0
171.7				19.7		252	490		5168.0
171.7				19.7		252	490		5168.0
4646.2	5.7		474.9	1588.5		2014	3188	2814	86340.0
140.4	100.0			3.7		339	662	304	9292.0
3078.1	58.0	3.1	38.5	626.5		8333	13769	32056	233049.0
171.7				19.7		252	490		5168.0
3844.0	5.7		468.8	1204.2		765	1148	2188	33974.0
3948.1	158.0	3.1	44.6	939.5		8794	14581	32328	235151.0
244.3				94.7		1379	2380	658	64724.0
8036.4	163.7	3.1	513.4	2238.4		10938	18109	35174	333849.0
8036.4	163.7	3.1	513.4	2238.4		10791	17873	34674	321396.0

9-5 续表 1

指 标 名 称	法人企业数（个）	从业人员期末人数（人）	营业额	客房收入	其中：通过公共网络实现的客房收入	其中：通过非自营平台实现的客房收入
二、餐饮业	31	1541	21826.9	2809.6	126.2	
正餐服务	30	1528	21488.6	2809.6	126.2	
正餐服务	30	1528	21488.6	2809.6	126.2	
快餐服务	1	13	338.3			
快餐服务	1	13	338.3			
内资企业	31	1541	21826.9	2809.6	126.2	
有限责任公司	2	192	3498.6	1071.2		
其他有限责任公司	2	192	3498.6	1071.2		
私营企业	29	1349	18328.3	1738.4	126.2	
私营合伙企业	1	32	624.2			
私营有限责任公司	28	1317	17704.1	1738.4	126.2	
私人控股	31	1541	21826.9	2809.6	126.2	
中型	2	312	5260.3	1513.4	110.5	
小型	26	1215	15458.5	1296.2	15.7	
微型	3	14	1108.1			
城镇	31	1541	21826.9	2809.6	126.2	
其中：城区	29	1429	19974.9	2432.1	126.2	
三、住宿业按地区分组	65	3009	45892.0	35103.8	4160.1	179.8
城东区	22	774	12098.5	9975.5	966.4	30.6
城中区	15	608	9728.0	7515.3	1627.2	149.2
城西区	20	1306	18094.0	12555.7	1537.6	
城北区	7	307	5801.1	4886.9	27.8	
大通回族土族自治县	1	14	170.4	170.4	1.1	
四、餐饮业按地区分组	31	1541	21826.9	2809.6	126.2	
城东区	7	523	7256.3	1665.0	120.2	
城中区	5	213	2447.4	292.2	6.0	
城西区	14	603	9083.9	324.4		
城北区	2	50	871.3			
湟中区	1	40	316.0	150.5		
大通回族土族自治县	2	112	1852.0	377.5		

单位:万元

餐费收入	其中:通过公共网络实现的餐费收入	其中:通过非自营平台实现的餐费收入	商品销售额收入	其他收入	其中:外卖送餐服务收入	客房数(间)	床位数(个)	餐位数(位)	年末餐饮营业面积(平方米)
18428.8	924.3	42.3	205.5	383.0	135.1	1302	2146	21165	124259.0
18225.6	721.1	42.3	205.5	247.9		1302	2146	21112	123969.0
18225.6	721.1	42.3	205.5	247.9		1302	2146	21112	123969.0
203.2	203.2			135.1	135.1			53	290.0
203.2	203.2			135.1	135.1			53	290.0
18428.8	924.3	42.3	205.5	383.0	135.1	1302	2146	21165	124259.0
2342.6	245.1		59.2	25.6		375	460	808	36081.0
2342.6	245.1		59.2	25.6		375	460	808	36081.0
16086.2	679.2	42.3	146.3	357.4	135.1	927	1686	20357	88178.0
624.2								600	1200.0
15462.0	679.2	42.3	146.3	357.4	135.1	927	1686	19757	86978.0
18428.8	924.3	42.3	205.5	383.0	135.1	1302	2146	21165	124259.0
3476.6			59.2	211.1		552	776	924	38332.0
13844.1	828.3		146.3	171.9	135.1	750	1370	20208	85599.0
1108.1	96.0	42.3						33	328.0
18428.8	924.3	42.3	205.5	383.0	135.1	1302	2146	21165	124259.0
16954.3	924.3	42.3	205.5	383.0	135.1	1192	1926	20175	108259.0
8036.4	163.7	3.1	513.4	2238.4		10938	18109	35174	333849.0
1913.9	100.0		11.1	198.0		3851	6631	3344	144109.0
2093.4	63.7	3.1	8.1	111.2		2174	3721	984	27347.0
3420.2			489.6	1628.5		3212	4998	2625	113399.0
608.9			4.6	300.7		1554	2523	27721	36541.0
						147	236	500	12453.0
18428.8	924.3	42.3	205.5	383.0	135.1	1302	2146	21165	124259.0
5284.2	105.6	42.3	59.2	247.9		687	1031	3078	54911.0
2134.2	110.9		21.0			143	260	3609	12580.0
8499.1	707.8		125.3	135.1	135.1	207	369	12200	23950.0
871.3								288	2818.0
165.5						155	266	1000	14000.0
1474.5						110	220	990	16000.0

9-6 限额以上批发和零售业

指标名称	法人企业数（个）	执行《2006年企业会计准则》企业数（个）	一、年初存货	二、期末资产负债		
				流动资产合计	应收账款	存货
总计	386	213	669909.2	5940029.7	592127.8	690581.2
一、批发业	187	112	458051.6	5076803.2	509994.5	477781.9
农、林、牧、渔产品批发	3	3	2209.1	52062.7	5126.2	1328.2
谷物、豆及薯类批发	1	1	155.1	5870.0	4482.0	14.7
牲畜批发	1	1	2037.0	3582.0	259.7	1309.1
其他农牧产品批发	1	1	17.0	42610.7	384.5	4.4
食品、饮料及烟草制品批发	26	16	62366.9	543644.5	12078.3	66729.1
米、面制品及食用油批发	3	2	5274.0	6298.7	1052.0	1742.7
糕点、糖果及糖批发	1		391.9	3276.8	658.3	403.3
果品、蔬菜批发	2	2	325.1	132820.9	1918.5	409.7
肉、禽、蛋、奶及水产品批发	5	2	10769.6	16128.9	1596.8	12075.6
盐及调味品批发	1	1	80.4	500.6	217.6	157.3
营养和保健品批发	2	1	157.7	3799.4	2579.0	-48.9
酒、饮料及茶叶批发	9	5	4382.5	50630.3	3974.5	6496.8
烟草制品批发	2	2	39628.9	327135.7		44149.5
其他食品批发	1	1	1356.8	3053.2	81.6	1343.1
纺织、服装及家庭用品批发	5	4	1742.6	206846.5	1490.0	2438.3
纺织品、针织品及原料批发	4	4	1283.7	191555.7	926.1	1456.1
厨具卫具及日用杂品批发	1		458.9	15290.8	563.9	982.2
文化、体育用品及器材批发	1	1	2978.8	49380.5	4916.8	4286.4
图书批发	1	1	2978.8	49380.5	4916.8	4286.4
医药及医疗器材批发	31	21	45536.8	409078.0	221997.3	62719.3
西药批发	12	7	12841.9	118749.0	63983.3	15775.4
中药批发	11	9	28036.2	231802.7	132667.1	35542.8
医疗用品及器材批发	8	5	4658.7	58526.3	25346.9	11401.1
矿产品、建材及化工产品批发	99	58	328869.8	3730239.6	239133.8	325858.3
煤炭及制品批发	11	7	4846.3	143411.6	31862.5	3155.8
石油及制品批发	9	8	114762.8	431222.3	51744.6	106563.2
非金属矿及制品批发	1	1	26.8	1405.5	769.1	34.2
金属及金属矿批发	44	31	169466.3	2852604.5	102143.8	177675.0
建材批发	21	5	16324.6	221201.6	46018.5	15002.0
化肥批发	3	3	20339.1	52697.2	3932.0	20449.2
农药批发	1		1340.4	3121.4	317.3	910.6
其他化工产品批发	9	3	1763.5	24575.5	2346.0	2068.3
机械设备、五金产品及电子产品批发	19	7	13866.4	76453.5	23076.2	13966.6
农业机械批发	4	2	6165.3	32624.8	10196.0	4229.5
汽车及零配件批发	7	2	2130.0	9770.6	2957.6	2477.8
五金产品批发	1	1	168.7	2752.3	1045.9	166.5
电气设备批发	2	2	1995.8	8175.1	2837.2	1812.6
计算机、软件及辅助设备批发	1		1405.1	3034.9	987.1	1503.8
通讯设备批发	1		748.3	3438.9	2152.7	748.4
其他机械设备及电子产品批发	3		1253.2	16656.9	2899.7	3028.0
其他批发业	3	2	481.2	9097.9	2175.9	455.7
其他未列明批发业	3	2	481.2	9097.9	2175.9	455.7
内资企业	185	111	456077.0	4912449.7	497682.0	475981.2
国有企业	4	4	45188.4	329927.5	217.6	44306.8
有限责任公司	56	45	207043.0	3499532.3	367142.3	219831.4
国有独资公司	7	4	27870.4	902069.7	79438.4	13269.8
其他有限责任公司	49	41	179172.6	2597462.6	287703.9	206561.6

法人企业财务状况(2022年)

单位:万元

固定资产原价	房屋和构筑物	机器设备	累计折旧	本年折旧	固定资产净额	在建工程	无形资产	土地使用权	资产总计
1049561.6	254297.0	74947.4	471230.8	133617.8	426603.0	129884.2	209422.4	94533.9	15470415.0
704834.8	82205.7	40574.6	331873.6	113840.7	240347.4	115568.2	198642.9	90926.7	14183690.1
5562.4	66.1	116.7	1795.1	172.0	3767.1	58.8			145585.2
5326.8			1620.6	157.5	3706.1	58.8			9635.8
204.9	66.1	116.7	145.1	7.1	59.7				3641.8
30.7			29.4	7.4	1.3				132307.6
42850.7	22525.4	3863.2	27046.5	2670.9	15369.6	4781.9	4485.8	3517.6	630494.2
339.5		189.9	170.5	22.1	160.0	6.9			7128.5
56.7			46.4	4.0	10.3				3299.0
819.7	179.8	1.3	461.9	69.4	357.8				163584.2
1728.4	123.0	257.6	541.3	135.6	816.9	498.5	95.0		19688.7
1609.7	1162.0	238.3	1212.1	51.5	396.2				928.9
220.9	182.3	38.6	188.0	25.5	32.8				3832.3
15370.2	10174.1	1120.4	6479.2	1217.5	8840.1	66.0	150.0		65825.3
22688.1	10704.2	2017.1	17932.5	1130.7	4755.5	4210.5	4240.8	3517.6	363151.2
17.5			14.6	14.6					3056.1
807.7	496.8	99.5	619.6	32.9	188.1	183.1	0.9		608654.1
390.9	179.5		227.4	12.8	163.5		0.9		589395.7
416.8	317.3	99.5	392.2	20.1	24.6	183.1			19258.4
19647.9			6722.9	1066.0	12925.0	1438.6	2053.9		67720.4
19647.9			6722.9	1066.0	12925.0	1438.6	2053.9		67720.4
16115.1	5106.7	4935.7	6280.6	1734.1	8558.1	4047.8	2851.1		440950.2
7987.4	4251.2	1621.4	3018.7	670.8	4968.3	4036.5	2740.3		137462.2
4493.6	855.5	3080.0	1957.3	796.3	1260.3	11.3	38.0		241753.9
3634.1		234.3	1304.6	267.0	2329.5		72.8		61734.1
606960.7	45833.8	29849.0	282637.8	106782.6	193814.0	105058.0	187292.7	85631.5	12164920.1
5513.8	1078.8	290.1	2422.5	665.5	388.7	31.4	59.4		316807.8
549280.7	26461.1	24305.6	259541.1	103660.2	163920.7	97000.0	133254.7	42711.6	965422.6
121.2		121.2	50.7	11.4					1476.0
32135.3	15639.3	3354.6	13619.4	1559.3	16662.2	3696.1	45496.9	42889.7	10356967.0
3041.3	863.6	1499.7	1905.8	460.6	1088.3	583.6			414227.0
14382.2	85.4	26.5	3886.7	329.7	10495.3	1624.0	8407.4		73524.1
143.4			92.8	30.0	50.6				3172.1
2342.8	1705.6	251.3	1118.8	65.9	1208.2	2122.9	74.3	30.2	33323.5
9776.6	6071.9	701.8	5550.4	1206.3	3832.5		1941.7	1777.6	97515.4
6340.9	5667.8	69.9	3113.1	395.1	3227.7		1779.7	1777.6	51749.3
510.3		125.4	363.7	33.1	146.6		0.2		10866.3
671.7			671.7	671.7					2752.3
743.8		327.1	572.9	23.3	50.7				8345.9
70.0		70.0	66.8	4.3	3.2				3038.3
499.4	404.1	37.7	198.8	34.2	300.5				3762.4
940.5		71.7	563.4	44.6	103.8		161.8		17000.9
3113.7	2105.0	1008.7	1220.7	175.9	1893.0		16.8		27850.5
3113.7	2105.0	1008.7	1220.7	175.9	1893.0		16.8		27850.5
636391.8	76285.8	40162.0	293253.9	110709.0	210743.1	95585.8	194114.0	88279.0	13964341.6
24313.1	11866.2	2255.4	19150.9	1185.5	5160.6	4210.5	4240.8	3517.6	366380.2
63075.5	12754.4	6855.5	24412.1	4851.5	35469.4	11640.8	52400.0	43069.7	11678579.2
26639.1	4809.5	1362.1	10104.4	1334.5	16164.6	1721.1	9288.0	6554.8	7199454.7
36436.4	7944.9	5493.4	14307.7	3517.0	19304.8	9919.7	43112.0	36514.9	4479124.5

9-6 续表 1

指标名称	法人企业数（个）	执行《2006 年企业会计准则》企业数（个）	一、年初存货	二、期末资产负债		
				流动资产合计	应收账款	存货
股份有限公司	4	4	128830.6	228905.4	22363.8	121889.4
私营企业	121	58	75015.0	854084.5	107958.3	89953.6
私营独资企业	1		33.5	865.9	561.7	41.9
私营有限责任公司	118	57	71199.0	813096.0	95147.5	86934.1
私营股份有限公司	2	1	3782.5	40122.6	12249.1	2977.6
外商投资企业	2	1	1974.6	164353.5	12312.5	1800.7
外资企业	1	1	1481.2	163035.5	11842.6	1440.8
其他外商投资企业	1		493.4	1318.0	469.9	359.9
国有控股	38	33	345420.2	3767831.5	313063.2	349895.4
集体控股	1	1	20339.1	42470.4	1902.1	20449.0
私人控股	146	77	90317.7	1102147.8	182716.7	105636.8
外商控股	2	1	1974.6	164353.5	12312.5	1800.7
独立门店	98	58	175920.6	3398210.9	310087.2	189186.5
连锁总店（总部）	1	1	204.6	1826.5	1138.9	601.6
连锁直营店	1		399.7	3140.7	651.2	697.0
其他	87	53	281526.7	1673625.1	198117.2	287296.8
大型	5	5	52312.8	418544.0	32974.5	66286.6
中型	42	29	190542.7	2897998.5	286153.3	181090.1
小型	99	54	204952.7	1436447.7	185907.5	212789.6
微型	41	24	10243.4	323813.0	4959.2	17615.6
城镇	184	111	454251.0	5073387.2	507750.9	477781.9
其中：城区	164	101	439829.3	4879611.5	483654.6	472940.6
乡村	3	1	3800.6	3416.0	2243.6	
二、零售业	199	101	211857.6	863226.5	82133.3	212799.3
综合零售	25	12	37904.5	143000.8	13180.4	35892.2
百货零售	7	7	15314.4	53547.8	1057.2	13780.8
超级市场零售	13	4	20038.4	65795.9	9503.5	18775.3
便利店零售	3		2515.7	7800.4	540.1	3296.7
其他综合零售	2	1	36.0	15856.7	2079.6	39.4
食品、饮料及烟草制品专门零售	12	4	3283.1	18589.3	2668.6	4579.3
粮油零售	1			2805.8	585.7	666.8
糕点、面包零售	1	1		175.3	127.3	0.4
果品、蔬菜零售	1	1	143.2	1126.2	318.6	315.0
肉、禽、蛋、奶及水产品零售	1		20.5	286.6	285.6	
酒、饮料及茶叶零售	2		968.1	4506.7	1245.4	958.1
烟草制品零售	3	2	1682.4	8801.5		2220.7
其他食品零售	3		468.9	887.2	106.0	418.3
纺织、服装及日用品专门零售	10	6	13826.8	24064.7	2441.7	13216.0
服装零售	6	4	2480.6	10993.3	764.4	2829.2
鞋帽零售	1	1	7987.3	8283.3		7779.2
化妆品及卫生用品零售	3	1	3358.9	4788.1	1677.3	2607.6
文化、体育用品及器材专门零售	5		3184.3	15151.3	722.6	3375.0
文具用品零售	1		298.2	1129.1	707.3	374.4
图书、报刊零售	2		1417.2	10766.5	22.9	1311.1
珠宝首饰零售	1		689.6	2563.1	85.9	1010.8
乐器零售	1		779.3	692.6	-93.5	678.7
医药及医疗器材专门零售	15	8	14212.0	27802.5	7044.1	14359.8
西药零售	11	6	10536.9	20642.2	5122.6	10110.1
中药零售	4	2	3675.1	7160.3	1921.5	4249.7

单位:万元

固定资产原价			累计折旧		固定资产净额	在建工程	无形资产	土地使用权	资产总计
	房屋和构筑物	机器设备		本年折旧					
479372.5	18397.9	19237.5	218467.4	99486.0	135116.0	77869.1	132673.2	39166.6	706892.6
69630.7	33267.3	11813.6	31223.5	5186.0	34997.1	1865.4	4800.0	2525.1	1212489.6
41.6		41.6	16.6	9.9	25.0				890.9
69270.7	33201.2	11655.3	30981.2	5142.7	34909.1	1865.4	4800.0	2525.1	1171383.4
318.4	66.1	116.7	225.7	33.4	63.0				40215.3
68443.0	5919.9	412.6	38619.7	3131.7	29604.3	19982.4	4528.9	2647.7	219348.5
67810.7	5919.9	383.5	38310.2	3088.6	29500.5	19982.4	4528.9	2647.7	217913.6
632.3		29.1	309.5	43.1	103.8				1434.9
529465.0	37777.2	25472.5	249234.4	102791.9	152765.3	91357.7	176785.1	85413.1	12330510.0
14381.2	85.4	26.5	3885.8	329.7	10495.3	1624.0	8407.4		63297.2
92545.6	38423.2	14663.0	40133.7	7587.4	47482.5	2604.1	8921.5	2865.9	1570534.4
68443.0	5919.9	412.6	38619.7	3131.7	29604.3	19982.4	4528.9	2647.7	219348.5
638979.1	69387.5	31918.3	307249.5	109043.0	202817.9	106291.9	174686.3	79261.3	11426415.3
1945.3	1867.4		509.1	95.6	1436.1				3262.7
35.3		35.3	35.3						3152.6
63875.1	10950.8	8621.0	24079.7	4702.1	36093.4	9276.3	23956.6	11665.4	2750859.5
547915.4	33061.6	19742.8	259541.6	103058.6	162584.7	96293.5	129129.9	41814.3	947621.6
108191.4	28786.0	12014.6	51432.7	7291.7	50886.3	15347.9	67184.4	48891.2	10548100.0
38007.9	16391.4	8568.2	16474.5	3082.3	20673.2	1738.2	2298.4	191.0	2052995.1
10720.1	3966.7	249.0	4424.8	408.1	6203.2	2188.6	30.2	30.2	634973.4
704690.7	82205.7	40572.8	331861.9	113829.0	240224.0	115568.2	198642.9	90926.7	14178185.3
701463.6	81073.7	40097.9	329840.8	113584.9	239089.0	112191.0	187905.0	80188.8	13762631.8
144.1		1.8	11.7	11.7	123.4				5504.8
344726.8	172091.3	34372.8	139357.2	19777.1	186255.6	14316.0	10779.5	3607.2	1286724.9
188101.2	105405.0	10483.3	72560.1	7256.4	107881.9	11767.2	6357.4	607.6	384047.9
153386.3	89110.1	1422.1	57650.5	4027.9	88279.5	11710.8	5740.5		216228.3
15659.4	10.0	8219.4	7432.4	1812.0	8169.6	44.4	9.3		125778.2
1590.1		145.5	318.9	292.9	1125.7				9095.0
17465.4	16284.9	696.3	7158.3	1123.6	10307.1	12.0	607.6	607.6	32946.4
1354.3		330.0	793.5	64.8	493.2		164.2		19344.0
40.7			3.9				4.7		2847.3
									175.3
47.1			23.5	8.5	23.6				1149.8
1.0		1.0	1.0						286.6
215.5		121.6	186.4	10.4					4535.9
230.1		188.0	196.9	0.9	33.0				8836.6
819.9		19.4	381.8	45.0	436.6		159.5		1512.5
32069.6	21915.0	7300.5	11666.1	1050.1	20390.7		4.9		71357.4
26797.8	19107.9	7011.9	9545.5	894.5	17242.0		4.9		54336.9
3617.3	2807.1	33.8	1175.8	108.7	2441.5				10724.8
1654.5		254.8	944.8	46.9	707.2				6295.7
4668.7	111.5	82.7	4092.2	99.9	576.5		642.4		16884.0
70.5			25.3	8.2	45.2				1179.0
4404.0			3994.0	83.0	410.0		642.4		12327.9
34.7		34.7	6.0	5.9	28.7				2591.8
159.5	111.5	48.0	66.9	2.8	92.6				785.3
7062.0	5739.7	422.7	2246.3	615.5	4798.7		55.4		43619.8
6405.9	5642.5	367.9	1696.7	564.6	4693.5		7.2		26147.6
656.1	97.2	54.8	549.6	50.9	105.2		48.2		17472.2

9–6 续表 2

指标名称	法人企业数（个）	执行《2006 年企业会计准则》企业数(个）	一、年初存货	二、期末资产负债		
				流动资产合计	应收账款	存货
汽车、摩托车、零配件和燃料及其他动力销售	101	60	124568.6	509786.5	34983.3	127664.4
汽车新车零售	89	54	115840.9	458802.2	28163.6	118574.6
汽车旧车零售	2	1	5495.2	16343.4	337.7	5974.5
汽车零配件零售	2	1	2496.3	5457.8	2016.3	2342.4
机动车燃油零售	4	1	546.4	13007.7	3934.6	697.3
机动车燃气零售	4	3	189.8	16175.4	531.1	75.6
家用电器及电子产品专门零售	23	8	12543.0	85971.1	18249.7	12351.2
日用家电零售	7	4	2459.4	43336.1	3019.9	1586.6
计算机、软件及辅助设备零售	9	2	6892.5	25301.0	12264.8	6595.5
通信设备零售	4	1	2214.7	12310.2	1592.2	3078.3
其他电子产品零售	3	1	976.4	5023.8	1372.8	1090.8
五金、家具及室内装饰材料专门零售	3	1	1299.7	23638.1	725.6	664.0
五金零售	2	1	1032.4	18089.1	196.3	468.7
家具零售	1		267.3	5549.0	529.3	195.3
货摊、无店铺及其他零售业	5	2	1035.6	15222.2	2117.3	697.4
互联网零售	2		175.2	901.4	229.0	194.6
生活用燃料零售	1	1		11162.2	485.2	
其他未列明零售业	2	1	860.4	3158.6	1403.1	502.8
内资企业	197	99	207106.7	858138.6	81572.5	209055.9
有限责任公司	50	37	61595.2	290419.4	19233.8	62935.5
国有独资公司	1		3314.7	7909.1	–151.1	3314.6
其他有限责任公司	49	37	58280.5	282510.3	19384.9	59620.9
股份有限公司	3	3	5682.7	27775.8	8202.6	5392.6
私营企业	144	59	139828.8	539943.4	54136.1	140727.8
私营独资企业	4	3	836.6	2365.5	446.3	1315.5
私营有限责任公司	138	55	134707.0	533037.2	53208.1	137858.4
私营股份有限公司	2	1	4285.2	4540.7	481.7	1553.9
港、澳、台商投资企业	2	2	4750.9	5087.9	560.8	3743.4
港、澳、台商独资经营企业	2	2	4750.9	5087.9	560.8	3743.4
国有控股	12	8	18380.4	71439.2	3777.9	19325.9
集体控股	5	5	9873.8	61749.3	10911.0	9173.1
私人控股	180	86	178852.5	724950.1	66883.6	180556.9
港澳台商控股	2	2	4750.9	5087.9	560.8	3743.4
独立门店	160	87	178239.0	741521.0	54720.2	180099.8
连锁总店（总部）	8	4	15859.0	34885.0	3862.0	15814.0
连锁直营店	3	2	4379.6	33272.4	7577.0	4190.9
连锁加盟店	1	1	42.7	897.2	57.7	140.9
其他	27	7	13337.3	52650.9	15916.4	12553.7
大型	5	3	19558.5	56527.0	9195.9	18057.9
中型	76	48	146357.3	539719.5	44099.5	148206.4
小型	96	41	41871.2	227468.2	24741.7	43811.2
微型	22	9	4070.6	39511.8	4096.2	2723.8

单位:万元

固定资产原价	房屋和构筑物	机器设备	累计折旧	本年折旧	固定资产净额	在建工程	无形资产	土地使用权	资产总计
94594.1	35825.3	13852.9	39628.6	10203.2	43825.7	2471.6	2927.5	2598.2	605605.7
87961.6	35096.9	12979.4	35763.7	9720.3	41615.4	2471.3	2751.7	2531.8	550063.0
1893.7			1123.3	346.1	758.8		1.9		17421.3
328.6			216.6	17.4	111.9				5629.7
983.8		123.4	428.0	50.0	66.2				13641.6
3426.4	728.4	750.1	2097.0	69.4	1273.4	0.3	173.9	66.4	18850.1
3028.5	67.8	1370.4	1785.7	271.0	1064.1		61.7		96623.3
811.1		35.4	626.0	29.5	93.8		42.0		49781.2
1571.8	67.8	1056.4	752.2	143.6	732.2		19.7		29178.1
538.6		187.7	332.4	77.3	206.2				12608.3
107.0		90.9	75.1	20.6	31.9				5055.7
4639.5	613.5	4.0	1649.7	137.0	2989.8	45.0	152.0		27461.7
4022.0			1630.0	119.5	2392.0		129.4		21247.2
617.5	613.5	4.0	19.7	17.5	597.8	45.0	22.6		6214.5
9208.9	2413.5	526.3	4935.0	79.2	4235.0	32.2	414.0	401.4	21781.1
865.3		526.3	233.4	6.1	593.0	32.2	12.6		1578.1
7985.4	2413.5		4496.9	17.2	3488.5		401.4	401.4	16890.9
358.2			204.7	55.9	153.5				3312.1
334389.1	170541.2	33970.6	132633.6	18925.6	182641.5	14316.0	10564.7	3397.3	1276273.7
237542.8	134556.7	9646.5	90116.2	10208.0	132117.6	12276.6	9817.9	2900.9	578608.9
2344.1	1393.4	293.1	1439.1	83.3	904.9				8814.1
235198.7	133163.3	9353.4	88677.1	10124.7	131212.7	12276.6	9817.9	2900.9	569794.8
29041.7	19987.8	7399.1	10559.1	974.6	17276.8		40.7	40.3	46549.1
67804.6	15996.7	16925.0	31958.3	7743.0	33247.1	2039.4	706.1	456.1	651115.7
26.2		17.0	24.6	0.4	0.4				2367.2
67337.1	15996.7	16466.7	31702.1	7665.8	33246.7	2039.4	701.0	456.1	643637.3
441.3		441.3	231.6	76.8			5.1		5111.2
10337.7	1550.1	402.2	6723.6	851.5	3614.1		214.8	209.9	10451.2
10337.7	1550.1	402.2	6723.6	851.5	3614.1		214.8	209.9	10451.2
55916.9	12808.5	1609.9	31146.3	1846.8	22030.3	501.2	1965.8	990.1	105135.1
46106.6	35392.8	8323.4	18308.4	2131.2	27798.1	12.0	650.0	607.6	131866.0
232365.6	122339.9	24037.3	83178.9	14947.6	132813.1	13802.8	7948.9	1799.6	1039272.6
10337.7	1550.1	402.2	6723.6	851.5	3614.1		214.8	209.9	10451.2
311905.7	147169.9	32041.4	126325.9	17605.2	166718.6	14271.8	9917.6	2999.6	1098993.0
26511.1	23729.3	736.7	9495.3	1774.2	17015.5	12.0	643.0	607.6	68002.9
710.7	10.0	611.6	378.6	77.1	243.0		0.4		34048.8
211.3			34.4	34.4	176.8		0.1		1181.8
5388.0	1182.1	983.1	3123.0	286.2	2101.7	32.2	218.4		84498.4
8226.6		7235.8	5441.5	992.2	2784.9	2.1	0.4		130925.5
289533.7	146460.1	21076.1	112465.0	14090.6	159487.4	13937.2	9490.0	2697.6	840899.0
24899.4	8703.9	4342.0	12300.6	3298.3	11958.0	348.4	522.0	302.0	253325.3
22067.1	16927.3	1718.9	9150.1	1396.0	12025.3	28.3	767.1	607.6	61575.1

9-6　续表 3

指　标　名　称	法人企业数(个)	执行《2006 年企业会计准则》企业数(个)	一、年初存货	二、期末资产负债		
				流动资产合计	应收账款	存货
有店铺零售	178	95	198454.5	808816.3	63128.0	200451.7
便利店	5	3	4044.5	28733.2	7783.0	4213.8
超市	18	6	17656.1	61284.5	5259.2	17585.5
仓储会员店	1		351.1	642.3		
百货店	5	5	14494.8	56402.2	1046.2	12541.1
购物中心	1	1	1655.5	3023.2	271.9	1846.7
专业店	57	26	49017.4	207005.1	20297.4	49898.5
品牌专卖店	86	53	110411.6	444160.4	28264.3	112912.2
集合店	5	1	823.5	7565.4	206.0	1453.9
无店铺零售	21	6	13403.1	54410.2	19005.3	12347.6
网络零售	4	1	1502.8	4809.4	726.3	1811.9
其他	17	5	11900.3	49600.8	18279.0	10535.7
有店铺零售	180	96	199753.8	812435.6	63525.4	202028.5
便利店	8	3	6596.9	35525.9	8168.7	7514.6
超市	23	10	24468.1	103834.8	13181.5	24381.8
折扣店	1		9.8	342.0	0.5	0.1
仓储会员店	1		351.1	642.3		
百货店	11	9	17514.0	64757.8	1569.3	16208.1
购物中心	3	1	3186.9	7104.4	676.3	4432.8
专业店	59	26	50057.3	213687.2	20478.0	51825.4
品牌专卖店	91	54	111692.2	451145.0	28920.7	114826.6
集合店	5	1	823.5	7565.4	206.0	1453.9
无店铺零售	24	7	13440.5	55883.1	19529.9	12453.4
网络零售	5	1	1540.2	5940.3	1046.3	1856.3
其他	20	6	11949.1	50518.1	18869.1	10637.6
城镇	23	7	13324.9	55782.0	19509.1	12426.8
其中:城区	22	7	13205.4	55593.9	19482.3	12341.3
乡村	1		115.6	101.1	20.8	26.6
港商投资	2	2	4750.9	5087.9	560.8	3743.4
澳商投资	1	1		535.7	360.6	
台投资商	1	1		535.7	360.6	
三、批发业按地区分组	187	112	458051.6	5076803.2	509994.5	477781.9
城东区	61	32	216920.7	937144.5	93831.9	255917.7
城中区	18	15	64564.2	603321.0	63401.8	58909.6
城西区	23	18	58133.1	513011.4	31027.2	55201.7
城北区	63	36	100883.8	2826983.0	295356.3	103749.0
湟中区	17	9	17004.7	71856.9	10659.8	3516.3
大通回族土族自治县	3	2	497.7	121931.0	13294.0	440.2
湟源县	2		47.4	2555.4	2423.5	47.4
四、零售业按地区分组	199	101	211857.6	863226.5	82133.3	212799.3
城东区	76	42	87790.8	324631.3	26416.6	85053.9
城中区	46	28	66008.5	259388.6	16438.5	66723.8
城西区	38	19	25226.2	152822.7	23189.8	26338.8
城北区	27	11	29164.3	108796.6	13439.7	30117.0
湟中区	2	1	267.3	5694.3	537.6	256.7
大通回族土族自治县	8		2903.7	6506.8	246.1	3658.1
湟源县	2		496.8	5386.2	1865.0	651.0

单位:万元

固定资产原价			累计折旧		固定资产净额	在建工程	无形资产	土地使用权	资产总计
	房屋和构筑物	机器设备		本年折旧					
241000.9	80499.9	31397.8	108912.5	16905.6	113130.2	14283.8	6332.5	3205.8	1138134.8
17950.8	16284.9	1079.5	7466.1	1182.5	10484.7	12.0	608.0	607.6	45617.5
22149.4	10.0	7889.9	11715.2	2439.9	10375.5	44.4	8.9		123976.0
									642.3
83956.7	19107.9	7242.8	39348.0	1934.6	37152.3	11710.8	1886.7		151674.1
100.1			64.3	11.7	25.7		4.3		29109.6
31091.5	10000.2	2238.0	15073.5	2740.9	14238.0	45.3	1074.3	66.4	246035.3
85073.2	35046.0	12902.8	35130.1	8557.5	40290.1	2471.3	2750.3	2531.8	532950.7
679.2	50.9	44.8	115.3	38.5	563.9				8129.3
103725.9	91591.4	2975.0	30444.7	2871.5	73125.4	32.2	4447.0	401.4	148590.1
91709.0	89110.1	1717.5	23858.7	2572.4	67811.4	32.2	3866.4		88986.0
12016.9	2481.3	1257.5	6586.0	299.1	5314.0		580.6	401.4	59604.1
331845.6	169610.0	32590.0	132538.8	19471.9	180348.6	14283.8	10186.3	3205.8	1225254.0
19525.5	16284.9	1225.0	7775.3	1471.4	11604.7	12.0	608.0	607.6	53696.4
146837.9	89120.1	9431.0	56330.6	5044.9	90392.6	44.4	4820.7		264962.0
31.3			21.4	7.5	9.9				352.0
									642.3
180500.2	108218.0	8834.3	67283.2	4959.3	105615.1	11710.8	5740.5		244940.3
707.7		280.1	361.2	166.2	336.4		4.3		33501.5
31519.0	10000.2	2561.4	15205.1	2786.3	14533.8	45.3	1074.3	66.4	254143.3
85699.8	35046.0	12937.1	35413.8	8650.2	40629.4	2471.3	2750.9	2531.8	540503.7
679.2	50.9	44.8	115.3	38.5	563.9				8129.3
104076.8	91591.4	2975.0	30589.4	2938.0	73331.6	32.2	4447.0	401.4	150361.1
92059.9	89110.1	1717.5	24003.4	2638.9	68017.6	32.2	3866.4		90415.0
12016.9	2481.3	1257.5	6586.0	299.1	5314.0		580.6	401.4	60521.4
103260.0	91591.4	2448.7	30365.7	2938.0	72738.6	32.2	4447.0	401.4	149667.0
102599.2	91591.4	2448.7	30131.6	2898.6	72312.0	32.2	4287.5	401.4	148865.0
816.8		526.3	223.7		593.0				694.1
10337.7	1550.1	402.2	6723.6	851.5	3614.1		214.8	209.9	10451.2
5240.6			4129.8	401.4	1110.8				1646.5
5240.6			4129.8	401.4	1110.8				1646.5
704834.8	82205.7	40574.6	331873.6	113840.7	240347.4	115568.2	198642.9	90926.7	14183690.1
229791.9	3209.1	3416.4	93880.3	88656.3	8788.0	66815.9	73784.9		1265362.4
23834.1	138.6	399.9	9790.6	1460.1	14040.5	1438.6	2244.5		1285528.5
114352.0	22108.9	8134.8	67178.0	6630.5	45536.1	24996.8	13088.2	7062.6	657288.1
333637.6	55617.1	28146.8	159123.7	16844.7	170744.6	18939.7	98787.4	73126.2	10555321.5
1821.9		476.7	1042.1	216.2	699.9				277801.9
1397.3	1132.0		858.9	32.9	538.3	3377.2	10737.9	10737.9	137787.6
									4600.1
344726.8	172091.3	34372.8	139357.2	19777.1	186255.6	14316.0	10779.5	3607.2	1286724.9
45803.3	14946.7	9317.8	23276.3	4527.8	20920.5	1828.9	1249.7	965.8	387082.4
97444.8	19284.4	10107.0	47178.6	5304.0	45059.3	12063.5	3832.2	1263.9	405170.6
146364.1	109388.2	11484.8	47189.4	5566.6	91353.2	2.1	4113.9		312349.0
51432.8	27761.3	2647.2	20508.1	4137.5	26937.2	376.5	1401.6	1377.5	161725.7
617.5	613.5	4.0	19.7	17.5	597.8	45.0	22.6		6359.8
2271.3	97.2	812.0	912.1	198.0	1357.2		159.5		8053.1
793.0			273.0	25.7	30.4				5984.3

9-6 续表 4

指标名称	二、期末资产负债					
	流动负债合计	应付账款	负债合计	所有者权益合计	实收资本	个人资本
总计	6477247.6	742552.4	7789848.2	7649339.2	2465498.2	148347.1
一、批发业	5612248.3	563002.7	6775287.1	7381575.6	2174547.3	98475.8
农、林、牧、渔产品批发	45072.0	2126.5	45114.8	100470.4	102101.4	4860.0
谷物、豆及薯类批发	3748.8	2002.8	3748.9	5886.9	4310.0	4310.0
牲畜批发	2930.1	53.5	2971.2	670.6	550.0	550.0
其他农牧产品批发	38393.1	70.2	38394.7	93912.9	97241.4	
食品、饮料及烟草制品批发	242372.2	29413.1	246835.5	383658.7	46822.8	3569.0
米、面制品及食用油批发	4937.5	2911.0	5105.6	2022.9	1300.0	147.0
糕点、糖果及糖批发	3153.6	897.9	3153.6	145.4	200.0	200.0
果品、蔬菜批发	132642.3	4803.6	132667.3	30916.9	6392.0	1392.0
肉、禽、蛋、奶及水产品批发	13142.6	686.3	13518.2	6170.5	6489.0	1200.0
盐及调味品批发	664.9	141.8	664.9	264.0	600.0	
营养和保健品批发	2700.9	636.5	2702.2	1130.1	478.0	200.0
酒、饮料及茶叶批发	20629.4	773.8	20822.3	45003.0	20604.6	430.0
烟草制品批发	61068.4	18562.2	64768.8	298382.4	10709.2	
其他食品批发	3432.6		3432.6	-376.5	50.0	
纺织、服装及家庭用品批发	259273.5	2479.1	259273.5	349380.6	279700.0	15300.0
纺织品、针织品及原料批发	252604.4	2528.7	252604.4	336791.3	265400.0	1000.0
厨具卫具及日用杂品批发	6669.1	-49.6	6669.1	12589.3	14300.0	14300.0
文化、体育用品及器材批发	29212.2	22503.1	48281.5	19438.9	3070.0	
图书批发	29212.2	22503.1	48281.5	19438.9	3070.0	
医药及医疗器材批发	348440.9	93249.1	350827.4	90122.8	101612.7	16295.6
西药批发	117514.0	19311.1	117373.0	20089.2	68665.9	9155.9
中药批发	185605.0	62412.0	188100.6	53653.3	26949.8	4142.7
医疗用品及器材批发	45321.9	11526.0	45353.8	16380.3	5997.0	2997.0
矿产品、建材及化工产品批发	4606874.8	384141.8	5734406.0	6403686.7	1628072.5	52615.8
煤炭及制品批发	110139.8	36804.7	112145.0	204662.8	47166.4	12700.0
石油及制品批发	587802.0	69821.3	608872.0	356550.6	19375.7	4090.2
非金属矿及制品批发	1069.9	1056.6	1103.3	372.7	500.0	
金属及金属矿批发	3501101.5	261848.3	4602020.2	5725890.9	1466607.2	26100.6
建材批发	319867.3	10635.9	319805.3	94421.7	81662.2	9100.0
化肥批发	64046.4	1014.9	64046.4	9477.7	6836.0	
农药批发	3024.6	314.4	3024.6	147.5	125.0	125.0
其他化工产品批发	19823.3	2645.7	23389.2	12162.8	5800.0	500.0
机械设备、五金产品及电子产品批发	61673.3	24846.5	71219.0	26296.4	10695.9	4373.4
农业机械批发	32297.0	9211.4	41821.4	9927.9	3988.0	3390.0
汽车及零配件批发	10014.6	3773.3	10029.5	836.8	1043.4	383.4
五金产品批发	1911.1	1708.7	1911.1	841.2	841.2	
电气设备批发	4724.0	2687.8	4724.0	3621.9	2494.6	
计算机、软件及辅助设备批发	2482.8	1705.2	2482.8	555.5	270.0	
通讯设备批发	2054.3	2054.3	2051.1	1711.3	1003.5	
其他机械设备及电子产品批发	8189.5	3705.8	8199.1	8801.8	1055.2	600.0
其他批发业	19329.4	4243.5	19329.4	8521.1	2472.0	1462.0
其他未列明批发业	19329.4	4243.5	19329.4	8521.1	2472.0	1462.0
内资企业	5411894.7	531923.2	6567654.0	7369860.2	2167504.7	98475.8
国有企业	61947.0	18904.0	65647.4	300732.8	13309.2	
有限责任公司	4137716.2	370681.6	5261164.9	6390370.7	1895414.1	15109.9
国有独资公司	1911567.4	66499.5	2551869.3	4647585.4	663097.1	
其他有限责任公司	2226148.8	304182.1	2709295.6	1742785.3	1232317.0	15109.9

单位：万元

三、损益及分配							
营业收入	主营业务收入	营业成本	税金及附加	其他业务利润	销售费用	管理费用	研发费用
16416207.3	16259634.8	15765655.6	65260.0	32251.2	306644.2	152968.0	1805.1
14964449.7	14887966.9	14465358.3	61538.9	19085.9	207076.0	95550.1	1795.0
153058.0	152960.6	152193.8	96.7		460.1	1063.4	
757.1	659.7	659.6	1.2		0.1	213.0	
3637.0	3637.0	3427.9	0.3		439.0	357.8	
148663.9	148663.9	148106.3	95.2		21.0	492.6	
1131427.5	1130955.5	976183.8	49701.9	281.2	21615.0	30631.3	0.2
74897.1	74897.1	73896.7	5.5		628.5	291.2	
3959.3	3959.3	3657.8	2.4		170.6	103.1	
8484.5	8463.3	7775.7	18.6		412.1	328.4	
29144.1	29135.4	27535.7	19.2		716.7	1138.7	
2372.4	2336.1	1655.4	9.3	36.3	629.1	51.3	
4601.6	4601.6	4480.0	3.9		156.5	146.1	
121561.1	121388.7	92398.1	680.1	14.3	13715.8	2720.8	
874893.9	874660.5	753287.9	48960.9	230.6	4854.5	25690.4	0.2
11513.5	11513.5	11496.5	2.0		331.2	161.3	
44629.9	42764.2	41117.1	352.9	1863.3	2331.9	1088.9	
41435.7	39570.0	39581.0	352.8	1863.3	289.2	863.6	
3194.2	3194.2	1536.1	0.1		2042.7	225.3	
20686.7	19947.3	13213.1	72.4	739.2	5201.0	2252.4	
20686.7	19947.3	13213.1	72.4	739.2	5201.0	2252.4	
473767.6	473045.7	428331.7	908.5	4983.9	21473.5	11935.6	
119009.5	118788.5	110501.8	82.1	2442.3	3695.7	3220.1	
288478.8	288070.5	262525.2	691.3	2541.6	15471.4	5878.6	
66279.3	66186.7	55304.7	135.1		2306.4	2836.9	
12894698.0	12822686.0	12626782.8	10211.4	11019.4	148976.1	41777.7	1271.2
419465.7	419253.9	405988.7	581.2		5689.9	3871.7	
3999723.3	3967670.5	3821332.4	3500.4	7207.3	121773.2	11478.6	1271.2
2690.2	2690.2	2438.3	7.6		176.5	131.3	
7323111.3	7301880.9	7274052.2	5068.3	3138.8	6154.2	18184.9	
655081.1	655081.1	647926.6	644.8	610.9	5287.3	4155.5	
321737.1	311619.0	313789.3	284.7		3384.9	2555.1	
7279.2	7140.4	5946.3	2.5		932.1	236.3	
165610.1	157350.0	155309.0	121.9	62.4	5578.0	1164.3	
94687.1	94112.7	78575.0	132.1	198.9	5530.9	5691.1	523.6
40302.7	40144.0	32794.8	53.8	198.9	906.7	2875.0	
17986.1	17986.1	16984.2	5.3		422.4	539.9	0.1
6760.9	6760.9	4853.8	3.1		1549.9	474.7	
3579.1	3572.5	1717.4	12.9		784.5	648.4	
3010.6	3010.6	2692.2	3.5		117.7	93.9	
1580.0	1170.9	1213.9	4.1		99.1	286.2	
21467.7	21467.7	18318.7	49.4		1650.6	773.0	523.5
151494.9	151494.9	148961.0	63.0		1487.5	1109.7	
151494.9	151494.9	148961.0	63.0		1487.5	1109.7	
14762213.2	14687434.5	14254959.1	61367.5	17435.0	205947.5	93264.6	901.2
902251.1	901981.4	779650.7	48976.6	266.9	5681.8	25800.9	0.2
6579310.0	6554542.0	6479343.1	6370.1	7739.5	30070.0	30089.9	
1837694.9	1836887.8	1788656.2	2362.7	739.2	5844.6	9459.2	
4741615.1	4717654.2	4690686.9	4007.4	7000.3	24225.4	20630.7	

指标名称	二、期末资产负债					
	流动负债合计	应付账款	负债合计	所有者权益合计	实收资本	个人资本
股份有限公司	352965.0	32815.8	360979.8	345912.8	6036.0	
私营企业	859266.5	109521.8	879861.9	332843.9	252745.4	83365.9
私营独资企业	901.8	717.0	916.7	-25.8	20.0	20.0
私营有限责任公司	823444.5	106993.3	839783.9	331815.7	250175.4	80795.9
私营股份有限公司	34920.2	1811.5	39161.3	1054.0	2550.0	2550.0
外商投资企业	200353.6	31079.5	207633.1	11715.4	7042.6	
外资企业	198087.9	30880.1	205357.8	12555.8	6587.4	
其他外商投资企业	2265.7	199.4	2275.3	-840.4	455.2	
国有控股	4275120.6	389745.0	5382500.9	6918650.5	1776585.6	2584.9
集体控股	54677.2	672.5	54677.2	8620.0	6036.0	
私人控股	1082096.9	141505.7	1130475.9	442589.7	384883.1	95890.9
外商控股	200353.6	31079.5	207633.1	11715.4	7042.6	
独立门店	3968213.4	258924.7	4975981.0	6452749.3	1548477.2	61867.3
连锁总店(总部)	1353.8	989.0	1503.8	1758.9	1000.0	1000.0
连锁直营店	1647.2	91.9	1647.2	1505.4	1127.9	1127.9
其他	1641033.9	302997.1	1796155.1	925562.0	623942.2	34480.6
大型	504335.5	63144.4	519839.8	427781.8	23890.1	
中型	3558957.4	291209.0	4545954.3	6002145.7	1475424.8	15109.0
小型	1372386.8	165790.5	1399916.8	653078.3	543076.9	58448.0
微型	176568.6	42858.8	309576.2	298569.8	132155.5	24918.8
城镇	5608681.9	561046.3	6771720.6	7379637.3	2174472.3	98475.8
其中:城区	5319208.3	430170.5	6480578.0	7255226.4	2078533.7	96930.4
乡村	3566.4	1956.4	3566.5	1938.3	75.0	
二、零售业	864999.3	179549.7	1014561.1	267763.6	290950.9	49871.3
综合零售	289219.3	67993.3	387610.2	-4204.6	83276.5	5315.0
百货零售	187787.4	17631.8	247611.0	-31382.7	43811.5	
超级市场零售	73143.9	39218.6	111070.2	14065.7	34915.0	1115.0
便利店零售	9368.7	4420.4	9368.7	-273.7	550.0	200.0
其他综合零售	18919.3	6722.5	19560.3	13386.1	4000.0	4000.0
食品、饮料及烟草制品专门零售	14616.2	-8221.3	14535.2	4808.8	3700.0	150.0
粮油零售	2542.9	-38.1	2542.9	304.4	500.0	
糕点、面包零售	185.5	82.2	185.5	-10.2		
果品、蔬菜零售	991.0	954.5	991.0	158.8		
肉、禽、蛋、奶及水产品零售	214.6	195.6	214.6	72.0	80.0	
酒、饮料及茶叶零售	3997.1	0.3	3997.1	538.8	300.0	
烟草制品零售	5644.6	-9278.0	5644.7	3191.9	2150.0	50.0
其他食品零售	1040.5	-137.8	959.4	553.1	670.0	100.0
纺织、服装及日用品专门零售	42307.6	3032.8	71268.5	88.9	9339.7	3289.7
服装零售	31344.9	2771.2	60305.8	-5968.9	6100.0	50.0
鞋帽零售	8331.1		8331.1	2393.7	3000.0	3000.0
化妆品及卫生用品零售	2631.6	261.6	2631.6	3664.1	239.7	239.7
文化、体育用品及器材专门零售	11955.9	4976.4	12414.9	4469.1	6048.4	2694.5
文具用品零售	994.4	701.8	994.4	184.6	310.7	
图书、报刊零售	9821.9	4079.8	9821.9	2506.0	3794.5	2694.5
珠宝首饰零售	451.0		910.0	1681.8	1663.2	
乐器零售	688.6	194.8	688.6	96.7	280.0	
医药及医疗器材专门零售	26264.9	11233.3	31821.7	11798.1	13117.0	179.0
西药零售	19252.8	6876.0	19847.8	6299.8	11129.0	100.0
中药零售	7012.1	4357.3	11973.9	5498.3	1988.0	79.0

单位:万元

三、损益及分配							
营业收入		营业成本	税金及附加	其他业务利润	销售费用	管理费用	研发费用
	主营业务收入						
3816539.0	3776072.2	3630077.4	3425.5	5115.6	118105.1	9263.9	377.4
3464113.1	3454838.9	3365887.9	2595.3	4313.0	52090.6	28109.9	523.6
1644.6	1644.6	1541.6	1.6		84.0	41.5	
3397954.9	3388680.7	3300010.2	2548.4	4313.0	51525.5	27595.9	523.6
64513.6	64513.6	64336.1	45.3		481.1	472.5	
202236.5	200532.4	210399.2	171.4	1650.9	1128.5	2285.5	893.8
198781.8	197077.7	207577.3	164.3	1650.9	503.2	1894.2	893.8
3454.7	3454.7	2821.9	7.1		625.3	391.3	
10495908.7	10448720.2	10120617.5	57948.7	8231.0	133145.1	56251.7	377.6
260373.8	250255.7	252720.2	283.6		3245.6	2458.2	
4005930.7	3988458.6	3881621.4	3135.2	9204.0	69556.8	34554.7	523.6
202236.5	200532.4	210399.2	171.4	1650.9	1128.5	2285.5	893.8
6965374.3	6921291.4	6610005.3	55630.7	10755.3	163814.0	69189.8	1795.0
11891.1	11723.9	11015.4	5.2		316.6	342.4	
12848.3	12848.3	10794.7	13.4		925.0	1161.1	
7974336.0	7942103.3	7833542.9	5889.6	8330.6	42020.4	24856.8	
2484504.1	2452508.9	2283722.4	50864.6	6777.8	120224.0	19349.5	1271.2
6151125.9	6132251.1	5924840.2	5745.5	6673.9	47765.0	53608.6	523.7
5253047.2	5244266.7	5192182.5	4264.4	5316.4	36482.5	19789.7	0.1
1075772.5	1058940.2	1064613.2	664.4	317.8	2604.5	2802.3	
14809824.4	14733341.6	14311636.3	61510.3	19085.9	207047.2	95483.8	1795.0
11860169.1	11790414.9	11375140.2	59781.3	19085.9	203630.3	90815.4	1795.0
154625.3	154625.3	153722.0	28.6		28.8	66.3	
1451757.6	1371667.9	1300297.3	3721.1	13165.3	99568.2	57417.9	10.1
280534.5	220728.2	233947.6	1276.2	7247.0	41833.4	15311.4	
75585.9	61670.7	59162.7	988.8	902.9	12907.8	9598.6	
183609.7	137718.6	156588.2	196.4	5433.1	26199.4	3943.9	
17115.3	17115.3	14357.7	51.5		2455.9	593.3	
4223.6	4223.6	3839.0	39.5	911.0	270.3	1175.6	
33071.3	32957.1	30095.9	31.2		1487.8	1270.9	
1995.8	1995.8	1772.8	0.1		105.8	106.4	
181.3	181.3	154.6				37.1	
1315.1	1315.1	1174.3	1.2		3.8	57.4	
1787.0	1787.0	1568.0	4.8		115.3	44.8	
10781.8	10781.8	9386.8	13.2		701.9	518.5	
15415.7	15302.2	14599.9	10.2		469.2	367.2	
1594.6	1593.9	1439.5	1.7		91.8	139.5	
51899.8	44824.5	46468.1	404.6	3047.8	4318.8	5977.1	
37663.6	31235.2	34715.8	373.0	3002.4	2411.9	4843.2	
4208.9	4163.5	3269.2	26.7	45.4	834.6	445.8	
10027.3	9425.8	8483.1	4.9		1072.3	688.1	
6294.6	5921.6	4867.2	105.6	-50.4	874.2	980.5	
1745.1	1745.1	1496.0	3.8		274.1	27.3	
2409.9	2036.9	1314.6	39.1	-50.4	509.7	736.3	
1649.5	1649.5	1454.2	62.0		80.6	60.3	
490.1	490.1	602.4	0.7		9.8	156.6	
51410.8	50930.0	41300.3	98.1	1319.9	7220.2	3211.4	
38852.0	38517.9	32890.3	51.9	1319.9	3627.9	2610.1	
12558.8	12412.1	8410.0	46.2		3592.3	601.3	

9-6 续表 6

指标名称	二、期末资产负债					
	流动负债合计	应付账款	负债合计	所有者权益合计	实收资本	个人资本
汽车、摩托车、零配件和燃料及其他动力销售	382780.8	55865.5	394865.7	206982.1	144354.2	33823.1
汽车新车零售	355729.6	46237.1	363172.8	183132.3	132981.5	29823.1
汽车旧车零售	8443.1	6297.0	8443.1	8978.2	2164.5	
汽车零配件零售	3779.9	688.8	3779.9	1849.8	1000.0	
机动车燃油零售	3418.6	1531.6	8022.8	5618.8	5168.8	4000.0
机动车燃气零售	11409.6	1111.0	11447.1	7403.0	3039.4	
家用电器及电子产品专门零售	61665.1	35804.3	65824.4	30798.9	20467.1	2420.0
日用家电零售	33838.2	24313.1	37261.7	12519.5	8860.3	
计算机、软件及辅助设备零售	17089.2	9263.3	17825.0	11353.1	5123.0	200.0
通信设备零售	8099.4	1170.8	8099.4	4508.9	4742.5	700.0
其他电子产品零售	2638.3	1057.1	2638.3	2417.4	1741.3	1520.0
五金、家具及室内装饰材料专门零售	22891.5	232.5	22862.5	4599.2	7460.0	2000.0
五金零售	18042.8	195.9	17469.9	3777.3	5460.0	
家具零售	4848.7	36.6	5392.6	821.9	2000.0	2000.0
货摊、无店铺及其他零售业	13298.0	8632.9	13358.0	8423.1	3188.0	
互联网零售	1269.3	324.9	1329.3	248.8		
生活用燃料零售	9681.9	6898.5	9681.9	7209.0	2080.0	
其他未列明零售业	2346.8	1409.5	2346.8	965.3	1108.0	
内资企业	859684.5	176290.2	1008467.2	263406.3	287564.9	49871.3
有限责任公司	422187.7	83183.3	513037.2	65571.7	124264.5	14149.0
国有独资公司	7396.2	5724.3	7396.2	1417.9	1000.0	
其他有限责任公司	414791.5	77459.0	505641.0	64153.8	123264.5	14149.0
股份有限公司	41798.5	11068.8	45270.3	1278.8	9200.0	
私营企业	395698.3	82038.1	450159.7	196555.8	154100.4	35722.3
私营独资企业	2189.7	822.5	2189.7	177.5	130.0	130.0
私营有限责任公司	390650.5	80508.4	445108.3	194128.8	152670.4	35592.3
私营股份有限公司	2858.1	707.2	2861.7	2249.5	1300.0	
港、澳、台商投资企业	5314.8	3259.5	6093.9	4357.3	3386.0	
港、澳、台商独资经营企业	5314.8	3259.5	6093.9	4357.3	3386.0	
国有控股	69178.3	21574.7	69274.6	35860.5	25793.8	
集体控股	70241.1	21240.6	115127.2	16738.8	14000.0	4000.0
私人控股	720265.1	133474.9	824065.4	210807.0	247771.1	45871.3
港澳台商控股	5314.8	3259.5	6093.9	4357.3	3386.0	
独立门店	739199.1	122068.5	856588.0	238004.8	255628.3	41678.7
连锁总店(总部)	37101.0	9849.4	42052.5	25950.4	18597.0	7000.0
连锁直营店	34236.5	24021.7	34236.5	−187.7	8050.0	
连锁加盟店	1063.1	11.4	1063.0	118.8	190.0	
其他	53399.6	23598.7	80621.1	3877.3	8485.6	1192.6
大型	48679.0	14745.9	118155.8	12769.7	21050.0	100.0
中型	620530.7	138151.9	684036.7	156862.3	192054.9	27884.7
小型	165008.1	19392.0	174729.2	78596.1	65323.5	15105.4
微型	30781.5	7259.9	37639.4	19535.5	12522.5	6781.2

单位:万元

三、损益及分配							
营业收入	主营业务收入	营业成本	税金及附加	其他业务利润	销售费用	管理费用	研发费用
904494.5	896220.5	835020.8	1558.5	1197.9	35457.9	21134.5	0.1
852456.2	844873.9	789351.5	1217.3	1197.9	33501.8	19780.0	0.1
37573.3	36882.3	33725.9	300.9		1612.9	134.1	
4009.4	4009.4	3561.5	10.0		0.1	593.8	
5625.0	5625.0	4536.3	4.2		341.2	153.7	
4830.6	4829.9	3845.6	26.1		1.9	472.9	
103959.0	100778.2	91137.3	176.8	403.1	7838.8	7391.4	10.0
34956.7	33427.0	30638.5	45.3	403.1	4805.8	2474.3	
32161.1	32161.1	26815.9	73.3		1310.1	3421.4	10.0
31563.0	29911.9	29143.9	15.6		1628.6	999.1	
5278.2	5278.2	4539.0	42.6		94.3	496.6	
9435.5	9125.3	8073.1	23.2		295.5	1205.3	
8669.2	8359.0	7503.1	22.3		209.4	1112.7	
766.3	766.3	570.0	0.9		86.1	92.6	
10657.6	10182.5	9387.0	46.9		241.6	935.4	
1273.8	1273.8	1226.8	2.3		12.0	159.7	
7223.9	7166.2	6396.7	37.6			422.0	
2159.9	1742.5	1763.5	7.0		229.6	353.7	
1409063.2	1330369.8	1262651.0	3663.1	13149.3	95308.0	56642.8	10.1
418934.0	401165.2	369805.7	1961.2	3465.0	34890.8	26346.2	
25196.6	24694.1	23876.4	15.9		328.2	828.1	
393737.4	376471.1	345929.3	1945.3	3465.0	34562.6	25518.1	
59300.2	52407.0	52132.9	131.3	3405.6	6339.1	4221.5	
930829.0	876797.6	840712.4	1570.6	6278.7	54078.1	26075.1	10.1
3690.3	3690.3	3273.7	4.1		69.8	314.4	
912768.7	858775.0	823761.7	1523.9	6241.0	53700.3	25414.9	10.1
14370.0	14332.3	13677.0	42.6	37.7	308.0	345.8	
42694.4	41298.1	37646.3	58.0	16.0	4260.2	775.1	
42694.4	41298.1	37646.3	58.0	16.0	4260.2	775.1	
128585.4	122631.3	119622.2	239.7		6359.9	7495.8	
83718.2	72448.0	66601.3	1063.1	4719.7	8636.4	7419.7	
1196759.6	1135290.5	1076427.5	2360.3	8429.6	80311.7	41727.3	10.1
42694.4	41298.1	37646.3	58.0	16.0	4260.2	775.1	
1298412.7	1221692.9	1170670.6	3110.9	10066.6	80266.1	46400.5	10.1
38106.2	37619.0	30560.8	113.5	2242.3	6023.5	2969.4	
36616.0	36205.1	29510.4	55.1	410.8	7925.8	1699.0	
3801.9	3801.9	3488.9	1.4		230.0	112.1	
74820.8	72349.0	66066.6	440.2	445.6	5122.8	6236.9	
143465.2	135141.6	113894.1	1007.7	5422.3	20884.3	3992.3	
988005.2	920580.3	896646.2	2134.7	6262.9	63318.2	37167.5	10.0
298792.0	295945.2	270931.6	509.4	561.5	13872.4	13117.2	
21495.2	20000.8	18825.4	69.3	918.6	1493.3	3140.9	0.1

9-6 续表 7

指标名称	二、期末资产负债					
	流动负债合计	应付账款	负债合计	所有者权益合计	实收资本	个人资本
有店铺零售	688398.3	150969.1	831349.4	302385.2	258467.8	48115.6
便利店	34123.7	12016.7	34790.0	10827.5	7190.0	4000.0
超市	68323.5	37402.0	106224.5	17751.5	33531.0	1445.0
仓储会员店						
百货店	67565.5	7972.5	123286.1	28388.0	24448.6	
购物中心	11125.3	1969.9	36467.6	−7358.0	1000.0	
专业店	161570.6	47784.7	175804.4	70230.9	59887.9	12978.7
品牌专卖店	338766.4	43430.6	347853.5	181339.3	131110.3	29591.9
集合店	6923.3	392.7	6923.3	1206.0	1300.0	100.0
无店铺零售	176601.0	28580.6	183211.7	−34621.6	32483.1	1755.7
网络零售	139711.2	10295.8	147272.8	−58286.8	23076.9	
其他	36889.8	18284.8	35938.9	23665.2	9406.2	1755.7
有店铺零售	826479.5	160619.6	976933.6	243920.2	281624.7	48115.6
便利店	42519.0	17012.0	43222.5	10473.9	7590.0	4200.0
超市	250019.9	61775.8	295435.3	−30473.3	72183.2	1445.0
折扣店	165.4		265.4	86.6		
仓储会员店						
百货店	210972.9	21337.4	274233.7	−29293.4	49015.5	4.0
购物中心	14828.4	4119.0	40170.7	−6669.2	2080.0	
专业店	167117.3	48473.4	181351.1	72792.2	60227.9	13278.7
品牌专卖店	344274.0	43730.9	353361.1	183384.7	132992.8	30191.9
集合店	6923.3	392.7	6923.3	1206.0	1300.0	100.0
无店铺零售	177586.8	28151.6	184197.5	−33836.4	33083.1	2355.7
网络零售	140406.2	9782.9	147967.8	−57552.8	23676.9	600.0
其他	37755.9	18884.7	36803.6	23717.8	9406.2	1755.7
城镇	176815.2	27956.2	183425.9	−33758.9	33083.1	2355.7
其中:城区	176500.2	27926.6	183110.9	−34245.9	32613.1	2355.7
乡村	771.6	195.4	771.6	−77.5		
港商投资	5314.8	3259.5	6093.9	4357.3	3386.0	
澳商投资	893.0	585.5	893.0	753.5	1286.0	
台投资商	893.0	585.5	893.0	753.5	1286.0	
三、批发业按地区分组	5612248.3	563002.7	6775287.1	7381575.6	2174547.3	98475.8
城东区	895805.8	174293.7	922544.8	343120.3	149058.6	52880.6
城中区	507499.1	66303.3	630701.1	625382.3	352504.1	4318.0
城西区	330990.7	69135.3	349052.6	310550.5	48704.9	4453.6
城北区	3585595.0	120696.8	4578961.8	5976359.7	1528629.5	35641.6
湟中区	165453.8	15434.8	167123.0	110678.9	83219.2	882.0
大通回族土族自治县	124237.4	114702.5	124237.3	13550.3	12300.0	300.0
湟源县	2666.5	2436.3	2666.5	1933.6	131.0	
四、零售业按地区分组	864999.3	179549.7	1014561.1	267763.6	290950.9	49871.3
城东区	251318.7	46178.9	261683.3	121635.5	77849.0	22387.9
城中区	200281.8	31976.0	287219.4	117956.9	105646.4	15087.0
城西区	298574.7	59683.6	344601.3	−32252.3	68703.0	4800.2
城北区	102628.3	39012.6	103733.2	57992.5	34976.5	5296.2
湟中区	4989.1	125.2	5533.0	826.8	2000.0	2000.0
大通回族土族自治县	5905.1	2530.1	5885.1	1525.7	1776.0	300.0
湟源县	1301.6	43.3	5905.8	78.5		

单位:万元

三、损益及分配							
营业收入		营业成本	税金及附加	其他业务利润	销售费用	管理费用	研发费用
	主营业务收入						
1378956.7	1302311.6	1238020.2	3526.8	13165.3	92910.9	50928.8	0.1
30619.2	29390.8	25396.3	86.9	1321.8	5193.3	1900.3	
186872.1	141718.6	160673.1	221.2	5038.3	24802.3	4109.2	
326.7		249.0	1.5		121.2	2.6	
74371.2	56812.3	59878.1	1012.6	3881.7	7819.7	12090.3	
10653.7	10653.7	10900.1	300.2		872.5	581.8	
273402.0	267469.3	239026.1	760.4	1725.6	22819.7	12009.8	
788692.2	782328.2	728974.1	1133.9	1141.2	31078.5	19796.8	0.1
14019.6	13938.7	12923.4	10.1	56.7	203.7	438.0	
72800.9	69356.3	62277.1	194.3		6657.3	6489.1	10.0
12474.8	9690.1	10553.6	22.7		3922.6	1000.3	
60326.1	59666.2	51723.5	171.6		2734.7	5488.8	10.0
1391629.2	1312199.4	1248622.2	3552.0	13165.3	96936.1	51760.4	0.1
46956.0	45727.6	38968.2	138.2	1321.8	7659.8	2524.4	
237028.9	184013.2	203002.4	336.6	5449.1	36897.4	9304.7	
3474.8	3474.8	3037.3	3.7		2.2	459.5	
326.7		249.0	1.5		121.2	2.6	
104416.1	84072.5	84577.8	1056.1	3897.7	15684.2	13162.1	
18785.6	18785.6	17618.5	307.5		2291.5	732.2	
289406.8	282464.7	253355.1	777.5	1725.6	23771.3	12388.6	
809259.9	802078.4	746810.4	1152.8	1141.2	32374.5	20757.2	0.1
14019.6	13938.7	12923.4	10.1	56.7	203.7	438.0	
81445.8	78001.2	70153.4	202.0		6974.6	6887.8	10.0
19595.1	16810.4	16985.7	27.0		4239.9	1355.6	
62166.2	61506.3	53460.5	175.0		2735.4	5586.0	10.0
81241.2	77796.6	69968.5	202.0		6966.0	6828.7	10.0
81148.2	77703.6	69890.4	201.7		6956.3	6786.2	10.0
204.6	204.6	184.9			8.6	59.1	
42694.4	41298.1	37646.3	58.0	16.0	4260.2	775.1	
9888.6	9888.6	7979.4	18.4	16.0	2380.8		
9888.6	9888.6	7979.4	18.4	16.0	2380.8		
14964449.7	14887966.9	14465358.3	61538.9	19085.9	207076.0	95550.1	1795.0
4554814.3	4547371.2	4471534.4	3418.3	615.0	59877.8	14407.7	901.0
2402442.1	2394197.0	2244974.8	49120.1	2604.1	21770.4	13156.3	
938041.6	928103.6	878124.2	1825.1	2322.3	10639.4	25138.0	894.0
3965349.7	3921221.7	3780925.0	5417.9	13544.5	111353.9	38151.3	
1330673.7	1330462.7	1317582.4	1084.5		3375.2	2940.6	
1733103.8	1726586.2	1733067.1	664.1		56.7	1704.2	
40024.5	40024.5	39150.4	8.9		2.6	52.0	
1451757.6	1371667.9	1300297.3	3721.1	13165.3	99568.2	57417.9	10.1
602258.9	596253.2	550402.4	857.9	939.1	28644.0	15696.1	
356207.0	339774.1	309825.8	1534.0	6563.0	31412.3	15960.6	0.1
268177.5	212469.3	238178.2	696.6	3466.3	25504.6	17575.7	10.0
209098.3	207506.2	188677.5	622.8	2196.9	12194.0	7463.7	
1639.5	1639.5	1395.4	1.3		86.1	135.0	
11637.2	11286.4	9867.1	6.9		1612.8	463.7	
2739.2	2739.2	1950.9	1.6		114.4	123.1	

9-6 续表 8

指标名称	三、损益及分配				
	财务费用			投资收益	营业利润
		利息收入	利息费用		
总计	179117.8	18847.9	49054.4	439621.4	1105665.2
一、批发业	158150.7	18082.1	33726.7	438326.9	1121978.2
农、林、牧、渔产品批发	951.7	-161.8	1118.1		-959.9
谷物、豆及薯类批发	130.6		130.6		-249.6
牲畜批发	30.3	2.3	32.6		-618.3
其他农牧产品批发	790.8	-164.1	954.9		-92.0
食品、饮料及烟草制品批发	-13219.3	14092.0	1011.6	9880.5	76466.7
米、面制品及食用油批发	16.5	6.5	17.0		-163.0
糕点、糖果及糖批发	32.8	0.3	3.0		-7.4
果品、蔬菜批发	0.6	2.4	1.7		-35.6
肉、禽、蛋、奶及水产品批发	297.9	-0.6	90.5		-339.1
盐及调味品批发	1.4	0.5	1.9		-38.0
营养和保健品批发	61.7	1.5	56.0		-246.6
酒、饮料及茶叶批发	191.6	204.0	350.0	123.7	12018.8
烟草制品批发	-13821.8	13877.4	491.5	9756.8	65755.1
其他食品批发					-477.5
纺织、服装及家庭用品批发	1884.2	1619.0	3382.4	3000.0	865.5
纺织品、针织品及原料批发	1487.7	1619.0	2985.9	3000.0	1871.9
厨具卫具及日用杂品批发	396.5		396.5		-1006.4
文化、体育用品及器材批发	-248.5	248.5		1201.9	790.6
图书批发	-248.5	248.5		1201.9	790.6
医药及医疗器材批发	8899.2	231.1	8374.0	-706.6	4865.6
西药批发	3979.8	18.0	3931.5	-12.1	-2555.5
中药批发	4221.6	207.8	4101.2	-687.6	3297.0
医疗用品及器材批发	697.8	5.3	341.3	-6.9	4124.1
矿产品、建材及化工产品批发	158437.7	1816.8	18407.3	424247.2	1036770.4
煤炭及制品批发	731.4	212.1	1070.8	39365.7	42127.8
石油及制品批发	-2972.5	-1369.1	1147.6	-386.1	913447.4
非金属矿及制品批发	12.6	0.8	11.8		-76.0
金属及金属矿批发	157487.9	2962.2	14631.1	376410.7	78307.1
建材批发	1533.7	17.1	1394.3	8856.9	2747.5
化肥批发	1450.5	-3.0	-0.2		286.1
农药批发	132.0	0.3	131.1		30.0
其他化工产品批发	62.1	-3.6	20.8		-99.5
机械设备、五金产品及电子产品批发	1609.0	41.9	1402.4	703.9	3142.2
农业机械批发	1436.6	37.4	1356.4	703.9	2760.1
汽车及零配件批发	63.5	0.4	42.1		-28.6
五金产品批发	55.3				-176.0
电气设备批发	26.5	1.4	0.7		381.4
计算机、软件及辅助设备批发	23.2				80.2
通讯设备批发	-1.8	2.2	0.4		-21.5
其他机械设备及电子产品批发	5.7	0.5	2.8		146.6
其他批发业	-163.3	194.6	30.9		37.1
其他未列明批发业	-163.3	194.6	30.9		37.1
内资企业	161064.4	21229.2	33726.7	438851.9	1131181.4
国有企业	-13839.9	13928.8	500.9	9756.8	65785.3
有限责任公司	167873.3	4822.2	28461.5	414849.7	116945.4
国有独资公司	108321.3	369.5	4451.4	294021.2	54995.4
其他有限责任公司	59552.0	4452.7	24010.1	120828.5	61950.0

单位:万元

				四、人工成本及增值税		五、从事批发和零售业活动的从业人员平均人数（人）
营业外收入	营业外支出	利润总额	所得税费用	应付职工薪酬（本年贷方累计发生额）	应交增值税	
58813.4	85417.0	1079343.8	329308.5	196863.3	107515.5	23756
54164.3	84323.9	1091789.0	325852.7	124552.0	83264.7	10952
969.7	31.5	−21.7	2.1	530.3	89.3	73
	9.0	−258.6	0.1	39.6	11.0	9
714.0	16.9	78.8	2.0	295.0	3.9	54
255.7	5.6	158.1		195.7	74.4	10
378.9	996.7	75848.9	13785.8	23859.7	20276.0	2202
43.9	5.8	−124.9	7.5	372.8	83.9	56
1.2	0.7	−6.9		158.8	38.0	28
2.1	15.0	−48.5	13.0	382.3	52.9	49
236.9	12.9	−115.1	19.8	615.1	73.8	188
		−38.0	−16.4	339.5	56.6	31
1.0	0.1	−245.7		209.8	60.3	20
88.1	406.0	11700.9	3173.7	6224.3	3409.5	1476
3.6	556.2	65202.5	10587.3	15445.6	16445.5	334
2.1		−475.4	0.9	111.5	55.5	20
378.4	5.2	1238.7	395.2	814.7	3361.3	81
272.7	5.2	2139.4	395.2	693.4	3349.9	51
105.7		−900.7		121.3	11.4	30
747.8	2.1	1536.3		5445.4	64.4	319
747.8	2.1	1536.3		5445.4	64.4	319
475.1	5408.6	−67.9	2088.7	13199.7	6057.1	1970
247.7	5272.5	−7580.3	61.7	3460.2	701.9	743
204.8	122.6	3379.2	1037.6	7324.1	3218.1	957
22.6	13.5	4133.2	989.4	2415.4	2137.1	270
50726.8	77694.7	1009773.0	309469.2	75937.3	52279.5	5732
243.1	90.0	42280.9	696.5	1777.0	5710.9	147
48509.6	56129.1	905827.8	305149.7	63344.7	24884.4	4608
	3.1	−79.1	0.5	98.9	130.4	15
1277.4	21207.1	58348.0	2982.8	6096.5	18860.5	421
33.4	183.2	2597.7	−458.2	2408.5	1544.2	253
556.2	67.2	775.1	186.1	254.0	550.1	150
1.8	5.0	26.8	0.6	554.4	7.7	23
105.3	10.0	−4.2	911.2	1403.3	591.3	115
174.3	117.5	3198.9	101.7	3638.8	963.1	459
11.4	78.1	2693.3	23.8	1614.9	191.7	140
16.8	4.7	−16.5	1.5	252.5	35.6	59
64.0	34.5	−146.5	5.5	12.2		26
6.6		388.0	17.7	310.6	196.1	68
2.0		82.2	2.3	120.7	47.0	18
23.4	0.2	1.7	0.6	146.6	33.8	20
50.1		196.7	50.3	1181.3	458.9	128
313.3	67.6	282.8	10.0	1126.1	174.0	116
313.3	67.6	282.8	10.0	1126.1	174.0	116
53938.0	84297.2	1100792.7	325715.1	116392.2	83161.3	10215
3.6	556.2	65232.7	10587.2	15809.8	17494.3	374
2408.7	26733.4	92591.3	5942.3	25409.3	24585.2	2132
1120.5	21181.9	34934.0	2074.0	8179.8	7180.1	465
1288.2	5551.5	57657.3	3868.3	17229.5	17405.1	1667

9-6　续表 9

指 标 名 称	三、损益及分配				
	财务费用	利息收入	利息费用	投资收益	营业利润
股份有限公司	749.8	1774.4	728.2		923560.6
私营企业	6281.2	703.8	4036.1	14245.4	24890.1
私营独资企业	3.7	0.2	3.5		-27.9
私营有限责任公司	5674.5	697.7	3592.3	14245.4	26342.5
私营股份有限公司	603.0	5.9	440.3		-1424.5
外商投资企业	-2913.7	-3147.1		-525.0	-9203.2
外资企业	-2914.3	-3147.1		-525.0	-8811.6
其他外商投资企业	0.6				-391.6
国有控股	148050.7	20499.5	24513.1	385290.7	1073942.4
集体控股	1453.1				230.7
私人控股	11560.6	729.7	9213.6	53561.2	57008.3
外商控股	-2913.7	-3147.1		-525.0	-9203.2
独立门店	139609.7	13302.9	16703.7	375438.0	1008207.7
连锁总店(总部)	35.5		31.1		176.1
连锁直营店	51.7				2.2
其他	18453.8	4779.2	16991.9	62888.9	113592.2
大型	-4015.4	-1392.8	746.2	-310.5	882790.5
中型	142613.8	17663.5	14484.0	378230.9	195897.7
小型	11763.1	1798.0	11096.7	24157.9	14590.9
微型	7789.2	13.4	7399.8	36248.6	28699.1
城镇	158105.7	18081.5	33709.7	438326.9	1121241.4
其中:城区	160646.7	15000.9	33661.7	429988.0	1106282.4
乡村	45.0	0.6	17.0		736.8
二、零售业	20967.1	765.8	15327.7	1294.5	-16313.0
综合零售	9890.7	-64.3	8948.7	-152.8	-13089.1
百货零售	6802.7	-74.3	6156.9	-152.8	-7097.3
超级市场零售	3028.7	-48.1	2746.8		-5392.3
便利店零售	69.0	0.2			-419.0
其他综合零售	-9.7	57.9	45.0		-180.5
食品、饮料及烟草制品专门零售	71.2	82.8	80.0		305.6
粮油零售	4.2		1.3		6.5
糕点、面包零售					
果品、蔬菜零售			-0.1		78.4
肉、禽、蛋、奶及水产品零售	-0.1	-0.2	-0.3		54.2
酒、饮料及茶叶零售	139.6	2.1	77.2		201.9
烟草制品零售	-72.3	80.4	2.3		41.5
其他食品零售	-0.2	0.5	-0.4		-76.9
纺织、服装及日用品专门零售	2367.7	15.7	2211.3	43.6	-4423.1
服装零售	2214.5	14.7	2073.5	43.6	-3824.7
鞋帽零售	48.3	0.5	39.5		-415.7
化妆品及卫生用品零售	104.9	0.5	98.3		-182.7
文化、体育用品及器材专门零售	25.5	0.7	0.7		-807.4
文具用品零售	16.0				-70.6
图书、报刊零售	5.4	0.7			-445.7
珠宝首饰零售	3.4				-11.0
乐器零售	0.7		0.7		-280.1
医药及医疗器材专门零售	650.9	81.9	78.5	-1.3	-1263.4
西药零售	274.6	85.5	40.8	-1.3	-797.0
中药零售	376.3	-3.6	37.7		-466.4

单位:万元

营业外收入	营业外支出	利润总额	所得税费用	四、人工成本及增值税		五、从事批发和零售业活动的从业人员平均人数（人）
				应付职工薪酬（本年贷方累计发生额）	应交增值税	
48570.3	56048.5	916082.4	305195.2	52707.9	24574.3	3785
2955.4	959.1	26886.3	3990.4	22465.2	16507.5	3924
0.7		-27.2	0.4	32.0	5.3	5
2152.3	942.2	27552.5	3988.0	22088.4	16415.4	3863
802.4	16.9	-639.0	2.0	344.8	86.8	56
226.3	26.7	-9003.7	137.6	8159.8	103.4	737
202.6	26.7	-8635.8	137.2	7636.1		677
23.7		-367.9	0.4	523.7	103.4	60
49876.5	78039.8	1045779.1	320680.2	86102.3	63893.1	5245
552.7	66.3	717.1	183.2	158.3	540.2	137
3508.8	6191.1	54296.5	4851.7	30131.6	18728.0	4833
226.3	26.7	-9003.7	137.6	8159.8	103.4	737
51170.7	83739.1	975639.1	320258.0	104911.1	50035.4	8740
1.0		177.1	6.5	261.6	80.9	61
8.4		10.6	2.7	1030.5	224.5	153
2984.2	584.8	115962.2	5585.5	18348.8	32923.9	1998
48221.9	56418.3	874594.0	312237.7	77478.9	29829.8	4870
2139.1	27555.5	170481.3	8397.5	31447.5	24864.3	3125
3176.9	230.8	17536.9	4046.5	13988.0	23454.5	2690
626.4	119.3	29176.8	1171.0	1637.6	5116.1	267
54164.3	84323.9	1091052.2	325851.2	124508.6	83114.0	10939
53984.3	84172.9	1076064.3	323922.6	122269.7	78060.2	10736
		736.8	1.5	43.4	150.7	13
4649.1	1093.1	-12445.2	3455.8	72311.3	24250.8	12804
1259.0	279.8	-12109.9	435.3	24127.7	6371.6	5061
691.2	104.5	-6510.6	437.4	10402.3	2769.3	1780
438.2	162.8	-5116.9	-4.9	12317.1	3481.5	2977
129.3	1.3	-291.0	2.5	1102.2	56.1	275
0.3	11.2	-191.4	0.3	306.1	64.7	29
17.9	14.9	298.2	23.6	1273.7	799.3	162
0.9		7.4		11.0	0.4	20
0.2		-10.2		21.6		16
0.1		78.5	2.3	19.6	18.3	3
4.5	4.5	54.2	0.3	129.5	27.5	11
8.2	10.4	199.7	13.6	755.8	629.9	36
0.8		42.3	7.4	278.0	104.5	46
3.2		-73.7		58.2	18.7	30
108.0	17.7	-4332.8	5.9	4711.8	1144.9	740
46.7	12.8	-3790.8	5.8	3139.3	977.6	358
20.6		-395.1		840.1	114.8	165
40.7	4.9	-146.9	0.1	732.4	52.5	217
45.1	55.2	-817.5	1.0	821.2	77.7	187
0.9		-69.7		0.3		25
38.5	53.1	-460.3	-0.1	648.2	15.3	132
5.0	2.1	-8.1	1.1	77.3	62.0	14
0.7		-279.4		95.4	0.4	16
413.0	99.1	-906.5	6.1	4955.0	819.0	1081
362.4	85.3	-476.9	3.5	3121.1	432.2	683
50.6	13.8	-429.6	2.6	1833.9	386.8	398

9-6　续表 10

指标名称	三、损益及分配				
	财务费用			投资收益	营业利润
		利息收入	利息费用		
汽车、摩托车、零配件和燃料及其他动力销售	7304.3	513.7	3568.8	1215.7	5531.3
汽车新车零售	7183.2	554.4	3377.0	561.3	2800.7
汽车旧车零售	200.9	1.8	190.7		1595.8
汽车零配件零售	4.4	0.1	0.1		−239.2
机动车燃油零售	8.4	0.5	1.0		142.5
机动车燃气零售	−92.6	−43.1		654.4	1231.5
家用电器及电子产品专门零售	65.6	467.6	18.0	0.1	−2055.0
日用家电零售	17.6	451.5	3.5		−2464.7
计算机、软件及辅助设备零售	0.2	14.2	10.0		541.3
通信设备零售	46.4	0.7	3.5	0.1	−271.1
其他电子产品零售	1.4	1.2	1.0		139.5
五金、家具及室内装饰材料专门零售	906.0		402.8		−1067.7
五金零售	501.6				−680.0
家具零售	404.4		402.8		−387.7
货摊、无店铺及其他零售业	−314.8	−332.3	18.9	189.2	555.8
互联网零售	−15.2	15.5	−0.1		−111.9
生活用燃料零售	−347.0	−348.0	1.0	189.2	909.2
其他未列明零售业	47.4	0.2	18.0		−241.5
内资企业	20880.2	752.0	15262.0	1294.5	−16196.9
有限责任公司	11858.0	283.5	9786.4	859.2	−15547.4
国有独资公司	134.4	8.0	142.4		29.0
其他有限责任公司	11723.6	275.5	9644.0	859.2	−15576.4
股份有限公司	411.7	3.6	357.9		−933.1
私营企业	8610.5	464.9	5117.7	435.3	283.6
私营独资企业	15.3		13.6		23.5
私营有限责任公司	8577.3	467.1	5093.7	435.3	258.1
私营股份有限公司	17.9	−2.2	10.4		2.0
港、澳、台商投资企业	86.9	13.8	65.7		−116.1
港、澳、台商独资经营企业	86.9	13.8	65.7		−116.1
国有控股	737.3	−355.1	292.4	422.0	2296.6
集体控股	2037.5	447.2	2330.4	−152.8	1713.0
私人控股	18105.4	659.9	12639.2	1025.3	−20206.5
港澳台商控股	86.9	13.8	65.7		−116.1
独立门店	18412.3	269.3	13107.5	1250.9	−7674.4
连锁总店（总部）	420.7	53.8	94.8		−1263.8
连锁直营店	104.5	−11.2	71.1		−2668.1
连锁加盟店	4.5	−2.2			−35.1
其他	2025.1	456.1	2054.3	43.6	−4671.6
大型	4452.1	13.0	4226.2	−152.8	−653.1
中型	14113.7	−51.7	10050.7	748.4	−13163.9
小型	2233.2	623.5	966.4	655.3	−819.4
微型	168.1	181.0	84.4	43.6	−1676.6

单位:万元

				四、人工成本及增值税		五、从事批发和零售业活动的从业人员平均人数（人）
营业外收入	营业外支出	利润总额	所得税费用	应付职工薪酬（本年贷方累计发生额）	应交增值税	
1830.1	421.2	7219.3	2247.3	28834.0	13073.6	4551
1399.3	411.6	4067.5	1823.0	27282.2	12150.0	4265
398.1	9.4	1984.5	270.2	680.7	580.5	107
0.1	0.1	–239.2	–4.6	405.4	45.1	61
19.7		162.2	2.5	244.2	60.8	53
12.9	0.1	1244.3	156.2	221.5	237.2	65
105.5	158.3	–2107.8	439.4	5837.5	1121.4	777
13.0	–40.3	–2411.4	281.9	974.0	241.1	255
43.4	192.8	391.9	147.3	3581.4	639.2	203
40.8	0.5	–230.8	7.0	940.9	135.0	263
8.3	5.3	142.5	3.2	341.2	106.1	56
49.8	16.2	–1034.1	0.2	554.1	141.2	85
15.5	16.2	–680.7	0.2	469.6	117.5	74
34.3		–353.4		84.5	23.7	11
820.7	30.7	1345.9	297.0	1196.3	702.1	160
44.2	17.3	–85.0	1.5	106.5	21.4	28
771.2	13.4	1667.0	293.4	817.5	652.7	92
5.3		–236.1	2.1	272.3	28.0	40
4562.6	1075.1	–12397.6	3343.4	70570.0	23935.6	12480
2128.0	302.2	–13678.6	1522.0	30320.6	11201.4	4515
2.0	1.0	30.0		843.3	334.0	125
2126.0	301.2	–13708.6	1522.0	29477.3	10867.4	4390
182.1	144.5	–895.5	5.7	4414.0	780.9	898
2252.5	628.4	2176.5	1815.7	35835.4	11953.3	7067
2.4		15.5	3.2	177.5	35.2	69
2244.4	628.4	2153.3	1811.8	35184.7	11450.5	6928
5.7		7.7	0.7	473.2	467.6	70
86.5	18.0	–47.6	112.4	1741.3	315.2	324
86.5	18.0	–47.6	112.4	1741.3	315.2	324
804.4	74.0	3027.0	606.1	8593.5	4534.1	1154
189.2	190.3	1711.9	654.6	8563.9	2324.6	1286
3569.0	810.8	–17136.5	2082.7	53412.6	17076.9	10040
86.5	18.0	–47.6	112.4	1741.3	315.2	324
3937.3	803.7	–4272.1	3144.4	60161.2	21394.7	10255
422.3	103.2	–901.7	1.3	4486.9	580.1	832
197.1	137.6	–2608.6		2891.2	342.0	824
0.4		–34.7		222.1		29
92.0	48.6	–4628.1	310.1	4549.9	1934.0	864
216.6	187.5	–624.0	362.3	11306.9	3844.9	2309
3851.9	796.5	–9829.5	2532.9	48056.4	15819.3	8052
516.2	65.5	–335.9	550.6	12177.2	4036.4	2283
64.4	43.6	–1655.8	10.0	770.8	550.2	160

9-6 续表 11

指 标 名 称	三、损益及分配				
	财务费用			投资收益	营业利润
		利息收入	利息费用		
有店铺零售	16784.1	1075.0	11327.4	1105.3	-9919.1
便利店	58.1	58.7	96.9		-1094.4
超市	3040.5	-48.6	2695.3		-5010.9
仓储会员店					-47.6
百货店	2730.6	-72.2	2563.0	-152.8	546.6
购物中心	1912.0	8.4	1852.2		-3892.1
专业店	2073.6	550.5	779.6	699.3	-3003.3
品牌专卖店	6943.1	576.0	3340.4	558.8	2587.5
集合店	26.2	2.2			-4.9
无店铺零售	4183.0	-309.2	4000.3	189.2	-6393.9
网络零售	4303.0	19.8	3815.1		-7277.9
其他	-120.0	-329.0	185.2	189.2	884.0
有店铺零售	21102.1	1079.0	15142.3	1105.3	-16999.2
便利店	111.9	58.9	96.9		-1487.5
超市	7370.1	-176.1	6562.1		-12004.9
折扣店	18.0				-46.1
仓储会员店					-47.6
百货店	7092.1	-67.8	6379.7	-152.8	-7339.7
购物中心	1932.2	9.0	1872.9		-4075.5
专业店	2089.1	556.0	779.6	699.3	-2969.6
品牌专卖店	7025.6	576.3	3343.7	558.8	2960.5
集合店	26.2	2.2			-4.9
无店铺零售	4189.1	-309.2	4003.5	189.2	-6355.6
网络零售	4309.0	19.8	3818.3		-7272.9
其他	-119.8	-328.9	185.2	189.2	885.6
城镇	4204.6	-324.7	4003.5	189.2	-6323.1
其中:城区	4204.3	-324.7	4003.5	189.2	-6285.3
乡村	-15.5	15.5			-32.5
港商投资	86.9	13.8	65.7		-116.1
澳商投资	24.2				-498.2
台投资商	24.2				-498.2
三、批发业按地区分组	158150.7	18082.1	33726.7	438326.9	1121978.2
城东区	7921.5	142.3	7154.4	20307.5	892198.2
城中区	9130.3	1557.7	9100.6	41100.5	103370.6
城西区	-15858.3	11240.0	1206.3	9265.8	44676.6
城北区	159453.0	2061.1	16200.4	359314.2	66048.4
湟中区	376.7	171.3	61.2	8338.9	14386.5
大通回族土族自治县	-2900.8	2909.6	3.8		512.9
湟源县	28.3	0.1			785.0
四、零售业按地区分组	20967.1	765.8	15327.7	1294.5	-16313.0
城东区	4468.1	331.6	2196.7	961.4	2935.4
城中区	7116.5	7.6	5597.4	-132.6	-2334.8
城西区	7701.7	519.9	6566.1	43.7	-17964.4
城北区	1259.0	-110.3	538.5	422.0	1655.4
湟中区	404.5		402.8		-382.9
大通回族土族自治县	16.8	16.5	25.2		-330.4
湟源县	0.5	0.5	1.0		108.7

单位:万元

				四、人工成本及增值税		五、从事批发和零售业活动的从业人员平均人数（人）
营业外收入	营业外支出	利润总额	所得税费用	应付职工薪酬（本年贷方累计发生额）	应交增值税	
3639.5	848.4	–6816.2	3014.0	64477.5	22220.3	11789
176.5	152.3	–1080.6	1.4	2984.9	354.6	708
395.7	21.4	–4636.6	–1.9	11531.3	3505.1	2784
1.0	7.3	–53.9			15.6	
613.0	98.0	1061.6	443.1	9479.0	2672.8	1362
7.5	6.9	–3891.5		677.4	541.3	82
1211.3	165.5	–1914.4	942.1	13483.8	3128.3	2668
1230.8	393.3	3704.1	1623.3	25933.6	11963.2	4093
3.7	3.7	–4.9	6.0	387.5	39.4	92
1009.6	244.7	–5629.0	441.8	7833.8	2030.5	1015
134.7	26.3	–7169.5	1.5	2117.9	147.2	430
874.9	218.4	1540.5	440.3	5715.9	1883.3	585
3734.5	861.9	–13814.8	3014.3	66548.8	22373.1	12190
305.5	152.4	–1344.8	3.9	4175.4	410.7	1028
668.6	189.4	–11525.7	106.1	18972.4	4662.1	4301
13.0		–33.1		166.4	61.6	25
1.0	7.3	–53.9			15.6	
707.6	110.4	–6742.5	445.6	13122.5	3145.2	2192
19.5	11.4	–4067.4	0.3	1615.7	590.6	304
1233.2	218.6	–1633.0	1016.1	14118.1	3265.3	2795
1261.0	408.5	4092.1	1637.2	26885.9	12203.6	4244
3.7	3.7	–4.9	6.0	387.5	39.4	92
1013.8	244.7	–5586.5	442.3	7887.9	2208.9	1068
138.9	26.3	–7160.3	1.8	2138.5	207.2	473
874.9	218.4	1542.1	440.5	5819.0	2002.2	607
982.8	241.7	–5582.0	442.2	7842.5	2204.4	1058
980.8	241.7	–5546.2	442.2	7835.9	2197.6	1052
31.0	3.0	–4.5	0.1	45.4	4.5	10
86.5	18.0	–47.6	112.4	1741.3	315.2	324
0.2	3.4	–501.4		916.4	189.9	231
0.2	3.4	–501.4		916.4	189.9	231
54164.3	84323.9	1091789.0	325852.7	124552.0	83264.7	10952
46623.9	54066.3	884726.4	307861.5	21816.1	20803.2	2279
1160.1	82.3	104448.4	5247.8	20781.4	20721.5	805
499.9	730.3	44446.1	7497.2	15403.8	9834.8	2310
5700.4	29294.0	42454.8	3316.1	64295.8	26701.7	5349
174.2	137.0	14423.6	1833.6	1142.4	3818.0	135
5.8	11.1	507.6	95.6	1098.2	1284.5	65
	2.9	782.1	0.9	14.3	101.0	9
4649.1	1093.1	–12445.2	3455.8	72311.3	24250.8	12804
695.3	279.5	3663.0	1217.8	23460.1	10278.0	3943
984.6	365.6	–1715.8	812.7	20051.7	4751.8	3904
906.5	274.8	–17332.7	467.2	17867.5	3725.3	2845
1959.9	162.9	3452.4	955.2	9702.0	5285.3	1785
34.3		–348.6		118.0	113.2	20
48.8	10.3	–291.9	1.4	1027.4	72.3	290
19.7		128.4	1.5	84.6	24.9	17

9-7 限额以上住宿和餐饮业

指标名称	法人企业数（个）	执行《2006年企业会计准则》企业数(个)	一、年初存货	二、期末资产负债		
				流动资产合计	应收账款	存货
总计	96	40	5574.4	158311.2	31447.9	6475.8
一、住宿业	65	28	3816.9	131263.2	27235.0	4951.2
旅游饭店	43	21	3199.8	113910.7	23931.3	4665.6
旅游饭店	43	21	3199.8	113910.7	23931.3	4665.6
一般旅馆	22	7	617.1	17352.5	3303.7	285.6
经济型连锁酒店	6	2	26.2	4634.5	2391.3	12.0
其他一般旅馆	16	5	590.9	12718.0	912.4	273.6
内资企业	64	27	3773.5	121655.8	26968.7	4913.3
国有企业	5	4	674.4	10539.0	1389.9	806.4
股份合作企业	2			1918.9	1388.3	
有限责任公司	14	8	615.2	23838.4	3243.3	2269.5
国有独资公司	2	2	117.0	3897.2	318.0	99.5
其他有限责任公司	12	6	498.2	19941.2	2925.3	2170.0
股份有限公司	1		16.0	302.0	69.4	6.2
私营企业	42	15	2467.9	85057.5	20877.8	1831.2
私营有限责任公司	41	15	2417.6	81918.6	20809.4	1772.0
私营股份有限公司	1		50.3	3138.9	68.4	59.2
外商投资企业	1	1	43.4	9607.4	266.3	37.9
外资企业	1	1	43.4	9607.4	266.3	37.9
国有控股	11	8	1080.4	24826.9	2522.3	1204.1
集体控股	2			963.3	382.5	
私人控股	51	19	2693.1	95865.6	24063.9	3709.2
外商控股	1	1	43.4	9607.4	266.3	37.9
中型	3	3	632.7	9600.7	1294.4	774.5
小型	52	21	2708.4	113798.1	25278.6	4041.4
微型	10	4	475.8	7864.4	662.0	135.3
城镇	65	28	3816.9	131263.2	27235.0	4951.2
其中:城区	64	28	3816.9	130962.1	27197.9	4951.2

法人企业财务状况(2022年)

单位:万元

固定资产原价			累计折旧		固定资产净额	在建工程	无形资产	土地使用权	资产总计
	房屋和构筑物	机器设备		本年折旧					
237508.0	105995.9	19912.3	107232.7	11117.9	112485.6	11451.6	55562.1	1929.2	405235.3
209463.0	90995.6	18402.6	90437.7	10179.9	102126.5	9115.7	54117.8	1329.4	357999.8
187172.5	87586.5	13480.9	79515.0	8766.4	91884.6	9054.3	54100.8	1329.4	325585.8
187172.5	87586.5	13480.9	79515.0	8766.4	91884.6	9054.3	54100.8	1329.4	325585.8
22290.5	3409.1	4921.7	10922.7	1413.5	10241.9	61.4	17.0		32414.0
5485.0		673.2	3146.5	522.9	1448.1				7559.4
16805.5	3409.1	4248.5	7776.2	890.6	8793.8	61.4	17.0		24854.6
192100.0	90995.6	18402.6	80951.2	9668.0	102126.5	9115.7	54117.8	1329.4	340508.3
36634.5	22629.4	7.9	21944.1	1406.3	14068.7	4088.7	52571.8		85485.3
3045.9		1070.0	2072.6	192.4	973.2	16.2	1.8		2910.1
88025.4	39508.8	4402.6	24342.3	3502.1	58801.2	4412.6	883.4	751.6	94383.4
2840.6	1230.4	255.1	2455.8	178.4	384.8				4281.9
85184.8	38278.4	4147.5	21886.5	3323.7	58416.4	4412.6	883.4	751.6	90101.5
1299.3			1257.6	1.8	41.7		52.3		383.1
63094.9	28857.4	12922.1	31334.6	4565.4	28241.7	598.2	608.5	577.8	157346.4
62873.7	28857.4	12922.1	31332.9	4564.6	28022.2	598.2	608.5	577.8	152864.2
221.2			1.7	0.8	219.5				4482.2
17363.0			9486.5	511.9					17491.5
17363.0			9486.5	511.9					17491.5
102779.7	53305.1	2244.7	38562.7	3632.9	63594.4	4151.1	53451.4	751.6	150756.1
5081.2	3717.4	1363.8	2549.5	-183.4	2531.7	16.2	4.0		3515.2
84239.1	33973.1	14794.1	39839.0	6218.5	36000.4	4948.4	662.4	577.8	186237.0
17363.0			9486.5	511.9					17491.5
35738.1	22629.4	4.1	21684.8	1402.5	14053.2	4088.7	52571.8		83961.9
131569.1	64161.3	16283.5	58481.3	7392.5	56810.8	5010.4	1495.7	1329.4	234031.3
42155.8	4204.9	2115.0	10271.6	1384.9	31262.5	16.6	50.3		40006.6
209463.0	90995.6	18402.6	90437.7	10179.9	102126.5	9115.7	54117.8	1329.4	357999.8
209278.4	90995.6	18402.6	90395.6	10137.8	101984.1	9115.7	54117.8	1329.4	357556.2

9-7 续表 1

指标名称	法人企业数（个）	执行《2006年企业会计准则》企业数（个）	一、年初存货	二、期末资产负债		
				流动资产合计	应收账款	存货
二、餐饮业	31	12	1757.5	27048.0	4212.9	1524.6
正餐服务	30	12	1740.2	26280.8	4212.9	1514.7
正餐服务	30	12	1740.2	26280.8	4212.9	1514.7
快餐服务	1		17.3	767.2		9.9
快餐服务	1		17.3	767.2		9.9
内资企业	31	12	1757.5	27048.0	4212.9	1524.6
有限责任公司	2	2	230.4	257.4	945.1	183.0
其他有限责任公司	2	2	230.4	257.4	945.1	183.0
私营企业	29	10	1527.1	26790.6	3267.8	1341.6
私营合伙企业	1			303.5	233.1	
私营有限责任公司	28	10	1527.1	26487.1	3034.7	1341.6
私人控股	31	12	1757.5	27048.0	4212.9	1524.6
中型	2	1	313.1	1650.1	1796.7	256.1
小型	26	9	1442.7	25014.8	2255.3	1266.8
微型	3	2	1.7	383.1	160.9	1.7
城镇	31	12	1757.5	27048.0	4212.9	1524.6
其中:城区	29	12	1606.8	23730.9	3856.0	1354.6
三、住宿业按地区分组	65	28	3816.9	131263.2	27235.0	4951.2
城东区	22	6	874.9	53224.0	9076.4	503.4
城中区	15	7	844.8	34043.0	6307.3	606.1
城西区	20	10	1782.3	32168.0	8986.1	1879.1
城北区	7	5	314.9	11527.1	2828.1	1962.6
大通回族土族自治县	1			301.1	37.1	
四、餐饮业按地区分组	31	12	1757.5	27048.0	4212.9	1524.6
城东区	7	2	390.9	6301.0	2827.6	332.5
城中区	5	1	622.3	9878.8	-173.3	583.0
城西区	14	7	397.2	5268.0	1091.6	305.6
城北区	2	2	8.9	575.7	19.0	43.3
湟中区	1		187.5	1707.4	91.1	90.2
大通回族土族自治县	2		150.7	3317.1	356.9	170.0

单位:万元

固定资产原价			累计折旧		固定资产净额	在建工程	无形资产	土地使用权	资产总计
	房屋和构筑物	机器设备		本年折旧					
28045.0	15000.3	1509.7	16795.0	938.0	10359.1	2335.9	1444.3	599.8	47235.5
27857.8	15000.3	1509.7	16607.8	937.9	10359.1	2335.9	1444.3	599.8	46468.3
27857.8	15000.3	1509.7	16607.8	937.9	10359.1	2335.9	1444.3	599.8	46468.3
187.2			187.2	0.1					767.2
187.2			187.2	0.1					767.2
28045.0	15000.3	1509.7	16795.0	938.0	10359.1	2335.9	1444.3	599.8	47235.5
258.9	27.6	130.2	166.1	46.0	92.8	76.9	7.3		454.8
258.9	27.6	130.2	166.1	46.0	92.8	76.9	7.3		454.8
27786.1	14972.7	1379.5	16628.9	892.0	10266.3	2259.0	1437.0	599.8	46780.7
									303.5
27786.1	14972.7	1379.5	16628.9	892.0	10266.3	2259.0	1437.0	599.8	46477.2
28045.0	15000.3	1509.7	16795.0	938.0	10359.1	2335.9	1444.3	599.8	47235.5
13260.8	9949.4	404.7	8552.0	589.0	4708.8	76.9	607.1	599.8	8623.3
14019.3	5050.9	1105.0	7932.2	349.0	5260.9	2259.0	8.4		36946.2
764.9			310.8		389.4		828.8		1666.0
28045.0	15000.3	1509.7	16795.0	938.0	10359.1	2335.9	1444.3	599.8	47235.5
25609.9	15000.3	1509.7	16795.0	938.0	7936.5	143.0	1444.3	599.8	38930.0
209463.0	90995.6	18402.6	90437.7	10179.9	102126.5	9115.7	54117.8	1329.4	357999.8
58953.6	13268.3	6044.1	20178.0	1840.5	38485.3	44.5	222.0	142.7	123464.4
30368.0	1911.0	1944.6	17569.5	1824.7	3786.1	28.6	437.2	435.1	53424.3
114244.4	73632.8	10399.2	49889.0	5912.3	58757.5	4721.0	53406.3	751.6	160620.5
5712.4	2183.5	14.7	2759.1	560.3	955.2	4321.6	52.3		20047.0
184.6			42.1	42.1	142.4				443.6
28045.0	15000.3	1509.7	16795.0	938.0	10359.1	2335.9	1444.3	599.8	47235.5
18825.7	13785.8	784.4	13265.3	724.2	5554.8	76.9	1435.9	599.8	16006.7
4919.5	1214.5	303.6	2162.3	110.7	2113.8	66.1	0.8		12886.0
1372.5		421.7	973.6	69.0	169.6		7.6		7393.5
98.5			24.2	24.2	74.3				912.3
393.7			369.6	9.9	24.0				1731.5
2435.1					2422.6	2192.9			8305.5

9–7　续表 2

指　标　名　称	二、期末资产负债					
	流动负债合计	应付账款	负债合计	所有者权益合计	实收资本	个人资本
总计	154447.2	38417.5	255072.4	150224.5	214897.3	35516.7
一、住宿业	140554.8	31928.6	221738.6	136436.3	191602.9	22744.4
旅游饭店	122196.9	28019.1	194602.0	131158.9	180933.5	19150.0
旅游饭店	122196.9	28019.1	194602.0	131158.9	180933.5	19150.0
一般旅馆	18357.9	3909.5	27136.6	5277.4	10669.4	3594.4
经济型连锁酒店	4169.7	362.3	5013.4	2546.0	3582.4	754.4
其他一般旅馆	14188.2	3547.2	22123.2	2731.4	7087.0	2840.0
内资企业	140331.9	31900.5	221515.7	119167.7	170179.3	22744.4
国有企业	24151.3	2178.0	25336.0	60324.4	67924.3	
股份合作企业	2432.4	687.1	2432.4	477.7	478.0	300.0
有限责任公司	52551.2	14006.3	55856.1	38527.3	44612.6	540.0
国有独资公司	720.7	174.3	720.7	3561.2	4217.6	
其他有限责任公司	51830.5	13832.0	55135.4	34966.1	40395.0	540.0
股份有限公司	2145.6	176.1	3510.9	–3127.8	1000.0	1000.0
私营企业	59051.4	14853.0	134380.3	22966.1	56164.4	20904.4
私营有限责任公司	55852.6	14504.6	131181.5	21682.7	53464.4	20904.4
私营股份有限公司	3198.8	348.4	3198.8	1283.4	2700.0	
外商投资企业	222.9	28.1	222.9	17268.6	21423.6	
外资企业	222.9	28.1	222.9	17268.6	21423.6	
国有控股	54489.7	15630.2	55774.4	95156.8	107821.2	
集体控股	4692.1	838.6	4692.1	–1176.9	600.0	300.0
私人控股	81150.1	15431.7	161049.2	25187.8	61758.1	22444.4
外商控股	222.9	28.1	222.9	17268.6	21423.6	
中型	24105.7	2177.4	24493.4	59468.5	66924.3	
小型	81126.8	16193.5	159370.4	74660.9	116234.8	20150.0
微型	35322.3	13557.7	37874.8	2306.9	8443.8	2594.4
城镇	140554.8	31928.6	221738.6	136436.3	191602.9	22744.4
其中：城区	139184.3	31606.9	220368.1	137363.2	191402.9	22744.4

单位:万元

三、损益及分配							
营业收入	主营业务收入	营业成本	税金及附加	其他业务利润	销售费用	管理费用	研发费用
67681.4	63027.5	35386.9	1265.4	816.5	24078.6	24835.7	
47044.6	43279.3	24376.3	1175.2	675.8	16212.8	20516.5	
36734.2	33464.1	20017.6	1107.4	259.0	12618.2	15511.5	
36734.2	33464.1	20017.6	1107.4	259.0	12618.2	15511.5	
10310.4	9815.2	4358.7	67.8	416.8	3594.6	5005.0	
2590.8	2582.9	1340.3	11.6	416.8	367.0	1642.5	
7719.6	7232.3	3018.4	56.2		3227.6	3362.5	
46445.4	42680.1	24301.6	1037.4	675.8	15725.0	19648.8	
10904.7	10684.1	7977.9	288.9		3002.4	3552.3	
449.9	449.9	223.0	9.6		128.7	453.8	
9265.5	9044.2	7555.8	440.9	124.6	1806.7	3823.7	
1251.0	1200.8	1186.0	1.7		11.5	394.7	
8014.5	7843.4	6369.8	439.2	124.6	1795.2	3429.0	
765.7	765.7	323.5	1.5		822.2	384.4	
25059.6	21736.2	8221.4	296.5	551.2	9965.0	11434.6	
24560.5	21237.1	8221.2	296.3	551.2	9223.1	11366.2	
499.1	499.1	0.2	0.2		741.9	68.4	
599.2	599.2	74.7	137.8		487.8	867.7	
599.2	599.2	74.7	137.8		487.8	867.7	
15906.2	15472.2	13835.3	634.4	116.9	3159.6	4798.4	
330.2	330.2	389.0	35.4		67.3	435.6	
30209.0	26877.7	10077.3	367.6	558.9	12498.1	14414.8	
599.2	599.2	74.7	137.8		487.8	867.7	
10590.7	10495.2	7794.0	288.6		2898.6	3444.5	
32416.8	29423.7	14252.2	613.6	675.8	12707.1	15598.5	
4037.1	3360.4	2330.1	273.0		607.1	1473.5	
47044.6	43279.3	24376.3	1175.2	675.8	16212.8	20516.5	
46874.9	43109.6	24207.0	1174.9	675.8	16212.8	20418.2	

9–7　续表 3

指　标　名　称	二、期末资产负债					
	流动负债合计	应付账款	负债合计	所有者权益合计	实收资本	个人资本
二、餐饮业	13892.4	6488.9	33333.8	13788.2	23294.4	12772.3
正餐服务	13811.5	6487.8	33252.9	13101.9	23194.4	12772.3
正餐服务	13811.5	6487.8	33252.9	13101.9	23194.4	12772.3
快餐服务	80.9	1.1	80.9	686.3	100.0	
快餐服务	80.9	1.1	80.9	686.3	100.0	
内资企业	13892.4	6488.9	33333.8	13788.2	23294.4	12772.3
有限责任公司	−13353.0	727.4	1986.9	−1532.1	100.0	
其他有限责任公司	−13353.0	727.4	1986.9	−1532.1	100.0	
私营企业	27245.4	5761.5	31346.9	15320.3	23194.4	12772.3
私营合伙企业	294.7	146.3	294.7	8.8		
私营有限责任公司	26950.7	5615.2	31052.2	15311.5	23194.4	12772.3
私人控股	13892.4	6488.9	33333.8	13788.2	23294.4	12772.3
中型	−12124.0	1283.6	3215.9	5407.4	9246.0	9246.0
小型	25978.6	5214.7	29364.6	7581.5	13048.4	3526.3
微型	37.8	−9.4	753.3	799.3	1000.0	
城镇	13892.4	6488.9	33333.8	13788.2	23294.4	12772.3
其中：城区	8074.1	5501.0	27515.5	11301.0	23144.4	12772.3
三、住宿业按地区分组	140554.8	31928.6	221738.6	136436.3	191602.9	22744.4
城东区	53296.0	18152.8	108704.8	14759.6	41204.6	18340.0
城中区	11395.7	937.2	29612.9	23811.4	31149.9	2354.4
城西区	58655.7	11772.4	62260.8	98534.8	112338.4	700.0
城北区	15836.9	744.5	19789.6	257.4	6710.0	1350.0
大通回族土族自治县	1370.5	321.7	1370.5	−926.9	200.0	
四、餐饮业按地区分组	13892.4	6488.9	33333.8	13788.2	23294.4	12772.3
城东区	−9194.7	1484.1	7931.6	8075.1	12881.0	11596.0
城中区	4280.6	648.2	6159.0	6727.0	3112.0	612.0
城西区	10040.2	2761.0	10476.9	−3196.9	6515.6	564.3
城北区	383.1	323.4	383.1	529.2	535.8	
湟中区	2564.9	284.3	2564.9	−833.4	100.0	
大通回族土族自治县	5818.3	987.9	5818.3	2487.2	150.0	

单位:万元

三、损益及分配							
营业收入	主营业务收入	营业成本	税金及附加	其他业务利润	销售费用	管理费用	研发费用
20636.8	19748.2	11010.6	90.2	140.7	7865.8	4319.2	
20317.6	19429.0	10861.1	90.2	140.7	7800.0	4239.8	
20317.6	19429.0	10861.1	90.2	140.7	7800.0	4239.8	
319.2	319.2	149.5			65.8	79.4	
319.2	319.2	149.5			65.8	79.4	
20636.8	19748.2	11010.6	90.2	140.7	7865.8	4319.2	
3383.2	3383.2	1188.1	7.9		1636.8	258.7	
3383.2	3383.2	1188.1	7.9		1636.8	258.7	
17253.6	16365.0	9822.5	82.3	140.7	6229.0	4060.5	
623.3	623.3	604.0	0.1		0.6	12.0	
16630.3	15741.7	9218.5	82.2	140.7	6228.4	4048.5	
20636.8	19748.2	11010.6	90.2	140.7	7865.8	4319.2	
5042.9	4870.1	1591.6	21.4		2358.0	1418.7	
14520.2	14379.5	8892.5	67.6	140.7	5479.0	2217.2	
1073.7	498.6	526.5	1.2		28.8	683.3	
20636.8	19748.2	11010.6	90.2	140.7	7865.8	4319.2	
18790.3	17901.7	9806.2	90.1	140.7	7865.2	4149.2	
47044.6	43279.3	24376.3	1175.2	675.8	16212.8	20516.5	
11267.5	9678.1	7058.9	336.5	8.2	3173.8	4631.8	
9837.1	9829.2	4151.7	179.2	409.1	2594.7	4482.4	
20195.8	18035.7	10448.1	641.9	190.1	8676.8	8589.8	
5574.5	5566.6	2548.3	17.3	68.4	1767.5	2714.2	
169.7	169.7	169.3	0.3			98.3	
20636.8	19748.2	11010.6	90.2	140.7	7865.8	4319.2	
6901.4	6728.6	2463.3	44.0		3456.8	1803.5	
2295.7	2295.7	1219.9	8.1		1224.1	247.3	
8423.8	7708.0	5043.1	36.5	140.7	2878.4	1934.9	
871.3	871.3	616.4	1.5		228.5	147.7	
298.1	298.1	463.5			77.4	15.8	
1846.5	1846.5	1204.4	0.1		0.6	170.0	

9-7 续表 4

指标名称	三、损益及分配				
	财务费用	利息收入	利息费用	投资收益	营业利润
总计	4398.7	-365.1	1708.1	-223.7	-21759.6
一、住宿业	2364.7	-366.3	334.2	-223.7	-17275.5
旅游饭店	2210.1	-382.4	260.7	-223.7	-14230.6
旅游饭店	2210.1	-382.4	260.7	-223.7	-14230.6
一般旅馆	154.6	16.1	73.5		-3044.9
经济型连锁酒店	87.5	0.3	72.7		-807.7
其他一般旅馆	67.1	15.8	0.8		-2237.2
内资企业	2752.5	-11.8	334.2	-233.8	-16704.7
国有企业	536.4	-53.8		15.2	-4182.7
股份合作企业	-0.6	0.6			-364.6
有限责任公司	117.3	1.3	13.0	0.5	-4018.2
国有独资公司	0.8				-334.0
其他有限责任公司	116.5	1.3	13.0	0.5	-3684.2
股份有限公司	1.6				-767.5
私营企业	2097.8	40.1	321.2	-249.5	-7371.7
私营有限责任公司	2084.3	40.1	321.2	-249.5	-7033.4
私营股份有限公司	13.5				-338.3
外商投资企业	-387.8	-354.5		10.1	-570.8
外资企业	-387.8	-354.5		10.1	-570.8
国有控股	516.5	-61.7	10.2	15.2	-6313.8
集体控股	-0.8	1.0	0.2		-596.3
私人控股	2236.8	48.9	323.8	-249.0	-9794.6
外商控股	-387.8	-354.5		10.1	-570.8
中型	536.3	-53.8		15.2	-4108.6
小型	1813.6	-324.6	308.6	-238.9	-12756.2
微型	14.8	12.1	25.6		-410.7
城镇	2364.7	-366.3	334.2	-223.7	-17275.5
其中:城区	2364.4	-366.3	334.2	-223.7	-17176.9

单位：万元

				四、人工成本及增值税		五、从事批发和零售业活动的从业人员平均人数（人）
营业外收入	营业外支出	利润总额	所得税费用	应付职工薪酬（本年贷方累计发生额）	应交增值税	
1326.4	130.5	-20558.4	11.3	20292.0	2070.7	4891
819.5	115.5	-16566.0	6.0	14033.2	1346.7	3148
677.6	103.1	-13650.1	4.3	11524.4	1214.6	2473
677.6	103.1	-13650.1	4.3	11524.4	1214.6	2473
141.9	12.4	-2915.9	1.7	2508.8	132.1	675
12.7	5.8	-801.3	1.6	639.3	24.8	155
129.2	6.6	-2114.6	0.1	1869.5	107.3	520
819.5	115.1	-15994.8	6.0	13589.8	1303.8	3050
290.0	2.7	-3895.4	0.5	3895.1	457.7	763
16.5	5.8	-353.9		303.6	6.8	58
97.4	6.5	-3927.3	-5.3	2893.2	241.8	534
10.3		-323.7		831.1	35.6	109
87.1	6.5	-3603.6	-5.3	2062.1	206.2	425
18.4	7.1	-756.2		369.6	27.4	101
397.2	93.0	-7062.0	10.8	6128.3	570.1	1594
388.4	93.0	-6732.5	10.8	5924.7	570.0	1569
8.8		-329.5		203.6	0.1	25
	0.4	-571.2		443.4	42.9	98
	0.4	-571.2		443.4	42.9	98
320.5	9.1	-6002.4	-2.0	5658.6	686.7	1013
37.6		-558.7		364.8	0.8	78
461.4	106.0	-9433.7	8.0	7566.4	616.3	1959
	0.4	-571.2		443.4	42.9	98
289.5	2.7	-3821.8	0.5	3775.1	456.7	741
505.9	105.9	-12356.3	5.3	9518.3	794.0	2221
24.1	6.9	-387.9	0.2	739.8	96.0	186
819.5	115.5	-16566.0	6.0	14033.2	1346.7	3148
807.4	115.4	-16479.4	6.0	13943.9	1346.7	3134

9-7 续表 5

指 标 名 称	三、损益及分配				
	财务费用	利息收入	利息费用	投资收益	营业利润
二、餐饮业	2034.0	1.2	1373.9		-4484.1
正餐服务	2014.7	1.2	1373.9		-4489.1
正餐服务	2014.7	1.2	1373.9		-4489.1
快餐服务	19.3				5.0
快餐服务	19.3				5.0
内资企业	2034.0	1.2	1373.9		-4484.1
有限责任公司	1222.3		1217.8		-918.3
其他有限责任公司	1222.3		1217.8		-918.3
私营企业	811.7	1.2	156.1		-3565.8
私营合伙企业	0.2	0.1			6.9
私营有限责任公司	811.5	1.1	156.1		-3572.7
私人控股	2034.0	1.2	1373.9		-4484.1
中型	1228.1		1217.0		-1562.6
小型	805.7	1.1	156.9		-2755.1
微型	0.2	0.1			-166.4
城镇	2034.0	1.2	1373.9		-4484.1
其中:城区	1689.7	1.1	1373.9		-4704.9
三、住宿业按地区分组	2364.7	-366.3	334.2	-223.7	-17275.5
城东区	1879.7	52.2	235.1	-249.5	-5562.0
城中区	-235.1	-345.5	41.3	25.3	-1024.2
城西区	688.3	-73.2	36.5	0.5	-8838.3
城北区	31.5	0.2	21.3		-1752.4
大通回族土族自治县	0.3				-98.6
四、餐饮业按地区分组	2034.0	1.2	1373.9		-4484.1
城东区	1288.9	1.0	1277.0		-2129.0
城中区	220.0	0.1	29.7		-617.1
城西区	123.9		11.1		-1592.9
城北区					-125.3
湟中区	56.9		56.1		-240.6
大通回族土族自治县	344.3	0.1			220.8

单位:万元

营业外收入	营业外支出	利润总额	所得税费用	四、人工成本及增值税 应付职工薪酬（本年贷方累计发生额）	应交增值税	五、从事批发和零售业活动的从业人员平均人数（人）
506.9	15.0	−3992.4	5.3	6258.8	724.0	1743
506.9	15.0	−3997.4	0.3	6224.3	724.8	1728
506.9	15.0	−3997.4	0.3	6224.3	724.8	1728
		5.0	5.0	34.5	−0.8	15
		5.0	5.0	34.5	−0.8	15
506.9	15.0	−3992.4	5.3	6258.8	724.0	1743
7.4	0.2	−911.2	0.3	1161.9	347.7	184
7.4	0.2	−911.2	0.3	1161.9	347.7	184
499.5	14.8	−3081.2	5.0	5096.9	376.3	1559
		6.9	0.1	85.6		28
499.5	14.8	−3088.1	4.9	5011.3	376.3	1531
506.9	15.0	−3992.4	5.3	6258.8	724.0	1743
98.3	0.1	−1464.5		2013.2	458.5	338
403.2	14.9	−2366.9	5.3	4205.3	240.7	1269
5.4		−161.0		40.3	24.8	136
506.9	15.0	−3992.4	5.3	6258.8	724.0	1743
311.3	4.3	−4398.1	5.2	6166.5	724.0	1647
819.5	115.5	−16566.0	6.0	14033.2	1346.7	3148
344.6	20.1	−5237.6	5.3	3065.1	200.3	845
33.5	48.6	−1039.8	2.1	2915.5	290.4	620
394.2	39.5	−8477.5	−1.4	6482.6	736.3	1313
35.1	7.2	−1724.5		1480.7	119.7	356
12.1	0.1	−86.6		89.3		14
506.9	15.0	−3992.4	5.3	6258.8	724.0	1743
141.6	0.3	−1987.8		2906.6	523.6	549
30.1		−587.0		638.0	19.7	246
139.2	2.4	−1456.1	5.2	2410.0	161.1	764
0.4		−124.9		40.7	1.8	48
	1.6	−242.3		171.2	17.8	40
195.6	10.7	405.7	0.1	92.3		96

9-8 进出口贸易总额

单位:万美元

年 份	进出口总额	进口额	出口总额
1990	3548	167	3381
1995	13792	2056	11736
2000	13504	4101	9403
2001	18309	4724	13585
2002	16106	2652	13454
2003	28973	5039	23934
2004	50837	10605	40232
2005	36875	8594	28281
2006	58480	9031	49449
2007	56740	21107	35633
2008	62853	24502	38351
2009	44391	22918	21473
2010	66687	27055	39632
2011	81563	22210	59353
2012	93417	27203	66214
2013	124115	46242	77874
2014	159674	51314	108360
2015	1141038	156373	984665
2016	850826	94850	755976
2017	329055	137788	191267
2018	312838	109768	203072
2019	263806	117724	146081
2020	168107	97558	70549
2021	225013	132144	92869
2022	324115	159339	164776

注:1995 年以前为外贸统计数据,1998 年以后为西宁海关统计数据,2015 年以后单位为万元。

9-9 合同利用外资概况

年 份	项目(个)	金额(万美元)
1991	1	13
1995	11	226
2000	20	329
2001	20	456
2002	27	514
2003	28	776
2004	24	920
2005	26	12114
2006	20	46096
2007	37	21375
2008	21	11687
2009	14	3631
2010	24	16161
2011	13	31214
2012	14	33933
2013	15	11437
2014	9	8622
2015	7	6057
2016	6	9076
2017	10	12837
2018	6	1144
2019	7	7565
2020	10	1413
2021	12	78762
2022	8	13600

十、金融 保险 财政 旅游

指 标 解 释

存款 指企业、事业、机关、团体和居民根据可发收回的原则，把货币资金存入银行或其他信用机构保管，并取得一定利息的一种信用活动形式。按存款对象不同可分为：企业存款、财政存款、机关团体存款、城镇居民储蓄存款、农村存款等科目。

贷款 指银行或其他信用机构根据必须归还的原则，按一定的利率，为企业、个人等提供资金的一种信用活动形式，按贷款项目不同可分为：短期贷款、中长期贷款、信托类贷款、其他类贷款和国家投资证券贷款等科目。

保险公司 在中国境内的、经过保险监督管理部门批准设立，并依法登记注册的各类商业保险公司。

保险金额 指保险人承担赔偿或者给付保险金责任的最高限额。

保费 指投保人为取得保险人在约定范围内所承担赔偿责任而支付给保险人的费用。

赔款 指保险人根据保险合同的规定，向被保险人支付的赔偿保险责任损失的金额。

给付 包括死伤医疗给付和满期给付。死伤医疗给付是指保险人根据人寿保险及长期健康保险合同的规定，因被保险人在保险期内发生保险责任范围内的保险事故支付给被保险人(或受益人)的金额。满期给付是指被保险人生存期满，保险人按人寿保险合同规定支付给被保险人的满期保险金额。

财政收入 指国家财政参与社会产品分配所取得的收入，是实现国家职能的财力保证。主要包括：

(1)各项税收 包括国内增值税、国内消费税、进口货物增值税和消费税、出口货物退增值税和消费税、营业税、企业所得税、个人所得税、资源税、城市维护建设税、房产税、印花税、城镇土地使用税、土地增值税、车船税、船舶吨税、车辆购置税、关税、耕地占用税、契税、烟叶税等。

(2)非税收入 包括专项收入、行政事业性收费、罚没收入和其他收入。

财政支出 指国家财政将筹集起来的资金进行分配使用，以满足经济建设和各项事业的需要。主要包括：

(1)一般公共服务 指政府提供基本公共管理与服务的支出，包括人大事务、政协事务、政府办公厅(室)及相关机构事务、发展与改革事务、统计信息事务、财政事务、税收事务、审计事务、海关事务、人力资源事务、纪检监察事务、人口与计划生育事务、商贸事务、知识产权事务、工商行政管理事务、国土资源事务、海洋管理事务、测绘事务、地震事务、气象事务、民族事务、宗教事务、港澳台侨事务、档案事务、共产党事务、民主党派事务及工商联事务、群众团体事务、彩票事务等。

(2)外交 指政府外交事务支出，包括外交行政管理、驻外机构、对外援助、国际组织、对外合作与交流、边界勘界联检等方面的支出。

(3)国防 指政府用于国防方面的支出，包括用于现役部队、预备役部队、民兵、国防科研事业、专项工程、国防动员等方面的支出。

(4)公共安全 指政府维护社会公共安全方面的支出，包括武装警察、公安、国家安全、检察、法院、司法行政、监狱、劳教、国家保密、缉私警察等。

(5)教育 指政府教育事务支出，包括教育行政管理、学前教育、小学教育、初中教育、普通高中教育、普通高等教育、初等职业教育、中专教育、技校教育、职业高中教育、高等职业教育、广播电视教育、留学生教育、特殊教育、干部继续教育、教育机关服务等。

(6)科学技术 指用于科学技术方面的支出，包括科学技术管理事务、基础研究、应用研究、技术研究与开发、科技条件与服务、社会科学、科学技术普及、科技交流与合作等。

(7)文化教育与传媒 指政府在文化、文物、体育、广播影视、新闻出版等方面的支出。

(8)社会保障和就业 指政府在社会保障与就业方面的支出，包括社会保障和就业管理事务、民政管理事务、财政对社会保险基金的补助、补充全国社会保障基金、行政事业单位离退休、企业改革补助、就业补助、抚恤、退役安置、社会福利、残疾人事业、城市居民最低生活保障、其他城镇社会救济、农村社会救济、自然灾害生活救助、红十字事务等。

(9)医疗卫生 指政府医疗卫生方面的支出,包括医疗卫生管理事务支出、医疗服务支出、医疗保障支出、疾病预防控制支出、卫生监督支出、妇幼保健支出、农村卫生支出等。

(10)环境保护 指政府环境保护支出,包括环境保护管理事务支出、环境监测与监察支出、污染治理支出、自然生态保护支出、天然林保护工程支出、退耕还林支出、风沙荒漠治理支出、退牧还草支出、已垦草原退耕还草、能源节约利用、污染减排、可再生能源和资源综合利用等支出。

(11)城乡社区事务 指政府城乡社区事务支出,包括城乡社区管理事务支出、城乡社区规划与管理支出、城乡社区公共设施支出、城乡社区住宅支出、城乡社区环境卫生支出、建设市场管理与监督支出等。

(12)农林水事务 指政府农林水事务支出,包括农业支出、林业支出、水利支出、扶贫支出、农业综合开发支出等。

(13)交通运输 指政府交通运输和邮政业方面的支出,包括公路运输支出、水路运输支出、铁路运输支出、民用航空运输支出、邮政业支出等。

(14)工业商业金融等事务 指政府对工业、商业及金融等方面的支出,包括采掘业支出、制造业支出、建筑业支出、工业和信息产业监管支出、国有资产监管支出、商业流通事务支出、金融业监管支出、旅游业管理与服务支出等。

地方财政收入 指按现行分税制财政体制划分的地方本级收入。包括营业税(不含铁道部门、各银行总行、各保险公司总公司集中交纳的营业税),地方企业上交利润,城市维护建设税(不含铁道部门、各银行总行、各保险公司总公司集中交纳的部分),房产税,城镇土地使用税,土地增值税,车船税,耕地占用税,契税,烟叶税,印花税,增值税25%部分,纳入共享范围的企业所得税40%部分,个人所得税40%部分,证券交易印花税3%部分,海洋石油资源税以外的其他资源税,地方非税收入等。

旅游人数

(1)入境旅游人数指报告期内来我国观光、度假、探亲访友、就医疗养、购物、参加会议或从事经济、文化、体育、宗教活动的外国人、港澳台同胞等入境游客。统计时,外国人、港澳台同胞每入境一次统计1人次。

(2)出境人数指中国(大陆)居民因公或因私出境前往其他国家、中国香港特别行政区、澳门特别行政区和台湾省观光、度假、探亲访友、就医疗养、购物、参加会议或从事经济、文化、体育、宗教活动的人数,即出境游客。统计时,按每出境一次统计1人次。

(3)国内旅游人数指在报告期内在中国(大陆)观光游览、度假、探亲访友、就医疗养、购物、参加会议或从事经济、文化、体育、宗教活动的中国(大陆)居民人数,其出游的目的不是通过所从事的活动谋取报酬。统计时,国内游客按每出游一次统计1人次。

国际旅游(外汇)收入指入境游客在中国(大陆)境内旅行、游览过程中用于交通、参观游览、住宿、餐饮、购物、娱乐等全部花费。

国内旅游收入又称旅游总花费指国内游客在国内旅行、游览过程中用于交通、参观游览、住宿、餐饮、购物、娱乐等全部花费。

国际旅行社指经营业务范围包括入境旅游业务、出境旅游业务和国内旅游业务的旅行社。

国内旅行社指经营范围仅限于国内旅游业务的旅行社。

星级饭店指设备、设施、服务符合《旅游饭店星级的划分与评定》(GB/T14308-2003),通过相关旅游管理部门评定,并取得星级饭店称号的饭店(含预备星级饭店)。

10-1 金融机构贷款情况

单位:万元

项　　目	2016 年	2017 年	2018 年	2019 年	2020 年	2021 年	2022 年
一、各项存款	**37714159**	**38997958**	**38022065**	**40325637**	**43824990**	**47113546**	**52680691**
(一)境内存款	37709690	38993697	37995307	40298726	43803667	47109276	52673175
1.住户存款	12745938	13460560	14434446	15552808	17302946	19013917	22104404
(1)活期存款	6098770	6358483	6616014	6831533	7554234	7841388	8901309
(2)定期及其他存款	6647168	7102077	7818431	8721275	9748712	11172528	13203095
2.非金融企业存款	13428553	13098692	11755119	11868539	11326037	10992556	12278504
(1)活期存款	8696683	8463913	7581124	6799448	5601109	5744933	6299094
(2)定期及其他存款	4731870	4634779	4173995	5069091	5724928	5247623	5979410
3.财政性存款	1675747	2532769	2742711	3904849	4894794	6490579	7036995
4.机关团体存款	9468389	8382699	8372641	8466045	7478072	7930174	8589374
5.非银行业金融机构存款	391064	1518978	690392	506485	2801819	2682051	2663898
(二)境外存款	4468	4261	26757	26911	21322	4269	7516
二、各项贷款	**47696584**	**52386838**	**54683931**	**53969575**	**53543756**	**55004256**	**56690350**
(一)境内贷款	46402302	51160087	54208002	53552841	53175517	54670157	56331051
1.住户贷款	3527391	4185467	4793946	6334246	7505678	8929815	8803524
短期贷款	979084	1179583	1166290	1573336	1773399	2340365	2377956
中长期贷款	2548307	3005884	3627655	4760910	5732279	6589450	6425567
2.企(事)业单位贷款	42874910	46974621	49414056	47218596	45669839	45612363	47357548
(1)短期贷款	6513248	8661726	8066953	7285210	6489559	6353864	6189851
(2)中长期贷款	30719187	33292339	33824227	31912008	31534384	31898630	32153581
(3)票据融资	5590618	4968511	7473805	7917937	7605897	7344144	9003115
(4)融资租赁			3983	2517	1050		
(5)各项垫款	51858	52046	45087	100924	38949	15725	11000
3.非银行业金融机构贷款							
(二)境外贷款	1294282	1226751	475930	416734	368239	334098	359298

10-2 保险业务基本情况

单位:万元

项目	2015年	2016年	2017年	2018年	2019年	2020年	2021年	2022年
保费收入合计	**375635**	**469867**	**550365**	**580727**	**648422**	**663190**	**682454**	**677292**
财产保险费收入	167661	188851	209804	223854	247313	240195	245324	237412
其中:企业财产保险	12374	11186	10323	11090	9434	10386	11387	14190
家庭财产保险	202	219	238	573	448	732	658	1477
机动车辆保险	142346	158431	172784	166487	161930	163900	161472	148276
工程保险	3069	3439	3225	4149	2193	4991	7333	5307
责任保险	6538	9344	11704	13964	17183	15677	17539	19222
信用保险	3	285	432	-4	0	0	0	0
保证保险	134	2593	7147	18041	35084	30148	30456	29794
船舶保险	4	39	3	12	16	42	39	32
货运险	348	334	238	232	268	355	302	510
特殊风险保险	25	24	70	68	128	219	289	252
农业保险	2513	2807	3413	9106	20399	13388	14364	16511
其他	105	150	225	137	228	356	1484	1842
人身险保费收入	207974	281016	340561	356873	401109	422995	437129	439879
其中:寿险	168939	214670	258027	255591	278351	294683	309335	314491
意外伤害险	11289	14179	15762	18461	18280	20983	21653	19776
健康险	27746	52168	66772	82821	104478	107328	106141	105613
赔款支出合计	**128913**	**178349**	**184271**	**204542**	**204247**	**200327**	**212871**	**209304**
财产保险费支出	76528	89704	98579	104446	116095	125536	133699	129426
其中:企业财产保险	3484	5329	4155	3230	4383	6026	6978	4983
家庭财产保险	183	62	146	499	388	262	231	567
机动车辆保险	63791	72401	82427	87314	86652	81853	91776	74792
工程保险	3747	3511	3058	2004	1057	1981	3725	6162
责任保险	3639	4063	4749	5035	6651	8139	8094	8687
信用保险	0	0	0	2	3	5	1	0
保证保险	11	47	306	1621	5551	11151	10769	19245
船舶保险	1	1	0	0	1	3	0	0
货运险	65	28	24	94	60	42	187	174
特殊风险保险	3	8	2	5	70	7	404	13
农业保险	1553	4180	3612	4601	11192	16015	10909	14126
其他	50	75	101	43	87	52	624	677
人身险支出	52384	88646	85693	100095	88152	74791	79171	79878
其中:寿险	29672	58784	50090	65479	45807	49511	47131	53332
意外伤害险	5860	7255	6573	5411	5399	5062	6192	5943
健康	16853	22606	29029	29204	36946	20218	25848	20603

注:2018年统计口径发生变化,数字由青海省保监局提供。

10-3 财政收支情况

单位:万元

年 份	财政收入	地方财政收入	一般预算收入	财政支出	一般预算支出
1957	2800	2800		1352	
1965	2954	2954		2025	
1970	4271	4271		775	
1975	9592	9592		6408	
1980	11449	11449		7614	
1985	19247	19247		13526	
1990	37673	37673		26629	
1995	28482	28482		44563	
2000	87628	63391	55852	108589	103442
2001	108160	77855	65216	149405	138635
2002	117574	83952	71975	189916	174271
2003	142498	91315	84397	198631	191586
2004	214630	113545	100273	247831	235998
2005	253522	126103	117860	270722	263421
2006	304616	149228	141598	351594	343058
2007	436301	229221	184123	497146	450463
2008	564152	294560	234468	722528	672512
2009	686194	435214	281495	995043	851191
2010	992158	664682	345211	1404338	1087476
2011	1242800	868273	452473	1908725	1500435
2012	1359321	927214	547670	2209833	1853230
2013	1647710	1105578	671138	2524871	2075698
2014	2090449	1532633	838821	3178767	2481367
2015	1794588	1360963	947861	3325267	2800252
2016	1515489	1052255	752163	3230323	2878050
2017	2020638	1246762	791623	3473545	2883747
2018	2593189	1748751	929435	4052944	2974766
2019	3610436	2696629	1017897	5234580	3280436
2020	3354738	2478875	1335075	4846210	3295111
2021	4107245	3115392	1538981	5082210	3438337
2022	2598117	1859563	1317174	4448998	3390356

注:2013 年之后年份地方财政收入为地方公共财政预算收入与基金收入合计。财政支出为地方公共财政预算支出与基金支出合计。

10-4　地方财政收入主要项目

单位:万元

年　份	收入合计	企业收入		各项税收			其他	
			国企所得税调节税		工商税收	农牧业税		基金收入
1990	37673	445	2038	35611	34946	665	1617	
1995	28482	1890	2380	21865	20804	1029	4727	
2000	63391	6041	5899	42773	40164	2609	14577	7539
2001	77855	8666	4341	48737	45938	2799	20452	12639
2002	83952	4411	3461	57120	52582	4538	22421	11977
2003	91315	3264	2770	69766	65241	4525	18285	6918
2004	113545	2865	2497	84449	78589	5860	26231	13272
2005	126103	3943	3410	97109	90809	6300	25051	8243
2006	149228	6302		109125	102459	6666	33801	7630
2007	229221	9003		147871	139936	7935	72347	45098
2008	294560	12928		190660	181221	9439	90972	60092
2009	435214	21564		228886	216460	12426	184764	153719
2010	6648682	27397		282745	269843	12902	354540	319471
2011	868273	44941		402157	378003	24154	421175	415800
2012	927214	46796		481411	453508	27903	399007	379544
2013	1105578	57097		596849	555876	40973	508729	434440
2014	1532633	74095		770729	690670	80059	761904	693812
2015	1360963	89313		784713	707657	77056	576250	413102
2016	1052255	92815		617774	578113	39661	434481	300092
2017	1246762	128072		644804	604281	40523	601958	455139
2018	1748751	132492		775800	689449	86351	972951	819316
2019	2696629	127511		802822	707616	95206	1893807	1678732
2020	2478875	181964		1120151	1029347	90804	1358724	1143800
2021	3115392	229185		1304503	1186694	117809	1810889	1576411
2022	1859563	253555		1162672	1080431	82241	696891	542389

注:1.收入合计指地方公共财政预算收入和基金收入合计;2.企业收入系企业所得税;3.农牧业税指耕地占用税和契税;4.其他指非税收入与基金收入合计;5.1995年收入合计中不含上划中央税收返还16838万元、省市共享收入分成1438万元。

10-5 财政收入情况

单位:万元

指　　标	2014年	2015年	2016年	2017年	2018年	2019年	2020年	2021年	2022年
收入合计	**2090449**	**1794588**	**1515489**	**2020638**	**2593189**	**3610436**	**3354738**	**4107245**	**2598117**
一、地方收入合计	**1532633**	**1360963**	**1052255**	**1246762**	**1748751**	**2696629**	**2478875**	**3115392**	**1859563**
(一)一般预算收入	838821	947861	752163	791623	929435	1017897	1335075	1538981	1317174
1.增值税	94190	73364	109559	216971	224771	272722	532021	594975	520074
2.营业税	319301	345688	162711	2942	2136				
3.企业所得税	74095	89313	92815	128072	132492	127511	181964	229185	253555
4、个人所得税	33210	34130	40736	56316	67483	47382	51790	55383	53585
5.资源税	694	1579	1291	939	1248	937	1960	1458	1219
6.城市维护建设税	53731	47236	50736	55127	57901	68313	73159	86096	75254
7.房产税	36417	34292	38425	43322	48687	48790	49825	61081	59558
8.印花税	19723	15986	18279	23462	27443	22511	26322	35074	32784
9.城镇土地使用税	24091	22633	23550	23602	23978	23869	21772	27856	27356
10.土地增值税	23709	30223	24865	37238	83400	69866	63674	65927	28021
11.车船使用和牌照税	11509	13213	15146	16290	17424	21717	21875	23909	24122
12.耕地占用税	17064	27857	12579	5756	12410	12171	3444	4536	35829
13.契税	62995	49199	27082	34767	73941	83035	87360	113273	46412
14.国有资本经营收入									
15.国有企业计划亏损补贴									
16.行政性收费收入	20254	44132	22830	23621	23820	25269	25113	20226	14334
17.罚没收入	10657	26199	16629	24254	25121	27676	29646	21571	12470
18、国有资源(资产)有偿使用收入	13476	35557	33502	33150	23396	72727	55493	72269	31160
19.专项收入	23629	57235	53409	48167	58755	64589	68873	84491	62535
20.其他收入	76	25	90	417	1219	698	418	558	1330
(二)基金预算收入	693812	413102	300092	455139	819316	1678732	1143800	1576411	542389
二、上划中央税收	**557816**	**433625**	**463234**	**773876**	**844438**	**913807**	**875863**	**991853**	**738554**

10-6 财政支出情况

单位:万元

指　　标	2014 年	2015 年	2016 年	2017 年	2018 年	2019 年	2020 年	2021 年	2022 年
支出合计	**3178767**	**3325267**	**3230323**	**3473545**	**4052944**	**5234580**	**4846210**	**5082210**	**4448998**
一、一般预算支出	**2481367**	**2800252**	**2878050**	**2883747**	**2974766**	**3280436**	**3295111**	**3438337**	**3390356**
1.一般公共服务	124216	167775	173061	190722	199065	202905	232404	210840	217905
2.外交									
3.国防	739	499	807	2390	565	1348	1632	1477	3071
4.公共安全	96161	113511	107512	117000	122601	129991	131889	125505	137408
公安	55915	66162	87596	94180	103321	116115	115108	113833	123296
武装警察									
5.教育	345903	407928	441135	465621	528401	584938	522381	522450	507931
6.科技技术	18640	19770	14999	15715	23608	20169	22940	23510	13613
7.文化体育与传媒	33722	38586	41895	49216	45824	52610	54090	50599	49059
8.社会保障和就业	280837	342940	352948	371910	399221	448845	535771	577603	625100
城市居民最低生活保障	19721	38586	34451	26502	18654	23594	24747	21978	37290
就业补助	34621	28009	26856	29074	30354	31310	30936	37275	34457
9.医疗卫生	183648	224739	247685	193662	211260	227039	252203	233778	308003
10.环境保护	150722	159361	142801	135274	156114	163151	152580	119049	92478
11.城乡社区事务	322101	501899	468433	512352	469959	649719	437829	361815	388726
12.农林水事务	281520	330170	351129	334868	339734	343947	348231	327154	338622
农业	73309	114027	109043	80236	96942	107410	105645	78944	100610
林业	64333	75739	64577	70488	75093	64742	63830	77430	67880
13.交通运输	102393	34790	30652	43221	21253	24304	23748	44401	72020
14.工业商业金融等事务	274677	225795	180712	189274	202325	145103	20640	12251	19472
15.其他支出	5631	25760	14353	21988	9432	23280	22616	14237	5114
二、基金预算支出	**697400**	**525015**	**352273**	**589798**	**1078178**	**1954144**	**1551099**	**1643873**	**1058642**

10-7 旅游情况

指　　标	单位	2013年	2014年	2015年	2016年	2017年	2018年	2019年	2020年	2021年	2022年
一、年末旅行社数	个	211	206	204	223	260	355	469	467	506	524
其中:具有出境资质的旅行社	个	14	15	16	19	23	26	26	26	26	25
其他旅行社	个	197	191	188	204	237	329	443	441	480	499
二、年末旅行社从业人员	人	2100	2110	2200	2230	2380	2021	3043	2430	2380	2465
三、旅游接待总人数	万人次	1307	1443	1607	1853	2138	2461	2856	2153	2403.9	1434.7
其中:入境游客	人次	33203	32299	34054	35083	37706	38086	38306	5084	7304	1706
其中:外国人	人次	31700	29784	30142	29880	34320	33231	34092	4525	1556	1291
港澳台同胞	人次	1500	2515	3912	5203	3386	4855	4214	559	5748	415
国内游客	万人次	1304	1440	1603	1849	2135	2457	2852	2152	2403.2	1434.6
四、旅游总收入	亿元	101	127	156	196	251	312	373	220	263.7	122.5
其中:旅游创汇收入	万美元	1683	1516	2259	3212	2824	2461	2744	288.5	311.61	72.9

十一、服务业

指 标 解 释

国家统计局规模以上服务业单位统计标准:辖区内年营业收入 1000 万元及以上,或年末从业人员 50 人及以上服务业法人单位。包括:交通运输、仓储和邮政业,信息传输、软件和信息技术服务业,租赁和商务服务业,科学研究和技术服务业,水利、环境和公共设施管理业,教育,卫生和社会工作;以及物业管理、房地产中介服务、房地产租赁经营和其他房地产业等行业。

辖区内年营业收入 500 万元及以上,或年末从业人员 50 人及以上服务业法人单位。包括:居民服务、修理和其他服务业,文化、体育和娱乐业。

固定资产原价 指固定资产的成本,包括企业在购置、自行建造、安装、改建、扩建、技术改造某项固定资产时所发生的全部支出总额。根据会计“固定资产”科目的期末借方余额填报。

资产总计 指企业过去的交易或者事项形成的、由企业拥有或者控制的、预期会给企业带来经济利益的资源。资产一般按流动性(资产的变现或耗用时间长短)分为流动资产和非流动资产。其中流动资产可分为货币资金、交易性金融资产、应收票据、应收账款、预付款项、其他应收款、存货等;非流动资产可分为长期股权投资、固定资产、无形资产及其他非流动资产等。根据会计“资产负债表”中“资产总计”项目的期末余额数填报。

执行《企业会计准则》或《小企业会计准则》的企业:资产总计 = 流动资产合计 + 非流动资产合计;执行其他企业会计制度的企业资产包括流动资产、长期投资、固定资产、无形资产和其他资产等。

负债合计 指企业过去的交易或者事项形成的,预期会导致经济利益流出企业的现时义务。负债一般按偿还期长短分为流动负债和非流动负债。根据会计“资产负债表”中“负债合计”项目的期末余额数填报。

执行《企业会计准则》或《小企业会计准则》的企业:负债合计 = 流动负债合计 + 非流动负债合计;执行其他企业会计制度的企业负债包括流动负债和长期负债。

所有者权益合计 指企业资产扣除负债后由所有者享有的剩余权益。公司的所有者权益又称股东权益。包括实收资本、资本公积、盈余公积、未分配利润等。根据会计“资产负债表”中“所有者权益合计”项目的期末余额数填报。

营业收入 指企业经营主要业务和其他业务所确认的收入总额。营业收入合计包括“主营业务收入”和“其他业务收入”。根据会计“利润表”中“营业收入”项目的本年累计数填报。

主营业务收入 指企业确认的销售商品、提供劳务等主营业务的收入。根据会计“主营业务收入”科目的本年各月贷方余额(结转前)之和填报。执行《企业会计准则》或《小企业会计准则》的企业,如未设置该科目,以“营业收入”代替填报。

营业成本 指企业经营主要业务和其他业务所发生的成本总额。包括企业(单位)在报告期内从事销售商品、提供劳务等日常活动发生的各种耗费。包括“主营业务成本”和“其他业务成本”。根据会计“利润表”中“营业成本”项目的本年累计数填报。

主营业务成本 指企业经营主要业务所发生的成本总额。根据会计“主营业务成本”科目的本年各月借方余额(结转前)之和填报。如未设置该科目,以“营业成本”代替填报。

税金及附加 指企业因从事生产经营活动按税法规定应缴纳的消费税、城市维护建设税、资源税、教育费附加及房产税、土地使用税、车船使用税、印花税等相关税费。根据会计“利润表”中“税金及附加”项目的本年累计数填报。

销售费用 指企业在销售商品和材料、提供劳务的过程中发生的各种费用,包括保险费、包装费、展览费和广告费、商品维修费、预计产品质量保证损失、运输费、装卸费等以及为销售本企业商品而专设的销售机构(含销售网点、售后服务网点等)的职工薪酬、业务费、折旧费等经营费用。建筑业企业销售费用指企业从事施工生产活动过程中发生的各项费用,包括应由企业负担的运输费、装卸费、包装费、保险费、维修费、展览费、差旅费、广告费和其他经费。房地产企业销售费用指企业在从事主要经营业务过程中所发生的各项销售费用,包括转让、销售、结算和出租开发产品等。执行《企业会计准则》或《小企业会计准则》

的企业,根据会计“利润表”中“销售费用”项目的本年累计数填报。执行其他企业会计制度的企业,根据会计“利润表”中“营业费用(或经营费用)”项目的本年累计数填报。

管理费用 指企业为组织和管理企业生产经营所发生的费用,包括企业在筹建期间内发生的开办费、董事会和行政管理部门在企业经营管理中发生的,或者应当由企业统一负担的公司经费等。根据会计“利润表”中“管理费用”项目的本年累计数填报。

财务费用 指企业为筹集生产经营所需资金等而发生的筹资费用,包括企业生产经营期间发生的利息支出(减利息收入)、汇兑损失(减汇兑收益)以及相关的手续费等。根据会计“利润表”中“财务费用”项目的本年累计数填报。

投资收益 指企业确认的投资收益或投资损失,反映企业以各种方式对外投资所取得的收益。根据会计“利润表”中“投资收益”项目的本年累计数填报。如为投资损失以“-”号记。

其他收益 根据 2017 年 6 月 12 日起施行的《企业会计准则第 16 号—政府补助》,其他收益反映与企业日常活动相关且计入该项目的政府补助。(1)执行《企业会计准则》或《小企业会计准则》的企业,根据会计“利润表”中“其他收益”项目的本年累计数填报;或根据会计“其他收益”科目的本年各月贷方余额(结转前)之和填报。(2)执行其他企业会计制度的企业本指标填 0。

营业利润 指企业从事生产经营活动所取得的利润。执行《企业会计准则》的企业,营业利润为营业收入减去营业成本、税金及附加、销售费用、管理费用、财务费用、资产减值损失,再加上公允价值变动收益、投资收益和其他收益。执行《小企业会计准则》的企业,营业利润为营业收入减去营业成本、税金及附加、销售费用、管理费用、财务费用,再加上投资收益和其他收益后的金额;执行其他企业会计制度的企业,营业利润为主营业务收入减去主营业务成本、主营业务税金及附加,加上其他业务利润后,再减去销售费用、管理费用、财务费用后的金额,应符合以下逻辑关系:营业利润等于营业收入减去营业成本、税金及附加、销售费用、管理费用、财务费用。根据会计“利润表”中“营业利润”项目的本年累计数填报。

利润总额 指企业在一定会计期间的经营成果,是生产经营过程中各种收入扣除各种耗费后的盈余,反映企业在报告期内实现的盈亏总额。根据会计“利润表”中“利润总额”项目的本年累计数填报。执行《企业会计准则》或《小企业会计准则》的企业,利润总额为营业利润加上营业外收入,减去营业外支出后的金额;执行其他企业会计制度的企业,利润总额为营业利润加上投资收益、营业外收入,再减去营业外支出后的金额。

应付职工薪酬 指企业为获得职工提供的服务而给予各种形式的报酬以及其他相关支出。包括职工工资、奖金、津贴和补贴,职工福利费,医疗保险费、养老保险费、失业保险费、工伤保险费和生育保险费等社会保险费,住房公积金,工会经费和职工教育经费,非货币性福利,因解除与职工的劳动关系给予的补偿,其他与获得职工提供的服务相关的支出。执行《企业会计准则》或《小企业会计准则》的企业,根据会计科目“应付职工薪酬”的本年贷方累计发生额填报;执行其他企业会计制度的企业,应将本年上述职工薪酬包含的科目归并填报。

社会保险和住房公积金 指报告期内企业为员工个人缴纳的各种社会保险费用和住房公积金的总计数,包括养老保险、医疗保险、失(待)业保险、劳动保险、工伤保险、生育保险、企业为员工个人支付的商业保险、住房公积金等。根据会计相关科目明细表本年贷方累计发生额分析填报。

平均用工人数 指报告期内(年度、月度)企业平均拥有的从事服务业活动的人员数。按“谁用工,谁统计”的原则实施统计,包括参加企业服务业活动的正式人员,劳务派遣人员和临时聘用人员。不包括在本企业领取工资、股息、红利未参加服务业活动的人员。

11-1 规模以上服务业按登记注册类型分主要经济指标(2022 年)

单位:亿元

指标	单位数	资产总计	营业收入	利润总额	应付职工薪酬	应交增值税	平均用工人数
总计	**243**	**2231.88**	**327.16**	**-59.59**	**115.17**	**10.56**	**79774**
按登记注册类型分组							
内资企业	240	2197.66	310.28	-56.09	112.06	9.07	78122
国有企业	22	69.53	24.94	-0.60	11.96	0.57	4822
集体企业	2	0.31	0.15	-0.03	0.05	0.00	116
股份合作企业	2	2.02	1.23	0.01	0.48	0.01	562
有限责任公司	109	1976.84	213.25	-51.93	77.93	3.82	48111
国有独资公司	20	454.85	9.90	-3.46	6.17	0.24	5827
其他有限责任公司	89	1521.99	203.34	-48.47	71.75	3.58	42284
股份有限公司	7	71.43	32.28	-1.96	8.74	2.89	3830
私营企业	98	77.54	38.43	-1.59	12.90	1.79	20681
私营独资企业	1	0.14	0.78	0.02	0.02	0.10	29
私营合伙企业	3	1.51	0.73	-0.07	0.23		437
私营有限责任公司	92	73.92	35.90	-1.64	12.32	1.61	19983
私营股份有限公司	2	1.97	1.02	0.11	0.33	0.07	232
港、澳、台商投资企业	2	33.51	16.30	-3.65	2.98	1.47	1560
港、澳、台商独资经营企业	2	33.51	16.30	-3.65	2.98	1.47	1560
外商投资企业	1	0.70	0.58	0.15	0.13	0.02	92
按企业集团情况分组							
集团母公司	89	202.75	51.83	-2.55	19.66	1.10	23961
成员企业	38	1562.76	218.19	-54.48	74.76	7.92	37540
按所有制情况分组							
公有制企业	100	2082.17	254.11	-55.29	93.10	6.54	48969
非公有制企业	143	149.70	73.04	-4.31	22.07	4.02	30805

11-2　规模以上服务业按行业分主要经济指标(2022年)

单位:亿元

指标	单位数	资产总计	营业收入	利润总额	应付职工薪酬	应交增值税	平均用工人数
总计	**243**	**2231.88**	**327.15**	**-59.61**	**115.19**	**10.55**	**79774**
按国民经济行业大类分组							
铁路运输业	4	1362.96	117.44	-50.57	52.81	1.81	26336
道路运输业	15	27.28	13.99	-2.36	4.86	0.13	5146
多式联运和运输代理业	3	8.20	2.90	0.18	0.23	0.23	226
装卸搬运和仓储业	7	14.40	5.46	0.05	0.41	0.04	296
邮政业	7	13.21	11.80	-3.22	7.68	0.06	2885
电信、广播电视和卫星传输服务	8	159.77	79.83	-6.94	17.99	4.53	7421
互联网和相关服务	2	0.25	0.94	0.06	0.08	0.12	61
软件和信息技术服务业	5	4.77	3.93	0.19	0.56	0.14	403
物业管理	27	14.47	11.10	0.07	3.76	0.34	7436
房地产租赁经营	9	21.83	1.75	-0.25	0.35	0.06	342
租赁业	4	48.09	0.94	-0.14	0.23	0.05	224
商务服务业	47	400.07	23.87	-2.09	10.37	0.49	17282
研究和试验发展	2	2.22	1.23	0.09	0.85	0.08	508
专业技术服务业	61	74.56	37.86	6.70	10.26	1.36	6150
科技推广和应用服务业	4	14.80	2.21	0.75	0.60	0.10	385
生态保护和环境治理业	2	2.64	0.88	0.26	0.09	0.04	107
公共设施管理业	3	17.63	1.15	-0.45	0.84	0.04	909
居民服务业	5	1.92	0.55	-0.07	0.11	0.00	158
机动车、电子产品和日用产品修理业	4	1.28	0.47	0.03	0.07	0.03	137
教育	1	1.70	0.36	0.08	0.12		124
卫生	11	6.29	6.10	0.55	1.96	0.00	2230
新闻和出版业	1	1.91	1.05	0.09	0.18	0.01	80
广播、电视、电影和录音制作业	5	1.49	0.40	-0.21	0.08	0.01	115
文化艺术业	2	2.36	0.14	-0.10	0.25	0.01	285
体育	1	0.18	0.22	0.00	0.06	0.00	37

十二、物价 住户调查

指 标 解 释

商品零售价格指数　是反映一定时期内城乡商品零售价格变动趋势和程度的相对数。商品零售价格的变动与国家的财政收入、市场供需的平衡、消费与积累的比例关系有关。因此,该指数可以从一个侧面对上述经济活动进行观察和分析。

居民消费价格指数　是反映一定时期内城乡居民所购买的生活消费品和服务项目价格变动趋势和程度的相对数，是对城市居民消费价格指数和农村居民消费价格指数进行综合汇总计算的结果。通过该指数可以观察和分析消费品的零售价格和服务项目价格变动对城乡居民实际生活费支出的影响程度。

住户收支与生活状况调查简介　住户收支与生活状况调查过去一直按照城镇和农村分别组织实施，城镇统计居民可支配收入,农村统计农民纯收入。从 2012 年起,国家统计局分别进行的城乡住户调查实施了一体化改革,统一了城乡居民收入指标名称、分类和统计标准,建立了城乡统一的一体化住户调查。青海省从 2014 年开始发布新口径全省住户收支调查数据,各州县新口径住户收支调查数据从 2015 年开始发布。本章中未标明“老口径”数据均为一体化改革后住户收支调查新口径数据。

可支配收入　指调查户在调查期内获得的、可用于最终消费支出和储蓄的总和,即调查户可以用来自由支配的收入。可支配收入既包括现金,也包括实物收入。计算方法:可支配收入 = 工资性收入 + 经营净收入 + 财产净收入 + 转移净收入。

经营净收入　指住户或住户成员从事生产经营活动所获得的净收入,是全部经营收入中扣除经营费用、生产性固定资产折旧和生产税之后得到的净收入。

财产净收入　指住户或住户成员将其所拥有的金融资产、住房等非金融资产和自然资源交由其他机构单位、住户或个人支配而获得的回报并扣除相关的费用之后得到的净收入。

转移净收入　计算公式为:转移净收入 = 转移性收入- 转移性支出

转移性收入　指国家、单位、社会团体对住户的各种经常性转移支付和住户之间的经常性收入转移。包括政府、非行政事业单位、社会团体对居民转移的养老金或退休金、社会救济和补助、惠农补贴、政策性生活补贴、救灾款、经常性捐赠和赔偿以及报销医疗费等;住户之间的赡养收入、经常性捐赠和赔偿以及农村地区(村委会)在外(含国外)工作的本住户非常住成员寄回带回的收入等。转移性收入不包括住户之间的实物馈赠。

转移性支出　指调查户对国家、单位、住户或个人的经常性或义务性转移支付。包括缴纳的税款、各项社会保障支出、赡养支出、经常性捐赠和赔偿支出以及其他经常转移支出等。

消费支出　指住户用于满足家庭日常生活消费需要的全部支出,包括用于消费品的支出和用于服务性消费的支出。

现行一体化住户调查与老口径城镇及农村住户调查指标统计上的变化:

收入减少部分　以前计算收入现在不计算收入的项目主要包括:拆迁征地补偿所得、出售住房溢价所得、出售收藏品溢价所得、出售股票基金等金融衍生品的溢价所得、一次性抚恤金、一次性赔偿所得、遗产及一次性馈赠所得、压岁钱、婚丧嫁娶礼金所得、博彩所得等。

收入增加部分　以前不计算收入现在计算收入的项目主要包括:报销医疗费、实物福利、单位出资缴纳的各种社会保障费(如:养老金、住房公积金、失业保险金)等。

住户常住成员:满足下列三种情况之一,即可判定为常住成员:

(1)过去三个月或未来三个月居住时间超过一个半月的人。

(2)包括在外居住在工棚、集体宿舍、工作场所、账篷船屋等且每月都回本住宅居住的人。

(3)由本住户供养的在校学生。

外出从业人员收入统计方法

首先判断外出从业人员是否本户常住成员，若是，则其所对应的收支均计算为本户的收支；否则，只有当外出从业人员有寄带回收入行为的方可计算为本户收入，同时其产生的消费支出不计入本户消费支出。

12-1 市区各种价格总指数

上年 =100

年 份	商品零售价格总指数	居民消费价格总指数	食品烟酒	衣着	医疗保健	教育文化娱乐	居住
2000	99.3	99.9	98.3	100.1	101.2	99.7	110.7
2001	100.1	103.2	103.3	101.5	96.6	119.2	101.4
2002	99.3	101.4	99.7	103.3	99.2	105.6	101.6
2003	102.0	101.8	104.9	103.2	100.5	98.2	100.9
2004	103.2	102.6	106.0	102.3	98.0	101.4	102.7
2005	100.9	99.9	101.0	95.4	103.8	100.8	106.4
2006	102.6	101.8	103.0	99.9	104.4	97.2	106.1
2007	105.7	106.4	112.7	105.7	103.4	101.1	107.0
2008	110.1	108.2	117.8	105.0	105.3	99.3	106.8
2009	102.3	102.2	104.9	109.3	103.2	100.1	97.0
2010	104.6	104.5	107.9	107.1	104.9	103.3	101.0
2011	106.0	105.7	110.9	103.3	101.9	99.6	109.6
2012	102.3	102.7	107.1	96.5	101.2	100.5	102.8
2013	102.5	103.8	108.1	101.3	101.5	100.9	104.4
2014	101.2	102.8	103.7	107.9	101.2	102.0	103.6
2015	100.2	101.5	102.9	105.3	101.2	101.9	102.2
2016	100.6	102.1	102.7	100.1	103.0	100.8	106.8
2017	101.4	101.8	99.9	101.4	105.6	100.1	104.8
2018	102.0	102.7	101.9	101.3	103.4	109.1	102.6
2019	101.9	102.5	105.2	101.4	101.2	104.3	100.4
2020	102.4	102.7	106.9	100.7	104.1	100.3	100.4
2021	101.3	101.3	99.9	102.4	102.3	102.9	100.4
2022	103.0	102.5	103.4	102.2	100.4	104.3	100.9

12–2 市区商品零售价格分类指数

（以上年为 100）

项　目	2018 年	2019 年	2020 年	2021 年	2022 年
商品零售价格总指数	102.0	101.9	102.4	101.3	103.0
一、食品	102.4	106.1	108.2	99.8	104.5
1.粮食	102.1	101.7	101.5	101.2	104.8
2.薯类	103.4	102.8	104.2	95.7	114.5
3.豆类	105.6	97.5	104.1	104.6	105.3
4.食用油	99.8	100.9	104.1	104.8	112.1
5.菜及食用菌	100.6	102.7	108.2	105.0	104.1
6.畜肉类	103.9	116.7	128.6	88.5	98.8
7.禽肉类	103.5	115.6	102.6	95.5	104.4
8.水产品	100.2	96.9	101.7	108.7	100.7
9.蛋类	115.3	107.9	83.6	116.9	108.1
10.奶类	99.7	95.7	100.5	99.3	101.0
11.干鲜瓜果类	102.1	101.2	94.0	100.8	113.8
12.糖果糕点类	101.0	102.7	97.6	100.4	106.3
13.调味品	101.4	101.0	100.1	101.0	105.2
14.其他食品类	101.1	96.8	101.2	100.3	106.5
15.餐饮业零售	102.0	103.8	103.3	101.9	101.2
二、饮料、烟酒	99.7	101.1	100.3	100.9	101.4
1. 茶及饮料	99.7	101.4	100.9	99.1	103.0
2. 卷烟	100.0	100.0	100.0	100.0	100.0
3. 酒类	99.5	101.9	100.4	102.6	101.8
三、服装、鞋帽类	102.3	100.9	100.2	102.4	101.9
1. 服装	103.4	99.7	99.7	102.3	102.9
2. 鞋帽袜	99.1	105.3	101.5	103.1	99.1
3. 其他衣着配件	98.2	101.0	104.8	101.1	97.8
四、纺织品	99.5	98.4	104.6	100.8	98.9
1. 服装材料	104.7	100.0	100.0	100.0	100.0
2. 床上用品	98.2	98.0	105.8	101.0	98.7
五、家用电器及音像器材	99.1	96.6	98.0	101.6	101.7
1. 家庭设备	101.3	98.1	97.2	98.9	101.8
2. 文娱用耐用消费品	94.4	93.1	99.3	106.7	101.2

12-2 续表 1 （以上年为 100）

项　　目	2018 年	2019 年	2020 年	2021 年	2022 年
3.专业音像器材	100.5	98.7	99.9	105.3	102.0
六、文化办公用品	102.7	100.6	98.1	103.6	102.4
七、日用品	98.9	99.7	98.3	99.9	99.8
1.日用百货	97.2	99.5	95.0	101.6	103.0
2.厨具餐具茶具	100.9	99.1	99.8	97.7	101.8
3.清洗用品	97.2	100.2	100.5	101.7	97.6
4.其他日用品	100.6	100.2	98.6	98.3	97.6
八、体育娱乐用品	98.1	101.4	100.6	100.4	102.5
1.体育户外用品	98.1	100.3	100.8	98.6	105.4
2.娱乐用品	98.0	102.2	100.5	101.4	101.0
九、交通、通信用品	97.2	100.6	102.5	100.5	100.4
1.交通运输机械	101.4	99.1	100.2	98.6	101.1
2.通信器材	91.0	103.0	106.1	104.2	98.9
十、家具	102.0	103.0	100.8	103.4	101.7
十一、化妆品	102.2	101.9	100.5	98.0	101.5
十二、金银饰品	97.9	112.1	121.7	97.9	101.5
十三、中西药品及医疗保健用品	106.1	101.4	101.2	100.7	99.1
1.医疗卫生器具	102.0	100.0	100.6	97.0	97.6
2.中药	109.5	99.7	101.6	99.9	100.2
3.西药	107.2	104.6	100.7	102.0	98.9
4.保健器具及用品	102.1	97.3	102.1	100.2	98.7
十四、书报杂志及电子出版物	103.8	104.2	99.9	101.3	108.1
1.教材及参考书	103.3	102.5	100.3	104.0	104.6
2.书报杂志	106.0	108.0	100.0	100.0	118.6
3.计算机办公软件	100.0	99.5	98.5	91.4	100.0
十五、燃料	110.1	97.8	93.6	110.9	114.0
1.煤炭及制品	107.9	104.0	123.3	100.0	100.0
2.石油及制品	110.5	96.8	88.4	112.4	115.7
十六、建筑材料及五金电料	99.9	99.6	98.9	99.9	104.9
1.建筑装潢材料	99.5	99.4	98.0	99.2	105.3
2.五金水暖	101.4	100.4	101.9	101.6	104.1

12–3　市区居民消费价格分类指数

（以上年为 100）

项　　目	2018 年	2019 年	2020 年	2021 年	2022 年
居民消费价格总指数	**102.7**	**102.5**	**102.7**	**101.3**	**102.5**
一、食品烟酒	**101.9**	**105.2**	**106.9**	**99.9**	**103.4**
1. 食品	102.3	105.9	109.5	99.1	104.7
（1）粮食	101.8	102.0	101.8	101.3	105.1
（2）薯类	103.4	102.8	104.2	95.7	114.5
（3）豆类	105.7	97.4	104.0	104.6	105.3
（4）食用油	100.5	99.7	101.8	105.5	112.7
（5）菜及食用菌	100.6	103.1	108.6	105.2	104.4
（6）畜肉类	103.9	116.7	128.6	91.0	98.6
（7）禽肉类	103.9	114.3	103.8	95.7	104.5
（8）水产品	100.4	97.7	101.2	106.3	101.0
（9）蛋类	114.8	108.2	84.3	116.4	107.9
（10）奶类	99.2	96.2	101.1	99.0	100.8
（11）干鲜瓜果类	102.2	100.9	93.5	100.8	114.2
（12）糖果糕点类	100.6	102.6	97.8	101.8	110.3
（13）调味品	101.5	101.0	100.2	101.1	104.7
（14）其他食品类	100.7	96.6	100.2	100.8	105.7
2. 茶及饮料	97.7	99.8	100.5	99.1	103.9
3. 烟酒	100.1	101.0	100.2	101.2	100.8
（1）卷烟	100.0	100.0	100.0	100.0	100.0
（2）酒类	100.2	102.2	100.5	102.7	101.9
4. 在外餐饮	102.1	105.1	103.0	101.4	101.2
二、衣着	**101.3**	**101.4**	**100.7**	**102.4**	**102.2**
1. 服装	102.6	99.8	100.5	102.3	102.8
2. 服装材料	104.7	100.0	100.0	–	–
3.其他衣着配件	103.4	102.0	103.5	–	–
4.衣着加工服务费	102.6	106.0	101.7	–	–
5. 鞋类	96.5	106.7	100.9	103.1	99.2

12-3 续表 1 （以上年为 100）

项　目	2018 年	2019 年	2020 年	2021 年	2022 年
三、居住	**102.6**	**100.4**	**100.4**	**100.4**	**100.9**
1. 租赁房房租	100.8	99.3	101.2	100.2	100.2
2. 住房保养维修及管理	99.9	98.4	96.9	99.3	102.6
3. 水电燃料	100.6	103.0	102.7	102.3	100.6
4. 自有住房	105.8	100.1	100.5	100.0	100.7
四、生活用品及服务	**101.3**	**100.1**	**99.8**	**100.0**	**101.5**
1. 家具及室内装饰品	101.8	102.2	100.5	103.0	101.5
2. 家用器具	102.0	97.9	97.3	99.1	101.8
3. 家用纺织品	99.5	98.8	103.9	101.7	101.9
4. 家庭日用杂品	98.5	99.9	98.7	100.3	100.7
5. 个人护理用品	102.7	101.9	100.7	97.8	101.2
6. 家庭服务	105.4	98.9	99.9	100.1	102.9
五、交通和通信	**100.5**	**99.3**	**97.6**	**103.4**	**103.9**
1. 交通	102.5	98.0	95.0	103.9	105.3
2. 通信	96.9	101.8	102.2	101.6	99.7
六、教育文化和娱乐	**109.1**	**104.3**	**100.3**	**102.9**	**104.3**
1. 教育	110.3	107.3	100.9	102.8	104.5
2. 文化娱乐	107.6	100.7	99.6	103.1	104.1
七、医疗保健	**103.4**	**101.2**	**104.1**	**102.3**	**100.4**
1. 药品及医疗器具	107.0	101.5	101.2	100.7	99.2
2. 医疗服务	100.5	100.9	106.6	102.9	100.9
八、其他用品及服务	**99.6**	**103.9**	**107.4**	**99.0**	**100.4**
1. 其他用品类	99.0	106.9	111.5	98.4	99.8
2. 其他服务类	100.3	100.0	101.6	99.6	101.0

12-4 一体化住户调查主要指标

指　　标	2018 年	2019 年	2020 年	2021 年	2022 年
全体居民人均可支配收入(元)	25926.29	28189.23	30203.43	32347.18	33497.13
城镇常住居民人均可支配收入(元)	32499.61	34846.39	36959.3	39250.85	40196.62
农村常住居民人均可支配收入(元)	11504.01	12576.79	13486.72	14948.18	15797.09
全体居民人均可支配收入名义增长速度(%)	8.97	8.11	7.15	7.10	3.56
城镇常住居民人均可支配收入名义增长速度(%)	8.18	7.35	6.06	6.20	2.41
农村常住居民人均可支配收入名义增长速度(%)	9.06	9.36	7.23	10.84	5.68
全体居民人均可支配收入实际增长速度(%)			–	–	
城镇常住居民人均可支配收入实际增长速度(%)			–	–	
农村常住居民人均可支配收入实际增长速度(%)			–	–	
全体居民人均可支配收入中位数(元)			–	–	
城镇常住居民人均可支配收入中位数(元)			–	–	
农村常住居民人均可支配收入中位数(元)			–	–	
全体居民人均消费支出(元)	18628.30	20222.42	21017.65	22174.04	19268.47
城镇常住居民人均消费支出(元)	22415.38	24027.41	24810.48	25688.32	21961.79
农村常住居民人均消费支出(元)	10319.20	11298.91	11632.69	13317.15	12152.74
全体居民人均消费支出增长速度(%)	8.54	8.34	3.93	5.50	-13.10
城镇常住居民人均消费支出增长速度(%)	8.67	7.63	3.26	3.54	-14.51
农村常住居民人均消费支出增长速度(%)	5.04	9.51	2.95	14.48	-8.74
城乡居民收入比(以农村为 1)	2.83	2.77	2.74	2.63	2.54

12-5 居民家庭基本情况

指标	2020年			2021年			2022年		
	全体住户	城镇住户	农村住户	全体住户	城镇住户	农村住户	全体住户	城镇住户	农村住户
一、调查样本住房数(户)	940	690	250	940	690	250	940	690	250
二、期内住房常住成员数(人)	3015	2022	993	2958	1952	1006	2937	1925	1011
三、常住劳动力情况(16周岁及以上非在校学生)	–	–	–	–	–	–	–	–	–
(一)劳动力人数(人)	2208	1492	716	2193	1453	740	2184	1446	738
1.整劳动力人数	1119	741	378	1027	648	379	972	611	361
2.半劳动力人数	1089	751	338	1166	805	361	1212	835	377
(二)性别(人)	2208	1492	716	2193	1453	740	2184	1446	738
1.男性	1106	726	380	1100	709	391	1088	702	386
2.女性	1102	766	336	1093	744	349	1096	744	352
(三)年龄(人)	2208	1492	716	2193	1453	740	2184	1446	738
1. 16–19岁	11	3	8	15	6	9	12	4	8
2. 20–24岁	91	37	54	85	31	54	69	24	45
3. 25–29岁	186	112	74	156	85	71	157	79	78
4. 30–34岁	201	145	56	185	121	64	171	107	64
5. 35–40岁	213	155	58	183	119	64	188	126	62
6. 41–50岁	582	399	183	560	389	171	523	367	156
7. 51–60岁	537	356	181	593	407	186	635	431	204
8. 61–65岁	148	103	45	151	99	52	147	99	48
9. 66岁及以上	239	182	57	265	196	69	282	209	73
(四)受教育程度(人)	2208	1492	716	2193	1453	740	2184	1446	738
1. 未上过学	155	71	84	133	55	78	117	45	72
2. 小学	451	207	244	437	188	249	438	191	247
3. 初中	727	438	289	747	447	300	750	444	306
4. 高中	339	293	46	337	286	51	340	290	50
5. 大学专科	286	250	36	291	254	37	283	247	36
6. 大学本科	240	223	17	242	217	25	248	221	27
7. 研究生	10	10	0	6	6	0	8	8	0
四、常住从业人员情况(人)	–	–	–	–	–	–	–	–	–
(一)常住成员从业人数	1416	894	522	1366	826	540	1191	716	475
(二)年末就业类型	–	–	–	–	–	–	–	–	–
1. 雇主	10	9	1	4	4	0	4	4	0
2. 公职人员	43	41	2	29	27	2	28	25	3
3. 事业单位人员	110	109	1	92	90	2	90	88	2
4. 国有企业雇员	107	98	9	95	82	13	95	83	12
5. 其他雇员	818	506	312	816	489	327	686	412	274
6. 农业自营	136	14	122	119	6	113	132	9	123
7. 非农自营	192	117	75	211	128	83	156	95	61
(三)年末从事主要行业(人)	–	–	–	–	–	–	–	–	–
1. 第一产业	174	31	143	156	18	138	163	20	143
2. 第二产业	350	203	147	317	187	130	285	167	118
3. 第三产业	892	660	232	893	621	272	743	529	214
(四)单位离退休人员(人)	339	328	11	373	362	11	396	385	11
五、住房情况	–	–	–	–	–	–	–	–	–
自有现住房面积	35.70	35.25	36.61	36.21	35.93	36.93	36.4	36.3	36.5

12-6 居民家庭主要耐用消费品每百户年末拥有量

指　标	2019年			2020年			2021年			2022年		
	全体住户	城镇住户	农村住户	全体住户	城镇住户	农村住户	全体住户	城镇住户	农村住户	全体住户	城镇住户	农村住户
家用汽车(辆)	44.81	41.93	54.20	47.22	44.18	55.60	49.58	45.75	63.51	50.4	40.3	62.4
摩托车(辆)	12.46	2.88	43.66	12.23	2.75	38.40	10.13	3.25	35.17	11.5	2.9	34
电动车(台)	5.31	4.05	9.41	6.60	3.62	14.80	7.81	4.49	19.85	9.6	4.7	21.2
洗衣机(台)	100.72	99.70	104.03	102.00	101.14	104.40	100.92	99.95	104.42	101.9	88.1	104.8
电冰箱(柜)(台)	104.40	102.43	110.82	108.39	106.35	114.00	107.97	105.49	117.00	112.0	94.9	121.2
微波炉(台)	62.60	70.20	37.85	63.17	70.27	43.60	71.19	78.06	46.24	68.7	66.2	49.2
彩色电视机(台)	99.83	98.97	102.64	100.83	99.40	104.80	100.26	99.88	101.63	100.4	87.1	102.4
空调(台)	1.44	1.29	1.95	1.28	1.01	2.00	2.78	2.52	3.70	2.6	2.2	2.8
热水器(台)	75.19	79.16	62.27	79.13	83.31	67.60	80.14	83.11	69.35	81.8	74.6	72
排油烟机(台)	81.03	91.17	47.98	83.07	94.76	50.80	83.44	91.98	52.38	82.8	81.3	54.4
固定电话(部)	14.48	17.34	5.15	12.23	15.36	3.60	7.09	8.10	3.43	6.7	7.2	2.4
移动电话(部)	257.45	240.89	311.39	257.64	239.40	308.00	252.93	236.21	313.73	256.2	205.9	312.4
计算机(台)	47.72	54.83	24.56	48.39	55.77	28.00	37.63	39.13	32.21	37.2	35.1	29.2
照相机(台)	11.23	14.04	2.05	10.30	13.31	2.00	7.03	8.44	1.93	6.9	7.7	1.6

12-7 全体居民人均收支情况

指标	2020年			2021年			2022年		
	绝对数（元）	增长率（%）	构成（%）	绝对数（元）	增长率（%）	构成（%）	绝对数（元）	增长率（%）	构成（%）
可支配收入	30203.43	7.15	–	32347.18	7.10	–	33497	3.6	–
工资性收入	19404.21	9.83	64.25	20596.34	6.14	63.67	21052	2.2	62.85
经营净收入	3210.74	–3	10.63	3546.36	10.45	10.96	2690	–24.2	8.03
第一产业经营净收入	–	–	–	–	–	–	–	–	–
第二产业经营净收入	–	–	–	–	–	–	–	–	–
第三产业经营净收入	–	–	–	–	–	–	–	–	–
财产净收入	1627.89	–1.3	5.39	1516.76	–6.83	4.69	1682	10.9	5.02
转移净收入	5960.59	7.15	19.74	6687.73	12.20	20.67	8074	20.7	24.10
消费支出	21017.65	3.93	–	22174.04	5.50	–	19269	–13.1	–
食品烟酒	6093.28	2.37	28.99	6848.28	12.39	30.88	6738	–1.6	34.97
衣着	1511.4	–9.54	7.19	1586.82	4.99	7.16	1262	–20.5	6.55
居住	4700.84	15.16	22.37	4709.70	0.19	21.24	4537	–3.7	23.55
生活用品及服务	1194.29	6.14	5.68	1218.78	2.05	5.50	968	–20.6	5.02
交通通信	2957.56	7.19	14.07	3037.30	2.70	13.70	2256	–25.7	11.71
教育文化娱乐	1996.53	–9.52	9.50	2080.89	4.23	9.38	1331	–36	6.91
医疗保健	2144.15	10.59	10.20	2241.84	4.56	10.11	1744.6	–22.2	9.05
其他用品和服务	419.6	–13.96	2.00	450.43	7.35	2.03	432	–4.1	2.24

12-8 城镇常住居民人均收支情况

指 标	2020年			2021年			2022年		
	绝对数（元）	增长率（%）	构成（%）	绝对数（元）	增长率（%）	构成（%）	绝对数（元）	增长率（%）	构成（%）
可支配收入	36959.3	6.06	–	39250.85	6.20	–	40197	2.4	–
工资性收入	23552.33	7.39	63.72	24592.18	4.42	62.65	24889	1.2	61.92
经营净收入	3558.71	–2.61	9.63	4052.28	13.87	10.32	2805	–30.8	6.98
第一产业经营净收入	–	–	–	–	–	–	–	–	–
第二产业经营净收入	–	–	–	–	–	–	–	–	–
第三产业经营净收入	–	–	–	–	–	–	–	–	–
财产净收入	2178.28	–4.09	5.90	2053.46	–5.73	5.23	2240	9.1	5.57
转移净收入	7669.99	9.75	20.75	8552.93	11.51	21.79	10262	20.0	25.53
消费支出	24810.48	3.26	–	25688.32	3.54	–	21962	–14.5	–
食品烟酒	7246.23	1.84	29.21	7946.44	9.66	30.93	7776	–2.1	35.41
衣着	1808.78	–11.21	7.29	1867.13	3.23	7.27	1451	–22.3	6.61
居住	5617.51	12.53	22.64	5602.56	–0.27	21.81	5326	–4.9	24.25
生活用品及服务	1446.12	5.96	5.82	1433.70	–0.86	5.58	1114	–22.3	5.07
交通通信	3363.67	6.55	13.56	3311.18	–1.56	12.89	2396	–27.6	10.91
教育文化娱乐	2330.19	–10.11	9.39	2452.34	5.24	9.55	1518	–38.1	6.91
医疗保健	2491.32	16.02	10.04	2539.62	1.94	9.89	1870	–26.4	8.51
其他用品和服务	506.65	–18.46	2.04	535.36	5.67	2.08	511	–4.6	2.33

12-9 农村常住居民人均收支情况

指标	2020年			2021年			2022年		
	绝对数（元）	增长率（%）	构成（%）	绝对数（元）	增长率（%）	构成（%）	绝对数（元）	增长率（%）	构成（%）
可支配收入	13486.72	7.23	–	14948.18	10.84	–	15797	5.7	–
工资性收入	9140.1	19.26	67.77	10525.79	15.16	70.42	10914	3.7	69.09
经营净收入	2349.75	–6.11	17.42	2271.31	–3.34	15.19	2385	5.0	15.10
第一产业经营净收入	–	–	–	–	–	–	–	–	–
第二产业经营净收入	–	–	–	–	–	–	–	–	–
第三产业经营净收入	–	–	–	–	–	–	–	–	–
财产净收入	266	39.24	1.97	164.14	–38.29	1.10	207	26.1	1.31
转移净收入	1730.87	–22.01	12.83	1986.95	14.79	13.29	2291	15.3	14.50
消费支出	11632.69	2.95	–	13317.15	14.48	–	12153	–8.7	–
食品烟酒	3240.43	0.51	27.86	4080.66	25.93	30.64	3995	–2.1	32.87
衣着	775.57	–4.43	6.67	880.37	13.51	6.61	763	–13.4	6.28
居住	2432.63	24.9	20.91	2459.46	1.10	18.47	2452	–0.3	20.18
生活用品及服务	571.15	1.38	4.90	677.11	18.55	5.08	582	–14.1	4.79
交通通信	1952.67	6.93	16.79	2347.05	20.20	17.62	1886	–19.6	15.52
教育文化娱乐	1170.92	–10.05	10.07	1144.75	–2.24	8.60	838	–26.8	6.90
医疗保健	1285.12	–11.37	11.05	1491.36	16.05	11.20	1413	–5.3	11.63
其他用品和服务	204.21	17.13	1.76	236.40	15.77	1.78	224	–5.4	1.84

12-10 居民家庭主要食品人均消费量

单位:公斤

指标	2019年			2020年			2021年			2022年		
	全体居民	城镇常住居民	农村常住居民	全体居民	城镇常住居民	农村常住居民	全体居民	城镇常住居民	农村常住居民	全体居民	城镇常住居民	农村常住居民
粮食消费量	75.64	75.09	76.93	82.73	81.23	86.45	97.42	90.56	110.73	99.38	94.68	108.32
谷物消费量	69.21	68.75	70.28	75.64	74.30	78.97	89.27	82.98	101.47	91.40	87.38	99.06
薯类消费量	4.19	3.59	5.60	4.67	3.98	6.38	5.59	4.31	8.06	5.51	4.17	8.07
豆类消费量	2.23	2.74	1.04	2.42	2.95	1.10	2.57	3.28	1.19	2.46	3.13	1.20
油脂类消费量	7.09	7.60	5.91	7.16	7.31	6.76	9.10	9.13	9.04	9.12	9.30	8.79
植物油	6.98	7.47	5.84	7.09	7.24	6.71	9.00	9.02	8.94	9.04	9.19	8.75
动物油	0.11	0.13	0.06	0.07	0.07	0.05	0.10	0.11	0.09	0.08	0.11	0.03
蔬菜及菜制品消费量	62.41	65.42	55.36	65.12	68.12	57.70	76.38	80.92	67.57	79.68	84.34	70.83
鲜菜	60.52	63.32	53.97	63.11	65.88	56.28	74.43	78.69	66.16	77.79	82.12	69.53
肉类	21.18	21.87	19.56	19.77	20.96	16.82	27.85	27.98	27.58	27.53	28.22	26.22
猪肉	10.40	10.21	10.85	9.86	9.72	10.20	16.41	15.74	17.71	16.54	16.07	17.44
牛肉	6.13	6.33	5.66	6.11	6.89	4.18	7.08	7.08	7.07	6.38	6.95	5.30
羊肉	2.98	3.32	2.20	2.33	2.58	1.71	2.68	3.00	2.06	2.96	3.16	2.59
其他肉类及制品	1.67	2.01	0.86	1.47	1.76	0.74	1.68	2.16	0.74	1.64	2.04	0.88
禽类	3.85	4.14	3.18	4.55	4.85	3.81	4.43	4.90	3.25	4.46	5.19	3.07
水产品	3.44	4.25	1.52	3.23	3.98	1.37	3.00	3.83	1.39	3.35	4.20	1.74
蛋类及蛋制品	5.51	6.32	3.62	6.93	7.83	4.71	7.18	8.30	5.01	9.34	11.14	5.93
奶和奶制品	22.54	26.08	14.23	22.09	25.08	14.70	23.48	27.26	16.14	24.03	27.68	17.09
干鲜瓜果类	33.68	39.89	19.12	34.16	40.71	17.97	37.28	44.15	23.93	32.36	39.45	18.86
糖果糕点类	3.94	4.37	2.93	3.74	4.31	2.34	3.92	4.44	2.92	1.15	1.07	1.30
食糖	1.13	0.93	1.58	0.97	0.97	0.98	0.99	0.78	1.40	0.99	0.88	1.18
茶叶	0.26	0.29	0.20	0.23	0.25	0.19	0.27	0.26	0.28	0.01	0.01	0.01
酒	4.01	4.15	3.66	3.51	3.81	2.78	4.07	4.31	3.59	0.17	0.15	0.21

十三、教育

指 标 解 释

招生数　招生数是指实际招收入学并完成学籍注册的新生数。各校招生数和一年级在校生数要严格按照同一个统计时间节点(9 月 1 日)填报,新生报到注册后转出、休学,相应不计入一年级在校生数,招生数应≤在校生数。

高中阶段　高中阶段,含普通高中和中等职业教育。

教职工数　教职工数是指各级各类学校(机构)根据岗位聘用的全职为学校工作的人员(含在编人员、县管校聘人员、同工同酬和学校临聘人员,聘期需在一年以上,不含第三方劳务派遣人员)。根据《幼儿园教职工配备标准(暂行)》,幼儿园教职工包括:园长、专任教师、保育员、卫生保健人员、行政人员、教辅人员和工勤人员。

专任教师　专任教师是指具有幼儿园教师资格,聘用的专职从事教学工作的教师岗位人员。结合我省实际情况,教师资格证不是必备条件,主要看是否专职从事教学岗位,含在编人员、县管校聘人员、同工同酬和学校临聘人员,聘期需在一年以上。
行政人员:行政人员是指幼儿园根据《关于中等职业学校、普通高中、幼儿园岗位设置管理的指导意见》,聘用的管理岗位人员。包括具有行政、党群等管理工作职责的岗位,不包括幼儿园园长(园长需单独填报到园长栏)。

教辅人员　是指幼儿园根据《关于中等职业学校、普通高中、幼儿园岗位设置管理的指导意见》,聘用的其他专业技术岗位人员。主要包括学科实验、图书资料、财务会计、电化教育等具有教学辅助工作职责的专业技术岗位(不含卫生保健人员、安全保卫人员)。

工勤人员　是指幼儿园根据《关于中等职业学校、普通高中、幼儿园岗位设置管理的指导意见》,聘用的工勤技能岗位人员(聘期在一年以上,按照岗位实际无法归入其他类别的教职工,含教育部门或学校聘用、非劳务派遣的锅炉工、保洁人员、食堂师傅、安全保卫人员等)。

13-1 各级各类学校数

单位:所

年份	普通高校	中等职业学校	普通中学	职业高中学校	小学	#民族小学	幼儿教育
1975	4	5	145		1356		6
1980	6	14	203		1126		22
1985	6	18	170	11	1049		115
1990	6	21	176	13	1002	104	121
1995	6	19	162	14	965	113	125
2000	7	18	152	13	908	182	117
2001	6	10	153	12	808	44	115
2002	8	6	153	10	779	42	141
2003	9	4	153	9	765	144	143
2004	9	4	152	6	743	139	156
2005	8	4	149	6	715	138	194
2006	8	10	145	4	679	153	216
2007	8	9	143	2	650	150	221
2008	8	9	145	2	588	151	265
2009	9	8	140	2	458	139	278
2010	9	9	139	2	334	83	296
2011	9	9	137	1	275	68	309
2012	9	20	136		265	67	331
2013	9	19	136		181	44	359
2014	10	19	140		170	27	364
2015	10	20	137	0	160	27	493
2016	10	20	140	0	151	27	519
2017	10	20	136	0	142	27	520
2018	10	19	138	0	141	23	569
2019	10	18	142	0	139	42	558
2020	10	15	139	0	141	41	534
2021	10	15	136	0	136	41	548
2022	10	15	143	0	136	41	521

注:2012 年职校含省属职校 12 所。2013 年新增小学教学点 68 所。

13-2 普通高校基本情况

单位:人

年 份	毕业人数	招生人数	在 校 学生数	教职工 人 数	#专任 教 师	每一专任教师 负担学生数
1957		102	178	113	55	3.24
1965	297	176	566	613	326	1.74
1970	325	368	616	792	351	1.75
1975	688	861	2709	1350	625	4.33
1980	692	1208	4238	1970	999	4.24
1985	1159	2037	6414	2532	1237	5.19
1990	1881	1657	6043	2905	1418	4.26
1995	2056	2174	6870	2832	1320	5.17
2000	2315	5940	12782	3766	1885	6.78
2001	2561	7032	17918	3972	2094	8.56
2002	2763	7123	22198	5314	2580	8.60
2003	4771	9075	26124	5589	2769	9.43
2004	5707	9346	29244	5802	3079	9.50
2005	8227	11682	32753	5830	3051	10.74
2006	8609	11856	35983	6038	3296	10.92
2007	9547	11955	37665	6704	3511	10.72
2008	9753	14444	42177	6242	3368	12.52
2009	10437	13253	43782	6418	3757	11.65
2010	15000	18676	60384	6682	3731	16.18
2011	20748	19075	58661	6677	3735	15.71
2012	16422	20832	61858	6668	3717	16.64
2013	17327	20797	63918	6851	3785	16.88
2014	17740	22529	67275	6125	3881	17.33
2015	18404	21801	69894	6248	4039	17.30
2016	19937	23055	71464	6440	4198	17.02
2017	19581	23781	74222	6535	4358	17.03
2018	21327	26147	77701	6653	4464	17.41
2019	21900	27117	81972	6597	4485	16.79
2020	23418	25848	83439	6706	4463	17.4
2021	24597	29397	87148	7821	4628	16.77
2022	24131	32086	94576	7710	4634	18.73

注:2014 年教职工减少受退休政策的影响。

13-3 中等职业学校基本情况

单位:人

年份	毕业人数	招生人数	在校学生数	教职工人数	#专任教师	每一专任教师负担学生数
1952			912			
1957	440		5023			
1965	357	580	1499	274	128	11.71
1970	594		1327	318	145	9.15
1975	595		2552	570	199	12.82
1980	1339	1325	3358	924	416	8.07
1985	1433	2574	6574	1310	647	10.16
1990	2117	1622	5570	1809	931	5.92
1995	1660	2163	6522	1731	944	6.91
2000	3567	3751	9452	1196	775	12.2
2001	2212	2287	9095	1370	748	12.16
2002	2215	2375	9199	411	249	36.94
2003	3750	1704	6940	773	470	14.77
2004	2401	1466	5028	546	342	14.70
2005	1788	2689	4986	324	187	26.63
2006	2643	6786	10551	515	407	25.92
2007	2994	9651	15364	632	528	29.10
2008	3406	8122	17690	564	564	31.37
2009	5249	9479	22601	786	712	31.74
2010	4715	9451	23456	789	717	32.71
2011	6269	8422	23057	850	748	30.82
2012	12932	15084	40025	1805	1406	28.50
2013	11889	14237	40425	1946	1549	26.10
2014	11161	13628	41186	1838	1495	27.55
2015	11966	12892	39838	1789	1484	26.84
2016	10436	10881	35001	1792	1462	23.94
2017	10525	11553	34690	1766	1446	24
2018	11291	11405	32122	1644	1363	23.56
2019	9158	12067	31486	1590	1345	23.35
2020	8964	12378	30241	1418	1225	24.69
2021	8952	11823	31602	1375	1199	26.36
2022	8908	11985	31060	1305	1131	27.46

注:2012 年起数据含省属 12 所学校数据。

13-4 普通中学基本情况

单位:人

年份	毕业人数	招生人数	在校学生数	教职工人数	#专任教师	每一专任教师负担学生数
1975	14232	24714	61007	3617	2705	22.55
1980	33015	36795	103353	5727	4490	23.02
1985	28041	34336	110922	7159	5611	19.77
1990	31434	35357	99059	8800	6966	14.22
1995	23408	30032	81558	7724	6303	12.94
2000	23020	37118	94823	7608	6495	14.60
2001	25069	39840	104876	7806	6500	16.13
2002	29008	43532	113865	8152	7050	16.15
2003	31641	46294	123984	8418	7416	16.72
2004	35233	45018	129045	8776	7892	16.35
2005	38151	46055	131624	9089	8240	15.97
2006	41046	40134	124964	9275	8431	14.82
2007	39567	41855	122201	9470	8468	14.43
2008	41018	39056	116025	9600	8842	13.12
2009	36134	42261	119365	9524	8798	13.67
2010	37464	42740	119619	9739	9064	13.20
2011	35339	40307	120563	11968	11397	10.58
2012	37657	41951	118006	11931	11375	10.37
2013	36144	42771	118739	12123	11668	10.18
2014	35030	41854	121862	11549	11150	10.93
2015	38471	41739	123362	12168	9235	13.35
2016	40235	41687	122832	12205	9272	13.25
2017	40076	42181	123150	12229	11810	10.42
2018	39931	42074	124992	12557	12272	10.18
2019	40486	40977	124327	12600	12273	10.13
2020	41333	41057	123183	12639	9599	12.83
2021	40988	42501	123874	13204	9819	12.61
2022	40198	43791	127083	13227	9807	12.96

13-5 小学基本情况

单位：人

年 份	毕业人数	招生人数	在 校 学生数	教职工 人 数	#专任 教 师	每一专任教师 负担学生数
1952			37169			
1957	8058		80133			
1965	7733		94697			
1970	13114		115939			
1975	27231	75302	190007	7642	7093	26.78
1980	29214	49139	241856	9357	8736	27.68
1985	28280	37271	217848	9183	8659	25.15
1990	28510	22096	186902	9683	9196	20.32
1995	24006	28095	156845	9286	8803	17.81
2000	30126	29978	174414	8946	8615	20.25
2001	30952	28829	171852	8767	8486	20.25
2002	32394	29014	167407	8892	8678	19.29
2003	32574	28443	163018	8639	8449	19.29
2004	30416	28176	160437	8532	8310	19.31
2005	29867	27165	155453	8415	8229	18.89
2006	24434	26568	158276	8459	8316	19.03
2007	23622	26913	159479	8331	8186	19.48
2008	21885	27984	165615	8357	8215	20.16
2009	28151	26047	163562	8024	7919	20.65
2010	28098	25065	160495	7890	7799	20.58
2011	26791	24966	158146	5770	5704	27.73
2012	26336	24411	155851	5605	5546	28.10
2013	26138	24194	153021	5512	5496	27.84
2014	27007	24095	149951	5047	5034	29.79
2015	26469	24229	147881	5499	7989	18.51
2016	25125	25742	148629	5595	5583	26.62
2017	25183	26916	150349	5633	5619	26.75
2018	24467	27302	153627	5710	5689	27
2019	24261	29116	158766	6146	8735	18.17
2020	24299	28236	163251	6313	8854	18.43
2021	24607	29254	168392	6771	9423	17.87
2022	26099	24429	166948	6766	9361	17.84

13-6 幼儿教育事业基本情况

单位：人

年 份	幼儿园数（所）	在 园 幼儿数	教职工 人 数	#幼师	每一专任教师 负担学生数
1980	22	7362	630	305	24.14
1985	115	11109	539	370	30.02
1990	121	24282	1033	758	32.03
1995	128	35108	1631	1121	31.32
2000	117	32480	1557	1322	24.57
2001	115	34240	1599	946	36.19
2002	141	37979	2015	1100	34.53
2003	143	39593	1527	874	45.30
2004	156	40875	2239	1239	32.99
2005	194	43439	2712	1477	29.41
2006	216	47462	2932	1599	29.68
2007	221	47056	2922	1635	28.78
2008	265	50077	3097	1745	28.70
2009	278	53031	3592	2076	25.54
2010	296	56402	4017	2312	24.40
2011	309	59956	4333	2412	24.86
2012	331	64934	3892	2440	26.60
2013	359	70392	4284	2541	27.70
2014	364	71330	4960	2756	25.88
2015	493	75246	6527	3702	20.32
2016	519	77588	7940	4383	17.87
2017	520	77539	8408	4471	17.34
2018	569	77320	8292	4631	16.69
2019	558	73429	8574	4679	15.69
2020	534	74624	9090	4463	16.72
2021	548	75093	9492	4472	16.78
2022	521	74390	9493	4599	16.83

13-7 普通高等院校一览表

单位:人

年份	学校(所)	毕(结)业生数	招生数	在校学生数	教职工数	专任教师						教辅人员	行政人员	工勤人员
						合计	正高级	副高级	中级	初级	无职称			
1995	6	2056	2174	6870	2832	1320	58	180	571	370	149			
2000	7	2315	5940	12782	3766	1885	58	384	857	483	103			
2001	6	2561	7032	17918	3972	2094	66	537	915	429	147	480	858	540
2002	8	2763	7123	22198	5314	2580	89	625	1156	581	129	878	561	596
2003	9	4771	9075	26124	5589	2769	102	702	1231	586	148	600	823	492
2004	9	5707	9346	29244	5802	3079	157	875	1296	616	135	589	758	499
2005	8	8227	11682	32753	5830	3051	215	955	1196	562	123	575	815	635
2006	8	8609	11856	35983	6038	3296	313	1120	1234	487	142	567	820	744
2007	8	9547	11955	37665	6704	3511	380	1349	1206	448	128	837	899	775
2008	8	9753	14444	42177	6242	3368	446	1283	1011	448	180	722	860	696
2009	9	10437	13253	43782	6418	3757	490	1390	1097	546	234	791	730	680
2010	9	15000	18676	60384	6682	3731	566	1336	1096	548	185	817	761	664
2011	9	20748	19075	58661	6677	3735	647	1310	1076	542	160	831	759	632
2012	9	16422	20832	61858	6668	3878	768	1352	1115	498	145	756	887	639
2013	9	17327	20797	63918	6851	3785	787	1323	1039	434	202	740	806	603
2014	10	17740	22529	67257	6125	3881	732	1314	1036	467	332	671	746	527
2015	10	18404	21801	69894	6248	4039	796	1422	960	503	358	676	743	492
2016	10	19937	23055	71464	6440	4198	793	1434	951	621	399	752	776	440
2017	10	19581	23781	74222	6535	4358	799	1492	1018	693	356	718	779	413
2018	10	21327	26147	77701	6653	4464	752	1482	1196	728	306	690	813	404
2019	10	21900	27117	81972	6597	4485	752	1499	1335	587	312	656	858	360
2020	10	23418	25848	83439	6706	4463	709	1460	1352	526	416	636	1001	337
2021	10	24597	29397	87148	7821	4628	711	1528	1480	475	434	764	1097	1074
2022	10	24131	32086	94576	7710	4634	686	1520	1480	397	551	769	1088	943

13-8 研究生一览表

单位:人

年份	合计			攻读博士学位研究生			攻读硕士学位研究生		
	毕(结)业生	招生数	在校研究生	毕(结)业生	招生数	在校研究生	毕(结)业生	招生数	在校研究生
1995	9	22	57		3	13	9	19	44
2000	16	53	122				16	53	122
2001	35	86	172	6	6	21	29	80	151
2002	31	127	263	6	13	27	25	114	236
2003	45	172	387	6	16	37	39	156	350
2004	84	320	618	6	24	53	78	296	565
2005	117	403	894	8	27	74	109	376	820
2006	164	462	1163	17	26	81	147	436	1082
2007	295	538	1401	16	28	92	279	510	1309
2008	388	596	1588	24	28	94	364	568	1494
2009	366	637	1573	32	7	13	366	630	1560
2010	500	841	2143	32	31	94	468	810	2049
2011	558	902	2437	23	33	99	535	869	2338
2012	690	1069	2821	26	41	112	664	1028	2709
2013	820	1136	3074	22	45	135	798	1091	2939
2014	821	1083	3035	8	27	62	813	1056	2973
2015	939	1218	3222	8	35	87	931	1183	3135
2016	990	1319	3508	7	47	125	983	1272	3383
2017	1051	1730	4112	12	65	176	1039	1665	3936
2018	1175	2091	4948	19	77	206	1156	2014	4742
2019	1288	2444	6033	15	107	298	1273	2337	5735
2020	1656	3149	7380	16	133	413	1640	3016	6967
2021	1896	3443	8800	36	167	544	1860	3276	8256
2022	2422	3625	9918	65	198	670	2357	3427	9248

注:2014年起本表数据统计口径变动(不再含青海盐湖研究所与青海高原生物研究所两所科研院所)。

13-9 普通中学基本情况(2022年)

指标	学校数（所）	初中					高中
		班数（个）	毕业生数（人）	招生数（人）	在校学生数(人)		班数
					合计	其中:毕业班学生数	
总计	143	1641	24365	26870	77580	25024	993
教育部门和集体办	127	1584	23497	26081	75241	24225	812
民办	11	8	84	52	199	90	112
其他部门办	5	49	784	737	2140	709	69
城市	56	945	14236	15875	46408	15026	993
教育部门和集体办							
民办							
其他部门办							
县镇	34	383	5882	6367	18008	5772	373
教育部门和集体办							
民办							
其他部门办							
农村	53	313	2413	2825	7882	2438	22
教育部门和集体办							
民办							
其他部门办							

13-9 续表1

指标	高中				教职员人数(人)		代课及兼任教师（人）
	毕业生数（人）	招生数（人）	在校学生数(人)		合计	其中:专任教师	
			合计	其中:毕业班学生数			
总计	15833	16921	49503	15774	13227	9807	
教育部门和集体办	13344	13815	41349	13311	12031	9000	
民办	1423	1841	4729	1401	610	378	
其他部门办	1066	1265	3425	1062	586	429	
城市	9416	10141	29408	9198	7176	5739	
教育部门和集体办							
民办							
其他部门办							
县镇	6210	6282	19045	6306	3665	2893	
教育部门和集体办							
民办							
其他部门办							
农村	207	498	1050	270	2386	1175	
教育部门和集体办							
民办							
其他部门办							

13-10　小学基本情况(2022 年)

指　　标	学校数(所)	班数(个)	毕业生数(人)	招生数(人)
总计	136	3762	26099	24429
教育部门和集体办	0	52	341	364
民办	0	10	84	18
其他部门办	0	0	0	0
城市	67	1993	14690	15072
教育部门和集体办				
民办	0	10	84	18
其他部门办				
县镇	24	796	6376	4926
教育部门和集体办				
民办				
其他部门办				
农村	45	973	5033	4431
教育部门和集体办				
民办				
其他部门办				

13-10　续表 1

指　　标	在校学生数(人)		教职员工人数(人)		代课及兼任教师(人)
	合计	其中:毕业班学生数	合计	其中:专任教　师	
总计	166948	27467	6766	9361	
教育部门和集体办	2579	383	0	130	
民办	209	59	0	25	
其他部门办	0	0	0	0	
城市	99156	15703	4628	5643	
教育部门和集体办					
民办	209	59	0	25	
其他部门办					
县镇	37100	6669	1297	1921	
教育部门和集体办					
民办					
其他部门办					
农村	30692	5095	841	1797	
教育部门和集体办					
民办					
其他部门办					

13-11 特殊教育学校基本情况(2022 年)

指　　标	学校数(所)	班数(个)	毕业生数(离校数)(人)	招生数(入校数)(人)	在校学生数(人)	教职员工人数(人)	专任教师(人)
合计	4	53	229	250	1839	142	117
视力残疾					116		
听力残疾					277		
智力残疾					762		
其他残疾					684		
一、特殊教育学校	4	53	229	250	981	142	117
视力残疾					41		
听力残疾					183		
智力残疾					511		
其他残疾					246		
二、小学附设特教班							
视力残疾							
听力残疾							
智力残疾							
其他残疾							
三、小学随班就读					539		
视力残疾					43		
听力残疾					66		
智力残疾					163		
其他残疾					267		
四、普通(职业)初中随班就读					319		
视力残疾					32		
听力残疾					28		
智力残疾					88		
其他残疾					171		

13-12 中等职业学校基本情况(2022 年)

指　　标	学校(所)	毕(结)业生数(人)	招生数(人)	在校学生数(人)	教职员工数(人)	
						专任教师
中等职业学校	15	8908	11985	31060	1305	1131
其中:调整后中等职业学校						
中等技术学校						
中等师范学校						
成人中等专业学校						
职业高中学校						

13-13　幼儿教育基本情况(2022年)

指　　标	总计	女生	其中:少数民族	1.教育部门办	2.社会力量办	3.其他部门办	总计中		
							城市	县镇	农村
园数(所)	521			62	204	255	207	78	236
班数合计(个)	2660			375	1321	964	1559	458	643
学前班									
在园幼儿数合计(人)	74390	35203	25249	12141	37410	24839	49030	12158	13202
学前班									
教职工数合计(人)	9,493	8696	2326	1490	4942	3061	6467	1504	1522
园长	358			36	184	138	196	61	101
专任教师	4,599			763	2324	1512	3062	767	770
保健医	144			31	69	44	128	12	4
保育员	2535			363	1358	814	1659	434	442
其他	1857			297	1007	553	1422	230	205

13-14　业余体校基本情况(2022 年)

项　目	青少年业余体校 (个)	教练员 (人)	运动员 (人)
合　计	**18**	**27**	**605**
田　径	3	6	113
拳　击			
摔　跤	2	3	25
柔　道	2	2	20
射　击	2	2	18
跆拳道	1	2	100
登　山			
乒乓球	1	1	16
篮　球	2	4	90
足　球	2	3	116
网　球			
散　打	1	2	80
武　术	1	1	15
无线电测向	1	1	12

十四、文化、卫生

指 标 解 释

艺术表演团体 由文化部门主办或实行行业管理(经文化市场行政部门审批或已申报登记并领取相关许可证),专门从事表演艺术等活动的各类专业艺术表演团体,含民间职业剧团。如话剧团、方言话剧团、滑稽剧团、儿童剧团、歌剧团、木偶团、皮影团等以及由若干剧种组成的综合性专业艺术表演团体。不包括半工半艺、半农半艺的剧团。

艺术表演场所 指由文化部门主办或实行行业管理(经文化市场行政部门审批或已申报登记并领取相关许可证),有观众席、舞台、灯光设备,公开售票、专供文艺团体演出的文化活动场所。包括剧院(场)、音乐厅、歌剧院(场)、舞剧院(场)、话剧院(场)、戏院、马戏场、影剧院等进行文艺表演的场所。不包括电影院、礼堂、体育场馆、美术馆及绘画、雕塑等艺术馆。

广播人口覆盖率 指根据国家广电总局制定的《广播电视人口覆盖率统计技术标准和方法》进行统计调查的,在对象区内采用无线、有线、卫星等技术手段能够收听到包括中央、省、地市、县广播节目其中任意一套的人口数占全省总人口数的百分比。

电视人口覆盖率 根据国家广电总局制定的《广播电视人口覆盖率统计技术标准和方法》进行统计调查的,在对象区内采用无线、有线、卫星等技术手段能够收看到包括中央、省、地市、县级电视节目中任意一套的人口数占全省总人口数的百分比。

卫生机构 指从卫生行政部门取得《医疗机构执业许可证》,或从民政、工商行政、机构编制管理部门取得法人单位登记证书,为社会提供医疗保健、疾病控制、卫生监督服务或从事医学科研和教育等的单位。卫生机构包括医院、疗养院、社区卫生服务中心(站)、卫生院、门诊部、诊所(卫生所、医务室)、急救中心(站)、采供血机构、妇幼保健院(所、站)、专科疾病防治院(所、站)、疾病预防控制中心(防疫站)、卫生监督所、卫生监督检验(监测、检测)机构、医学科研机构、医学在职培训机构、健康教育所(站)等其他卫生机构。

医疗机构 指从卫生行政部门取得《医疗机构执业许可证》的机构,包括医院、疗养院、社区卫生服务中心(站)、卫生院、门诊部、诊所(卫生所、医务室)、妇幼保健院(所、站)、专科疾病防治院(所、站)、急救中心(站)和临床检验中心。

社区卫生服务中心(站) 指为本社区居民提供预防、医疗、保健、康复、健康教育、计划生育技术服务等的基层卫生机构。包括社区卫生服务中心和社区卫生服务站。

卫生技术人员 指卫生事业机构支付工资的全部固定职工和合同制职工中现任职务为卫生技术工作的人员。包括中医师、西医师、中西医结合高级医师、护师、中药师、西药师、检验师、其他技师等。

执业医师 指具有《医师执业证》及其"级别"为"执业医师"且实际从事医疗、预防保健工作的人员,不包括实际从事管理工作的执业医师。执业医师类别分为临床、中医、口腔和公共卫生。

14-1 文化部门艺术表演团体一览表(2022 年)

指　　标	西宁艺术剧院有限公司
从业人员(人)	110
高级职称	16
中级职称	31
本团创作首演剧目	/
演出场数(场)	102
国内演出场次(场次)	102
农村演出场次(场次)	29
国内演出观众人数(万人次)	218
农村观众人次(万人次)	0.63

14-2 公共图书馆基本情况(2022 年)

指　　标	单位	青海省图书馆	西宁市	西宁市图书馆	湟中县图书馆	大通县图书馆	湟源县图书馆	城东区图书馆
从业人员	人	122	61	28	6	14	7	2
高级职称	人	17	5	4	0	0	1	0
中级职称	人	28	24	14	4	5	1	0
总藏量	册、件	1943600	1244100	443100	120600	273000	48400	32000
图书	册	1571200	1173100	442400	98200	230700	43900	30900
古籍	册	120700	2900	0	100	2800	0	0
善本	册	10000	0	0	0	0	0	0
报刊	件	227600	21400	700	300	17400	3000	0
视听文献、缩微制品	件、套	5200	9300	100	7400	300	1500	0
其他	册	18900	37700	0	14700	21900	0	1100
在藏量中:开架书刊	册	560000	286400	93200	31500	15000	37900	0
当年购买的报刊种类	种	1273	1390	850	271	130	102	13

14-3 报纸、杂志、图书出版情况

年份	报纸		杂志		图书	
	种数(种)	总印数(万份)	种数(种)	总印数(万册)	种数(种)	总印数(万册)
1995	13	5612	39	79	378	1226
2000	21	4800	50	91	195	586
2001	25	7495	52	110	189	587
2002	20	4494	43	59	142	397
2003	10	3210	9	1	416	446
2004	17	204	40	200	377	504
2005	19	4486	40	204	390	840
2006	27	4380	44	158	392	1077
2007	25	9757	52	196	576	1143
2008	26	8859	52	281	656	987
2009	26	9172	53	353	680	856
2010	15	9108	49	319	727	1015
2011	15	9469	49	329	781	1015
2012	15	10345	49	416	788	1115
2013	15	11668	50	377	1051	1331
2014	15	11089	50	382	1091	1213
2015	13	9162	50	297	1111	1213
2016	14	8292	51	315	1136	1128
2017	14	7535	51	281	1109	1215
2018	14	7299	51	266	1139	1378
2019	26	6428	52	265	1177	1340
2020	26	7899	55	262	1010	2283
2021	26	7333	55	232	1040	1462
2022	26	6769	56	216	977	1407

14-4 广播、电视事业发展和普及情况

年份	广播电台数(座)	高频转播发射台(座)	广播节目套数(套)	广播人口覆盖率(%)	电视发射台(座)	电视节目套数(套)	电视人口覆盖率(%)
2002	2		5	94.24		6	95.02
2003	2		5	95.44		6	96.86
2004	2		6	95.44		6	97.27
2005	2		6	95.71		6	98.56
2006	2		6	96.09		6	98.61
2007	2		6	97.16		6	99.16
2008	2		7	97.64		6	99.23
2009	2		7	97.67		6	99.37
2010	2		7	98.24		6	99.48
2011	2	10	7	98.85	12	6	99.48
2012	2	10	7	98.86	9	6	99.48
2013	2	10	8	98.87	9	6	99.51
2014	2	9	8	99.14	11	6	99.55
2015	2	55	9	99.32		6	99.59
2016	2	59	9	99.36	59	6	99.59
2017	5	60	12	99.39	60	9	99.62
2018	5	65	7	99.41	65	5	99.62
2019	5	65	7	99.44	65	5	99.63
2020	5	64	7	99.45	64	5	99.65
2021	4	64	7	99.47	64	5	99.67
2022	4	64	7	99.50	64	5	99.70

注:现在都是广播电视台,再不分电台和电视台了。

14-5　宗教情况

年　份	宗教活动场所（座）	伊斯兰教清真寺	藏传佛教寺院	汉传佛教寺院	道教宫观	基督教教　堂	天竺教教　堂	宗教信教群众（万人）	宗教教职人员（人）
2002	262	229	13	7	6	4	3	64.17	1252
2003	265	231	12	8	6	5	3	64.17	1255
2004	266	232	12	8	6	5	3	64.43	1258
2005	270	235	12	9	6	5	3	64.74	1258
2006	271	235	12	10	6	5	3	64.74	1372
2007	271	235	12	10	6	5	3	64.74	1370
2008	280	237	12	10	6	12	3	64.74	1390
2009	283	237	13	11	6	12	4	64.74	1361
2010	288	240	14	12	6	12	4	64.74	1480
2011	290	242	14	12	6	12	4	64.74	1716
2012	293	244	14	12	6	13	4	64.96	1741
2013	297	246	15	12	6	14	4	64.96	1742
2014	299	247	15	12	6	15	4	65.20	1742
2015	299	247	15	12	6	15	4	65.23	1728
2016	299	247	15	12	6	15	4	65.23	1742
2017	300	247	15	12	6	16	4	65.23	1794
2018	300	247	15	12	6	16	4	65.23	1794
2019	300	247	15	12	6	16	4	65.23	1786
2020	300	247	15	12	6	16	4	66.2	1695
2021	300	247	15	12	6	16	4	66.2	1695
2022	300	247	15	12	6	16	4	66.2	1657

注：宗教活动场所是指经政府批准开放的。

14-6　广播播出基本情况（2022年）

地　区	台数（台）	节目套数(套)	卫星传送节目套数	全年公共广播节目播音时间(时)			
				合计	转中央台节目	播出自制节目	购买交换节目
西宁市人民广播电台	1	4	0	29869：30	915：00	19797：00	9157：30
湟中县广播电视台	1	1	0	5292：50	1460：00	912：19	464：00
湟源县广播电视台	1	1	0	5675：20	4669：15	1006：05	0
大通县广播电视台	1	1	0	6502：40	2053：00	1377：40	1637：00

14-7 电视播出基本情况(2022 年)

地区	台数(台)	节目套数(套)	卫星传送节目套数	全年公共电视节目播出时间(时)				
				合计	转中央台节目	转省级台节目	播出自制节目	购买交换节目
西宁市广播电视台	1	2	0	15423:00	184:00	0	11115:00	4124
湟中县广播电视台	1	1	0	6022:50	213:12	627:13	68:18	5595:20
湟源县广播电视台	1	1	0	4678:25	223:10	0	1160:10	3295:05
大通县广播电视台	1	1	0	3633:00	1240	1435	876	3332:00

14-8 有线电视基本情况(2022 年)

地区	总用户(户)	有线电视入户率(%)
西宁市	669489	32%
大通县	44869	31%
湟中区	30717	32%
湟源县	20920	34%

14-9 广播、电视覆盖情况(2022年)

地 区	广播综合		电视综合	
	覆盖人口数（万人）	覆盖率(%)	覆盖人口数（万人）	覆盖率（%）
合 计	245.64	99.47	246.05	99.67
市 区	155.32	99.51	155.60	99.69
大通县	40.08	99.32	40.19	99.59
湟中县	39.33	99.50	39.41	99.70
湟源县	10.91	99.25	10.94	99.55

14-10 医疗卫生计生机构数

年 份	合计(家)	医院	综合医院	中医医院	专科医院	基层医疗卫生机构	社区卫生服务中心(站)	乡镇卫生院(个)	村卫生室(个)	门诊部(所)、护理站	专业公共卫生机构数	疾病预防控制中心(防疫站)	专科疾病防治院(所、站)	妇幼保健院(所、站)	卫生监督所(中心)
2008	1688	45	29	5	8	1614	98	60	997	459	29	10		9	10
2009	1444	47	30	5	9	1365	113	58	906	288	31	10		9	9
2010	1461	46	28	5	10	1383	110	58	925	290	31	10		9	10
2011	1532	49	29	5	12	1451	111	58	940	342	31	10		9	10
2012	1533	50	30	5	12	1450	113	58	942	337	32	10		9	10
2013	1596	51	31	5	12	1511	105	58	987	361	32	10		9	9
2014	1763	55	32	4	15	1673	110	58	1150	355	34	10		9	9
2015	1794	65	35	4	20	1695	130	58	1156	351	34	10		9	9
2016	1816	69	32	5	29	1714	130	58	1156	370	32	10		9	9
2017	1807	73	30	5	30	1701	120	58	1151	372	32	10		9	9
2018	1843	78	31	6	32	1732	122	58	1115	371	32	10		9	9
2019	1927	77	31	6	30	1816	124	58	1131	503	32	10		9	9
2020	1882	73	27	6	31	1775	130	58	1117	470	32	10		9	9
2021	1873	76	30	5	32	1769	126	58	1104	581	27	10		9	3
2022	1872	74	30	6	29	1770	126	58	1104	482	27	10	1	9	3

14-11　医疗卫生计生机构床位数

单位:个

年份	合计	医院	综合医院	中医医院	专科医院	基层卫生机构	社区卫生服务中心(站)	乡镇卫生院	专业公共卫生机构	妇幼保健院(所、站)	专科疾病防治院(所、站)	其他机构
2008	10023	8938	6989	660	1079	1031	440	591	54	54		
2009	10921	9555	7562	655	1098	1312	733	579	54	54		
2010	11352	9940	7455	880	1265	1358	732	626	54	54		
2011	13078	11721	9030	898	1423	1312	624	656	45	45		
2012	13921	12548	9711	887	1510	1320	559	736	53	53		
2013	15885	14243	10386	942	2409	1580	710	824	62	62		
2014	17052	15419	11092	948	2623	1579	709	834	54	54		
2015	17913	16186	11694	1101	2605	1659	830	829	68	68		
2016	18136	16546	11825	1093	2796	1522	698	824	68	68		
2017	19713	18051	12705	1083	3277	1594	669	845	68	68		
2018	20390	18594	12872	1268	3538	1725	789	842	71	71		
2019	22094	20206	13796	1331	4089	1798	750	927	71	71		
2020	22132	20397	13642	1492	4291	1634	584	971	82	82		
2021	22102	20474	13755	1570	4261	1558	438	979	70	70		
2022	22327	20655	14180	1417	4170	1602	530	951	70	70		

14-12 医疗卫生计生人员数

单位：人

年 份	合计	卫生技术人员								乡村医生和卫生员	其他技术人员	管理人员	工勤技能人员
		小计	执业（助理）医师	执业医师	注册护士	药师（士）	技师（士）	检验师（士）	其他				
2007	15234	11554	4679	4293	4282	762	657	460	1189	1265	691	519	1194
2008	17099	12950	5364	4907	4791	832	777	526	1186	1469	844	592	1243
2009	17716	13501	5374	4887	5008	829	911	621	1379	1337	871	646	1361
2010	18180	13958	5463	4966	5332	829	910	602	1424	1311	913	674	1324
2011	20478	15727	6023	5397	6234	893	986	653	1589	1617	924	760	1448
2012	21218	16247	6020	5448	6472	952	1051	670	1752	1675	966	629	1701
2013	23801	18546	7003	6358	7704	1021	1117	723	1701	1764	1179	721	1591
2014	25519	19982	7243	6457	8972	1038	1278	770	1451	1848	1110	836	1743
2015	26980	20834	7812	6945	9063	1032	1113	704	1814	2145	1251	809	1941
2016	28204	21843	7880	7235	9734	1199	1180	751	2205	2163	1540	846	1947
2017	31555	24552	8522	7822	11169	1300	1349	857	2214	2163	1663	1027	2144
2018	33812	26530	9071	8322	12056	1528	1391	889	2484	2032	1873	1095	2282
2019	35479	28250	9836	8966	12841	1577	1779	1208	2217	2095	1770	1099	2266
2020	36041	28540	10094	9236	13079	1595	1825	1146	1946	1986	1923	1292	2303
2021	37711	30100	10383	9523	14109	1564	2138	1186	1906	1740	2293	1511	2847
2022	37654	29964	10502	9652	13953	1593	2348	1036	1568	1686	2181	1452	2984

14-13 医疗卫生机构、床

机构分类	机构个数（个）	已报机构	编制床位数（张）	实有床位数（张）	编制人数	合计	在岗职工		
							小计	执业(助理)医师	执业医师
总　计	309	304	18104	18859	12034	28907	24091	8156	7756
一、医院	25	25	16567	17313	9061	23785	19984	6665	6493
综合医院	14	14	11409	12684	6647	17756	14935	4933	4815
中医医院	4	4	1479	1337	777	1854	1555	507	483
中西医结合医院									
民族医院	2	2	899	552	230	558	456	205	205
专科医院	5	5	2780	2740	1407	3617	3038	1020	990
口腔医院	1	1	30	30	46	269	229	136	115
眼科医院									
耳鼻喉科医院									
肿瘤医院									
心血管病医院	1	1	650	650	341	944	834	244	238
胸科医院									
血液病医院									
妇产(科)医院									
儿童医院	1	1	1000	876	599	1163	987	315	315
精神病医院	1	1	300	384	197	295	222	77	75
传染病医院	1	1	800	800	224	946	766	248	247
皮肤病医院									
结核病医院									
麻风病医院									
职业病医院									
骨科医院									
康复医院									
整形外科医院									
美容医院									
其他专科医院									
护理院(中心)									
无实体机构依托的互联网医院									
二.基层医疗卫生机构	252	251	1404	1476	1811	3624	2978	978	776
社区卫生服务中心(站)	27	27	580	533	688	1514	1315	404	336
社区卫生服务中心	21	21	577	530	665	1482	1283	392	325
社区卫生服务站	6	6	3	3	23	32	32	12	11
卫生院	57	56	824	943	1123	1778	1663	574	440
街道卫生院									
乡镇卫生院	57	56	824	943	1123	1778	1663	574	440
中心卫生院	16	16	388	384	431	741	683	215	169
乡卫生院	41	40	436	559	692	1037	980	359	271
村卫生室	168	168		0		332	0		
门诊部									
综合门诊部									
中医门诊部									
中西医结合门诊部									
民族医门诊部									
专科门诊部									
诊所.卫生所.医务室									
诊所									
卫生所、医务室									
护理站									

位、人员数(2022 年)

单位:人

卫生技术人员									其他技术人员	管理人员		工勤技能人员
注册护士	药师(士)	技师(士)				卫生监督员	其他				仅从事管理的人员	
			检验师	影像师	康复师			见习医师				
11540	1277	1916	1036	599	240	26	1176	201	1786	839	514	2184
10209	1015	1460	716	495	215	0	635	79	1467	704	426	1908
7799	691	1047	515	346	153	0	465	53	972	477	318	1531
667	156	144	66	41	36	0	81	11	100	46	46	153
156	47	48	21	27	0	0	0	0	57	20	0	45
1587	121	221	114	81	26	0	89	15	338	161	62	179
85	2	6	2	4	0	0	0	0	36	2	2	2
488	33	66	26	39	1	0	3	3	82	8	2	26
512	52	102	60	19	23	0	6	0	101	35	35	40
101	16	17	7	10	0	0	11	0	29	16	16	28
401	18	30	19	9	2	0	69	12	90	100	7	83
1107	228	231	115	88	24	0	434	112	122	52	22	170
563	125	109	49	47	13	0	114	16	51	22	17	131
550	119	109	49	47	13	0	113	15	51	22	17	131
13	6	0	0	0	0	0	1	1	0	0	0	0
544	103	122	66	41	11	0	320	96	71	30	5	39
544	103	122	66	41	11	0	320	96	71	30	5	39
210	53	55	30	19	5	0	150	66	28	16	1	29
334	50	67	36	22	6	0	170	30	43	14	4	10
		0	0	0	0		0	0	0	0	0	0

14-13 续表 1

机构分类	机构个数（个）	已报机构	编制床位数（张）	实有床位数（张）	编制人数	合计	在岗职工 小计	执业（助理）医师	执业医师
三.专业公共卫生机构	31	27	133	70	1153	1490	1129	513	487
疾病预防控制中心	10	10	0	0	481	532	397	233	230
省属	1	1	0	0	276	268	180	126	125
省辖市(地区)属	2	2	0	0	79	124	95	44	44
地辖市属	5	5	0	0	75	85	71	36	35
县属	2	2	0	0	51	55	51	27	26
其他	0	0		0		0	0	0	0
专科疾病防治院(所、站)	1	1	0	0	197	183	143	80	80
专科疾病防治院									
传染病防治院									
结核病防治院									
职业病防治院									
其他									
专科疾病防治所(站、中心)	1	1	0	0	197	183	143	80	80
口腔病防治所(站、中心)									
精神病防治所(站、中心)									
皮肤病与性病防治所(中心)									
结核病防治所(站、中心)									
职业病防治所(站、中心)									
地方病防治所(站、中心)	1	1	0	0	197	183	143	80	80
血吸虫病防治所(站、中心)									
药物戒毒所(中心)									
其他									
健康教育机构	3	3	0	0	70	38	13	11	10
妇幼保健机构	8	8	133	70	277	546	449	183	161
省属	1	1	50	36	142	273	218	99	89
省辖市(地区)属									
地辖市属	5	5	55	8	61	193	161	48	43
县属	2	2	28	26	74	80	70	36	29
其他	0	0		0		0	0	0	0
妇幼保健院	3	3	102	41	173	367	299	124	110
妇幼保健所									
妇幼保健站	5	5	31	29	104	179	150	59	51
生殖保健中心									
急救中心(站)									
采供血机构	1	1	0	0	76	153	99	6	6
卫生监督所(中心)	8	4	0	0	52	38	28	0	0
省属	1	0		0		0	0	0	0
省辖市(地区)属	1	1	0	0	21	18	13	0	0
地辖市属	5	1	0	0	7	4	3	0	0
县属	1	2	0	0	24	16	12	0	0
其他	0	0		0		0	0	0	0
计划生育技术服务机构									
四.其他卫生机构	1	1	0	0	9	8	0	0	0
康复医疗机构									
卫生监督检验(监测、检测)所(站)									
医学科学研究机构									
医学在职培训机构									
临床检验中心（所、站）									
健康体检中心									
医疗辅助性机构									
统计信息中心	1	1	0	0	9	8	0	0	0
其他									

卫生技术人员									其他技术人员	管理人员		工勤技能人员
注册护士	药师(士)	技师(士)				卫生监督员	其他				仅从事管理的人员	
			检验师	影像师	康复师			见习医师				
224	34	225	205	16	1	26	107	10	189	83	66	106
22	4	111	104	7	0	0	27	3	61	26	22	52
0	0	49	48	1	0	0	5	2	48	14	14	26
8	2	31	30	1	0	0	10	1	5	7	5	19
6	2	20	17	3	0	0	7	0	7	5	3	4
8	0	11	9	2	0	0	5	0	1	0	0	3
0	0	0	0	0	0		0	0	0	0	0	0
0	0	32	31	1	0	0	31	0	22	10	4	14
0	0	32	31	1	0	0	31	0	22	10	4	14
0	0	32	31	1	0	0	31	0	22	10	4	14
1	0	0	0	0	0	0	1	0	19	5	5	1
147	30	48	36	8	1	0	41	7	44	32	29	24
81	13	19	15	1	0	0	6	6	29	18	18	8
50	10	20	16	3	1	0	33	0	12	9	7	13
16	7	9	5	4	0	0	2	1	3	5	4	3
0	0	0	0	0	0		0	0	0	0	0	0
102	16	24	20	1	0	0	33	6	37	20	18	13
45	14	24	16	7	1	0	8	1	7	12	11	11
54	0	34	34	0	0	0	5	0	41	3	0	13
0	0	0	0	0	0	26	2	0	2	7	6	2
0	0	0	0	0	0		0	0	0	0	0	0
0	0	0	0	0	0	13	0	0	0	4	4	1
0	0	0	0	0	0	3	0	0	0	1	1	0
0	0	0	0	0	0	10	2	0	2	2	1	1
0	0	0	0	0	0		0	0	0	0	0	0
0	0	0	0	0	0	0	0	0	8	0	0	0
0	0	0	0	0	0	0	0	0	8	0	0	0

14–14　农村村级卫生组织情况

年　份	村数（个）		村设置的医疗点数（个）					乡村医生和卫生员数(人)				农村接生员总数（人）
		无医疗点的村数		村或群众集体办	乡村医生或卫生员联合办	乡卫生院设点	个体办	乡村医生	会接生	卫生员	会接生	
1990	936	85	572	342	53	16	278	824		198		917
1995	935	79	897	98	278	22	619	1102	147	256	74	1048
2000	940	39	981	35	377	29	504	1290	120	126	33	1187
2001	935	26	1017	116	322	19	560	1307	77	48	11	1112
2002	935	26	1017	116	322	19	560	1307	77	48	11	1112
2003	935	26	1407	101	1121	5	180	1567	178	444		1027
2004	934	92	1148	28	5		1115	1243		19		
2005	932	75	1332	19	453	15	845	1284	109	501	482	983
2006	934	75	1332	19	453	15	845	1284	109	501	482	983
2007	931	72	1335	19	450	15	851	1291	132	521	505	992
2008	931			289	12	153	532	1378		463		
2009				302	37	150	415					
2010				311	39	153	420					
2011				329	47	156	403					
2012				343	47	159	380	1376		299		
2013				399	48	159	367	1501		263		
2014				395	12	152	521	1722		395		
2015	931		938	378	12	153	533	1848				
2016	931		938					1848				
2017	933		939					1813		350		
2018	931		938					1727		305		
2019	931		938					1701		394		
2020	931		937					1839		352		
2021	937		937					1837				
2022			937					1840				

十五、劳动工资

指 标 解 释

经济活动人口 指在16周岁及以上，有劳动能力，参加或要求参加社会经济活动的人口。包括就业人员和失业人员。

就业人员 指在16周岁及以上，从事一定社会劳动并取得劳动报酬或经营收入的人员。这一指标反映了一定时期内全部劳动力资源的实际利用情况，是研究我国、我省基本国情国力的重要指标。

单位就业人员 指在各级国家机关、政党机关、社会团体及企业、事业单位中工作，取得工资或其他形式的劳动报酬的全部人员。包括在岗职工、劳务派遣人员及其他就业人员；不包括离开本单位仍保留劳动关系，并定期领取生活费的人员；利用课余时间打工的学生及在本单位实习的各类在校学生；本单位因劳务外包而使用的人员。

国有单位 指资产归国家所有的经济组织。包括按《中华人民共和国企业法人登记管理条例》规定登记注册的非公司制的经济组织，以及中央、地方各级国家机关、事业单位和社会团体。

集体单位 指生产资料归集体所有，并按《中华人民共和国企业法人登记管理条例》规定登记注册的经济组织。

其他单位 包括股份合作单位、联营单位、有限责任公司、股份有限公司、港澳台商投资单位以及外商投资单位等其他登记注册类型单位。

在岗职工 指在本单位工作并由单位支付工资的人员，以及有工作岗位，但由于学习、病伤产假等原因暂未工作，仍由单位支付工资的人员。

城镇私营和个体就业人员 城镇私营就业人员指在工商管理部门注册登记，其经营地址设在县城关镇(含县城关镇)以上的私营企业就业人员，包括私营企业投资者和雇工。城镇个体就业人员指在工商管理部门注册登记，并持有城镇户口或在城镇长期居住，经批准从事个体工商经营的就业人员，包括个体经营者和在个体工商户劳动的家庭帮工和雇工。

就业人员工资总额 指根据《关于工资总额组成的规定》(1990年1月1日国家统计局发布的一号令)中的具体规定，本单位在一定时期内(季度或年度)直接支付给本单位全部就业人员的劳动报酬总额。包括计时工资、计件工资、奖金、津贴和补贴、加班加点工资、特殊情况下支付的工资。是在岗职工工资总额、劳务派遣人员工资总额和其他就业人员工资总额之和。

工资总额是税前工资，包括单位从个人工资中直接为其代扣或代缴的房费、水费、电费、住房公积金和社会保险基金个人缴纳部分等。

工资总额不论是计入成本的还是不计入成本的，不论是以货币形式支付的还是以实物形式支付的，均应列入工资总额的计算范围。

在岗职工工资总额 指本单位在一定时期内直接支付给本单位全部在岗职工的劳动报酬总额。在岗职工工资总额由基本工资、绩效工资、工资性津贴和补贴、其他工资四部分组成。工资总额不包括病假、事假等情况的扣款。各单位在填报在岗职工工资总额四项构成时，应根据实际情况调整对应项目；如不能确定调整项，可扣减基本工资项。

就业人员平均工资 指本单位在报告期内就业人员的平均工资水平。计算公式为：

$$就业业人员平均工资=\frac{就业业人员工资总}{就业业人员平均人}$$

在岗职工平均工资 指本单位在报告期内在岗职工的平均工资水平。计算公式为：

$$在岗职工平均工资=\frac{在岗职工工资总额}{在岗职工平均人数}$$

在岗职工平均工资 = 在岗职工工资总额 / 在岗职工平均人数

15-1 单位从业人员劳动报酬

年份	报酬总额(万元)				指数(上年=100)			
	合计	国有单位	城镇集体单位	其他	合计	国有单位	城镇集体单位	其他
1957	4317	4317						
1965	6730	6730						
1970	10495	10495			97.27	97.27		
1975	15495	15495			98.76	98.76		
1980	27295	22486	4809		136.54	112.48		
1985	51777	41688	10090		116.45	117.08	113.91	
1990	91206	77546	13596	64	111.03	115.62	108.16	98.50
1995	203811	183638	18775	1400	113.69	114.04	107.70	175.11
2000	234412	210667	17503	6242	99.17	99.66	87.18	127.22
2001	269247	222991	17663	28593	114.86	105.85	100.91	458.07
2002	291723	240757	16143	34823	108.35	107.97	91.39	121.79
2003	301364	249515	13611	38238	103.30	103.64	84.32	109.81
2004	322865	266289	15409	41167	107.13	106.72	113.21	107.66
2005	373053	266846	14649	91558	115.55	100.21	95.07	222.41
2006	453949	330631	16636	106682	121.68	123.90	113.56	116.52
2007	534743	379771	19918	135054	117.80	114.86	119.73	126.59
2008	637810	457769	22488	157553	119.27	120.54	112.90	116.66
2009	750639	561246	19179	170214	117.69	122.60	85.29	108.04
2010	899296	648976	21125	229195	119.80	115.63	110.15	134.65
2011	1254392	850051	29680	374661	139.49	130.98	140.50	163.47
2012	1465194	983180	26296	488718	116.81	115.66	88.60	130.44
2013	1733040	943213	25444	764383	118.28	95.93	96.76	156.41
2014	1844271	993954	27313	823004	106.42	105.38	107.35	107.67
2015	1955190	1062868	27701	864621	106.01	103.49	101.42	105.06
2016	2137956	1209363	34796	893797	109.35	113.78	125.61	103.37
2017	2476338	1408791	27325	1040222	115.83	116.49	78.53	116.38
2018	2707169	1587785	31436	1087947	109.32	112.71	115.04	104.59
2019	3121069	1394287	39483	1687299	115.29	87.81	125.60	155.09
2020	3479327	–	–	–	111.48	–	–	–
2021	3811795				109.56			
2022	4044067				106.09			

注:以上数据不含私营企业及个体工商户。

15-2 在岗职工年平均工资和指数

年 份	平均工资(元)				指数(上年 =100)			
	合计	国有单位	城镇集体单 位	其他	合计	国有单位	城镇集体单 位	其他
2000	8965	9783	4536	8264				
2001	12136	13807	5893	9409	135.37	141.13	129.92	113.86
2002	13583	15424	6767	9998	111.92	111.71	114.83	106.26
2003	14632	16534	7439	10404	107.72	107.20	109.93	104.06
2004	16175	18074	9498	11419	110.55	109.31	127.68	109.76
2005	17748	20085	9418	14818	109.72	111.13	99.16	129.77
2006	20984	23816	10564	17218	118.23	118.58	112.17	116.20
2007	23023	26867	12221	17901	109.72	112.81	115.69	103.97
2008	26458	31365	13934	19783	114.92	116.74	114.02	110.51
2009	28131	34358	14840	18735	106.32	109.54	106.50	94.70
2010	32216	39058	17077	22819	114.52	113.68	115.07	121.80
2011	39327	47160	21454	29413	122.07	120.74	125.63	128.90
2012	44093	49525	26072	36873	112.12	105.01	121.53	125.36
2013	49558	58486	31987	42032	112.39	118.09	122.69	113.99
2014	54910	64448	36252	46794	110.80	110.19	113.33	111.33
2015	58099	68759	38662	48813	105.81	106.69	106.65	104.31
2016	64421	77853	51852	52201	110.88	113.23	134.12	106.94
2017	73540	88664	58870	59598	114.16	113.89	113.53	114.17
2018	84071	95101	69928	71835	114.32	107.26	118.78	120.53
2019	91494	103242	69633	83929	108.83	108.56	99.58	116.84
2020	102871	–	–	–	112.43	–	–	–
2021	113154				110.00			
2022	118666				104.87			

注:以上数据不含私营企业及个体工商户。

15-3 西宁地区劳动报酬概况(2022年)

地　区	单位从业人员（人）	单位从业人员平均人数(人)	单位从业人员工资总额(千元)	单位从业人员平均工资(元/人)
总计	**355457**	**353905**	**40440666**	**114270**
城东区	91573	90880	11181523	123036
城中区	64777	63584	7222952	113598
城西区	74866	74930	8716477	116328
城北区	53276	53626	5468398	101974
湟中区	38760	38685	4154787	107401
大通县	26576	26604	3114297	117063
湟源县	5628	5597	582234	104017

15-4 2022年西宁市从业人员

行业	单位数(个)	从业人员(人)		
		从业人员期末人数	其中:女性	在岗职工
合计	**3403**	**355457**	**143255**	**331164**
(一)农、林、牧、渔业	43	1100	376	1080
(二)采矿业	4	2163	345	1901
(三)制造业	217	67723	18369	64820
(四)电力、热力、燃气及水生产和供应业	43	16317	4433	15333
(五)建筑业	189	28263	6111	23376
(六)批发和零售业	331	15429	8081	15041
(七)交通运输、仓储和邮政业	90	39798	10094	36922
(八)住宿和餐饮业	65	2417	1379	2395
(九)信息传输、软件和信息技术服务业	70	8614	3799	8169
(十)金融业	81	17972	10762	16827
(十一)房地产业	224	13110	5888	11136
(十二)租赁和商务服务业	216	9097	3078	7301
(十三)科学研究和技术服务业	256	13030	3969	12150
(十四)水利、环境和公共设施管理业	100	5384	1792	4355
(十五)居民服务、修理和其他服务业	27	953	290	884
(十六)教育	300	29630	18888	28742
(十七)卫生和社会工作	249	33648	23924	32690
(十八)文化、体育和娱乐业	81	3804	1925	3625
(十九)公共管理、社会保障和社会组织	818	47006	19753	44417

和工资情况(城镇非私营单位)

			从业人员平均人数				
劳务派遣人员	在岗劳务	其他从业人员		在岗职工	劳务派遣人员	在岗劳务	其他从业人员
14730	345894	9563	353905	328231	15613	343844	10062
1	1081	19	1101	1080	1	1081	20
0	1901	262	2204	1942	0	1942	262
2654	67474	249	66021	63018	2739	65757	264
931	16263	54	16037	15073	909	15981	56
2677	26054	2210	28544	23130	2987	26118	2427
181	15222	206	15671	15173	185	15358	313
2507	39429	369	39132	36079	2714	38793	339
20	2415	1	2525	2501	22	2524	1
396	8565	48	8550	8098	404	8502	48
369	17196	776	18317	17147	354	17501	816
1541	12677	433	13217	11259	1505	12764	452
1542	8843	254	9239	7241	1734	8975	264
510	12660	370	13069	12065	624	12689	380
83	4437	947	5330	4305	89	4394	937
0	884	68	1009	931	0	931	78
638	29380	250	29708	28741	707	29448	260
82	32772	876	33435	32457	80	32537	898
24	3649	155	3890	3706	28	3734	156
573	44991	2016	46905	44286	529	44815	2090

15-4　续表1

行　　业	工资总额(千元)		
	从业人员工资总额	在岗职工	劳务派遣人员
合计	**40440666**	**38949928**	**1049606**
(一)农、林、牧、渔业	96275	95591	109
(二)采矿业	174790	163931	0
(三)制造业	5882230	5632606	234784
(四)电力、热力、燃气及水生产和供应业	2189619	2142304	45235
(五)建筑业	3118772	2667107	334919
(六)批发和零售业	1308465	1286794	10866
(七)交通运输、仓储和邮政业	4849801	4696474	127565
(八)住宿和餐饮业	131782	130616	1097
(九)信息传输、软件和信息技术服务业	1279982	1242436	35516
(十)金融业	2949210	2886815	32941
(十一)房地产业	818521	729230	71525
(十二)租赁和商务服务业	577319	512233	56988
(十三)科学研究和技术服务业	1605030	1539058	40895
(十四)水利、环境和公共设施管理业	432398	398366	2244
(十五)居民服务、修理和其他服务业	77719	73570	0
(十六)教育	4014082	3975251	29239
(十七)卫生和社会工作	4415687	4370109	2665
(十八)文化、体育和娱乐业	364871	358873	842
(十九)公共管理、社会保障和社会组织	6154113	6048564	22177

		平均工资(元)				
		从业人员平均工资				
在岗劳务	其他从业人员		在岗职工	劳务派遣人员	在岗劳务	其他从业人员
39999534	**441133**	**114270**	**118666**	**67228**	**116331**	**43843**
95700	576	87452	88541	80063	88530	28920
163931	10859	79316	84428	#DIV/0!	84428	41438
5867390	14841	89096	89381	85727	89229	56164
2187539	2080	136535	142132	49787	136882	37250
3002026	116746	109260	115309	112107	114942	48108
1297659	10806	83497	84807	58757	84493	34561
4824039	25762	123934	130174	46995	124354	75926
131713	69	52187	52219	48873	52189	48521
1277952	2030	149700	153421	87911	150309	42157
2919756	29454	161009	168357	93042	166834	36094
800755	17766	61931	64770	47516	62735	39264
569221	8098	62489	70743	32867	63426	30667
1579953	25077	122812	127569	65484	124513	65992
400611	31788	81118	92531	25346	91177	33936
73570	4149	77030	79050		79050	53012
4004490	9592	135117	138314	41333	135985	36887
4372774	42913	132066	134643	33305	134393	47772
359715	5156	93799	96828	30071	96328	33125
6070741	83372	131203	136578	41932	135461	39893

十六、社会保障

指 标 解 释

城镇登记失业人员 指有非农业户口,在一定的劳动年龄内(16周岁至退休年龄),有劳动能力,无业而要求就业,并在当地就业服务机构进行求职登记的人员。

城镇登记失业率 城镇登记失业人员与城镇单位就业人员(扣除使用的农村劳动力、聘用的离退休人员、港澳台及外方人员)、城镇单位中的不在岗职工、城镇私营业主、个体户主、城镇私营企业和个体就业人员、城镇登记失业人员之和的比。计算公式为:

$$\text{城镇登记失业率}=\frac{\text{城镇登记失业人数}}{\text{(城镇单位就业人员－使用农村劳动力－聘用的离退休人员－聘用港澳台及外方人员)＋不在岗职工＋城镇私营业主＋城镇个体户主＋城镇私营企业及个体就业人员＋城镇登记失业人数}}\times 100\%$$

16-1 城镇登记失业人员变化情况

单位：人

年份	失业人员总数	上年结转人数	本期新登记的失业人数			本期失业人员就业的人数		期末实有登记失业的人数			登记失业率%
				女性	由就业转失业人数		女性		女性	长期失业者	
1995	24861	9390	15471		2199	15150		9037	4354		
1999	27038	9324	17714		4112	16360		9945	5434		
2000	24822	10110	14712		4190	13831		10991	5968		2.50
2001	35703	10991	24712		6185	22500		13203	5218		3.10
2002	35410	13203	22207		7672	18901		16509	8410		3.70
2003	41347	16509	24838		19245	23538		17809	10204		3.80
2004	46746	17809	28937		22604	26131		20615	10406		4.14
2005	44970					22531		22439	11200		4.15
2006	45656					23786		21870	10091		4.04
2007	43730		21860	9465	9929	22077	9214	21653	8991	8001	4.05
2008	47473	21653	25820	11460	11929	24454	11757	23019	12173	7524	4.14
2009	50739	23019	27720	13677	14219	27744	13873	22995	10019	7954	4.14
2010	56123	22995	33128	15193	11368	30497	15948	25626	9264	4407	4.16
2011	56590	25626	30964	17095	13145	30234	16272	26356	10087	8269	4.13
2012	55919	26356	29563	11498	10695	32373	12117	23456	9468	7538	3.47
2013	48617	23546	25071	12035	7308	27738	12045	20418	10012	4050	3.04
2014	48049	20418	27631	13530	12789	27049	12909	21000	10633	2597	2.98
2015	44346	21000	23346	10937	14202	26715	12695	17631	8875	2283	2.49
2016	41394	17631	23763	12015	9930	24389	12578	17005	8312	2365	2.49
2017	36003	17005	18998	10040	10059	19577	10161	16426	8191	2729	2.45
2018	37398	16426	20972	9924	9176	19929	9464	17469	8651	2291	2.45
2019	36049	17469	18580	9825	9303	19986	10468	16063	8008	3153	2.16
2020	42527	16063	26464	14348	12502	23820	13062	15385	8011	10670	1.97
2021	48724	15385	33339	18403	18818	30360	16582	12879	6839	7472	1.47
2022	39909	12599	27310	15089	12160	19073	10406	8488	4780	4531	1.05

16-2 基本养老保险人员情况

单位：人

年份	合计	企业					城乡居民	机关事业	其他
			国有	集体	其他	港澳台及外资			
2002	195486	144747	110066	18451	16086			4261	46478
2003	203558	138316	35040	16758	86276	242		7840	57402
2004	213212	130031	26309	13339	90014	369		14479	68702
2005	217164	143144	25147	12828	104720	449		13692	74020
2006	221674	131840	16529	13187	101608	516			89834
2007	244055	133680	23059	12454	97592	575			110375
2008	257710	145837	23653	12001	109545	638			111873
2009	269278	155013	23370	11653	119283	707			114265
2010	281800	164107	23431	11296	128602	778		10368	117693
2011	296366	173438	25011	10651	136822	954			122928
2012	307505	182921	25348	10478	145995	1100			124584
2013	319602	190063	25087	9795	153927	1254			129539
2014	334544	201341	25540	9555	164715	1531			133203
2015	356070	214464	25670	10064	177335	1395			141606
2016	433814	226416	25663	10197	189114	1442		58515	148883
2017	1135416	253784	26189	10325	215732	1538	670256	60815	150561
2018	1175894	275785	24596	10303	239222	1664	680727	62322	157060
2019	1233230	295128	24324	7611	261479	1714	700300	41993	173413
2020	1229038	347744	25501	4741	317502	1968	705382	42405	133507
2021	1287749	401642	20271	4199	375139	2033	705482	43549	137076
2022	1330308	437378	14687	3995	416663	2033	711283	43257	138390

16-3 参加基本医疗保险人员情况

单位:人

年 份	合计	企业	国有	集体	其他	港澳台及外资	城乡居民	事业	机关	其他
2002	91749	39488	17087	1835	20553	13		39372	12889	
2003	117058	65686	15168	7330	43101	87		28758	22240	374
2004	129798	79116	16157	9696	52605	658		28051	22348	283
2005	141102	88321						36629	15631	521
2006	151056									
2007	161670	105680						39206	15506	1278
2008	178897	116392						48894	16301	1310
2009	193238	126978						41474	23616	1170
2010	211948	139272						45489	25903	1284
2011	231689	110470						41841	17009	62369
2012	250096	104035						41924	17918	86219
2013	268124	104231						42326	19164	102403
2014	281685	112860						51915	20543	96367
2015	294896	227508						45117	21508	763
2016	295486	226551						46977	21671	287
2017	1718073	118103	43233	15621	59249		1461850	46522	24282	67316
2018	1744427	149742	8455	12391	128896		1453215	49063	25676	66731
2019	1778817	171626	9267	13034	149325		1460421	52115	24711	69944
2020	1803893	190463	7353	12104	171006		1454950	56377	27327	74776
2021	1836713	209754	7346	5213	197195		1442566	69151	28812	86430
2022	1845573	215701	7407	4895	203399		1432213	64406	27576	105677

注:2017年因统一统计口径,原企业包含项中的其他变更为私营,最后一项其他中包含灵活就业人员。

16-4 基本养老保险实际缴费人员情况

单位:人

年 份	合计	企业	国有	集体	其他	港澳台及外资	城乡居民	机关事业	其他
2002	152067	109680	80782	14945	13812			3922	38465
2003	148539	92424	25068	13212	53957	187		7283	48832
2004	158032	87881	20309	10352	56948	272		9639	60512
2005	160437	86733	14362	9829	62111	431			73704
2006	171846	90828	14026	9332	67045	425			81018
2007	171203	88871	14095	7297	66917	562			82332
2008	195231	110686	13874	6210	89986	616			84545
2009	195345	107741	14466	6116	86571	588			87604
2010	218800	129578	15987	6135	106750	706		10239	89222
2011	226355	127917	17717	5923	103507	770			98438
2012	237551	135941	18601	5641	110979	720			101610
2013	255748	146401	18648	6216	120801	736			109347
2014	250886	153096	18761	5734	127899	702			97790
2015	263546	165953	19621	6139	139458	735			97593
2016	303297	161123	17552	5667	137161	743		39165	103009
2017	808876	180398	18863	5572	155195	768	487231	39942	101305
2018	856628	187404	14903	4813	166782	906	531622	41235	96367
2019	831260	210931	14446	3945	191609	931	490594	41993	87742
2020	878061	266481	18378	3174	243665	1264	476491	42405	92684
2021	932329	317061	15860	3004	297163	1034	474939	43549	96780
2022	913752	358653	14356	3089	340172	1036	426261	43257	85581

16–5 基本养老保险发放情况

单位:万元

年 份	合计	企业					城乡居民	机关事业	其他
			国有	集体	其他	港澳台及外资			
2002	60455	60352	51065	8305	982			103	
2003	74232	73115	60565	11402	1148			1115	
2004	70821	69396	31098	12533	25765	1		1081	344
2005	75623	73785	33776	12922	27086				505
2006	104665	104343	85415	17039	1889				322
2007	120217	119471	98160	19254	2057				746
2008	150189	148918	122163	24267	2488				1271
2009	178434	176557	144953	28646	2958				1877
2010	212362	209922	171772	34505	3645				2440
2011	264481	248552	202199	42150	4203				15929
2012	320426	296253	238169	52690	5394				24173
2013	381774	351313	280162	64839	6312				30462
2014	450001	411227	323027	80624	7576				38774
2015	546701	502005	371611	120488	9906				44696
2016	727544	544788	397400	106318				124628	58127
2017	875394	659773	420290	125320			27648	129548	58425
2018	877573	647468	434395	154956	58117		35965	140848	53292
2019	986993	696067	475205	178494	42368		34866	159157	92653
2020	1043754	729465	479269	156369	93827		35441	177269	101579
2021	1150955	770216	468937	172906	128373		41876	197212	121502
2022	1233751	800099	510520	207818	81761		44132	212616	176904

16–6 参加工伤保险人员及基金征缴情况

指 标	2013年	2014年	2015年	2016年	2017年	2018年	2019年	2020 年	2021 年	2022 年
一、参保职工(人)	174092	182094	192141	203383	228879	242920	281500	339850	444794	492679
享受工伤保险待遇的人数(人次)	21792	15919	21285	22226	22259	22116	22235	37080	35496	29268
二、缴费基数总额(万元)	673131	524151	1053485	1253124	1490040	1702084	1996769	2266699	2738860	3048229
应缴工伤保险费(万元)	6958	8539	9847	10703	14094	16296.85	18759	11189	8120	7771
实缴工伤保险费(万元)	6855	8408	10124	10600	14017	16299.43	18615	6725	7969	7671
因工死亡人数(人)	53	52	65	51	77	58	37	46	39	45
享受职业病待遇的人数(人)	123	156	129	165	168	130	160	168	547	346
三、费用支出(万元)	8657	9032	8712	9884	9949	10152.67	9838	12710	12436	13006

注:享受工伤保险待遇的人数从2012年更改为人次。

16-7 基本医疗保险费用支出情况

单位:万元

年 份	合计	在职职工	退休人员	离休及老红军	二等乙级及以上人员	城乡居民
2003	9510	4107	4433	936	34	
2004	11838	4729	6046	1030	33	
2005	13372	5919	6275	1178		
2006	13347					
2007	20837	10262	9453	1112		
2008	25412	12713	11755	944		
2009	33730	17101	15240	1389		
2010	38838	19729	17829	1280	9	
2011	48451	25056	22028	1367		
2012	49757	23305	25694	758		
2013	73757	36948	34769	2040		
2014	79676	39124	37856	2696		
2015	89632	42978	45190	1464		
2016	96095	45121	49646	1287	41	
2017	128417	45504	51275	1217	59	81637
2018	184207	61049	60803	1274	58	61023
2019	248039	74039	72051	844	121	100984
2020	262700	85620	73673	841	79	102487
2021	259750	82354	73853	706	61	102776
2022	269699	82498	78656	610	64	107871

16-8 失业保险金融支出情况

年 份	参保单位（户）	参保职工（千人）	缴费金额（万元）	累计欠缴保险费（万元）	失业保险金支出（万元）							失业保险金标准（元/人月）	城镇居民最低生活保障标准（元/人月）
						失业保险金	医疗补助金及丧葬抚恤金	职业培训费	上解支出	补助下级支出	其他支出		
2002	1161	115	1056	5127	1030	673	15	38	154		150	180	155
2003	1196	128	1869	2122	1320	587	11	141	177	395	9	183	155
2004	1408	132	2861	4465	3339	760	15		2513	42	8	80	165
2005	1486	134	2332	5668	2090	1787	33	3	192	48	27	223	165
2006	1543	141	2538	6571	2749	2273	118	46	290		22	290	178
2007	1160	145	2820	7217	2903	2673	212	18				290	178
2008	1246	149	3579	7385	8670	8109	512	49				330	193
2009	1326	153	4013	7809	8267	5625	362	58	397		1825	330	203
2010	1387	156	4589	7787	4056	1960	108	60	424	423	1504	450	213
2011	1409	159	7008	8738	10476	1960	145	10	7703	247	411	520	
2012	1492	163	9746	12010	33317	3196	449		24693	2810	2169	520	
2013	1598	166	11182	15029	31732	2502	554		22373	2997	3306	520	
2014	1663	163	12905	17409	30180	1789	247		25624	2044	476	720	
2015	1725	168	11117	18755	35115	2066	215		22263	6202	4369	720	
2016	1812	172	7832	19317	28700	2509	268		15709	6495	3719	1170	
2017	2866	178	7111	18979	26600	3139	399		7181	6117	2580	1350	
2018	4026	181	9187	721	30493	3168	419		18594	5897	139	1350	
2019	5954	185	11473	740	51055	2766	396		23064	13961	8895	1350	
2020	6940	192	8997	801	86582	3252	299	2896	18539	33939	22722	1530	
2021	10045	216	15854	801	55974	4404	155		30878	12481	8056	1530	675
2022	15576	269	19817	1018	83427	4131	214		19936	31585	27559	1530	700

注:2017 年因统一统计口径,2017 年参保单位中含欠费企业。

十七、月度统计资料

17-1 2022年月度主要经济指标完成情况

指标	1月		2月		3月	
	本月同比增减(%)	累计同比增减(%)	本月同比增减(%)	累计同比增减(%)	本月同比增减(%)	累计同比增减(%)
工业						
一、规模以上工业增加值				29.3		26.2
其中:制造业				42.4		34.5
电力热力燃气及水的生产和供应业				2.8		7.4
其中:国有经济				8.3		16.5
集体经济				0.0		0.0
股份合作制经济				188.4		102.7
股份制经济				32.8		27.4
外商港澳台投资				48.3		40.6
其他经济				-11.4		-34.8
二、规模以上工业产销率(%)				90.9*		94.3*
其中:轻工业				90.5*		90.4*
重工业				91.0*		94.8*
1.企业单位数(个)			248	*	248	*
2.亏损企业户数(个)			120	132*	135	141*
其中:国有企业			3	2*	3	2*
集体企业				*		*
股份合作制企业				*		*
股份制企业			109	123*	125	132*
外商和港澳台投资企业			5	5*	4	4*
其他企业			3	2*	3	3*
3.营业收入(亿元)			283.97	149.39*	456.44	258.95*
4.利润总额(亿元)			17.83	5.29*	35.10	14.00*
5.亏损企业亏损额(亿元)			7.44	4.95*	9.78	6.61*
6.资产合计(亿元)			1697.37	1678.97*	1700.40	1687.68*
固定资产投资						
一、固定资产投资完成额(万元)				9.1		8.5
其中:基础设施固定资产投资完成额				281.6		-23.1
其中:第一产业				210.9		5.3
第二产业				-28.6		70.7
工业				-28.6		70.7
其中:一般性工业投资				-69.3		88.5
第三产业				87.6		-11.9
交通运输仓储邮政业				583.4		-23.4
批发零售业				***		333.9
水利、环境和公共设施管理业				227.2		-34.4
教育				399.8		23.2
其中:民间投资				-38.1		76.5

17–1 续表 1

指　　标	1月		2月		3月	
	本月同比增减(%)	累计同比增减(%)	本月同比增减(%)	累计同比增减(%)	本月同比增减(%)	累计同比增减(%)
金融存贷款						
一、人民币各项存贷款情况(亿元)						
1.人民币各项存款余额			4682.60	9.7	4795.96	14.1
其中:住户存款余额			1938.33	10.0	1986.47	10.9
非金融企业存款余额			1055.64	2.5	1082.76	3.7
机关团体存款			814.31	6.0	830.46	6.7
财政性存款			602.12	31.8	633.73	109.5
2.人民币各项贷款余额			5481.63	4.4	5505.17	4.7
其中:住户贷款余额			873.98	13.0	884.33	10.9
企事业单位贷款余额			4607.64	2.9	4620.82	3.7
社会消费品零售总额						
一、社会消费品零售总额(万元)			974239	1.3	1315679	–0.9
其中:城镇			852736	1.4	1143156	–1.3
乡村			121503	1.1	172523	1.9
其中:批发业			170254	15.5	294664	6.8
零售业			772063	–1.5	933457	–2.7
住宿业			11441	3.2	13723	–1.7
餐饮业			20481	8.6	73836	–5.5
财政收支						
一、财政收入(万元)						
(1)公共财政预算收入			601907	18.9	777262	20.2
中央公共财政预算收入			284773	24.3	337708	22.8
省级公共财政预算收入			–3013	87.4	–5045	87.4
地方公共财政预算收入			320147	6.3	444599	12.0
(2)基金收入			34940	–85.5	39200	–91.5
二、财政支出(万元)						
(1)地方公共财政预算支出			329425	17.2	674698	10.2
其中:一般公共服务支出			22009	21.2	39835	16.7
公共安全支出			14246	23.3	24619	14.5
教育支出			54449	4.2	97981	–3.7
科学技术支出			306	–88.1	987	–64.2
社会保障和就业支出			71509	–3.7	136096	–7.3
卫生健康支出			23325	25.1	47537	8.9
节能环保支出			3386	0.4	10953	–3.2
城乡社区支出			40649	192.8	84993	74.9
(2)基金支出			84834	–53.0	279430	–37.8

17-1 续表 2

指　　标	1月		2月		3月	
	本月同比增减(%)	累计同比增减(%)	本月同比增减(%)	累计同比增减(%)	本月同比增减(%)	累计同比增减(%)
季度经济指标						
一、综合经济						
生产总值(亿元)					410.26	5.5
第一产业					8.32	4.2
第二产业					131.86	14.8
第三产业					270.08	1.6
二、农业						
1. 农业总产值(现价,万元)					141037.88	4.4
农业					13640.36	3.3
林业					–	–
牧业					125923.09	4.5
渔业					–	–
农林牧渔服务业					1474.43	1.1
2. 主要畜产品产量(吨)						
肉类产量					17200	–2.7
#:猪肉					4983	–5.0
牛肉					8358	–9.7
羊肉					3457	22.2
禽蛋产量					1343	2.5
牛奶产量					45446	36.5
3. 季末牲畜存栏头数(万头)						
大牲畜						
#:牛					40.77	–8.2
羊					107.28	18.7
猪					19.81	17.4
三、城乡居民收入(元)						
1. 居民人均可支配收入					8843	5.1
城镇常住居民人均可支配收入					10530	4.5
农村常住居民人均可支配收入					4543	6.7
2. 居民人均生活消费支出					5944	2.8
食品烟酒					2124	4.2
衣着					600	6.9
居住					1202	4.0
生活用品及服务					307	2.4
交通通信					610	9.2
教育文化娱乐					410	0.3
医疗保健					555	–11.5
其他用品和服务					136	4.1
四、物价(%)						
1. 商品零售价格指数			101.4		102.2	
2. 居民消费价格指数			101.7		102.1	
#:食品类价格指数			98.9		99.8	
五、旅游						
1. 国内游客(万人次)					345.50	12.8
2. 入境游客(人次)					64.00	–74.8
3. 旅游总收入(万元)					346575	4.8
其中:旅游外汇收入(万美元)					2.73	–75.3

17-1 续表 3

指 标	4月		5月		6月	
	本月同比增减(%)	累计同比增减(%)	本月同比增减(%)	累计同比增减(%)	本月同比增减(%)	累计同比增减(%)
工业						
一、规模以上工业增加值		23.8		23.3		23.6
其中:制造业		31.4		30.0		29.2
电力热力燃气及水的生产和供应业		4.8		4.8		7.2
其中:国有经济		9.7		10.1		10.3
集体经济		0.0		0.0		0.0
股份合作制经济		74.5		35.4		-24.6
股份制经济		26.3		26.0		26.8
外商港澳台投资		32.7		27.6		20.3
其他经济		-51.0		-59.7		-61.3
二、规模以上工业产销率(%)		94.7*		95.7*		96.9*
其中:轻工业		93.5*		95.3*		97.5*
重工业		94.9*		95.7*		96.8*
1.企业单位数(个)	248	*	248	*	248	*
2.亏损企业户数(个)	123	123*	128	121*	121	122*
其中:国有企业	2	2*	2	3*	2	4*
集体企业		*		*		*
股份合作制企业		*		*		*
股份制企业	115	115*	119	112*	113	113*
外商和港澳台投资企业	3	4*	3	5*	3	4*
其他企业	3	2*	4	1*	3	1*
3.营业收入(亿元)	591.16	378.47*	757.24	498.76*	953.17	624.78*
4.利润总额(亿元)	46.68	25.56*	58.87	37.54*	79.40	48.29*
5.亏损企业亏损额(亿元)	12.31	7.53*	18.05	8.96*	18.97	12.01*
6.资产合计(亿元)	1696.56	1686.83*	1731.32	1718.38*	1751.64	1766.14*
固定资产投资						
一、固定资产投资完成额(万元)		-12.1		-26.8		-11.2
其中:基础设施固定资产投资完成额		-37.9		-47.6		-28.8
其中:第一产业		28.1		-14.2		73.3
第二产业		80.8		56.2		70.3
工业		80.8		56.2		70.3
其中:一般性工业投资		105.4		78.9		81.9
第三产业		-39.3		-51.2		-32.7
交通运输仓储邮政业		-50.5		-52.4		-43.8
批发零售业		13.6		-19.2		32.7
水利、环境和公共设施管理业		-44.8		-55.2		-42.6
教育		20.1		2.4		-10.7
其中:民间投资		8.7		-12.1		3.8

注:“*”为去年同期绝对数。

17-1 续表4

指　　标	4月		5月		6月	
	本月同比增减(%)	累计同比增减(%)	本月同比增减(%)	累计同比增减(%)	本月同比增减(%)	累计同比增减(%)
金融存贷款						
一、人民币各项存贷款情况(亿元)						
1.人民币各项存款余额	4698.52	9.1	4723.24	5.1	4722.98	5.6
其中:住户存款余额	1978.66	11.6	1993.27	12.7	2017.28	12.1
非金融企业存款余额	1079.13	-4.9	1099.13	-1.8	1143.18	4.1
机关团体存款	843.55	7.9	871.95	8.0	881.61	6.2
财政性存款	546.24	50.3	527.57	-2.6	434.74	-8.3
2.人民币各项贷款余额	5535.65	5.4	5532.21	5.0	5536.14	3.1
其中:住户贷款余额	878.79	7.1	875.40	2.9	887.47	2.1
企事业单位贷款余额	4656.86	5.1	4656.80	5.4	4648.66	3.3
社会消费品零售总额						
一、社会消费品零售总额(万元)	1646627	-7.0	1982568	-11.8	2500011	-10.5
其中:城镇	1463081	-7.4	1768734	-12.1	2229806	-10.8
乡村	183546	-4.1	213834	-9.6	270205	-8.6
其中:批发业	415406	1.5	487963	-5.8	614224	-6.1
零售业	1132228	-8.4	1391153	-10.8	1772279	-9.1
住宿业	14520	-25.6	15351	-41.4	17800	-44.5
餐饮业	84474	-20.3	88101	-39.1	95707	-40.0
财政收支						
一、财政收入						
(1)公共财政预算收入(万元)	866556	-10.2	841101	-26.2	777379	-39.8
中央公共财政预算收入	378212	-9.0	364708	-26.7	316509	-41.5
省级公共财政预算收入	-81192	87.4	-136613	87.4	-199292	413.1
地方公共财政预算收入	569536	-1.8	613006	-9.3	660162	-16.3
(2)基金收入	45482	-91.3	48338	-92.4	200624	-73.3
二、财政支出(万元)						
(1)地方公共财政预算支出	853496	0.8	1018053	-4.9	1621530	3.3
其中:一般公共服务支出	53256	-2.9	65650	-6.2	91097	2.3
公共安全支出	36342	16.6	45950	16.6	57137	15.2
教育支出	130559	-2.9	159463	-3.3	221747	-13.9
科学技术支出	1210	-61.8	1376	-63.5	3437	-36.0
社会保障和就业支出	165189	-12.1	191930	-12.5	333854	13.1
卫生健康支出	66558	11.3	81688	3.8	124011	21.4
节能环保支出	15540	-10.9	16449	-25.5	26551	-31.4
城乡社区支出	93258	50.8	126202	40.0	256521	88.2
(2)基金支出	290848	-41.0	289212	-45.4	464315	-29.8

17-1 续表 5

指 标	4月		5月		6月	
	本月同比增减(%)	累计同比增减(%)	本月同比增减(%)	累计同比增减(%)	本月同比增减(%)	累计同比增减(%)
季度经济指标						
一、综合经济						
生产总值(亿元)	410.26	5.5	410.26	5.5	828.06	2.1
第一产业	8.32	4.2	8.32	4.2	14.34	4.4
第二产业	131.86	14.8	131.86	14.8	281.56	9.5
第三产业	270.08	1.6	270.08	1.6	532.16	-1.2
二、农业						
1. 农业总产值(现价,万元)	141037.88	4.4	141037.88	4.4	247439.21	4.6
农业	13640.36	3.3	13640.36	3.3	44718.42	5.6
林业	-	-	-	-	8187.40	-33.5
牧业	125923.09	4.5	125923.09	4.5	191464.08	6.8
渔业	-	-	-	-	-	-
农林牧渔服务业	1474.43	1.1	1474.43	1.1	3069.31	2.6
2. 主要畜产品产量(吨)						
肉类产量	17200	-2.7	17200	-2.7	30340	-0.6
#:猪肉	4983	-5.0	4983	-5.0	8900	16.1
牛肉	8358	-9.7	8358	-9.7	15071	-13.2
羊肉	3457	22.2	3457	22.2	5726	19.7
禽蛋产量	1343	2.5	1343	2.5	2558	-0.6
牛奶产量	45446	36.5	45446	36.5	75008	16.9
3. 季末牲畜存栏头数(万头)						
大牲畜						
#:牛	40.77	-8.2	40.77	-8.2	40.77	-3.1
羊	107.28	18.7	107.28	18.7	109.28	7.1
猪	19.81	17.4	19.81	17.4	19.64	-2.9
三、城乡居民收入(元)						
1. 居民人均可支配收入	8843	5.1	8843	5.1	15357	3.2
城镇常住居民人均可支配收入	10530	4.5	10530	4.5	18620	2.9
农村常住居民人均可支配收入	4543	6.7	4543	6.7	7119	4.4
2. 居民人均生活消费支出	5944	2.8	5944	2.8	9897	-4.3
食品烟酒	2124	4.2	2124	4.2	3464	1.3
衣着	600	6.9	600	6.9	778	-9.0
居住	1202	4.0	1202	4.0	2221	2.8
生活用品及服务	307	2.4	307	2.4	496	-9.9
交通通信	610	9.2	610	9.2	1093	-5.5
教育文化娱乐	410	0.3	410	0.3	731	-2.5
医疗保健	555	-11.5	555	-11.5	888	-26.6
其他用品和服务	136	4.1	136	4.1	225	-5.7
四、物价(%)						
1. 商品零售价格指数	102.6		102.8		102.9	
2. 居民消费价格指数	102.2		102.3		102.3	
#:食品类价格指数	100.6		101.0		101.3	
五、旅游						
1. 国内游客(万人次)	345.50	12.8	345.50	12.8	574.26	-44.4
2. 入境游客(人次)	64.00	-74.8	64.00	-74.8	404.00	-84.1
3. 旅游总收入(万元)	346575	4.8	346575	4.8	498376	-53.9
其中:旅游外汇收入(万美元)	2.73	-75.3	2.73	-75.3	17.25	-84.1

17-1　续表 6

指　　　标	7月		8月		9月	
	本月同比增减(%)	累计同比增减(%)	本月同比增减(%)	累计同比增减(%)	本月同比增减(%)	累计同比增减(%)
工业						
一、规模以上工业增加值		25.3		25.6		25.8
其中:制造业		30.4		30.1		30.1
电力热力燃气及水的生产和供应业		4.8		6.8		6.8
其中:国有经济		11.3		14.1		13.3
集体经济		0.0		0.0		0.0
股份合作制经济		-34.4		-35.3		-31.9
股份制经济		26.8		26.7		27.1
外商港澳台投资		38.2		39.2		37.7
其他经济		-58.6		-59.6		-62.4
二、规模以上工业产销率(%)		97.1*		97.6*		98.0*
其中:轻工业		97.1*		97.9*		98.0*
重工业		97.1*		97.5*		98.0*
1.企业单位数(个)	245	*	245	*	245	*
2.亏损企业户数(个)	107	114*	105	117*	111	112*
其中:国有企业	2	6*	2	5*	1	4*
集体企业		*		*		*
股份合作制企业		*		*		*
股份制企业	101	103*	99	106*	105	102*
外商和港澳台投资企业	1	3*	1	4*	2	4*
其他企业	3	2*	3	2*	3	2*
3.营业收入(亿元)	1129.35	754.79*	1322.63	890.48*	1505.08	1045.76*
4.利润总额(亿元)	93.56	53.48*	104.69	63.31*	124.00	80.33*
5.亏损企业亏损额(亿元)	23.5	17.08*	30.24	20.69*	30.48	24.38*
6.资产合计(亿元)	1816.09	1765.26*	1856.58	1786.73*	1890.67	1854.91*
固定资产投资						
一、固定资产投资完成额(万元)		-12.9		-11.8		-9.8
其中:基础设施固定资产投资完成额		-25.0		-25.6		-25.9
其中:第一产业		80.6		90.7		90.4
第二产业		69.8		69.3		69.3
工业		69.8		69.3		69.3
其中:一般性工业投资		80.6		78.9		77.1
第三产业		-33.7		-32.4		-29.5
交通运输仓储邮政业		-31.1		-28.2		-30.4
批发零售业		10.4		-2.8		9.9
水利、环境和公共设施管理业		-38.8		-40.7		-42.0
教育		-20.7		-24.6		-17.1
其中:民间投资		-0.1		1.0		1.9

17-1 续表 7

指　　标	7月		8月		9月	
	本月同比增减(%)	累计同比增减(%)	本月同比增减(%)	累计同比增减(%)	本月同比增减(%)	累计同比增减(%)
金融存贷款						
一、人民币各项存贷款情况(亿元)						
1.人民币各项存款余额	4696.80	5.9	4961.88	-0.4	4813.87	-0.3
其中:住户存款余额	2024.22	13.0	2032.58	12.8	2075.55	13.4
非金融企业存款余额	1111.18	3.4	1087.73	4.0	1127.37	2.6
机关团体存款	851.28	3.4	847.11	6.3	846.61	7.2
财政性存款	475.14	-8.3	437.23	-45.0	481.90	-42.2
2.人民币各项贷款余额	5536.78	2.7	5522.97	2.8	5569.59	2.8
其中:住户贷款余额	887.97	0.8	888.99	0.2	891.07	-0.6
企事业单位贷款余额	4648.80	3.1	4633.96	3.4	4678.50	3.4
社会消费品零售总额						
一、社会消费品零售总额(万元)	3010520	-9.9	3514020	-9.7	4082385	-10.0
其中:城镇	2683263	-10.2	3138975	-9.9	3663431	11.2
乡村	327257	-7.8	375045	-7.8	418954	-10.2
其中:批发业	758919	-5.9	872850	-5.8	975791	-6.1
零售业	2112523	-8.9	2493739	-8.9	2947661	-9.3
住宿业	25051	-36.5	30818	-30.0	31689	-38.5
餐饮业	114027	-35.4	116612	-36.3	127244	-35.1
财政收支						
一、财政收入						
(1)公共财政预算收入(万元)	961543	-40.4	1171136	-32.3	1263544	-32.0
中央公共财政预算收入	316509	-54.0	494481	-32.8	525883	-32.4
省级公共财政预算收入	-199292	382.2	-238186	391.1	-252796	448.4
地方公共财政预算收入	844326	-12.6	914841	-12.3	990457	-12.1
(2)基金收入	311034	-65.3	328525	-74.1	357829	-72.8
二、财政支出(万元)						
(1)地方公共财政预算支出	1849750	0.8	2059369	1.3	2463463	3.1
其中:一般公共服务支出	105859	3.1	121724	3.2	149453	8.2
公共安全支出	66507	8.2	73025	5.4	91354	14.2
教育支出	258349	-8.5	282489	-9.7	341252	-8.5
科学技术支出	4259	-47.8	4608	-53.3	8073	-30.9
社会保障和就业支出	362987	14.1	404117	16.3	461900	10.7
卫生健康支出	145319	23.8	163798	26.2	186671	24.8
节能环保支出	33115	-23.5	46182	-12.0	56044	-17.7
城乡社区支出	305089	87.4	317250	71.2	341094	44.4
(2)基金支出	586681	-22.1	621130	-27.2	706998	-34.9

17-1 续表 8

指　　标	7月		8月		9月	
	本月同比增减(%)	累计同比增减(%)	本月同比增减(%)	累计同比增减(%)	本月同比增减(%)	累计同比增减(%)
季度经济指标						
一、综合经济						
生产总值(亿元)	828.06	2.1	828.06	2.1	1217.88	2.2
第一产业	14.34	4.4	14.34	4.4	45.96	4.8
第二产业	281.56	9.5	281.56	9.5	380.44	10.7
第三产业	532.16	-1.2	532.16	-1.2	791.48	-1.3
二、农业						
1. 农业总产值(现价,万元)	247439.21	4.6	247439.21	4.6	743241.29	5.0
农业	44718.42	5.6	44718.42	5.6	394122.37	5.4
林业	8187.40	-33.5	8187.40	-33.5	14464.30	-7.6
牧业	191464.08	6.8	191464.08	6.8	329637.31	5.3
渔业	–	–	–	–	–	–
农林牧渔服务业	3069.31	2.6	3069.31	2.6	5017.31	-0.3
2. 主要畜产品产量(吨)						
肉类产量	30340	-0.6	30340	-0.6	46272	-4.2
#:猪肉	8900	16.1	8900	16.1	12707	16.8
牛肉	15071	-13.2	15071	-13.2	23804	-14.4
羊肉	5726	19.7	5726	19.7	8891	2.9
禽蛋产量	2558	-0.6	2558	-0.6	3803	3.2
牛奶产量	75008	16.9	75008	16.9	101127	15.4
3. 季末牲畜存栏头数(万头)						
大牲畜						
#:牛	40.77	-3.1	40.77	-3.1	43.01	10.5
羊	109.28	7.1	109.28	7.1	96.89	0.9
猪	19.64	-2.9	19.64	-2.9	19.16	-20.1
三、城乡居民收入(元)						
1. 居民人均可支配收入	15357	3.2	15357	3.2	24921	3.7
城镇常住居民人均可支配收入	18620	2.9	18620	2.9	30107	3.0
农村常住居民人均可支配收入	7119	4.4	7119	4.4	11574	5.1
2. 居民人均生活消费支出	9897	-4.3	9897	-4.3	14962	-3.2
食品烟酒	3464	1.3	3464	1.3	5071	1.6
衣着	778	-9.0	778	-9.0	1081	-9.9
居住	2221	2.8	2221	2.8	3380	6.5
生活用品及服务	496	-9.9	496	-9.9	784	-9.3
交通通信	1093	-5.5	1093	-5.5	1769	-9.0
教育文化娱乐	731	-2.5	731	-2.5	1105	-13.6
医疗保健	888	-26.6	888	-26.6	1411	-15.1
其他用品和服务	225	-5.7	225	-5.7	361	6.5
四、物价(%)						
1. 商品零售价格指数	103.0		103.0		103.1	
2. 居民消费价格指数	102.3		102.4		102.4	
#:食品类价格指数	101.8		102.1		102.7	
五、旅游						
1. 国内游客(万人次)	574.26	-44.4	574.26	-44.4	1291.21	-38.9
2. 入境游客(人次)	404.00	-84.1	404.00	-84.1	1577	-75.5
3. 旅游总收入(万元)	498376	-53.9	498376	-53.9	1103241	-52.3
其中:旅游外汇收入(万美元)	17.25	-84.1	17.25	-84.1	67.34	-75.5

17-1 续表 9

指标	10月		11月		12月	
	本月同比增减(%)	累计同比增减(%)	本月同比增减(%)	累计同比增减(%)	本月同比增减(%)	累计同比增减(%)
工业						
一、规模以上工业增加值		25.1		26.1		26.9
其中:制造业		28.1		30.6		31.8
电力热力燃气及水的生产和供应业		11.5		6.0		5.2
其中:国有经济		15.3		15.4		17.0
集体经济		0.0		0.0		0.0
股份合作制经济		-34.8		-38.3		-49.3
股份制经济		26.0		27.4		28.4
外商港澳台投资		37.1		31.4		26.1
其他经济		-65.7		-67.9		-66.0
二、规模以上工业产销率(%)		98.0*		97.2*		97.5*
其中:轻工业		97.6*		98.3*		100.3*
重工业		98.0*		97.0*		97.1*
1.企业单位数(个)	246	*	250	*	250	*
2.亏损企业户数(个)	115	109*	115	103*	115	91*
其中:国有企业	1	3*	1	3*	1	3*
集体企业		*		*		*
股份合作制企业		*		*		*
股份制企业	109	100*	109	93*	109	84*
外商和港澳台投资企业	2	4*	2	4*	2	3*
其他企业	3	2*	3	3*	3	1*
3.营业收入(亿元)	1684.06	1198.82*	1918.41	1355.03*	2137.80	1520.63*
4.利润总额(亿元)	145.88	94.61*	166.91	99.96*	172.69	82.70*
5.亏损企业亏损额(亿元)	34.14	29.46*	37.91	36.73	46.86	68.23*
6.资产合计(亿元)	1938.27	1905.37*	2203.37	1900.79*	2174.51	1653.63*
固定资产投资						
一、固定资产投资完成额(万元)		-15.0		-19.4		-18.3
其中:基础设施固定资产投资完成额		-28.0		-33.2		-29.8
其中:第一产业		105.4		82.5		55.0
第二产业		60.2		51.9		53.7
工业		60.2		51.9		53.7
其中:一般性工业投资		67.4		63.6		64.5
第三产业		-33.9		-37.8		-37.3
交通运输仓储邮政业		-26.5		-32.5		-32.3
批发零售业		45.2		63.4		32.8
水利、环境和公共设施管理业		-45.0		-47.9		-46.1
教育		-14.6		-17.6		-18.1
其中:民间投资		-6.6		-10.5		-8.5

17-1 续表 10

指 标	10 月		11 月		12 月	
	本月同比增减(%)	累计同比增减(%)	本月同比增减(%)	累计同比增减(%)	本月同比增减(%)	累计同比增减(%)
金融存贷款						
一、人民币各项存贷款情况(亿元)						
1.人民币各项存款余额	5062.73	7.3	5388.17	14.5	5254.21	11.7
其中:住户存款余额	2078.25	13.7	2119.57	15.5	2204.27	16.3
非金融企业存款余额	1112.37	2.7	1194.52	10.0	1227.14	11.7
机关团体存款	829.76	7.8	897.48	13.4	858.35	8.4
财政性存款	760.17	-7.7	919.19	26.3	703.70	8.4
2.人民币各项贷款余额	5571.33	2.8	5583.65	2.5	5612.70	3.0
其中:住户贷款余额	888.33	-1.1	880.58	-2.3	880.32	-1.4
企事业单位贷款余额	4681.00	3.6	4703.07	3.4	4732.37	3.8
社会消费品零售总额						
一、社会消费品零售总额(万元)	4574728	-11.5	4849623	-15.1	5316809	-14.4
其中:城镇	4110644	-11.6	4356496	-15.2	4751985	-14.5
乡村	464084	-10.4	493127	-14.5	564824	-13.2
其中:批发业	1102664	-7.9	1224583	-10.3	1336426	-10.1
零售业	3306976	-10.8	3456162	-15.2	3797656	-14.3
住宿业	34189	-41.5	37724	-40.3	40752	-40.4
餐饮业	130900	-36.5	131154	-36.8	141975	-36.8
财政收支						
一、财政收入						
(1)公共财政预算收入(万元)	1579369	-26.0	1669196	-25.6	1780391	-27.7
中央公共财政预算收入	679336	-24.7	717421	-24.0	738554	-25.5
省级公共财政预算收入	-256452	320.1	-258235	308.7	-275337	304.3
地方公共财政预算收入	1156485	-10.5	1210010	-11.3	1317174	-14.4
(2)基金收入	363466	-73.3	389899	-73.1	542389	-65.6
二、财政支出(万元)						
(1)地方公共财政预算支出	2686793	4.1	2951465	0.3	3390356	-1.4
其中:一般公共服务支出	169941	8.0	192371	10.2	217905	3.4
公共安全支出	100547	13.5	116720	17.0	137408	9.5
教育支出	370196	-6.4	423131	-4.3	507931	-2.2
科学技术支出	8485	-34.0	8717	-34.9	13613	-42.1
社会保障和就业支出	488960	8.6	542502	9.8	625100	8.2
卫生健康支出	214502	30.9	245432	36.0	308003	31.8
节能环保支出	64066	-14.5	70382	-19.7	92478	-22.1
城乡社区支出	367237	44.3	381458	19.3	388726	6.5
(2)基金支出	715729	-41.4	829993	-40.5	1058642	-35.6

17-1　续表 11

指　　　标	10月		11月		12月	
	本月同比增减(%)	累计同比增减(%)	本月同比增减(%)	累计同比增减(%)	本月同比增减(%)	累计同比增减(%)
季度经济指标						
一、综合经济						
生产总值(亿元)	1217.88	2.2	1217.88	2.2	1644.35	2.1
第一产业	45.96	4.8	45.96	4.8	62.96	4.4
第二产业	380.44	10.7	380.44	10.7	618.45	11.4
第三产业	791.48	-1.3	791.48	-1.3	962.94	-2.7
二、农业						
1. 农业总产值(现价,万元)	743241.29	5.0	743241.29	5.0	1180960.14	4.6
农业	394122.37	5.4	394122.37	5.4	547368.26	4.6
林业	14464.30	-7.6	14464.30	-7.6	14464.37	-33.7
牧业	329637.31	5.3	329637.31	5.3	610562.51	6.0
渔业	-	-	-	-	-	-
农林牧渔服务业	5017.31	-0.3	5017.31	-0.3	8565.00	0.4
2. 主要畜产品产量(吨)						
肉类产量	46272	-4.2	46272	-4.2		
#:猪肉	12707	16.8	12707	16.8	19463	3.2
牛肉	23804	-14.4	23804	-14.4	36316	-4.5
羊肉	8891	2.9	8891	2.9	12163	1.9
禽蛋产量	3803	3.2	3803	3.2	4741	-1.2
牛奶产量	101127	15.4	101127	15.4	151927	20.4
3. 季末牲畜存栏头数(万头)						
大牲畜						
#:牛	43.01	10.5	43.01	10.5	40.24	1.1
羊	96.89	0.9	96.89	0.9	98.74	-1.1
猪	19.16	-20.1	19.16	-20.1	16.19	-23.2
三、城乡居民收入(元)						
1. 居民人均可支配收入	24921	3.7	24921	3.7	33497	3.6
城镇常住居民人均可支配收入	30107	3.0	30107	3.0	40197	2.4
农村常住居民人均可支配收入	11574	5.1	11574	5.1	15797	5.7
2. 居民人均生活消费支出	14962	-3.2	14962	-3.2	19268	-13.1
食品烟酒	5071	1.6	5071	1.6	6738	-1.6
衣着	1081	-9.9	1081	-9.9	1262	-20.5
居住	3380	6.5	3380	6.5	4537	-3.7
生活用品及服务	784	-9.3	784	-9.3	968	-20.6
交通通信	1769	-9.0	1769	-9.0	2256	-25.7
教育文化娱乐	1105	-13.6	1105	-13.6	1331	-36.0
医疗保健	1411	-15.1	1411	-15.1	1745	-22.2
其他用品和服务	361	6.5	361	6.5	432	-4.1
四、物价(%)						
1. 商品零售价格指数	103.1		103.1		103.0	
2. 居民消费价格指数	102.5		102.5		102.5	
#:食品类价格指数	103.1		103.3		103.4	
五、旅游						
1. 国内游客(万人次)	1291.21	-38.9	1291.21	-38.9	1434.56	-40.3
2. 入境游客(人次)	1577	-75.5	1577	-75.5	1706	-76.6
3. 旅游总收入(万元)	1103241	-52.3	1103241	-52.3	1224631	-53.6
其中:旅游外汇收入(万美元)	67.34	-75.5	67.34	-75.5	72.85	-76.6

十八、区县主要经济指标

18-1 西宁市区县主要经济指标完成情况(2022年)

指 标	单位	西宁市	城东区	城中区	城西区	城北区	湟中区	大通县	湟源县
地区生产总值	亿元	1644.35	280.91	298.58	400.05	272.88	218.96	140.3	32.84
增速	%	2.1	2.2	19.7	-3.0	-2.9	-0.8	1.5	2.5
农林牧渔服务业总产值	亿元	118.10	0.14	0.99	0.05	1.66	53.89	47.82	13.55
增速	%	4.6	-5.2	-5.7	-38.4	-2.3	4.7	4.9	4.9
规上工业增加值增速	%	26.9	-1.3	1.3	7.9	-0.7	0.6	-2.8	-1.6
地方公共财政预算收入	亿元	131.72	5.91	7.43	9.28	6.88	3.12	8.32	1.72
增速	%	-14.4	-18.9	-24.2	-37.4	-39.3	-23.7	-12.8	8.9
固定资产投资增速(含房地产)	%	-18.3	-9.3	-26.1	-7.6	-47.2	-49.5	-37.6	23.0
社会消费品零售总额	亿元	531.7	124.5	98.1	146.6	124.6	22.2	12.2	3.5
增速	%	-14.4	-15.4	-14.9	-13.5	-14.1	-14.4	-14.0	-12.7
城镇常住居民人均可支配收入	元	40197	40838	41632	42276	39903	36337	37915	37580
增速	%	2.4	1.6	3.2	4.0	1.7	1.7	2.4	2.3
农村常居民人均可支配收入	元	15797					15049	15938	15544
增速	%	5.7					6.2	6.0	6.3

注:工业增加值、地方公共财政预算收入、固定资产投资,城东区不含东川工业园、城中区不含南川工业园、北区不含生物园区、湟中不含甘河工业园。

18-2 西宁市区县主要经济指标完成情况地区生产总值

年 份	绝对数(亿元)						
	城东区	城中区	城西区	城北区	湟中区	大通县	湟源县
2018	225.09	190.68	330.05	222.38	159.99	107.63	25.04
2019	232.38	201.71	355.45	235.74	165.31	112.11	25.11
2020	241.39	203.56	371.27	243.27	168.75	118.59	26.16
2021	272.71	235.67	404.94	267.56	205.30	132.52	30.09
2022	280.9	298.6	400.1	272.9	219.0	140.3	32.8

年 份	比上年增长(%)						
	城东区	城中区	城西区	城北区	湟中区	大通县	湟源县
2018	9.1	10.9	10.8	8.3	5.2	6.5	9.2
2019	1.3	13.6	8.7	7.5	5.0	5.4	1.1
2020	3.0	0.2	1.7	2.0	0.1	4.5	0.3
2021	7.9	8.6	7.5	7.7	11.8	7.6	8.0
2022	2.2	19.7	-3.0	-2.9	-0.8	1.5	2.5

注:地区生产总值绝对数为现价,增速按可比价计算。

18-3 西宁市区县主要经济指标完成情况固定资产投资

年 份	比上年增长(%)						
	城东区	城中区	城西区	城北区	湟中区	大通县	湟源县
2018	13.8	13.3	13.2	13.4	13.3	13.0	13.2
2019	-15.4	41.3	-6.8	0.1	186.9	11.6	-16.3
2020	-21.5	-14.6	-0.8	-7.4	-26.3	-24.1	-60.8
2021	-13.2	15.6	-28.9	23.1	-5.1	9.8	13.5
2022	-9.3	-26.1	-7.6	-47.2	-49.5	-37.6	23.0

注:固定资产投资数据湟中区不含甘河工业园区、城东区不含东川工业园区、城中区不含南川工业园区、城北区不含生物产业园。

18-4 西宁市区县主要经济指标完成情况规模以上工业增加值

年 份	比上年增长(%)						
	城东区	城中区	城西区	城北区	湟中区	大通县	湟源县
2018	6.2	18.4	4.2	11.2	5.6	3.2	9.1
2019	-12.1	39.9	7.8	6.2	5.8	4.0	5.5
2020	-0.2	-9.9	1.5	10.1	3.4	12.6	-13.3
2021	19.9	45.9	2.2	11.6	29.0	11.1	18.0
2022	-1.3	1.3	7.9	-0.7	0.6	-2.8	-1.6

注:固定资产投资数据湟中区不含甘河工业园区、城东区不含东川工业园区、城中区不含南川工业园区、城北区不含生物产业园。

18-5 西宁市区县主要经济指标完成情况社会消费品零售总额

年份	绝对数(亿元)						
	城东区	城中区	城西区	城北区	湟中区	大通县	湟源县
2018	143.37	112.92	163.28	138.63	28.21	11.85	3.84
2019	150.51	118.54	171.41	145.54	29.62	12.44	4.03
2020	137.20	107.60	155.30	132.90	23.90	13.10	3.70
2021	147.12	115.32	169.54	145.03	25.94	14.19	3.96
2022	124.47	98.15	146.62	124.58	22.21	12.21	3.45

年份	比上年增长(%)						
	城东区	城中区	城西区	城北区	湟中区	大通县	湟源县
2018	6.2	6.7	6.4	6.7	6.7	10.1	6.7
2019	4.7	5.0	5.0	5.0	5.0	6.9	5.0
2020	-8.9	-9.2	-9.4	-8.7	-19.3	5.1	-9.4
2021	7.3	7.1	9.2	9.1	8.5	8.5	8.4
2022	-15.4	-14.9	-13.5	-14.1	-14.4	-14.0	-12.7

18-6 西宁市区县主要经济指标完成情况城镇常住居民人均可支配收入

年份	绝对数(亿元)						
	城东区	城中区	城西区	城北区	湟中区	大通县	湟源县
2018	33060	33588	33515	32449	29825	30459	30401
2019	5519	36014	36060	34795	31913	32743	32523
2020	37803	38060	38325	36888	33691	34809	34624
2021	40191	40353	40666	39226	35729	37043	36743
2022	40838	41632	42276	39903	36337	37915	37580

年份	比上年增长(%)						
	城东区	城中区	城西区	城北区	湟中区	大通县	湟源县
2018	8.9	8.3	8.4	8.2	7.7	7.8	7.5
2019	7.4	7.2	7.6	7.2	7.0	7.5	7.0
2020	6.4	5.7	6.3	6.0	5.6	6.3	6.5
2021	6.3	6.0	6.1	6.3	6.0	6.4	6.1
2022	1.6	3.2	4.0	1.7	1.7	2.4	2.3